世界数独锦标赛真题集

第12届真题

北京市数独运动协会　编

科学普及出版社

·北　京·

图书在版编目（CIP）数据

世界数独锦标赛真题集. 第12届真题 / 北京市数独运动协会编. —北京：科学普及出版社，2020.11

ISBN 978-7-110-10204-6

Ⅰ. ①世… Ⅱ. ①北… Ⅲ. ①智力游戏 Ⅳ. ①G898.2

中国版本图书馆CIP数据核字（2020）第202687号

策划编辑 王晓义
责任编辑 罗德春
封面设计 孙雪骊
责任校对 焦 宁 邓雪梅 吕传新
责任印制 徐 飞

出　　版 科学普及出版社
发　　行 中国科学技术出版社有限公司发行部
地　　址 北京市海淀区中关村南大街16号
邮　　编 100081
发行电话 010-62173865
传　　真 010-62173081
投稿电话 010-63581202
网　　址 http://www.cspbooks.com.cn

开　　本 710mm × 1000mm 1/16
字　　数 430千字
印　　张 32.25
版　　次 2020年11月第1版
印　　次 2020年11月第1次印刷
印　　刷 北京荣泰印刷有限公司
书　　号 ISBN 978-7-110-10204-6/G · 4268
定　　价 139.00元

目 录 CONTENTS

第1轮　个人赛：欢迎 …… 1
第2轮　个人赛：二重奏 …… 11
第3轮　个人赛：组合 …… 36
第4轮　个人赛：它在哪 …… 45
第5轮　个人赛：起源 …… 48
第6轮　个人赛：不同凡“想” …… 55
第7轮　个人赛：谜题数独 …… 67
第8轮　团体赛：你的还是我的 …… 77
第9轮　团体赛：配对 …… 86
第10轮　团体赛：抉择 …… 106
第11轮　个人赛：合体 …… 115
第12轮　个人赛：判断规则 …… 120
第13轮　个人赛：小丑 …… 131
第14轮　个人赛：常规题型 …… 142
第15轮　个人赛：关联数独 …… 155
第16轮　个人赛：别眨眼 …… 159
第17轮　团体赛：六宫 …… 168
真题答案 …… 176

第1轮　个人赛：欢迎

限时：40分钟　总分：400分

1.1　字母数独 …………………………………………………… 45分
1.2　标准数独 …………………………………………………… 15分
1.3　曲线连续数数独 ……………………………………………… 70分
1.4　标准数独 …………………………………………………… 20分
1.5　和积12数独 ………………………………………………… 30分
1.6　标准数独 …………………………………………………… 15分
1.7　杀手数独 …………………………………………………… 50分
1.8　标准数独 …………………………………………………… 20分
1.9　X和数独 …………………………………………………… 45分
1.10　标准数独 ………………………………………………… 15分
1.11　字母替代数独 …………………………………………… 60分
1.12　标准数独 ………………………………………………… 15分

1.1 **字母数独** 在空格内填入数字1—9，使每行、每列及每宫内数字均不重复。格中有些数字被字母代替，相同字母代表相同数字，不同字母代表不同数字。（45分）

例题和答案：

		C		8	4			
	S			5	2		C	
W		2	6			S		
		4	3		W		6	1
1	7						9	3
6	9		C		1	8		
		S			9	6		C
	W		4	6			S	
			2	1		W		

9	3	7	1	8	4	2	5	6
4	1	6	9	5	2	3	7	8
5	8	2	6	7	3	1	4	9
8	2	4	3	9	5	7	6	1
1	7	5	8	2	6	4	9	3
6	9	3	7	4	1	8	2	5
2	4	1	5	3	9	6	8	7
3	5	8	4	6	7	9	1	2
7	6	9	2	1	8	5	3	4

真题：

		8		9				
	W		7		2			
1		E		6		3		
	2		L		5		7	
7		3		C		4		5
	5		4		O		3	
		4		5		M		2
			3		6		E	
				4		7		

1.2 标准数独 将数字1—9填入空格内，使每行、每列和每宫内的数字均不重复。（15分）

		2		1				
	4		3		2			
1		8		4		3		
	2		9		5		4	
4		3		2		6		5
	5		4		3		7	
		6		5		9		8
			7		6		1	
				8		7		

1.3 曲线连续数数独 在空格内填入数字1—9，使每行、每列及每宫内数字均不重复。每条线上的数字必须为一组连续数，数字顺序没有限制。（70分）

例题和答案：

			5	1	4			
		4				5		
	2						7	
6								2
8								9
2								5
	8						2	
		9				1		
			1	9	3			

3	7	8	5	1	4	2	9	6
9	6	4	2	3	7	5	8	1
5	2	1	8	6	9	3	7	4
6	9	7	3	5	1	8	4	2
8	1	5	4	2	6	7	3	9
2	4	3	9	7	8	6	1	5
1	8	6	7	4	5	9	2	3
4	3	9	6	8	2	1	5	7
7	5	2	1	9	3	4	6	8

真题：

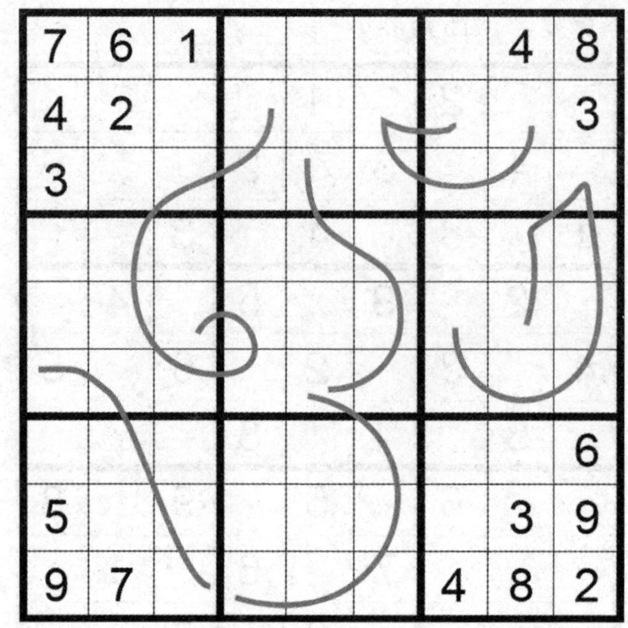

7	6	1					4	8
4	2							3
3								
								6
5							3	9
9	7					4	8	2

1.4　**标准数独**　将数字1—9填入空格内，使每行、每列和每宫内的数字均不重复。（20分）

	3	4	5		8	7	6	
	2		6		9		5	
	1	8	7		2	3	4	
	6	7	8		3	2	1	
	5		1		4			
	4	3	2		5			

1.5　和积12数独　在空格内填入数字1—9，使每行、每列及每宫内数字均不重复。黑点所在的2个格的数字的和或积为12，没有标记的格子没有限制。（30分）

例题和答案：

2								3
		5	3		9	6		
		6	9		8	3		
		9	4		2	7		
		4	8		3	1		
1								9

2	6	7	5	4	1	8	9	3
3	9	1	7	8	6	2	5	4
8	4	5	3	2	9	6	1	7
4	1	6	9	7	8	3	2	5
7	2	8	6	3	5	9	4	1
5	3	9	4	1	2	7	8	6
9	7	4	8	5	3	1	6	2
6	5	2	1	9	7	4	3	8
1	8	3	2	6	4	5	7	9

真题：

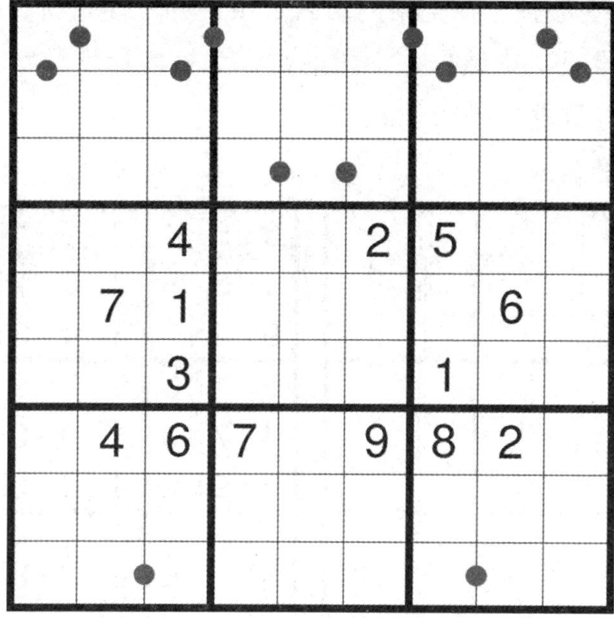

1.6 **标准数独** 将数字1—9填入空格内，使每行、每列和每宫内的数字均不重复。（15分）

3	4				7	5		9
		6	2					3
				3	4			
	9	3				2	6	
	5	7				4	3	
			4	8				
5					3	9		
7		2	6				8	4

1.7 **杀手数独** 在空格内填入数字1—9，使每行、每列及每宫内数字均不重复。虚线框左上角的数字为框内所有数字之和，虚线框内数字不得重复。（50分）

例题和答案：

12		9		22	7		20	
	18						18	
16			45					7
	12					45		
							9	
24								11
	23					10		
9		13	15		18			24

(12) 6	5	(9) 4	3	(22) 9	(7) 1	2	(20) 7	8
1	(18) 3	8	2	6	7	4	(18) 9	5
(16) 9	2	7	(45) 5	4	8	3	6	(7) 1
5	(12) 1	3	9	7	6	(45) 8	2	4
4	7	6	1	8	2	9	(9) 5	3
(24) 8	9	2	4	3	5	7	1	(11) 6
7	(23) 8	9	6	1	4	(10) 5	3	2
(9) 3	6	(13) 5	(15) 8	2	(18) 9	1	4	(24) 7
2	4	1	7	5	3	6	8	9

真题：

	(12)		3		6		(12)	
4		3		(12)		6		1
8								2
		(12)			(12)			
	(12)			9	(12)	(12)		
9				6				4
6		(12)						8
						(12)		

1.8 **标准数独** 将数字1—9填入空格内，使每行、每列和每宫内的数字均不重复。（20分）

	1						9	
	2			5			8	
		3	4		6	7		
		2	1			4	5	
	3				2			
		4			3			
			5		9			
	7	6				3	1	

1.9　**X和数独**　在空格内填入数字1—9，使每行、每列及每宫内数字均不重复。盘面外数字表示其所在行或列对应方向的前X个数字的和，X为其所在行列对应方向上的第一个数。（45分）

例题和答案：

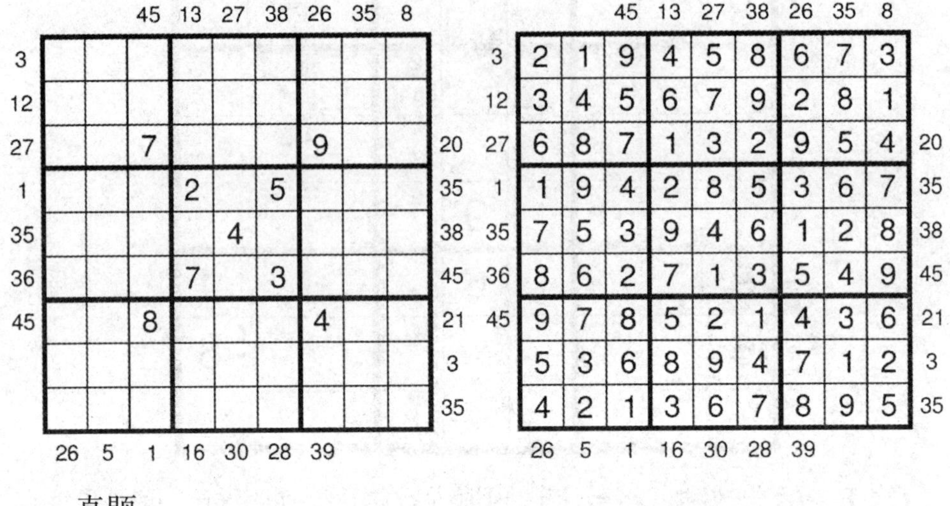

真题：

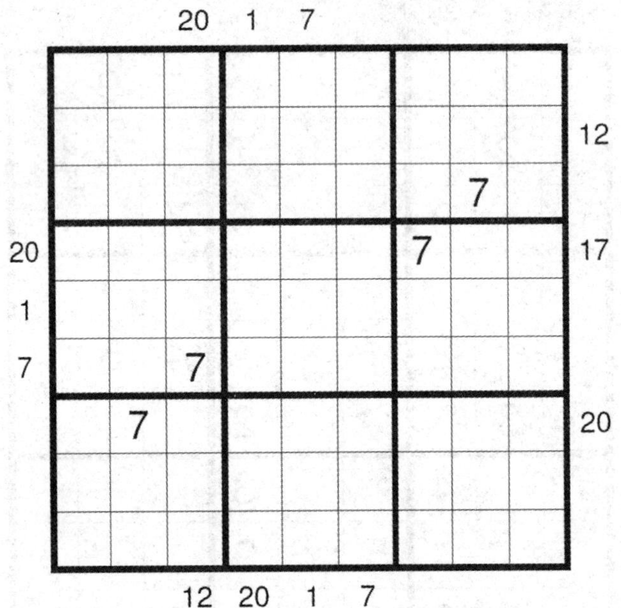

1.10 标准数独 将数字1—9填入空格内，使每行、每列和每宫内的数字均不重复。（15分）

	3		1		8	9	7	4
	7							
	4		9	7	3	1	2	6
4	1	3	6		9		5	2
					1			
2	9				6		1	
			8		4		9	
1			2		5		3	

1.11 字母替代数独 在空格内填入数字1—9，使每行、每列及每宫内数字均不重复。盘面内字母代表一个英文单词（左侧）中包含这个字母的数字。相同字母不一定代表相同数字。（60分）

例题和答案：

1 : ONE
2 : TWO
3 : THREE
4 : FOUR
5 : FIVE
6 : SIX
7 : SEVEN
8 : EIGHT
9 : NINE

H				F		R		
R	F		I	O		O	S	
				S				
S								V
N		T	H	R	E	E		V
N								N
			S				N	
	F			F		O	S	
V	T			V				

H 8	1	6	7	F 4	2	R 3	5	9
R 4	F 5	7	I 9	O 1	3	O 2	S 6	8
2	9	3	5	S 6	8	7	1	4
S 7	3	4	1	9	6	8	2	V 5
N 1	6	T 2	H 8	R 3	E 5	E 9	4	V 7
N 9	8	5	4	2	7	6	3	N 1
3	7	1	S 6	8	4	5	N 9	2
6	F 4	8	2	F 5	9	O 1	S 7	3
V 5	T 2	9	3	V 7	1	4	8	6

真题：

1 : SUDOKU
2 : CHAMPIONS
3 : JANA
4 : THOMAS
5 : JAN
6 : JIN
7 : KOTA
8 : TIIT
9 : YOU

9	4		T	H	O		5	3
7	6		M	A	S		2	8
	Y	O	U		C	A	N	
J		J		K		J		T
A		A		O		I		I
N		N		T		N		I
A				A				T

1.12　**标准数独**　将数字1—9填入空格内，使每行、每列和每宫内的数字均不重复。（15分）

2		5		3		1		7
3		6		4		2		8
	4		1		3		5	
	5		2		4		6	
5		7		8		6		3
6		8		9		7		4

第2轮　个人赛：二重奏

限时：90分钟　总分：1000分

2.1　偶数数独 ………… 25分
2.2　奇偶数独 ………… 30分
2.3　朋友数独 ………… 30分
2.4　敌人数独 ………… 35分
2.5　等差数列数独 …… 40分
2.6　递增数独 ………… 45分
2.7　克隆数独 ………… 25分
2.8　连续克隆数独 …… 35分
2.9　连续数独 ………… 25分
2.10　斜线连续数独 …… 60分
2.11　对角线数独 ……… 40分
2.12　反对角线数独 …… 30分
2.13　XV数独 ………… 50分
2.14　XIVI数独 ………… 40分
2.15　4格包含数独 …… 45分
2.16　4格排除数独 …… 60分
2.17　转轮数独 ………… 35分
2.18　方轮数独 ………… 40分
2.19　盈余数独 ………… 45分
2.20　缺失数独 ………… 45分
2.21　外提示数独 ……… 30分
2.22　234外提示数独 … 60分
2.23　大小差数独 ……… 70分
2.24　大小和数独 ……… 60分

2.1 偶数数独 在空格内填入数字1—9，使每行、每列及每个宫内数字均不重复。灰格内必须填入偶数。（25分）

例题和答案：

						1		
			5			7		
7	1	8				4		
			6		7		2	
				3				
	4		1		2			
		3				6	9	7
		9			6			
		5						

6	5	4	9	7	8	1	3	2
3	9	2	5	4	1	7	8	6
7	1	8	2	6	3	4	5	9
5	3	1	6	9	7	8	2	4
2	8	7	4	3	5	9	6	1
9	4	6	1	8	2	5	7	3
1	2	3	8	5	4	6	9	7
8	7	9	3	1	6	2	4	5
4	6	5	7	2	9	3	1	8

真题：

1	2	3						
4		6						
7	8							
			1					
				5				
					3			
							2	3
						4		8
						9	6	5

2.2 奇偶数独 在空格内填入数字1—9，使每行、每列及每宫内数字均不重复。方形标记格内必须填入偶数，圆形标记格内必须填入奇数。（30分）

例题和答案：

			7	●	2			
		9	●	■	●	1		
	2	●	■	1	■	●	3	
7	●	■	4		6	■	●	1
●	■	4				2	■	●
3	●	■	2		1	■	●	5
	6	●	■	2	■	●	1	
		3	●	■	●	5		
			1	●	3			

8	3	1	7	9	2	6	5	4
6	7	9	3	4	5	1	8	2
4	2	5	6	1	8	9	3	7
7	5	2	4	3	6	8	9	1
1	8	4	5	7	9	2	6	3
3	9	6	2	8	1	4	7	5
5	6	7	8	2	4	3	1	9
2	1	3	9	6	7	5	4	8
9	4	8	1	5	3	7	2	6

真题：

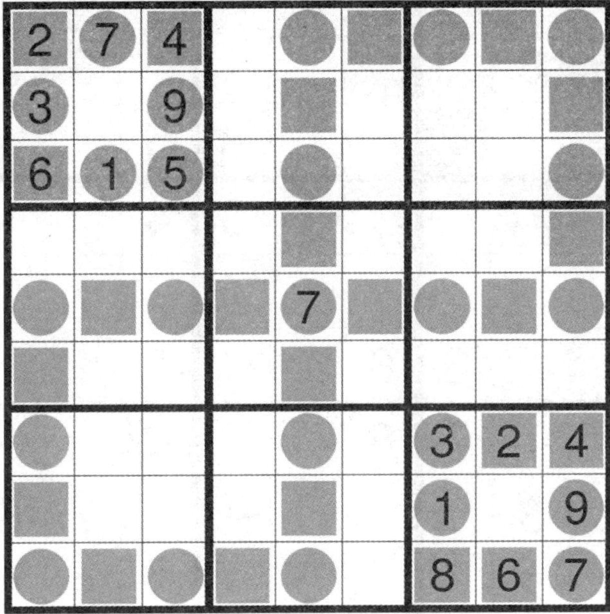

2.3 **朋友数独** 在空格内填入数字1—9，使每行、每列及每宫内数字均不重复。所有灰格内必须填入相同数字。（30分）

例题和答案：

				9	4	2		
				8				
3	4	5	6	7				
2								
1	7					9	4	2
						8		
		3	4	5	6	7		
		2						8
		1	7					

8	1	7	5	9	4	2	6	3
6	2	9	1	8	3	5	7	4
3	4	5	6	7	2	1	8	9
2	3	8	9	4	7	6	1	5
1	7	6	8	3	5	9	4	2
5	9	4	2	6	1	8	3	7
9	8	3	4	5	6	7	2	1
7	6	2	3	1	9	4	5	8
4	5	1	7	2	8	3	9	6

真题：

2	7						4	1
6	8						3	2
					8	5		
					3	4		
		3	6					
		7	8					
4	3						7	6
1	2						8	5

2.4 **敌人数独** 在空格内填入数字1—9，使每行、每列及每宫内数字均不重复。所有灰格内必须填入不同数字。（35分）

例题和答案：

		7	9	5				1
	5	4	3				8	
9	2	1						
5	7							
4				1				6
							7	9
						7	6	2
	6				2	8	9	
7				3	6	4		

8	3	7	9	5	4	6	2	1
6	5	4	3	2	1	9	8	7
9	2	1	6	7	8	3	5	4
5	7	3	2	6	9	1	4	8
4	8	9	5	1	7	2	3	6
2	1	6	4	8	3	5	7	9
3	4	8	1	9	5	7	6	2
1	6	5	7	4	2	8	9	3
7	9	2	8	3	6	4	1	5

真题：

2	6						7	3
7	1						5	2
					6	9		
					3	1		
		2	6					
		6	3					
4	3						6	1
1	7						9	5

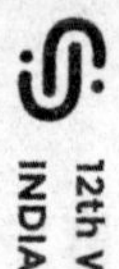

2.5　**等差数列数独**　在空格内填入数字1—9，使每行、每列及每宫内数字均不重复。每条灰线上的数字必须组成一个等差数列。（40分）

例题和答案：

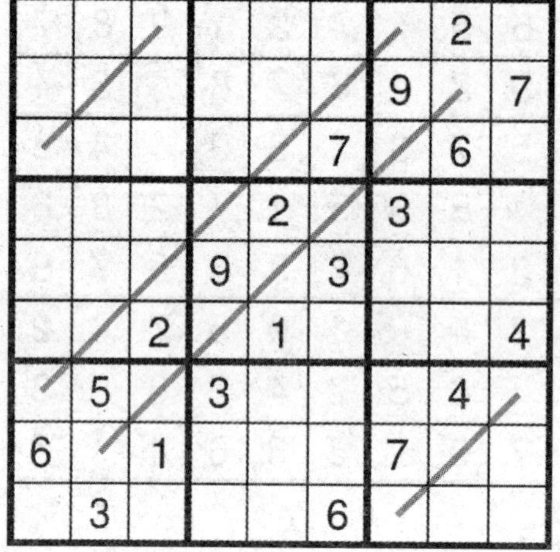

8	7	3	6	4	9	1	2	5
1	4	6	8	5	2	9	3	7
5	2	9	1	3	7	4	6	8
9	1	7	4	2	5	3	8	6
4	8	5	9	6	3	2	7	1
3	6	2	7	1	8	5	9	4
7	5	8	3	9	1	6	4	2
6	9	1	2	8	4	7	5	3
2	3	4	5	7	6	8	1	9

真题：

2	7							
4		3						
	8		7					
		1		2				
			1		7			
				5		2		
					5		3	
						7		6
							1	9

2.6　递增数独　在空格内填入数字1—9，使每行、每列及每宫内数字均不重复。灰线上的数字须按某一方向依次递增。（45分）

例题和答案：

							6	
						9		8
					7		5	
				2		6		
			9		3			
		2		1				
	2		3					
5		6						
	3							

2	4	3	5	8	9	1	6	7
6	5	7	1	4	2	9	3	8
9	8	1	6	3	7	4	5	2
3	7	9	4	2	5	6	8	1
8	1	5	9	6	3	7	2	4
4	6	2	7	1	8	3	9	5
7	2	8	3	9	4	5	1	6
5	9	6	2	7	1	8	4	3
1	3	4	8	5	6	2	7	9

真题：

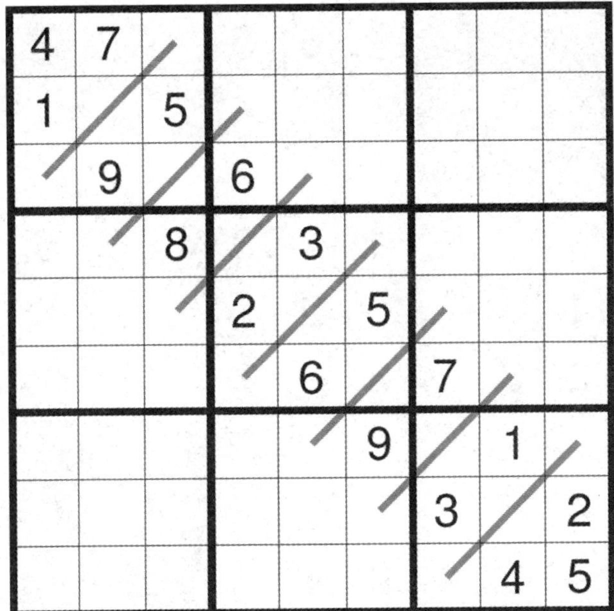

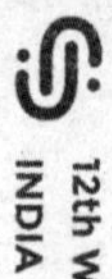

2.7 克隆数独 在空格内填入数字1—9，使每行、每列及每宫内数字均不重复。两组灰格对应位置的数字必须相同。（25分）

例题和答案：

	5		9					
9		2						
	4		1					
3		5		2				
			7		6			
				3		8		2
					5		3	
						5		6
					3		4	

1	5	3	9	6	7	4	2	8
9	6	2	3	4	8	1	5	7
8	4	7	1	5	2	9	6	3
3	9	5	8	2	1	6	7	4
2	8	4	7	9	6	3	1	5
7	1	6	5	3	4	8	9	2
6	7	9	4	8	5	2	3	1
4	3	1	2	7	9	5	8	6
5	2	8	6	1	3	7	4	9

真题：

				6	5		2	7
					4			1
			1		3		7	5
1				2				6
2	3		6		7			
4			7					
3	2		9	1				

2.8 连续克隆数独 在空格内填入数字1—9，使每行、每列及每宫内数字均不重复。两组灰格对应位置的数字必须差为1。（35分）

例题和答案：

7	6	5	9	4	1			
9	3	1	5	8	2			
				6				
			7		5			
				9				
			2	1	4	3	5	7
			3	5	6	9	2	8

7	6	5	9	4	1	8	3	2
9	3	1	5	8	2	4	7	6
2	4	8	6	3	7	5	9	1
5	8	7	4	6	3	2	1	9
4	1	9	7	2	5	6	8	3
6	2	3	1	9	8	7	4	5
3	5	2	8	7	9	1	6	4
8	9	6	2	1	4	3	5	7
1	7	4	3	5	6	9	2	8

真题：

				6	5		2	7
					4			1
			1		3		7	5
1				2				6
2	3		6		7			
4			7					
3	2		9	1				

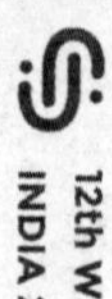

2.9 **连续数独** 在空格内填入数字1—9，使每行、每列及每宫内数字均不重复。粗线连接的数字必须为连续数，所有符合条件的粗线均已标出。（25分）

例题和答案：

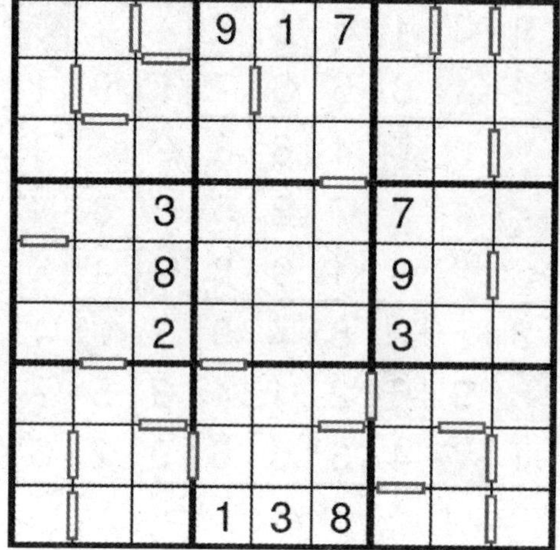

8	5	6	9	1	7	4	3	2
2	3	7	5	6	4	8	1	9
9	4	1	3	8	2	5	7	6
5	9	3	6	4	1	7	2	8
6	1	8	2	7	3	9	4	5
4	7	2	8	5	9	3	6	1
1	8	4	7	2	5	6	9	3
3	2	5	4	9	6	1	8	7
7	6	9	1	3	8	2	5	4

真题：

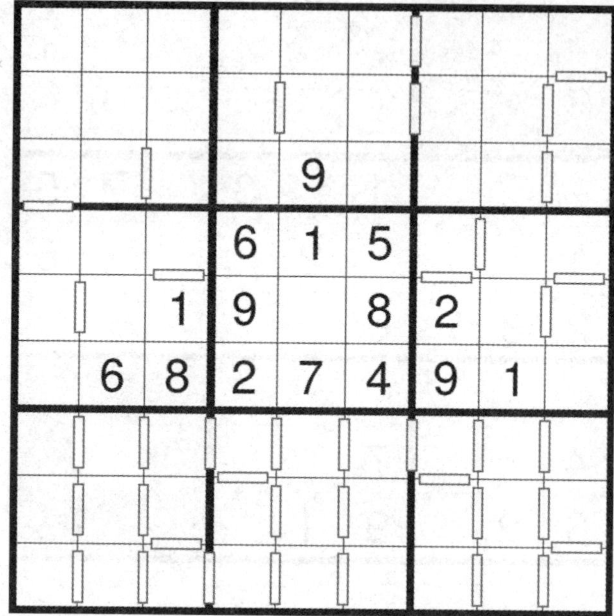

2.10 斜线连续数独 在空格内填入数字1—9，使每行、每列及每宫内数字均不重复。短斜线连接的数字必须为连续数，所有符合条件的斜线均已标出。（60分）

例题和答案：

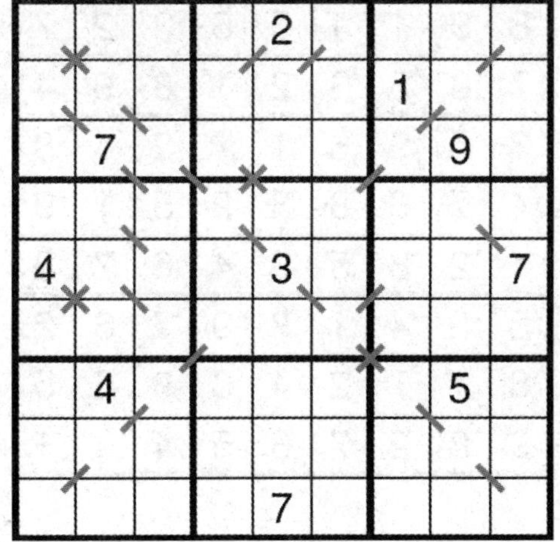

1	9	5	7	2	8	4	3	6
8	2	4	3	9	6	1	7	5
6	7	3	4	1	5	8	9	2
3	1	6	2	5	7	9	8	4
4	8	2	1	3	9	5	6	7
7	5	9	8	6	4	2	1	3
2	4	7	6	8	1	3	5	9
9	6	1	5	4	3	7	2	8
5	3	8	9	7	2	6	4	1

真题：

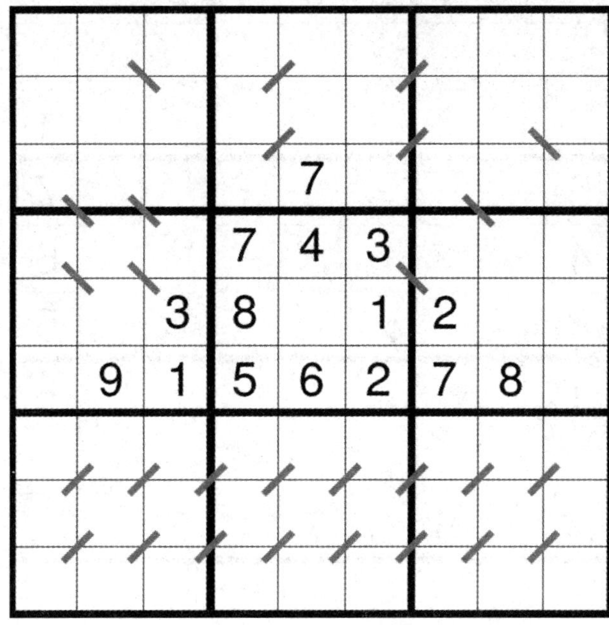

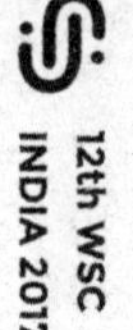

2.11　对角线数独　在空格内填入数字1—9，使得每行、每列、每宫及每条对角线内数字均不重复。（40分）

例题和答案：

	4					1	5	
8					6			7
7				2				
	5			1				
		6	8		2	5		
				9			7	
				8				2
6			2					5
	8	2					3	

2	4	3	9	7	8	1	5	6
8	9	1	4	5	6	3	2	7
7	6	5	3	2	1	8	9	4
3	5	9	6	1	7	2	4	8
4	7	6	8	3	2	5	1	9
1	2	8	5	9	4	6	7	3
5	3	4	1	8	9	7	6	2
6	1	7	2	4	3	9	8	5
9	8	2	7	6	5	4	3	1

真题：

		1	2	3	4	5		
7								1
5								7
4								6
3								5
1								8
		5	3	7	1	2		

2.12 反对角线数独 在空格内填入数字1—9，使每行、每列及每宫内数字均不重复。每条对角线上只能出现3个数字。（30分）

例题和答案：

		8	9		5	1		
	9		1		6		4	
	1	6				3	2	
	2	9				8	1	
	6		3		2		8	
		2	8		4	9		

4	5	1	7	2	3	6	9	8
6	7	8	9	4	5	1	3	2
2	9	3	1	8	6	5	4	7
7	1	6	4	9	8	3	2	5
5	8	4	2	3	1	7	6	9
3	2	9	5	6	7	8	1	4
9	6	5	3	7	2	4	8	1
1	3	2	8	5	4	9	7	6
8	4	7	6	1	9	2	5	3

真题：

		1	9	2	8	5		
2								1
1								9
8								2
5								8
6								3
		7	2	5	3	4		

2.13 XV数独 在空格内填入数字1—9，使每行、每列及每宫内数字均不重复。V连接的2个数字和必须为5，X连接的2个数字和必须为10，所有符合条件的V和X均已标出。（50分）

例题和答案：

5				4				7
2								3
8				6				4

5	6	1	9	4	3	8	2	7
9	3	2	8	7	5	4	1	6
7	4	8	1	2	6	3	5	9
1	8	9	6	3	2	7	4	5
2	7	4	5	9	1	6	8	3
6	5	3	7	8	4	2	9	1
4	9	6	3	5	8	1	7	2
3	2	5	4	1	7	9	6	8
8	1	7	2	6	9	5	3	4

真题：

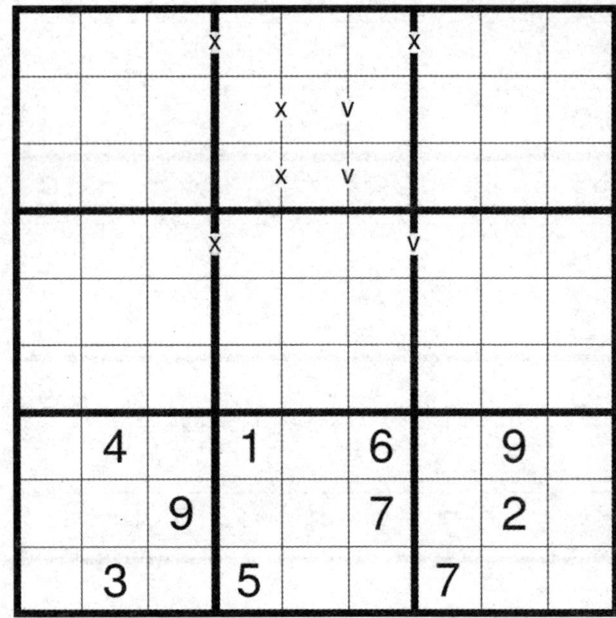

2.14 XIVI数独 在空格内填入数字1—9，使每行、每列及每宫内数字均不重复。VI连接的2个数字和必须为6，XI连接的2个数字和必须为11，所有符合条件的VI和XI均已标出。（40分）

例题和答案：

		4				8		
	2	3	4		9	7	6	
		1				3		
		5				4		
	1	6	8		7	9	3	
		9				6		

9	6	7	2	5	8	1	4	3
1	5	4	3	7	6	8	9	2
8	2	3	4	1	9	7	6	5
2	9	1	7	4	5	3	8	6
6	4	8	1	9	3	2	5	7
3	7	5	6	8	2	4	1	9
5	1	6	8	2	7	9	3	4
7	8	9	5	3	4	6	2	1
4	3	2	9	6	1	5	7	8

真题：

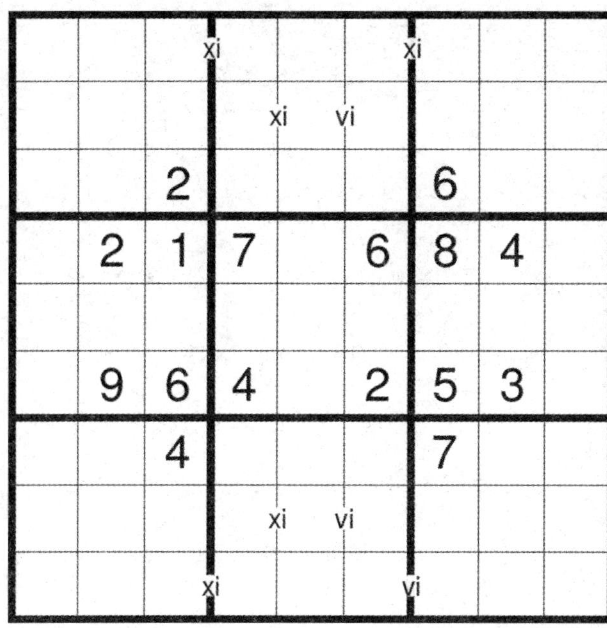

2.15 4格包含数独 在空格内填入数字1—9，使每行、每列及每宫内数字均不重复。4个格子交点处标出的数字必须在相邻4格中出现至少1次。（45分）

例题和答案：

1	2							
		3	4					
				5				
					6	7		
5	6						8	9
		7	8					
				9				
					1	2		
							3	4

1	2	5	9	6	8	3	4	7
6	7	3	4	1	2	8	9	5
4	9	8	7	5	3	6	2	1
8	4	9	5	2	6	7	1	3
5	6	2	1	3	7	4	8	9
3	1	7	8	4	9	5	6	2
7	3	6	2	9	4	1	5	8
9	5	4	3	8	1	2	7	6
2	8	1	6	7	5	9	3	4

真题：

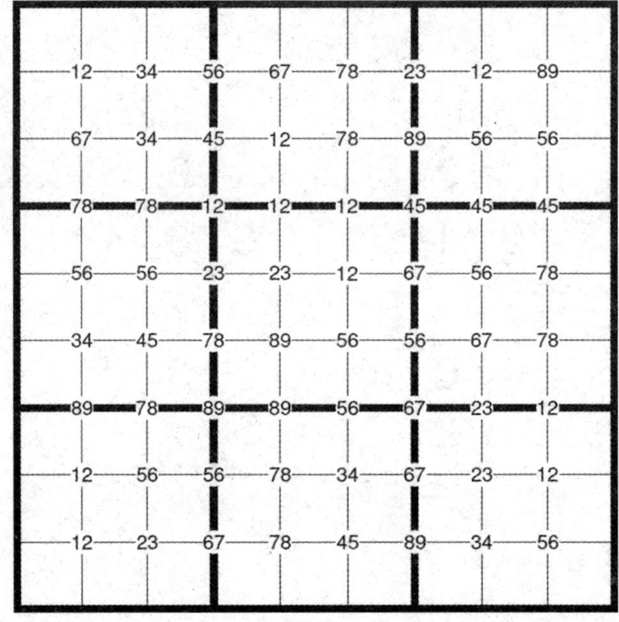

2.16　4格排除数独　在空格内填入数字1—9，使每行、每列及每宫内数字均不重复。4个格子交点处标出的数字不得出现在相邻4格中。（60分）

例题和答案：

1					2			9
	3					4		
		5					6	
			7					8
2					1			
	4					3		
		6					5	
9			8					7

1	7	4	6	5	2	8	3	9
6	3	9	1	7	8	4	2	5
8	2	5	4	9	3	7	6	1
5	6	3	7	2	9	1	4	8
4	1	7	5	8	6	2	9	3
2	9	8	3	4	1	5	7	6
7	4	1	9	6	5	3	8	2
3	8	6	2	1	7	9	5	4
9	5	2	8	3	4	6	1	7

真题：

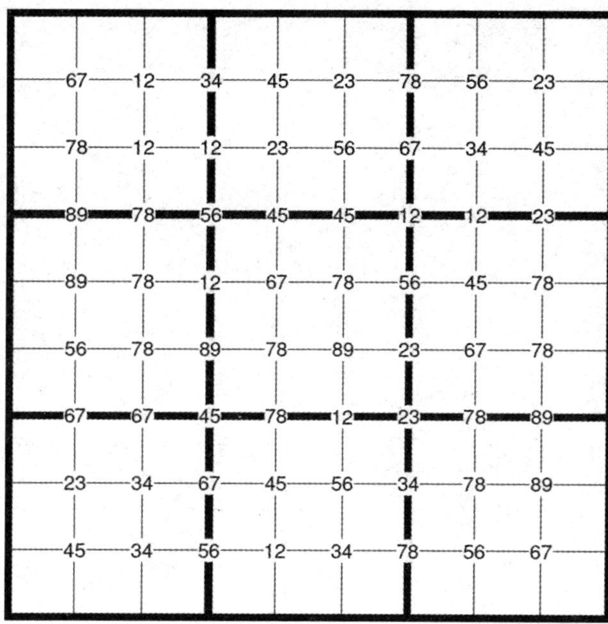

2.17 转轮数独 在空格内填入数字1—9，使每行、每列及每宫内数字均不重复。每个轮子中的4个数字必须按顺序出现在其所在的4个格子中，轮子可以旋转，但不得翻转。（35分）

例题和答案：

				1				

9	7	4	6	3	2	8	1	5
8	3	6	1	9	5	4	7	2
1	5	2	4	7	8	6	3	9
5	2	8	3	4	7	9	6	1
6	4	3	2	1	9	7	5	8
7	9	1	5	8	6	2	4	3
4	1	7	9	2	3	5	8	6
3	6	9	8	5	4	1	2	7
2	8	5	7	6	1	3	9	4

真题：

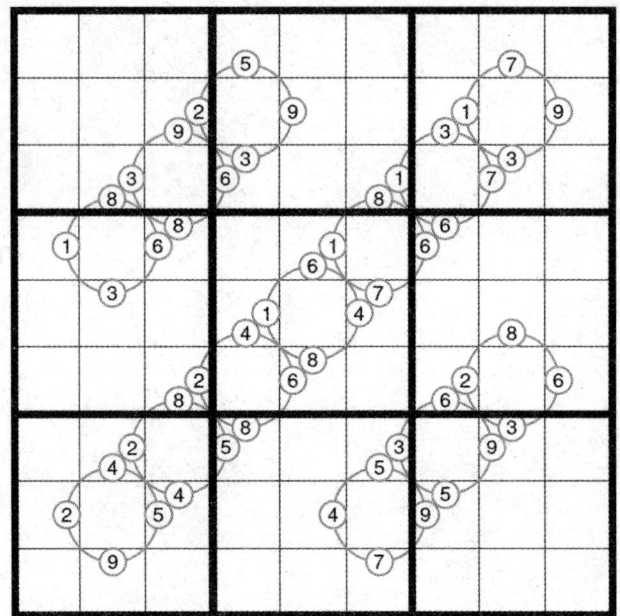

2.18　方轮数独　在空格内填入数字1—9，使每行、每列及每宫内数字均不重复。每个方轮中的4个数字必须按顺序出现在其所在的4个格子中，方轮可以旋转，但不得翻转。（40分）

例题和答案：

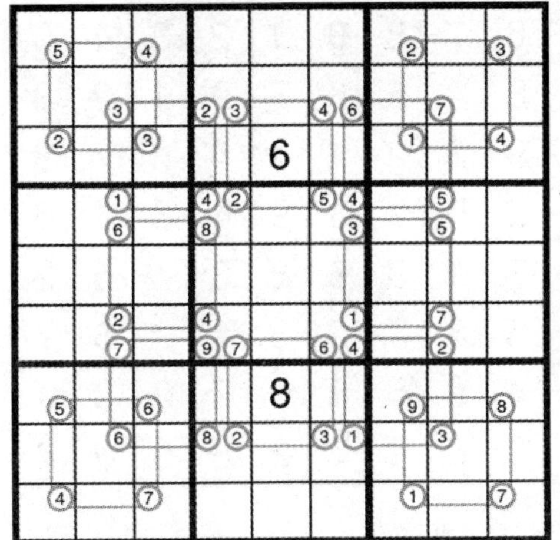

真题：

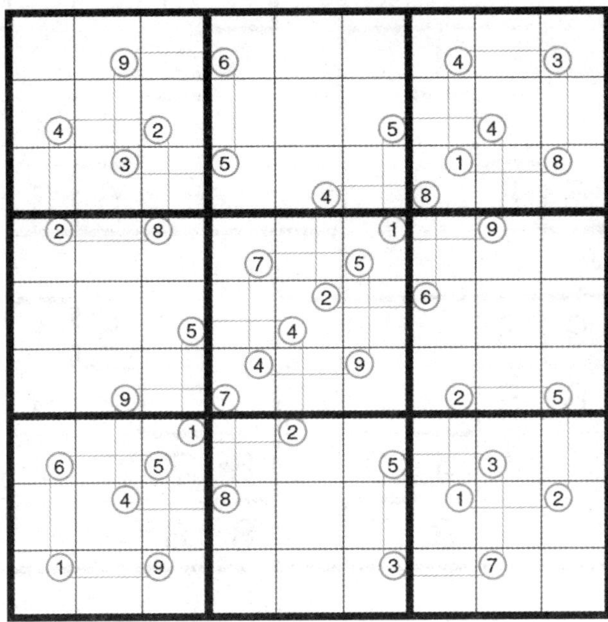

2.19 **盈余数独** 在空格内填入数字1—9，使每行、每列数字均不重复。每10个格子的宫中1—9至少出现1次。（45分）

例题和答案：

1		3		5		7		9
	7		9		2		4	
8		6				1		3
	3						7	
2								6
	1						5	
5		4				9		7
	9		8		7		3	
3		1		2		5		4

1	2	3	4	5	6	7	8	9
6	7	8	9	1	2	3	4	5
8	4	6	5	7	9	1	2	3
9	3	2	1	4	5	6	7	8
2	5	7	3	9	4	8	1	6
7	1	9	6	8	3	4	5	2
5	8	4	2	3	1	9	6	7
4	9	5	8	6	7	2	3	1
3	6	1	7	2	8	5	9	4

真题：

		8	6		9	5		
		1	3		5	2		
2	7						8	4
5	8						6	3
9	3						5	1
6	5						2	9
		4	9		6	7		
		3	7		8	6		

2.20 缺失数独 在空格内填入数字1—9，使每行、每列数字均不重复。每个不规则宫中数字不重复。（45分）

例题和答案：

8								2
	2						8	
		6	2	4	9	8		
		9	1	3	6	2		
		5	8		1	9		
		2	7	6	3	5		
		8	3	2	7	6		
	3						6	
2								9

8	9	7	6	5	4	1	3	2
1	2	3	4	9	5	7	8	6
3	7	6	2	4	9	8	5	1
5	8	9	1	3	6	2	4	7
6	4	5	8	7	1	9	2	3
4	1	2	7	6	3	5	9	8
9	5	8	3	2	7	6	1	4
7	3	1	9	8	2	4	6	5
2	6	4	5	1	8	3	7	9

真题：

	1	2		4	3	9	8	
	3	4		2	1	5	6	
	5	6						
	7	8				2	3	
						4	5	
	4	3	9	8		6	7	
	2	1	5	6		8	9	

2.21 外提示数独 在空格内填入数字1—9，使每行、每列及每宫内数字均不重复。盘面外提示数字必须出现在其所在行列对应方向的前3个格中。（30分）

例题和答案：

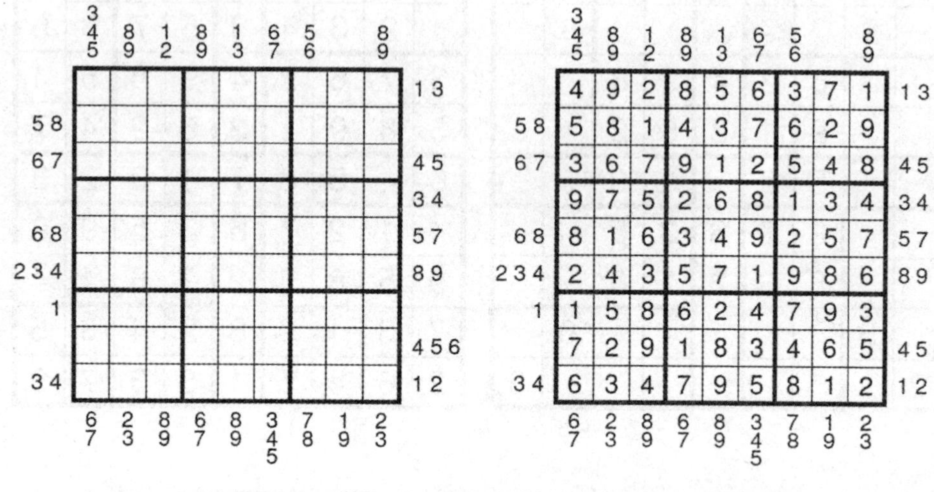

真题：

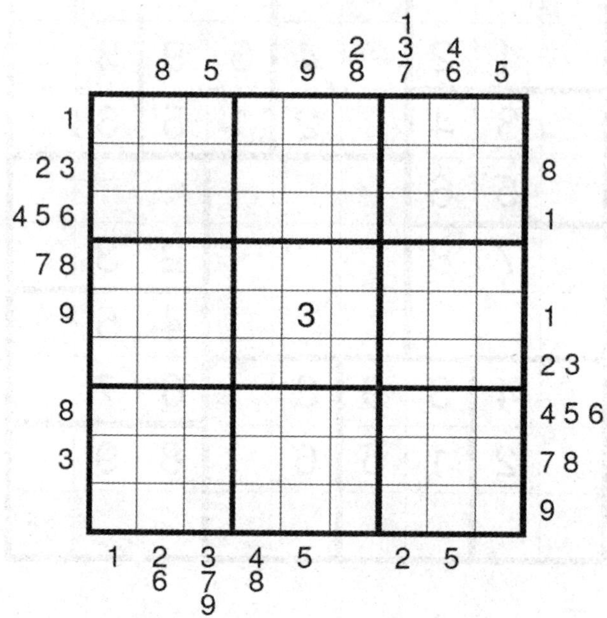

2.22　**234外提示数独**　在空格内填入数字1—9，使每行、每列及每宫内数字均不重复。盘面外提示数字必须出现在其所在行列对应方向的第2、3、4个格中。（60分）

例题和答案：

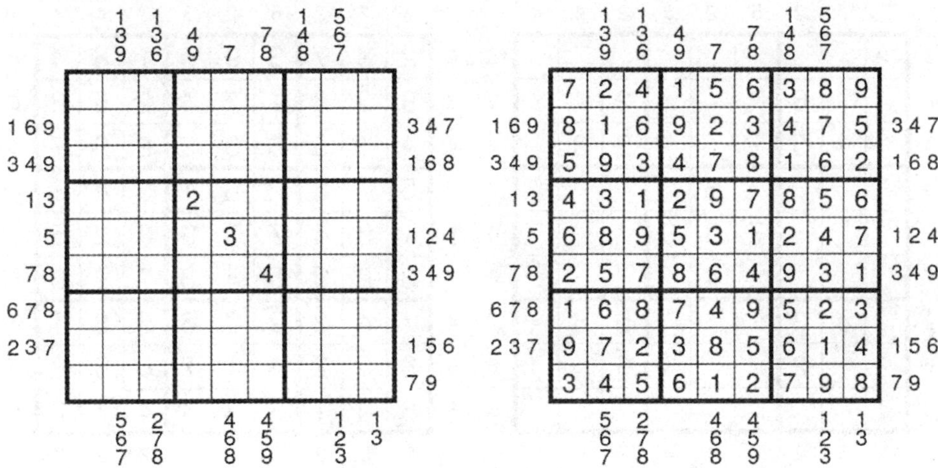

真题：

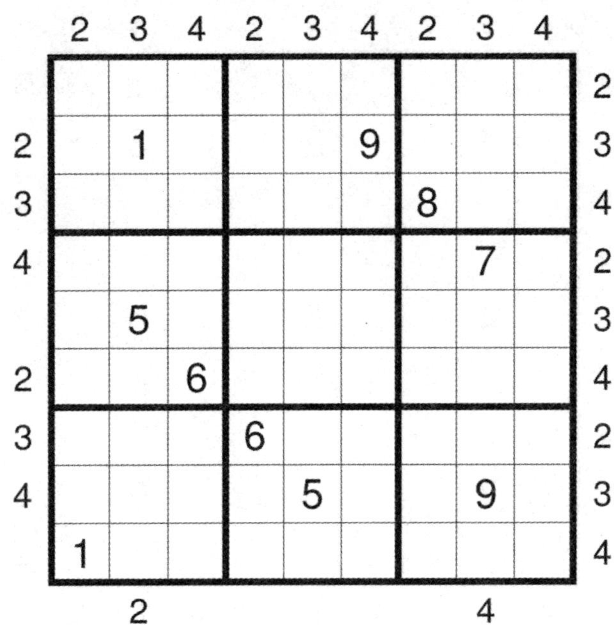

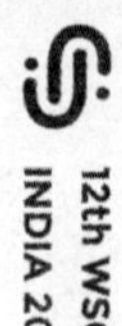

2.23 **大小差数独** 在空格内填入数字1—9，使得每行、每列及每宫内数字均不重复。盘面外提示数字表示其所在行列对应方向上前3个格中最大数与最小数的差。（70分）

例题和答案：

	7	7	2	5	2	3	2	4	4	
6										5
6			6				2			6
4		1	5				3	9		6
3					6					6
5				7	3	9				6
7					4					6
4		4	3				5	8		7
6			2				6			6
8										5
	2	5	2	5	4	4	2	5	8	

	7	7	2	5	2	3	2	4	4	
6	2	8	7	3	9	5	1	6	4	5
6	9	3	6	1	7	4	2	5	8	6
4	4	1	5	6	8	2	3	9	7	6
3	5	7	8	2	6	1	9	4	3	6
5	1	6	4	7	3	9	8	2	5	6
7	3	2	9	5	4	8	7	1	6	6
4	7	4	3	9	2	6	5	8	1	7
6	8	5	2	4	1	7	6	3	9	6
8	6	9	1	8	5	3	4	7	2	5
	2	5	2	5	4	4	2	5	8	

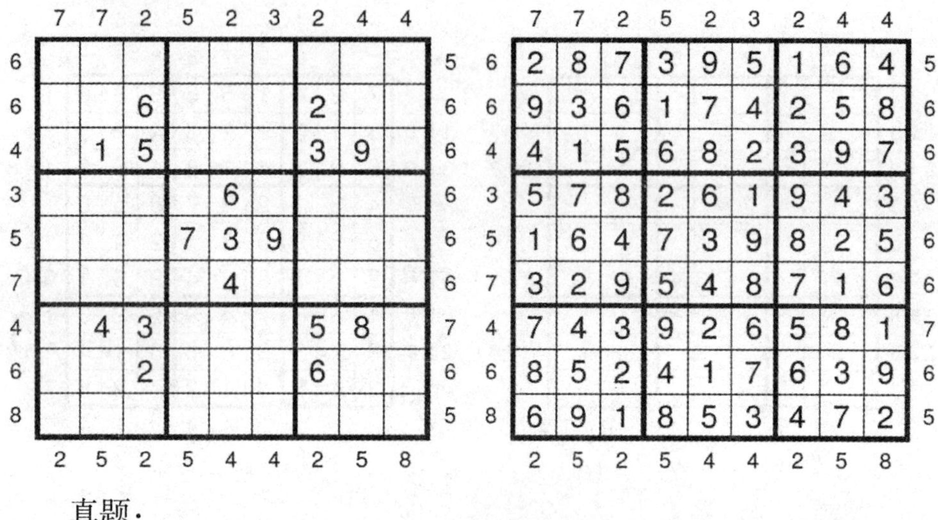

真题：

	4	5	7	5	4	7	7	4	5	
4										3
8		1			2			3		5
6										4
4										4
5		4			5			6		7
7										2
4										2
6		7			8			9		5
7										2
	4	2	3	6	5	3	3	8	5	

2.24　大小和数独　在空格内填入数字1—9，使每行、每列及每宫内数字均不重复。盘面外提示数字表示其所在行列对应方向上前3个格中最大数与最小数的和。（60分）

例题和答案：

	7	11	10	14	8	9	13	10	9	
12										7
7		6	1				7	9		13
11		3						1		9
11										6
12										10
9										15
5		4						5		14
12		7	5				2	3		10
11										7
	10	9	11	8	9	14	11	9	9	

	7	11	10	14	8	9	13	10	9	
12	4	8	7	9	1	6	5	2	3	7
7	5	6	1	8	2	3	7	9	4	13
11	2	3	9	5	7	4	8	1	6	9
11	3	9	2	6	8	7	1	4	5	6
12	7	5	6	4	9	1	3	8	2	10
9	8	1	4	3	5	2	6	7	9	15
5	1	4	3	2	6	8	9	5	7	14
12	6	7	5	1	4	9	2	3	8	10
11	9	2	8	7	3	5	4	6	1	7
	10	9	11	8	9	14	11	9	9	

真题：

	9	10	12	14	5	10	15	4	12	
13										8
9		1			2			3		10
8										10
11										6
8		4			5			6		10
11										13
8										11
10		7			8			9		10
10										10
	12	14	6	8	12	7	7	13	8	

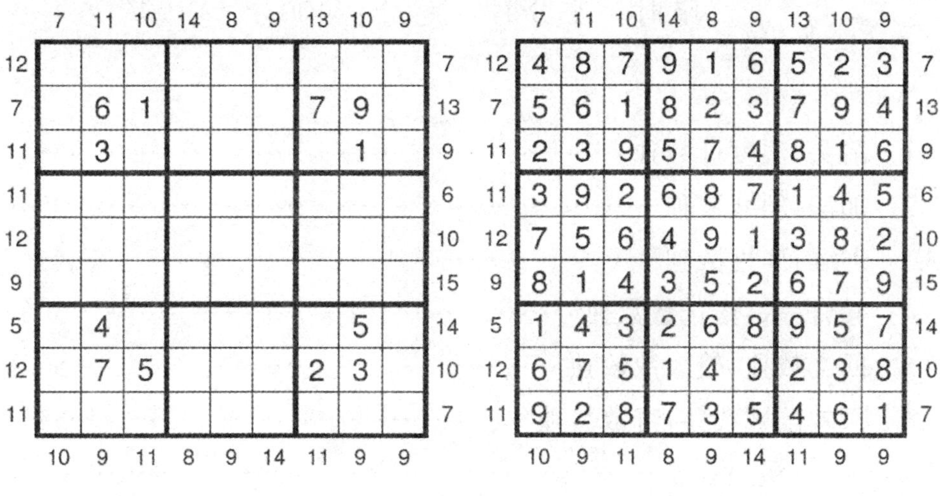

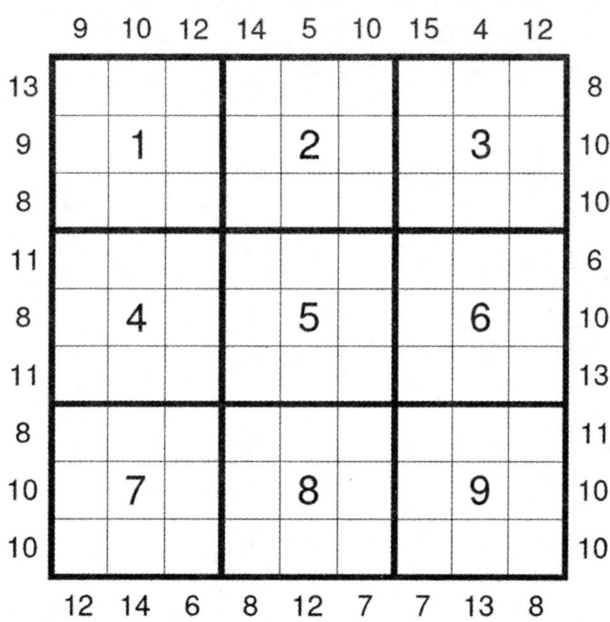

第3轮　个人赛：组合

限时：35分钟　总分：400分

3.1　箭头+温度计数独 …………………………………… 35分

3.2　加法+斜线数独 ……………………………………… 45分

3.3　连续+属性数独 ……………………………………… 45分

3.4　4格提示+候选数数独 ………………………………… 50分

3.5　回文数独+较大数数独 ………………………………… 50分

3.6　额外区域数独+奇数数独 ……………………………… 55分

3.7　杀手+堡垒数独 ……………………………………… 60分

3.8　奇偶数对+指大数独 ………………………………… 60分

3.1 箭头+温度计数独（35分）

箭头数独：在空格内填入数字1—9，使每行、每列及每宫内数字均不重复。箭头圆圈上的数字为线上所有数字的和，箭头上数字可以重复。

温度计数独：在空格内填入数字1—9，使每行、每列及每宫内数字均不重复。每个温度计上的数字必须从圆圈开始严格递增。

例题和答案：

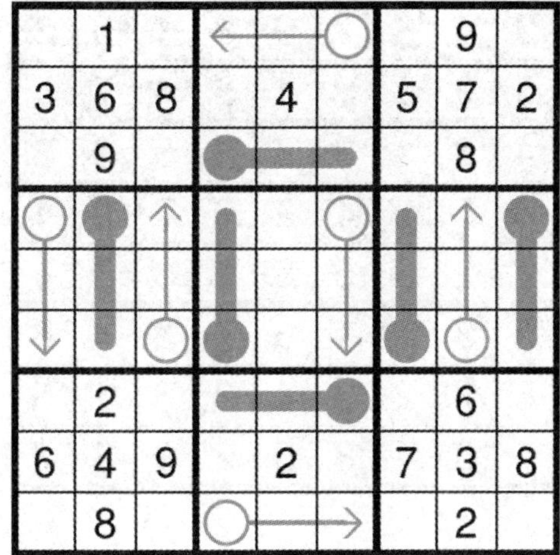

真题：

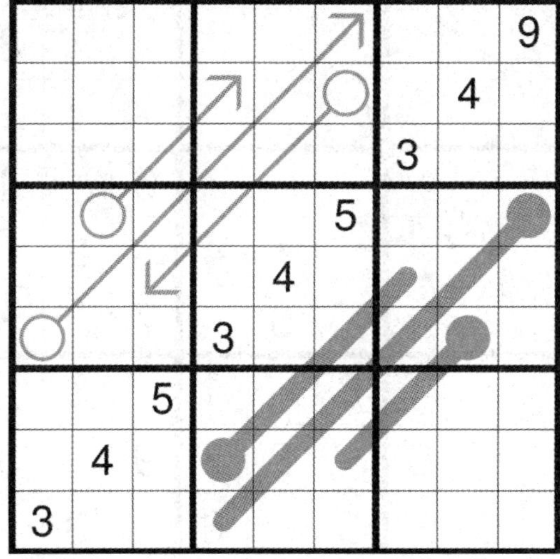

3.2　加法+斜线数独（45分）

加法数独：在空格内填入数字1—9，使每行、每列及每宫内数字均不重复。4格交点的数字表示周围4格内的数字和。

斜线数独：在空格内填入数字1—9，使每行、每列及每宫内数字均不重复。每条斜线上的数字不重复。

例题和答案：

5								9
	4			9			5	
			2		5			
		1				5		
	5			2			8	
		9				3		
			1		7			
	7			4			1	
1								7

5	1	7	6	3	4	8	2	9
2	4	6	7	9	8	1	5	3
3	9	8	2	1	5	4	7	6
4	8	1	3	7	6	5	9	2
6	5	3	4	2	9	7	8	1
7	2	9	5	8	1	3	6	4
9	3	5	1	6	7	2	4	8
8	7	2	9	4	3	6	1	5
1	6	4	8	5	2	9	3	7

真题：

								8
							4	
						6		4
					4		8	
				6		7		3
			8		1		6	
		6		2		9		5
	9		5		6		3	

3.3 连续+属性数独（45分）

连续数独：在空格内填入数字1—9，使每行、每列及每宫内数字均不重复。每个白点标出的数字必须为连续数，没有白点的格子没有限制。

属性数独：在空格内填入数字1—9，使每行、每列及每宫内数字均不重复。每条线上的所有数字必须全为奇数或者全为偶数。

例题和答案：

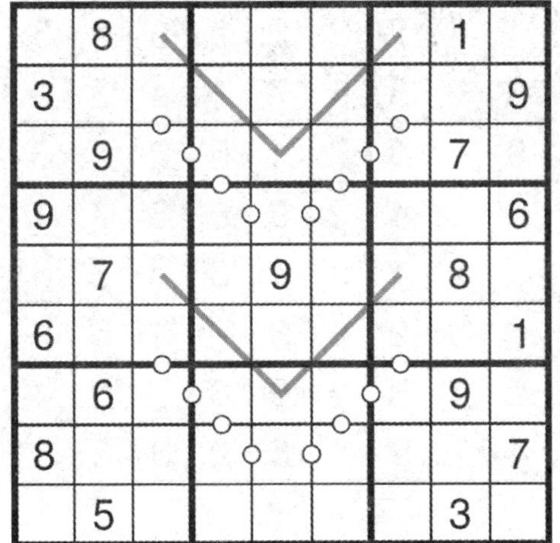

7	8	6	5	4	9	2	1	3
3	4	1	8	7	2	5	6	9
5	9	2	1	6	3	4	7	8
9	1	8	2	3	4	7	5	6
4	7	5	6	9	1	3	8	2
6	2	3	7	8	5	9	4	1
2	6	4	3	1	7	8	9	5
8	3	9	4	5	6	1	2	7
1	5	7	9	2	8	6	3	4

真题：

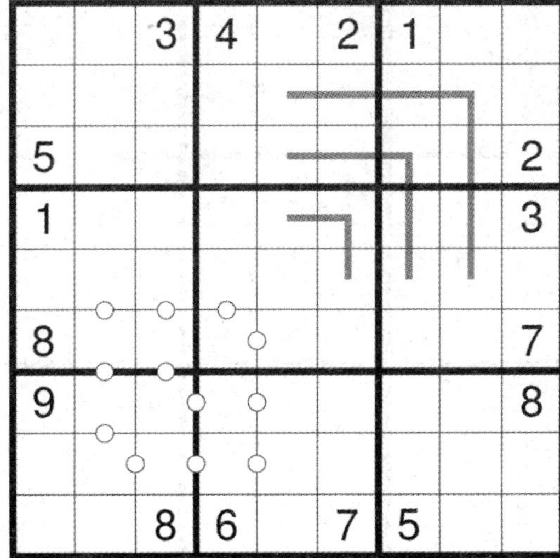

3.4 4格提示+候选数数独（50分）

4格提示数独：在空格内填入数字1—9，使每行、每列及每宫内数字均不重复。4格交点处的4个提示数表示其所在4格内的数字。

候选数数独：在空格内填入数字1—9，使每行、每列及每宫内数字均不重复。每格中的提示数字表示该格所有可能填写的数字。

例题和答案：

1289 (1234)	2389			8		9		7
1489	3489						8	
		1569 (5678)	1679			4		2
		1589	1789		5			
3				9				1
			8		1234 (1357)	3456		
6		2			5678	1278		
	1						1234 (2468)	3456
4		9		5			5678	1278

2	3	6	5	8	4	9	1	7
1	4	7	3	2	9	6	8	5
8	9	5	6	7	1	4	3	2
9	6	8	7	1	5	2	4	3
3	5	4	2	9	6	8	7	1
7	2	1	8	4	3	5	9	6
6	8	2	4	3	7	1	5	9
5	1	3	9	6	8	7	2	4
4	7	9	1	5	2	3	6	8

真题：

1			3579	2348			4567	5678
	2		1358	1348			4567	5678
		3			4589	4568		
(1258)			4		1279	1256		
				5			2369	1236
		(1257)			6		1239	1237
						7		
(3567)				(4689)			8	
								9

3.5 回文数独+较大数数独（50分）

回文数独：在空格内填入数字1—9，使每行、每列及每个宫内数字均不重复。每条线上的数字必须组成一个回文数。

较大数数独：在空格内填入数字1—9，使每行、每列及每宫内数字均不重复。圆圈中的提示数字表示所在2格中的较大的数字。

例题和答案：

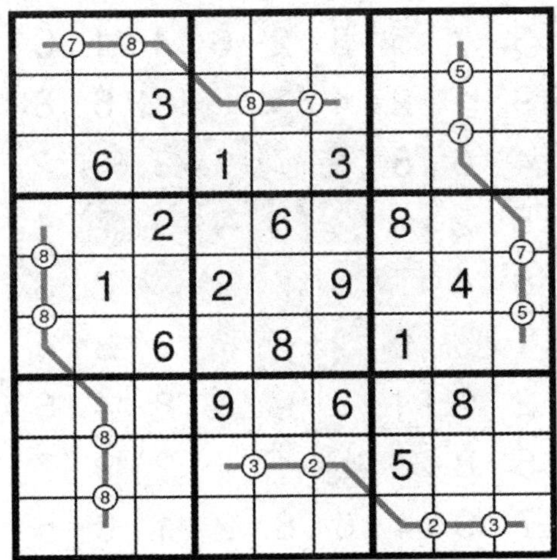

4	7	8	6	9	5	3	2	1
1	2	3	8	7	4	9	5	6
9	6	5	1	2	3	4	7	8
5	9	2	4	6	1	8	3	7
8	1	7	2	3	9	6	4	5
3	4	6	5	8	7	1	9	2
2	3	1	9	5	6	7	8	4
7	8	4	3	1	2	5	6	9
6	5	9	7	4	8	2	1	3

真题：

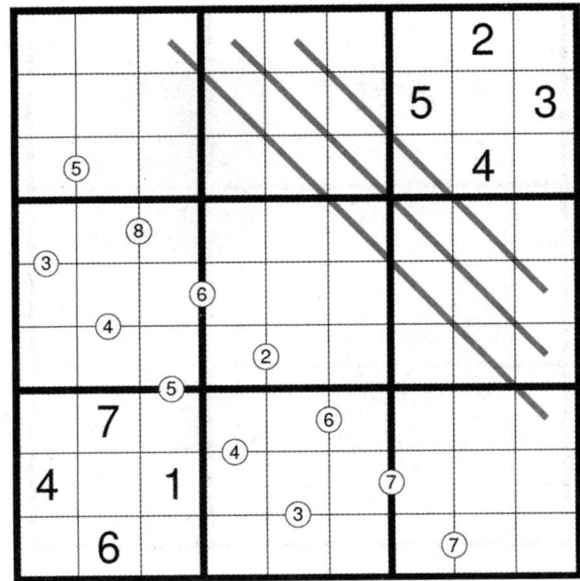

3.6 额外区域数独+奇数数独（55分）

额外区域数独：在空格内填入数字1—9，使每行、每列及每宫内数字均不重复，每个阴影标出的9个格也必须不重复。

奇数数独：在空格内填入数字1—9，使每行、每列及每宫内数字均不重复，圆圈中必须填入奇数。

例题和答案：

3		5		2		4		9
	1		4				6	
4		8			9			2
	2			4				
8								3
				5			8	
2			7			8		6
	8				4		9	
7		4		8		1		5

3	7	5	8	2	6	4	1	9
9	1	2	4	3	5	7	6	8
4	6	8	1	7	9	3	5	2
5	2	6	3	4	8	9	7	1
8	4	7	9	6	1	5	2	3
1	3	9	2	5	7	6	8	4
2	5	1	7	9	3	8	4	6
6	8	3	5	1	4	2	9	7
7	9	4	6	8	2	1	3	5

真题：

	1	5	8					
	2	4	1					
	3	6	7					
					1	5	6	
					6	9	3	
					4	2	8	

3.7 杀手+堡垒数独（60分）

杀手数独：在空格内填入数字1—9，使每行、每列及每宫内数字均不重复。虚线框左上角的提示数字表示其所在虚线框中所有数字的和。每个虚线框中数字不得重复。

堡垒数独：在空格内填入数字1—9，使每行、每列及每宫内数字均不重复。每个灰格中的数字必须大于其相邻所有白格中的数字。

例题和答案：

		1						
		17		6		24		
8			2		5			
		5				4		
	8						6	
		4				1		
	16		6		3	22		1
				9				
						3		

5	3	1	7	8	9	2	4	6
9	2	7	3	6	4	8	1	5
8	4	6	2	1	5	9	7	3
1	6	5	9	3	2	4	8	7
3	8	9	4	7	1	5	6	2
2	7	4	8	5	6	1	3	9
4	5	8	6	2	3	7	9	1
7	1	3	5	9	8	6	2	4
6	9	2	1	4	7	3	5	8

真题：

12				12			4	
			12			5		9
					6		2	
	12			7		6		
12			3		9			
		7		5				
	7		1					
2		9						
	3							

3.8 奇偶数对+指大数独（60分）

奇偶数对数独：在空格内填入数字1—9，使每行、每列及每宫内数字均不重复。灰点连接的两个数字必须为一奇一偶，没有标记的格子没有限制。

指大数独：在空格内填入数字1—9，使每行、每列及每宫内数字均不重复。如果箭头上的数字为n，则$n+1$必须在箭头所指方向出现至少一次。

例题和答案：

	6			7			5	
		9		2		6		
			8		3			
		6				8		
			5		2			
		5		8		2		
	3			9			1	

1	2	3	4	5	6	7	8	9
4	6	8	1	7	9	3	5	2
5	7	9	3	2	8	6	4	1
2	5	4	8	1	3	9	7	6
3	1	6	9	4	7	8	2	5
8	9	7	5	6	2	1	3	4
7	4	5	6	8	1	2	9	3
6	3	2	7	9	5	4	1	8
9	8	1	2	3	4	5	6	7

真题：

		6					8	
	3					4		9
5					2		3	
				8		9		
			4		9			
		4		3				
	1		8					4
8		5					2	
	7					1		

第4轮　个人赛：它在哪

限时：20分钟　总分：120分

4.1　第一题第1行（无VX数独）…………………… 10分

4.2　第一题第2行　……………………………… 10分

4.3　第一题第3行（不连续数独）………………… 10分

4.4　第一题第4行　……………………………… 10分

4.5　第一题第5行（无缘数独）…………………… 10分

4.6　第一题第6行　……………………………… 10分

4.7　第二题第1行　……………………………… 10分

4.8　第二题第2行（不平均数独）………………… 10分

4.9　第二题第3行　……………………………… 10分

4.10　第二题第4行（无马数独）………………… 10分

4.11　第二题第5行　…………………………… 10分

4.12　第二题第6行（不对称数独）……………… 10分

在图中找到6个完整的6×6数独题目答案，每个答案符合下列6种规则中的一种。以下有2个空白的6×6格子，其中6行对应6种规则，具体对应规则已在题目左边标出。在图中找到完整答案之后，请将其第n行抄到该题型对应位置，n为空白格子左边标出的该题型对应行数，然后解答空白格子题目。空白格子题目符合标准数独规则。图中的6个数独题目答案可以部分重叠，但不可以完全重叠。图中可能有多个答案符合某种变形题目规则，但是只有一个为正确答案。

标准数独：在空格内填入数字1—9，使每行、每列及每宫内数字均不重复。

无VX数独：在空格内填入数字1—9，使每行、每列及每宫内数字均不重复。任意相邻2格数字和不得为5或10。

不平均数独：在空格内填入数字1—9，使每行、每列及每宫内数字均不重复。任何数字都不能是其水平或垂直方向2个数字的平均数。

不连续数独：在空格内填入数字1—9，使每行、每列及每宫内数字均不重复。相邻的数字不能为连续数。

无马数独：在空格内填入数字1—9，使每行、每列及每宫内数字均不重复。任意马步上的数字不能相同。

无缘数独：在空格内填入数字1—9，使每行、每列及每宫内数字均不重复。任何数字不得与其相邻8个格中的数字相同。

不对称数独：在空格内填入数字1—9，使每行、每列及每宫内数字均不重复。中心对称位置的数字不得相同。

例题和答案：

5	1	3	6	2	4	6	5						3	6	5	3	6	2	1	4
2	4	6	3	5	1	3	4	2	5	4	1	5	2	1	2	1	5	4	6	3
4	6	2	5	1	3	5	1	4	3	5	2	6	4	5	3	6	4	5	1	2
1	3	5	2	4	6	2	6	5	4	1	5	3	1	2	6	4	2	3	5	1
3	5	1	4	6	2	4	5	6	2	3	1	2	5	3	1	5	3	2	4	6
6	2	4	1	3	5	1	2	3	4	6	5	5	6	4	5	3	6	1	2	4
2	3	1	4	5	6	6	4	5	1	2	3	6	5	1	4	2	1	6	3	5
5	6	4	3	1	2	3	1	2	6	5	4	1	2	6	5	3	6	4	1	2
6	1	5	2	4	3	5	6	4	3	1	2	5	1	4	3	6	4	2	5	1
4	2	3	1	6	5	2	3	1	5	4	6	4	3	5	2	1	5	3	4	6
1	5	2	6	3	4	1	5	4	2	3	1	2	4	3	6	5	3	1	2	4
3	4	6	5	2	1	3	6	2	4	1	5	3	6	2	1	4	2	5	6	3
1	3	2	6	4	5	6	3	5	1	4	2	6	2	1	6	5	4	3	2	1
5	4	6	1	3	2	4	1	3	5	2	6	4	4	3	5	1	2	6	4	3
2	6	3	4	5	1	5	4	6	2	5	3	1	5	4	3	6	1	2	5	4
4	1	5	3	2	6	3	2	4	6	3	1	5	6	2	1	3	5	4	6	2
6	5	4	2	1	3	2	5	1	3	6	4	2	1	6	2	4	3	5	1	6
3	2	1	5	6	4	1	6						3	5	4	2	6	1	3	5

无VX 第1行

不连续第3行

无缘第5行

不平均第2行

无马第4行

不对称第6行

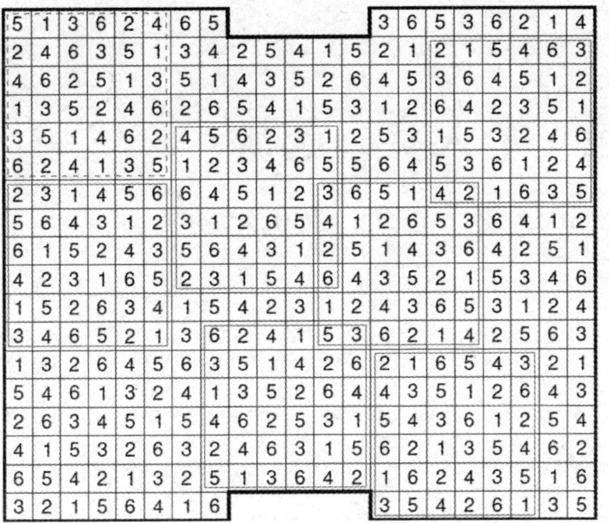
5 1 3 6 2 4 6 5 3 6 5 3 6 2 1 4
2 4 6 3 5 1 3 4 2 5 4 1 5 2 1 2 1 5 4 6 3
4 6 2 5 1 3 5 1 4 3 5 2 6 4 5 3 6 4 5 1 2
1 3 5 2 4 6 2 6 5 4 1 5 3 1 2 6 4 2 3 5 1
3 5 1 4 6 2 4 5 6 2 3 1 2 5 3 1 5 3 2 4 6
6 2 4 1 3 5 1 2 3 4 6 5 5 6 4 5 3 6 1 2 4
2 3 1 4 5 6 6 4 5 1 2 3 6 5 1 4 2 1 6 3 5
5 6 4 3 1 2 3 1 2 6 5 4 1 2 6 5 3 6 4 1 2
6 1 5 2 4 3 5 6 4 3 1 2 5 1 4 3 6 4 2 5 1
4 2 3 1 6 5 2 3 1 5 4 6 4 3 5 2 1 5 3 4 6
1 5 2 6 3 4 1 5 4 2 3 1 2 4 3 6 5 3 1 2 4
3 4 6 5 2 1 3 6 2 4 1 5 3 6 2 1 4 2 5 6 3
1 3 2 6 4 5 6 3 5 1 4 2 6 2 1 6 5 4 3 2 1
5 4 6 1 3 2 4 1 3 5 2 6 4 4 3 5 1 2 6 4 3
2 6 3 4 5 1 5 4 6 2 5 3 1 5 4 3 6 1 2 5 4
4 1 5 3 2 6 3 2 4 6 3 1 5 6 2 1 3 5 4 6 2
6 5 4 2 1 3 2 5 1 3 6 4 2 1 6 2 4 3 5 1 6
3 2 1 5 6 4 1 6 3 5 4 2 6 1 3 5

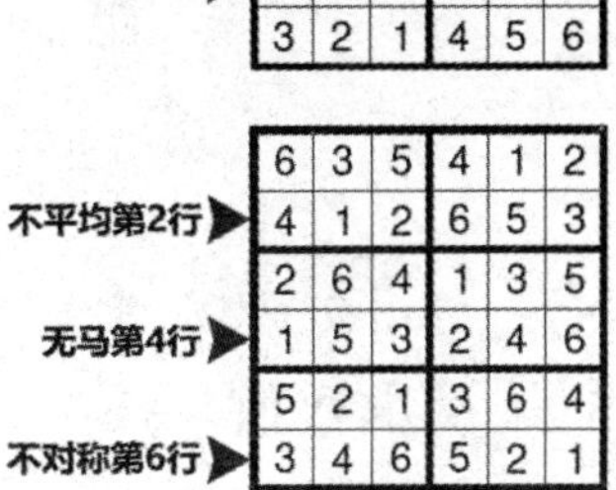
无VX 第1行
不连续第3行
无缘第5行
2 1 6 5 4 3
4 5 3 6 2 1
1 3 5 2 6 4
6 4 2 1 3 5
5 6 4 3 1 2
3 2 1 4 5 6
不平均第2行
无马第4行
不对称第6行
6 3 5 4 1 2
4 1 2 6 5 3
2 6 4 1 3 5
1 5 3 2 4 6
5 2 1 3 6 4
3 4 6 5 2 1

真题：

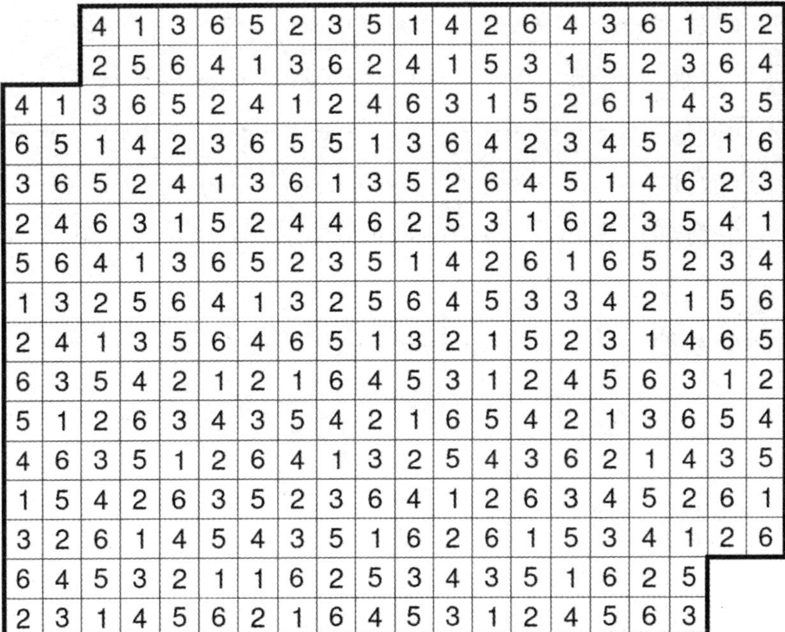
4 1 3 6 5 2 3 5 1 4 2 6 4 3 6 1 5 2
2 5 6 4 1 3 6 2 4 1 5 3 1 5 2 3 6 4
4 1 3 6 5 2 4 1 2 4 6 3 1 5 2 6 1 4 3 5
6 5 1 4 2 3 6 5 5 1 3 6 4 2 3 4 5 2 1 6
3 6 5 2 4 1 3 6 1 3 5 2 6 4 5 1 4 6 2 3
2 4 6 3 1 5 2 4 4 6 2 5 3 1 6 2 3 5 4 1
5 6 4 1 3 6 5 2 3 5 1 4 2 6 1 6 5 2 3 4
1 3 2 5 6 4 1 3 2 5 6 4 5 3 3 4 2 1 5 6
2 4 1 3 5 6 4 6 5 1 3 2 1 5 2 3 1 4 6 5
6 3 5 4 2 1 2 1 6 4 5 3 1 2 4 5 6 3 1 2
5 1 2 6 3 4 3 5 4 2 1 6 5 4 2 1 3 6 5 4
4 6 3 5 1 2 6 4 1 3 2 5 4 3 6 2 1 4 3 5
1 5 4 2 6 3 5 2 3 6 4 1 2 6 3 4 5 2 6 1
3 2 6 1 4 5 4 3 5 1 6 2 6 1 5 3 4 1 2 6
6 4 5 3 2 1 1 6 2 5 3 4 3 5 1 6 2 5
2 3 1 4 5 6 2 1 6 4 5 3 1 2 4 5 6 3

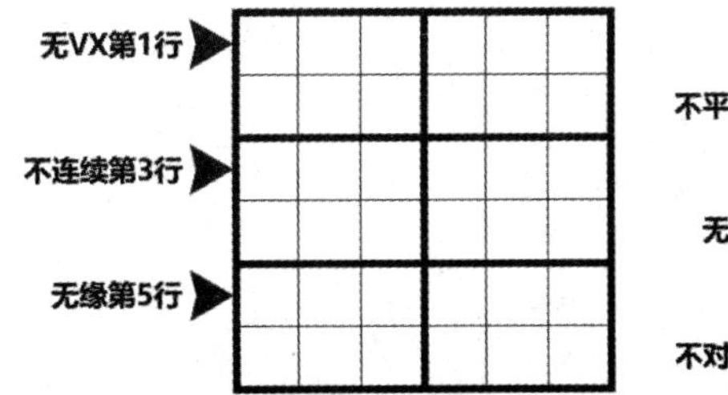
无VX第1行
不连续第3行
无缘第5行

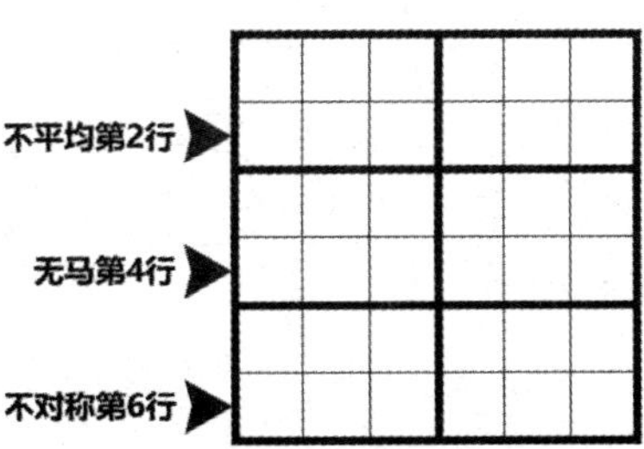
不平均第2行
无马第4行
不对称第6行

第5轮　个人赛：起源

限时：30分钟　总分：350分

5.1　标准数独 …… 15分

5.2　标准数独 …… 15分

5.3　标准数独 …… 20分

5.4　标准数独 …… 20分

5.5　标准数独 …… 25分

5.6　标准数独 …… 25分

5.7　标准数独 …… 25分

5.8　标准数独 …… 30分

5.9　标准数独 …… 35分

5.10　标准数独 …… 40分

5.11　标准数独 …… 40分

5.12　标准数独 …… 60分

5.1 标准数独 在空格内填入数字1—9，使每行、每列及每宫内数字均不重复。（15分）

5		4				7		
	3				6		8	
2				5				9
			4				1	
		3				2		
	2				3			
1				4				5
	7		5				4	
		6				3		2

5.2 标准数独 在空格内填入数字1—9，使每行、每列及每宫内数字均不重复。（15分）

	2			6			1	
9								2
		1	2		5	6		
		3	4		7	8		
8								6
		5	6		1	2		
		7	8		3	4		
6								3
	5			4			7	

5.3 **标准数独** 在空格内填入数字1—9，使每行、每列及每宫内数字均不重复。（20分）

<table>
<tr><td>1</td><td></td><td></td><td></td><td></td><td></td><td></td><td></td><td></td></tr>
<tr><td></td><td>2</td><td></td><td></td><td></td><td>3</td><td>1</td><td></td><td></td></tr>
<tr><td></td><td></td><td>3</td><td></td><td></td><td></td><td>5</td><td>4</td><td></td></tr>
<tr><td></td><td></td><td></td><td>4</td><td></td><td></td><td></td><td>3</td><td>2</td></tr>
<tr><td></td><td></td><td></td><td></td><td>5</td><td></td><td></td><td></td><td>1</td></tr>
<tr><td></td><td>7</td><td></td><td></td><td></td><td>6</td><td></td><td></td><td></td></tr>
<tr><td></td><td>6</td><td>5</td><td></td><td></td><td></td><td>7</td><td></td><td></td></tr>
<tr><td></td><td></td><td>4</td><td>3</td><td></td><td></td><td></td><td>8</td><td></td></tr>
<tr><td></td><td></td><td></td><td>2</td><td>1</td><td></td><td></td><td></td><td>9</td></tr>
</table>

5.4 **标准数独** 在空格内填入数字1—9，使每行、每列及每宫内数字均不重复。（20分）

<table>
<tr><td></td><td></td><td></td><td></td><td>3</td><td></td><td></td><td></td><td></td></tr>
<tr><td>1</td><td></td><td>8</td><td></td><td>6</td><td></td><td>4</td><td></td><td>3</td></tr>
<tr><td>2</td><td></td><td>4</td><td></td><td></td><td></td><td>8</td><td></td><td>6</td></tr>
<tr><td></td><td></td><td></td><td></td><td></td><td></td><td></td><td></td><td></td></tr>
<tr><td></td><td>7</td><td></td><td>9</td><td></td><td>2</td><td></td><td>4</td><td></td></tr>
<tr><td></td><td>2</td><td></td><td>6</td><td>1</td><td>4</td><td></td><td>8</td><td></td></tr>
<tr><td>3</td><td></td><td></td><td></td><td>2</td><td></td><td></td><td></td><td>8</td></tr>
<tr><td>6</td><td></td><td>7</td><td></td><td>8</td><td></td><td>9</td><td></td><td>4</td></tr>
<tr><td></td><td></td><td>2</td><td></td><td>4</td><td></td><td>6</td><td></td><td></td></tr>
</table>

5.5 **标准数独** 在空格内填入数字1—9，使每行、每列及每宫内数字均不重复。（25分）

1	2				7			3
		3			9			6
		4				8	7	
6	5							
				1				
							3	4
	7	9				2		
5			4			1		
4			5				8	7

5.6 **标准数独** 在空格内填入数字1—9，使每行、每列及每宫内数字均不重复。（25分）

		1	2					
		4	3					
							7	8
				5			3	9
			9		4			
1	8			7				
3	9							
					5	1		
					8	7		

5.7 **标准数独** 在空格内填入数字1—9，使每行、每列及每宫内数字均不重复。（25分）

				9				
			1		2			
		5		8		3		
	7		2		1		4	
1		4		3		8		5
	2		5		8		1	
		3		2		5		
			4		7			
				5				

5.8 **标准数独** 在空格内填入数字1—9，使每行、每列及每宫内数字均不重复。（30分）

		7				5		
	3		5		1		9	
		5		9		1		
	1		7		9		3	
	6		2		8		4	
		4		2		8		
	8		4		6		2	
		2				6		

5.9 标准数独 在空格内填入数字1—9，使每行、每列及每宫内数字均不重复。（35分）

		6				3		
			1		5			
2				3				8
	4		2		7		5	
		5				9		
	1		4		3		8	
8				7				2
			6		9			
		7				1		

5.10 标准数独 在空格内填入数字1—9，使每行、每列及每宫内数字均不重复。（40分）

	6					3		
					2		6	
	8			1		5		9
					4		8	
		3				7		
	2		6					
1		5		9			2	
	4		8					
		7					1	

5.11 **标准数独** 在空格内填入数字1—9，使每行、每列及每宫内数字均不重复。（40分）

							9	1
						2	8	5
					9	4	7	
				7	4	3		
			8	2	1			
		6	5	9				
	4	8	2					
5	7	1						
9	6							

5.12 **标准数独** 在空格内填入数字1—9，使每行、每列及每宫内数字均不重复。（60分）

1			4			7		
	2			5			8	
		3			6			9
4			2			5		
	5			3			6	
		6			1			4
9			6			2		
	7			4			3	
		8			5			1

第6轮　个人赛：不同凡“想”

限时：50分钟　总分：500分

6.1　尾和箭头数独 ………………………………………… 25分

6.2　目标数数独 ………………………………………… 25分

6.3　幻境数独 ………………………………………… 30分

6.4　柠檬数独 ………………………………………… 35分

6.5　奇偶桥数独 ………………………………………… 35分

6.6　第一印象数独 ………………………………………… 40分

6.7　宫斗数独 ………………………………………… 45分

6.8　因数杀手数独 ………………………………………… 60分

6.9　大小邻居数独 ………………………………………… 70分

6.10　唯一矩形数独 ………………………………………… 85分

6.11　外提示数列数独 ………………………………………… 50分

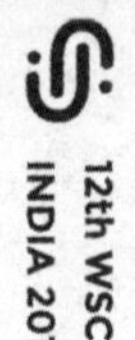

6.1 **尾和箭头数独** 在空格内填入数字1—9，使每行、每列及每宫内数字均不重复。每个箭头从第三个数字起，每个数字为箭头上前2个数字和的个位数。（25分）

例题和答案：

		2	3	5				
		7	4	6		5	1	
						2	7	
	9	5				8	3	
	2	3						
	6	8		7	3	1		
				9	6	4		

5	3	4	7	1	8	9	6	2
6	1	2	3	5	9	7	4	8
9	8	7	4	6	2	5	1	3
8	4	6	9	3	5	2	7	1
1	9	5	6	2	7	8	3	4
7	2	3	1	8	4	6	9	5
4	6	8	2	7	3	1	5	9
3	5	1	8	9	6	4	2	7
2	7	9	5	4	1	3	8	6

真题：

			5	3				
				8	9			
					2	9		
7						3	9	
1	9						4	8
	6	3						7
		9	3					
			2	5				
				9	1			

6.2 **目标数数独** 在空格内填入数字1—9，使每行、每列及每宫内数字均不重复。1—9中的1个数字为目标数。所有大于号标记的数字必须大于这个数字。所有小于号标记的数字必须小于这个数字，选手需自行找出目标数。（25分）

例题和答案：

2	▷	9	4	◁	7	5	◁	6
▷		◁		◁		◁		▷
3	◁	6	5	◁	8	1	▷	7
6		5		◁		3		9
4		8		▷		7		5
5	◁	2	1	▷	6	8	▷	4
◁		▷		▷		▷		◁
8	▷	4	3	▷	5	9	◁	2

2	8	9	4	1	7	5	3	6
7	5	1	6	3	9	2	4	8
3	4	6	5	2	8	1	9	7
6	2	5	7	4	1	3	8	9
9	7	3	8	5	2	4	6	1
4	1	8	9	6	3	7	2	5
5	3	2	1	9	6	8	7	4
1	9	7	2	8	4	6	5	3
8	6	4	3	7	5	9	1	2

真题：

▷		1				4		◁
	▷	5	1		6	8	◁	
3		▷				◁		2
◁	1		▷		◁		8	▷
		▷		9		▷		
	2		◁		▷		5	
4	8	◁				▷	1	3
	◁		4		1		▷	
◁		6	▷		◁	5		▷

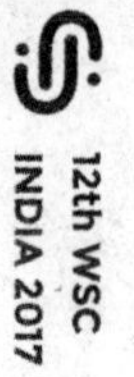

6.3 幻境数独 在空格内填入数字1—9，使每行、每列及每宫内数字均不重复。盘面中有些格子有候选数标记。若箭头中的数字为n，则箭头所指方向上的前n个候选数都是正确的，n个数之后的候选数都是错误的，箭头方向至少有n个数。（30分）

例题和答案：

			↓				1	
→	7	8	9	4	3	2	6	1
→	4	5	6	9	1	2	7	8
→	2	1	3	9	7	4	8	6
			1				4	
→	3	7	5	6	1	8	2	9
→	5	2	4	7	1	9	3	6
→	9	4	2	3	6	8	5	7
			7				↑	

2	1	9	↓7	8	5	3	(1)6	4
→6	(7)7	(8)8	(9)9	(4)4	(3)3	(2)2	(6)1	(1)5
→3	(4)4	(5)5	(6)6	(9)1	(1)2	(2)7	(7)8	(8)9
→5	(2)2	(1)1	(3)3	(9)9	(7)7	(4)6	(8)4	(6)8
9	8	6	(1)1	2	4	5	(4)7	3
→4	(3)3	(7)7	(5)5	(6)6	(1)8	(8)1	(2)9	(9)2
→8	(5)5	(2)2	(4)4	(7)7	(1)1	(9)9	(3)3	(6)6
→7	(9)9	(4)4	(2)2	(3)3	(6)6	(8)8	(5)5	(7)1
1	6	3	(7)8	5	9	4	↑2	7

真题：

7	6	8	3	1	←	7	2	9
4	9	5	6	8	←	1	3	5
1	2	3	7	9	←	6	8	4
						↑	↑	↑
7	4	8	←		→	5	6	9
↓	↓	↓						
8	4	6	→	3	1	7	9	3
9	3	7	→	6	8	2	1	5
2	1	5	→	7	9	8	4	6

6.4 柠檬数独 在空格内填入数字1—9，使每行、每列及每宫内数字均不重复。每个柠檬线上所有数字的和为柠檬中间的二位数。所有二位数从左至右或从上至下排序。（35分）

例题和答案：

5		9		6		3		2
			1		5			
				2				
9				3				1
2	5		7		1		3	4
3				8				7
				1				
1			6		2			3
7	6	2				1	5	9

5	1	9	4	6	8	3	7	2
6	2	3	1	7	5	9	4	8
4	8	7	3	2	9	6	1	5
9	7	8	5	3	4	2	6	1
2	5	6	7	9	1	8	3	4
3	4	1	2	8	6	5	9	7
8	3	5	9	1	7	4	2	6
1	9	4	6	5	2	7	8	3
7	6	2	8	4	3	1	5	9

真题：

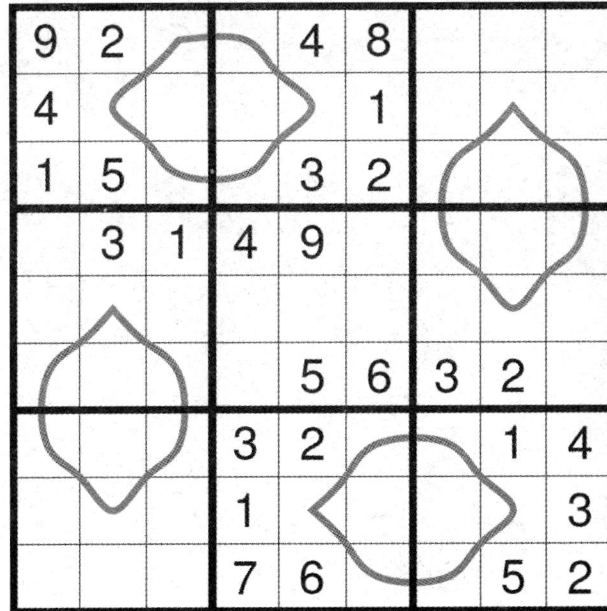

6.5　奇偶桥数独　在空格内填入数字1—9，使每行、每列及每宫内数字均不重复。每个桥两端圆圈中的数字若是奇数则表示线上的奇数个数，若是偶数则表示线上的偶数个数。（35分）

例题和答案：

9	8	7		○	5	3		○
6					2	5		
5							9	6
							4	5
○				3			8	9
8	7						○	
1	5							
		6	5	8	○			
○		2	9	6				

9	8	7	6	1	5	3	2	4
6	4	3	8	9	2	5	7	1
5	2	1	7	4	3	8	9	6
3	6	9	1	7	8	2	4	5
2	1	5	4	3	6	7	8	9
8	7	4	2	5	9	6	1	3
1	5	8	3	2	4	9	6	7
7	9	6	5	8	1	4	3	2
4	3	2	9	6	7	1	5	8

真题：

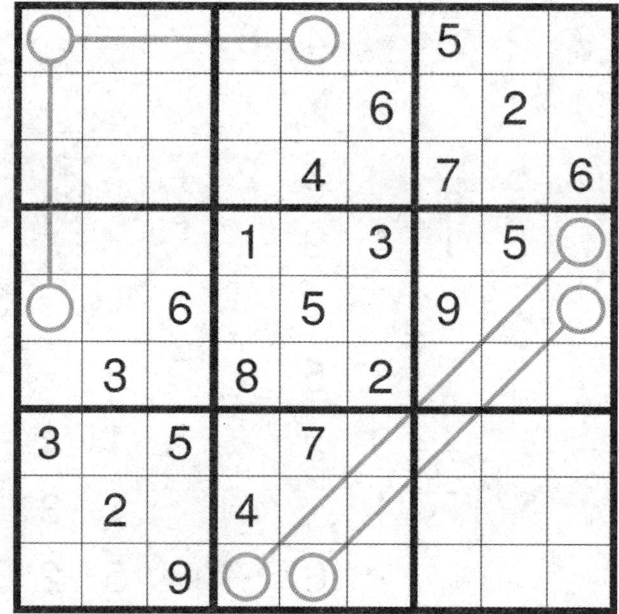

6.6 第一印象数独 在空格内填入数字1—9，使每行、每列及每宫内数字均不重复。灰格中的数字必须大于其所在行最左边的数字和其所在列最上面的数字。没有标记的格子没有限制。（40分）

例题和答案：

					6			
				8				
			3		7			
		4				8		6
	3						1	
6		8				9		
			7		9			
				5				
			4					

9	5	3	2	1	6	4	8	7
4	7	1	9	8	5	6	2	3
2	8	6	3	4	7	5	9	1
1	9	4	5	3	2	8	7	6
5	3	7	6	9	8	2	1	4
6	2	8	1	7	4	9	3	5
3	6	5	7	2	9	1	4	8
7	4	9	8	5	1	3	6	2
8	1	2	4	6	3	7	5	9

真题：

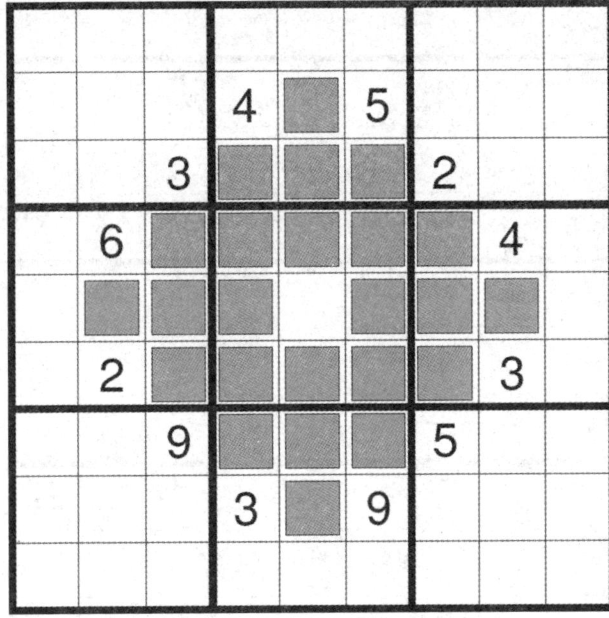

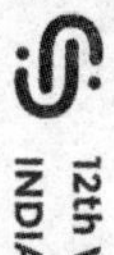

6.7　**宫斗数独**　在空格内填入数字1—9，使每行、每列及每宫内数字均不重复。每组相邻的两个宫的宫线两边有3组相邻的数字。将3组数字分别比大小，宫线上的箭头从较大数较多的宫指向较大数较少的宫。（45分）

例题和答案：

	5	2		6		8	3	
3	9			1			6	5
6								7
			5		1			
1	2						7	3
			3		7			
5								4
2	1			7			8	6
	6	8		5		7	2	

7	5	2	4	6	9	8	3	1
3	9	4	7	1	8	2	6	5
6	8	1	2	3	5	9	4	7
8	3	7	5	4	1	6	9	2
1	2	5	8	9	6	4	7	3
9	4	6	3	2	7	1	5	8
5	7	9	6	8	2	3	1	4
2	1	3	9	7	4	5	8	6
4	6	8	1	5	3	7	2	9

真题：

		4				5		
			1		7			
1		5		2		8		7
	4						8	
		1				4		
	5						6	
4		3		7		1		5
			9		3			
		8				2		

6.8　因数杀手数独　在空格内填入数字1—9，使每行、每列及每宫内数字均不重复。每个虚线框左上角的数字代表虚线框中所有数字的数字和，虚线框中所有数字必须为其数字和的因数，虚线框中数字可以重复。（60分）

例题和答案：

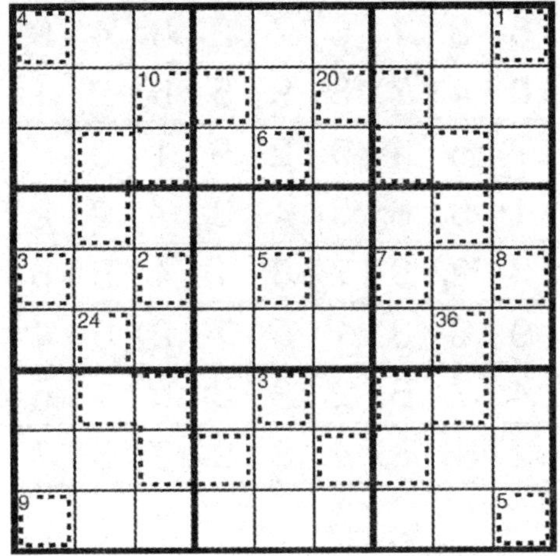

4	6	9	7	2	5	8	3	1
8	3	5	1	9	4	2	7	6
7	2	1	8	6	3	5	4	9
6	1	7	9	8	2	4	5	3
3	9	2	4	5	6	7	1	8
5	4	8	3	1	7	6	9	2
2	8	4	5	3	1	9	6	7
1	5	6	2	7	9	3	8	4
9	7	3	6	4	8	1	2	5

真题：

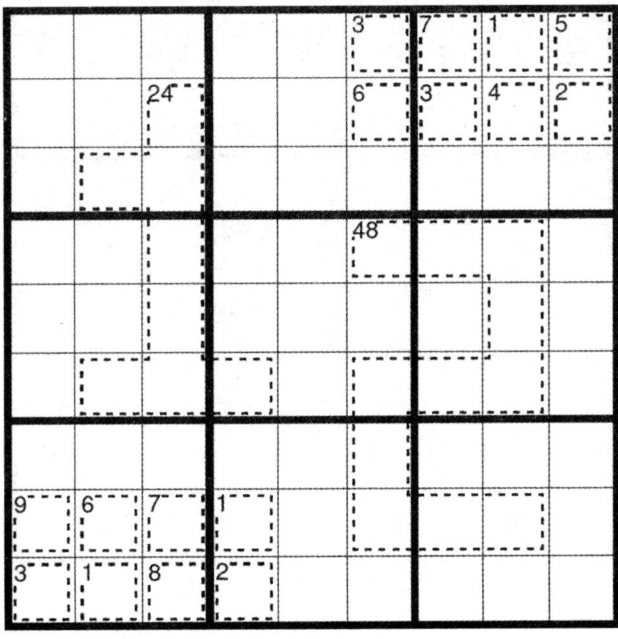

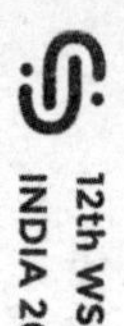

6.9 **大小邻居数独** 在空格内填入数字1—9，使每行、每列及每宫内数字均不重复。圆圈中的数字代表其周围1圈8个格中比它大或者比它小的数字个数，没有标记的格子没有限制。（70分）

例题和答案：

		2	8	1	4	5		○
	3						4	
8		○	3		5	○		1
7		4				1		8
1								2
3		9				4		6
9		○	1		7	○		4
	7						1	
○		5	4	6	9	3		

6	9	2	8	1	4	5	7	③
5	3	1	6	7	2	8	4	9
8	4	⑦	3	9	5	⑥	2	1
7	5	4	9	2	6	1	3	8
1	6	8	5	4	3	7	9	2
3	2	9	7	8	1	4	5	6
9	8	③	1	5	7	②	6	4
4	7	6	2	3	8	9	1	5
②	1	5	4	6	9	3	8	7

真题：

	9						2	
5		4		3		9		7
○			8		9			○
8				○				6
	7		○		○		4	
4				○				8
○			1		7			○
1		6		8		2		9
	4						1	

6.10　唯一矩形数独　在空格内填入数字1—9，使每行、每列及每宫内数字均不重复。任意2×2的矩形中数字组合都与其他所有方格不重复。（85分）

例题和答案：

		3	4		9	8		
		6	8		7	9		
7	8						4	1
9	7						6	3
		5	3		4	1		
		8	2		6	7		
		7	1		5	3		
		2	9		8	4		

1	2	3	4	5	9	8	7	6
4	5	6	8	1	7	9	3	2
7	8	9	6	3	2	5	4	1
9	7	4	5	8	1	2	6	3
2	6	5	3	7	4	1	8	9
3	1	8	2	9	6	7	5	4
8	9	1	7	4	3	6	2	5
6	4	7	1	2	5	3	9	8
5	3	2	9	6	8	4	1	7

真题：

			7		9			
		6	1		5	8		
	4	5				7	1	
3	1						5	4
8	7						3	1
	9	3				1	2	
		1	6		3	4		
			2		1			

6.11 外提示数列数独 在空格内填入数字1—9，使每行、每列及每宫数字均不重复。每行每列中所有圆圈中的数字组成1个等差数列，数字顺序没有要求。“？”可以代表1—9中的任何数字。（50分）

例题和答案：

	④	⑤	⑥	⑤	(?)	④	⑦	①	⑧
④			○			○			○
⑨		⑦	6		○		2	③	
⑥	○	9	3	○			⑧	7	
(?)			○			○			○
⑤		○			○			○	
(?)	○			○			○		
③		8	②			○	3	6	○
④		①	5		○		9	②	
④	○			○			○		

	④	⑤	⑥	⑤	(?)	④	⑦	①	⑧
④	1	5	⑧	3	7	②	4	9	⑥
⑨	4	⑦	6	9	⑤	8	2	③	1
⑥	②	9	3	④	1	6	⑧	7	5
(?)	9	6	④	1	8	③	7	5	②
⑤	8	③	7	2	⑥	5	1	④	9
(?)	⑤	2	1	⑦	4	9	⑥	8	3
③	7	8	②	5	9	①	3	6	④
④	6	①	5	8	③	4	9	②	7
④	③	4	9	⑥	2	7	⑤	1	8

真题：

	(?)	(?)	(?)	(?)	(?)	(?)	(?)	(?)	(?)
①			○		2	○	6		
②		○		9	○	8			
③	○		2	○	1		○		4
④		1	○	4		○		3	○
⑤	3	○	5		○		4	○	9
⑥	○	2		○		3	○	6	
⑦	2		○		5	○	3		○
⑧				6	○	2		○	
⑨			1	○	3		○		

第7轮　个人赛：谜题数独

限时：35分钟　总分：350分

7.1　星战数独 …………………………………………………… 30分

7.2　决策数独 …………………………………………………… 40分

7.3　日本和数独 ………………………………………………… 40分

7.4　ABC数独 ……………………………………………………… 25分

7.5　涂黑数独 …………………………………………………… 25分

7.6　数和数独 …………………………………………………… 40分

7.7　战舰数独 …………………………………………………… 45分

7.8　摩天楼数独 ………………………………………………… 45分

7.9　找单词数独 ………………………………………………… 60分

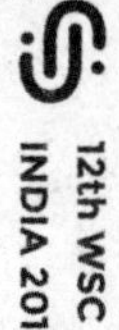

7.1　星战数独　在空格内填入所给数字范围中的数字，使每行、每列及每宫内数字均不重复。其余格中各填入一个星星，每个星星不能相邻或斜向相邻。（30分）

例题和答案：

	8			3			5	
5	3			1			2	6
		2				7		
					1			
7	6			4			3	2
			3					
		5				1		
3	1			6			4	5
	4			8			6	

1	8	6	2	3	7	4	5	★
5	3	7	★	1	4	8	2	6
4	★	2	8	5	6	7	1	3
8	2	3	6	★	1	5	7	4
7	6	1	5	4	8	★	3	2
★	5	4	3	7	2	6	8	1
6	7	5	4	2	3	1	★	8
3	1	8	7	6	★	2	4	5
2	4	★	1	8	5	3	6	7

真题：

3								1
	1						6	
		2				8		
			6		5			
				3				
6		4	2		7	5		3
	8	7	4		6	3	1	
	5	6				2	7	
1			8		2			4

7.2 **决策数独** 在空格内填入数字1—9，使每行、每列及每宫内数字均不重复。每行右边的黑白点表示其所在行的虚线框中的5个数与题目下方的目标数的对比结果。黑点表示一个正确的数字在正确的位置，白点表示一个正确的数字在错误的位置。虚线框中数字不得重复。（40分）

例题和答案：

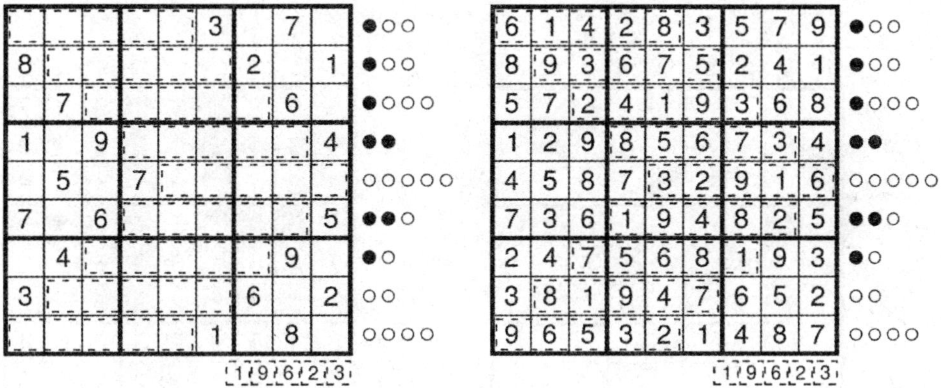

真题：

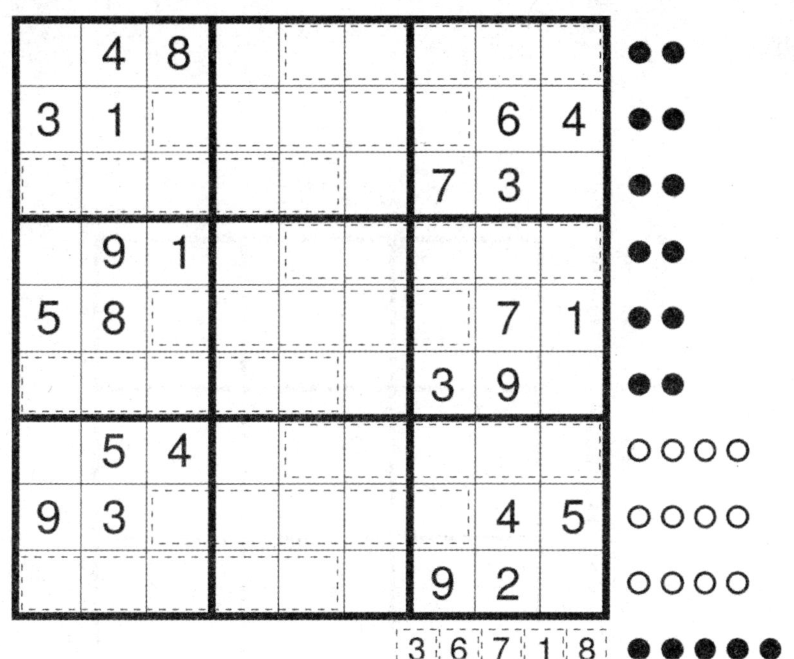

7.3 **日本和数独** 在空格内填入数字1—9，使每行、每列及每宫内数字均不重复。将盘面中的部分格子涂黑，使盘面外的提示数表示其所在行列对应方向上连续白格中的数字和。如果某行列有多个数字和，则这些数字和的顺序为连续白格数字和的顺序，且每组连续白格之间至少有1个黑格，有些黑格可能已被涂黑。（40分）

例题和答案：

真题：

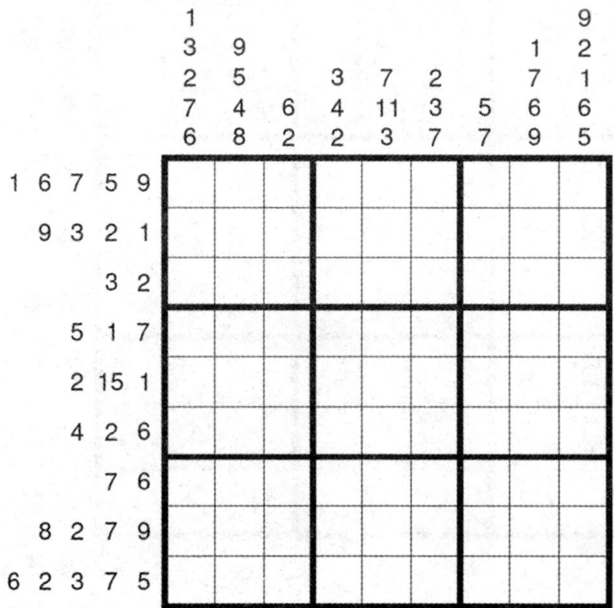

7.4　ABC数独　在空格内填入所给数字范围中的数字，使每行、每列及每宫内数字均不重复。其余格子为空白格。盘面外数字表示所在行列对应方向上看到的第一个数字。（25分）

例题和答案：

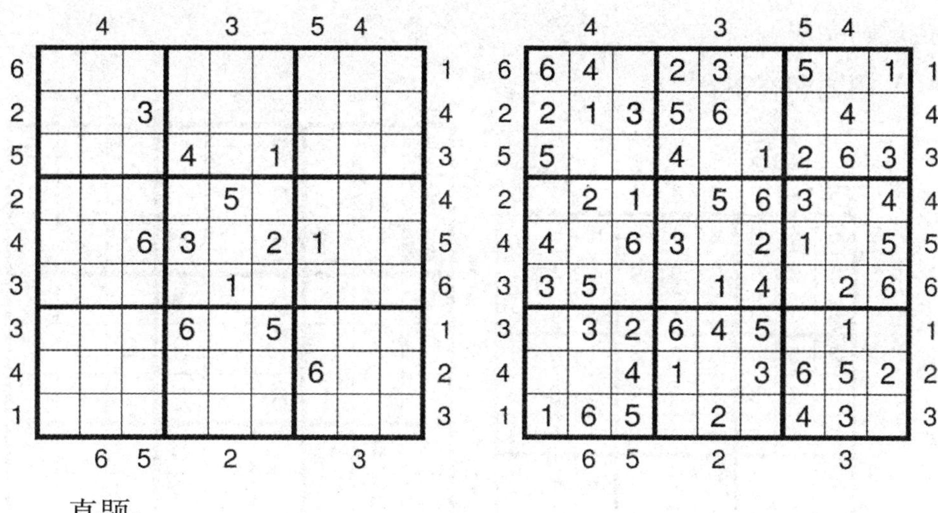

真题：

			2				2			
1						5				6
								3		
5				4						2
3					5					4
		6						5		
3					2					4
5				5						2
								1		
1						6				6
			3				3			

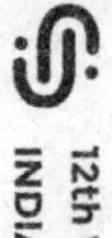

7.5 **涂黑数独** 将题目中的部分格子涂黑，使盘面外的数字表示所在行列每组连续黑格的格数。如果某行或列有多于1个数字，则数字顺序为连续黑格数的顺序，且每组连续黑格中间必须至少有1个白格隔开。涂黑完成后将剩余数字抄写到空白题目中，并按标准数独规则完成题目。（25分）

例题和答案：

	5	1 4 1	2 2 2	1 2	9	2 2	2 1 4	2 1 4	3 5
2 5	5	5	8	2	1	6	6	8	7
1 5	4	6	9	3	8	9	4	4	1
1 1 1	8	1	2	6	7	5	7	4	8
2 1 2	2	5	4	5	2	3	3	6	8
5 1	3	7	3	9	9	9	6	3	2
2 1 3	9	6	1	8	4	2	3	5	9
1 3 3	2	4	3	8	5	6	2	6	6
1 7	4	8	5	1	8	4	1	7	3
2 5	3	2	5	4	9	1	5	4	7

5			2					
4	6		3					
8		2	6		5	7	4	
2			5		3			8
					9	6	3	
		1	8		2			
	4				6			
	8							
		5	4					

真题：

	9	3 3	2 2	1 1	1 1 1	1 1	2 2	3 3	9
9	8	7	6	4	2	3	5	1	9
3 3	3	9	4	5	7	1	2	6	8
2 2	2	5	1	8	9	6	7	3	4
1 1	7	6	3	2	8	5	9	4	1
1 1 1	5	2	8	1	4	9	6	7	3
1 1	4	1	9	6	3	7	8	5	2
2 2	9	4	7	3	6	8	1	2	5
3 3	1	8	2	7	5	4	3	9	6
9	6	3	5	9	1	2	4	8	7

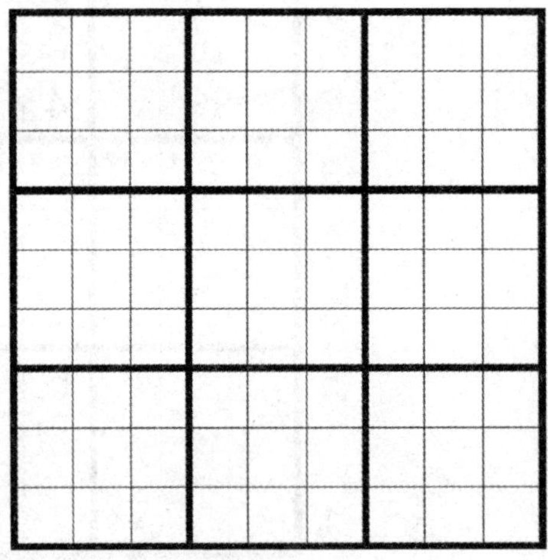

7.6 **数和数独** 在空格内填入数字1—9，使每行、每列及每个不规则宫内数字均不重复。每组水平或垂直连续的白格中所有数字的数字和已在左边或上面标出。（40分）

例题和答案：

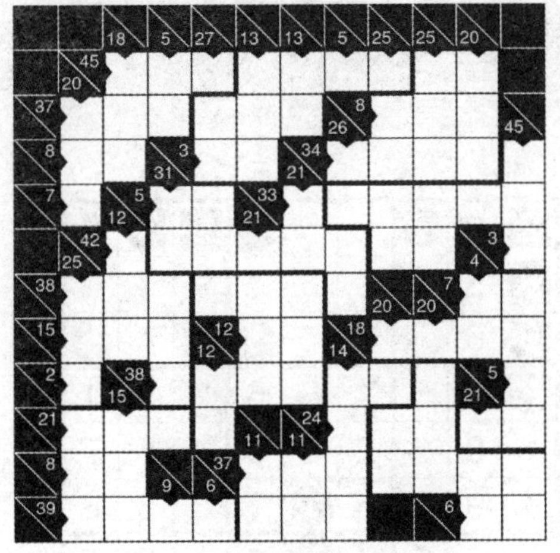

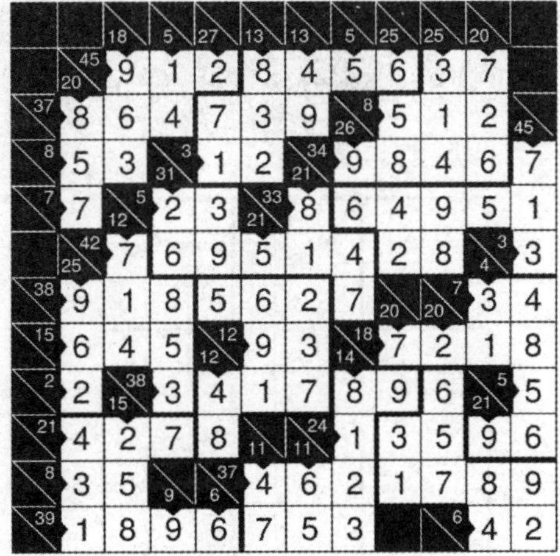

真题：

7.7 战舰数独 在空格内填入数字1—9，使每行、每列及每宫内数字均不重复。盘面下方给出的战舰必须出现在盘面中，且每个战舰不得重叠、相邻或对角相邻。战舰可以旋转或翻折，但是数字方向保持不变。战舰中没有数字标记的部分可以填入任何数字。盘面外的数字表示其所在行或列中被战舰占据的格子数。已知数不得是战舰的一部分。（45分）

例题和答案：

				5					5
			9	6	1				1
				2					5
		5	4	8	6	9			1
1				3			7		
4	9	2	5		7	3	6	8	1
	4						8		1
		3	6		8	5			1
				9					5
5	1	3		2	3	3	1	2	

2■■■　1■■　6■■
8■　■■　■■　1　2　5　■

2	3	7	8	5	4	6	1	9
8	5	4	9	6	1	2	7	3
9	6	1	7	2	3	8	4	5
3	7	5	4	8	6	9	2	1
1	8	6	2	3	9	4	5	7
4	9	2	5	1	7	3	6	8
5	4	9	3	7	2	1	8	6
7	1	3	6	4	8	5	9	2
6	2	8	1	9	5	7	3	4

真题：

			9		1			
		7				9		
	4						6	
				2				
	3						2	
		4				2		
			1		2			

1 2 3 4 5 6 7 8 9
2 3 4 5 6 7 8
3 4 5 6 7
4 5 6

7.8 **摩天楼数独** 在空格内填入数字1—9，使每行、每列及每宫内数字均不重复。盘面中的每个数字表示一个摩天楼，其高度为该格数字大小。盘面外的提示数字表示其所在行列对应方向上能看到的摩天楼的数量。较高的摩天楼会遮住较矮的摩天楼。（45分）

例题和答案：

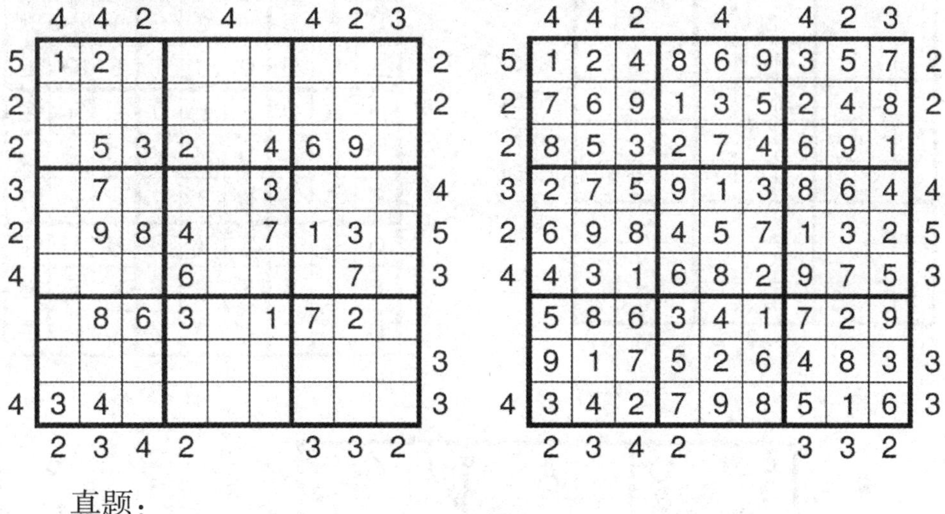

真题：

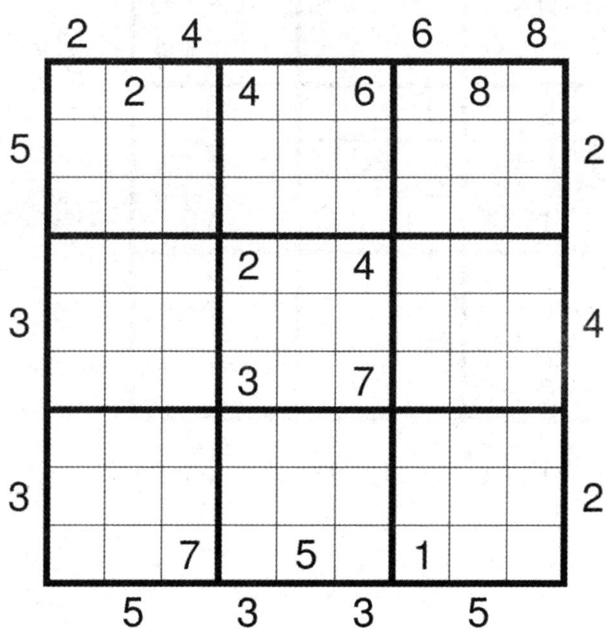

7.9　**找单词数独**　在空格内填入所给字母，使每行、每列及每宫内字母均不重复。所给单词必须出现在最终答案中。单词方向可以为水平、垂直或斜线，且可以正反两方向阅读。（60分）

例题和答案：

MOCKTEST
STOCK
SUE
MODE
SUDOKUS

C D E K M O S T U

C	O	T	M	S	E	D	K	U
D	E	U	K	C	O	T	S	M
S	K	M	D	U	T	E	O	C
M	U	O	S	E	D	C	T	K
T	C	D	U	M	K	O	E	S
K	S	E	O	T	C	U	M	D
O	D	C	E	K	S	M	U	T
E	M	S	T	D	U	K	C	O
U	T	K	C	O	M	S	D	E

真题：

S		O		A		U	K	
	U		K		S			D
K		D			O			?
	S		O				U	
O				K			D	
	I	?			U		A	
?								
U			A	D	I		?	
	D	T						

IS
IT
A
SUDOKU
?

I T A S U D O K ?

第8轮　团体赛：你的还是我的

限时：30分钟　总分：1200分

A1　寻9数独 ……………………………………………… 60分
A2　不全标黑白点数独 ………………………………100分
A3　温度计数独 ………………………………………140分
A4　寻和数独 …………………………………………300分
B1　不等号数独 ……………………………………… 90分
B2　平方数数独 ………………………………………130分
B3　唯一杀手数独 ……………………………………180分
B4　箭头数独 …………………………………………200分

本轮共8道题，印在A3纸上（本题由于版面限制，印在不同页面）。8道题被平均分为2组：A组和B组。每队4名队员分为2队（A队和B队），每队2人。当本轮开始的时候，A队会开始解答A组题，B队解答B组题。每10分钟2队换一次题。

本轮开始前，每队需自行分成2队。比赛过程中不同组队员不得交换，也不得交流。

A1 寻9数独 在空格内填入数字1—9，使每行、每列及每宫内数字均不重复。格中每个箭头指向一个9，且箭头上的数字为箭头到9的距离。（60分）

例题和答案：

5		4				3		2
	↑	→	↓		→	↓	↓	
7	↑						↓	5
	↑			2			↓	
			5		1			
	↑			6			↓	
1	↑						↓	3
	↑	←	←		↑	←	↓	
3		5				7		8

5	9	4	1	7	6	3	8	2
8	↑1	→6	↓2	5	→3	↓4	↓7	9
7	↑2	3	8	4	9	1	↓6	5
4	↑3	1	9	2	7	8	↓5	6
6	8	9	5	3	1	2	4	7
2	↑5	7	4	6	8	9	↓3	1
1	↑6	8	7	9	4	5	↓2	3
9	↑7	←2	←3	8	↑5	←6	↓1	4
3	4	5	6	1	2	7	9	8

真题：

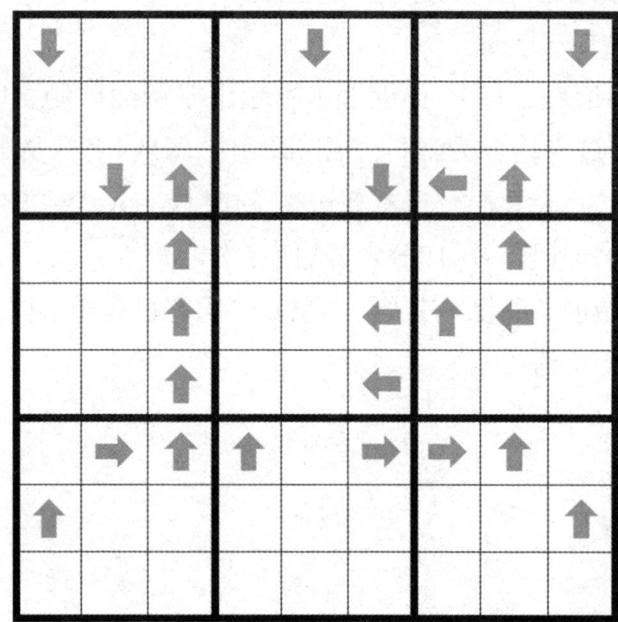

↓				↓				↓
	↓	↑			↓	←	↑	
		↑					↑	
		↑			←	↑	←	
		↑			←			
	→	↑	↑		→	→	↑	
↑								↑

A2　不全标黑白点数独　在空格内填入数字1—9，使每行、每列及每宫内数字均不重复。白点连接的2格数字为连续数。黑点连接的2格数字为2倍关系，1和2可以用白点或者黑点连接，没有标记的格子没有限制。（100分）

例题和答案：

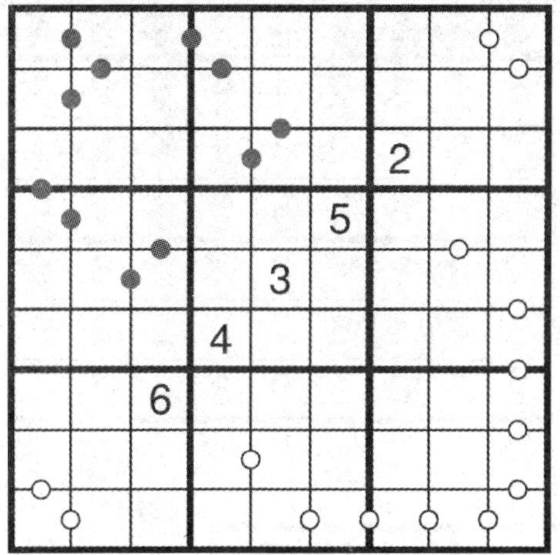

1	2	3	6	5	9	4	8	7
8	4	9	3	2	7	5	1	6
6	5	7	8	4	1	2	3	9
3	6	2	1	7	5	9	4	8
7	8	4	9	3	2	6	5	1
9	1	5	4	8	6	3	7	2
2	7	6	5	1	4	8	9	3
5	9	8	7	6	3	1	2	4
4	3	1	2	9	8	7	6	5

真题：

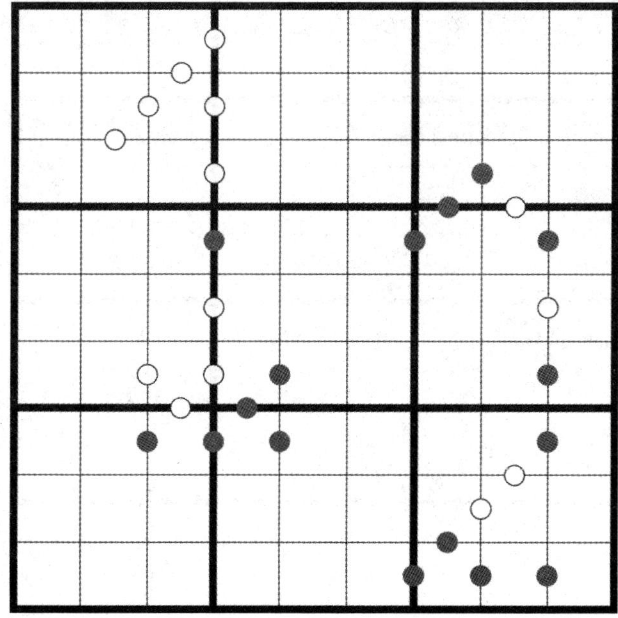

A3 **温度计数独** 在空格内填入数字1—9，使每行、每列及每宫数字均不重复。每个温度计从圆圈开始数字严格递增。（140分）

例题和答案：

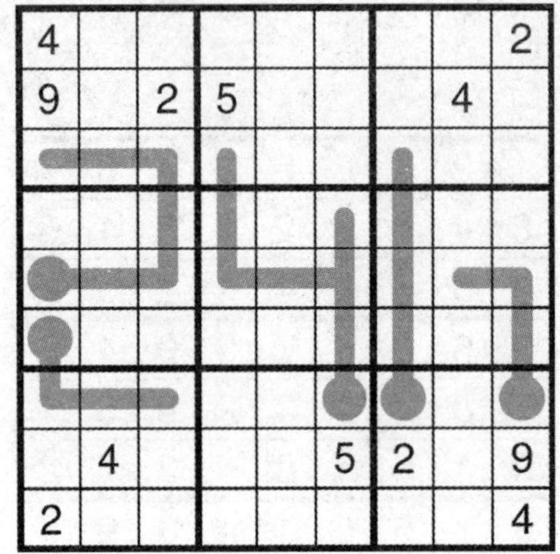

4	3	7	1	8	6	9	5	2
9	1	2	5	3	7	8	4	6
8	6	5	9	4	2	7	3	1
5	7	4	8	1	9	6	2	3
1	2	3	7	6	4	5	9	8
6	9	8	2	5	3	4	1	7
7	8	9	4	2	1	3	6	5
3	4	1	6	7	5	2	8	9
2	5	6	3	9	8	1	7	4

真题：

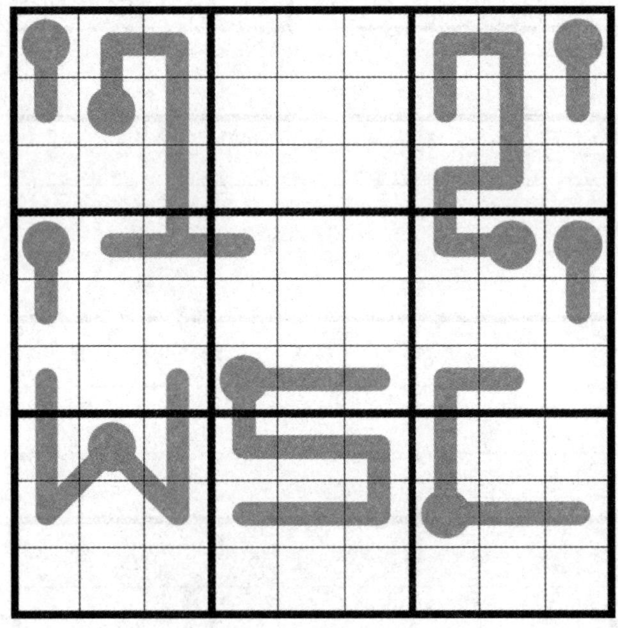

A4　寻和数独　在空格内填入数字1—9，使每行、每列及每宫内数字均不重复。格中箭头表示其所指方向前n个数字的和为该格数字，n可以为任意整数。没有标记的地方没有限制。（300分）

例题和答案：

1				5	3	9	8	4
	2			7	9	3	6	1
9	3							
7	6							
4	9							6
6	5						2	9
2	8					7	4	

1	7	6	2	5	3	9	8	4
8	2	5	4	7	9	3	6	1
3	4	9	1	6	8	2	5	7
5	1	2	6	8	7	4	9	3
9	3	8	5	1	4	6	7	2
7	6	4	3	9	2	5	1	8
4	9	7	8	2	5	1	3	6
6	5	3	7	4	1	8	2	9
2	8	1	9	3	6	7	4	5

真题：

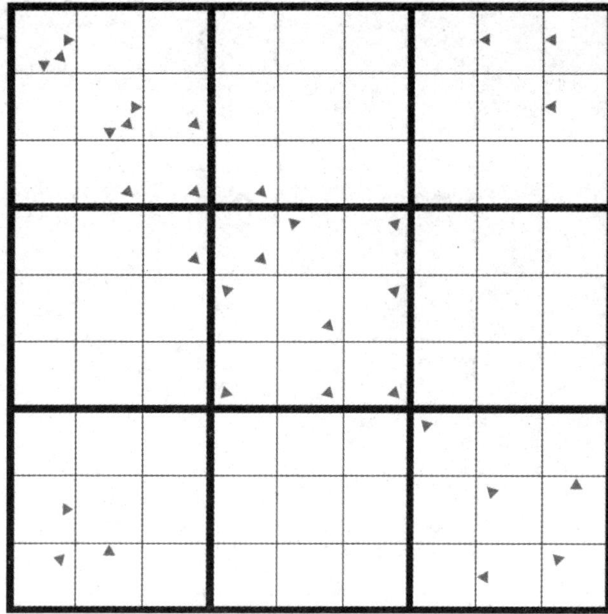

B1　不等号数独　在空格内填入数字1—9，使每行、每列及每宫内数字均不重复。格中不等号表示其连接2格的数字大小关系。（90分）

例题和答案：

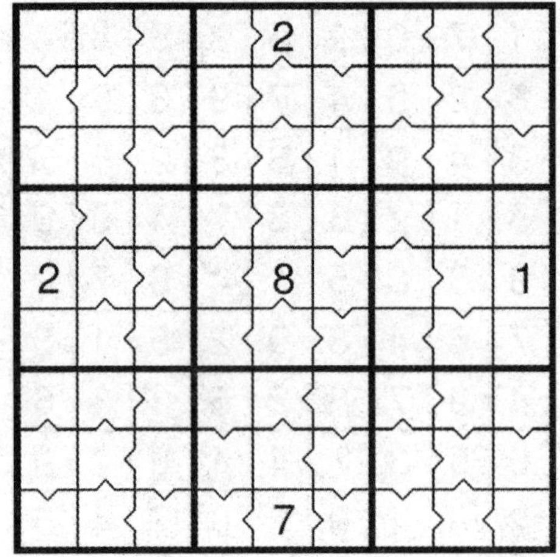

真题：

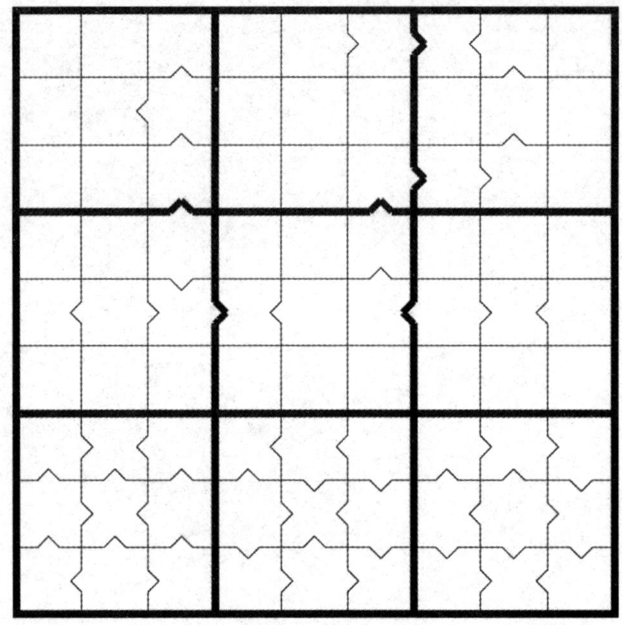

B2　平方数数独　在空格内填入数字1—9，使每行、每列及每宫内数字均不重复。格中方块表示其连接的2个数字组成一个完全平方数。数字从左至右或从上至下阅读。所有完全平方数都已标出。两位的完全平方数有16、25、36、49、64和81。（130分）

例题和答案：

1								
	2							
5		9						
	9		7					
8		2		1				
	5		4		9			
7		5		8		2		
	4		6		2		5	
2		8		3		4		9

1	3	6	2	9	7	8	4	5
4	2	7	8	5	3	6	9	1
5	8	9	1	4	6	3	2	7
3	9	4	7	6	8	5	1	2
8	7	2	3	1	5	9	6	4
6	5	1	4	2	9	7	8	3
7	1	5	9	8	4	2	3	6
9	4	3	6	7	2	1	5	8
2	6	8	5	3	1	4	7	9

真题：

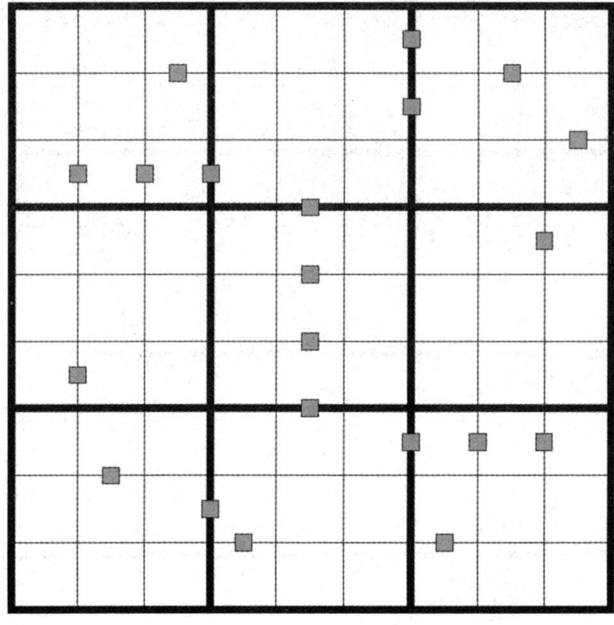

B3 唯一杀手数独 在空格内填入数字1—9，使每行、每列及每宫内数字均不重复。每个虚线框中所有数字的数字和相等，且每个虚线框中数字不重复。选手需自行找出虚线框的数字和。（180分）

例题和答案：

	6		4		7		9	
		8		6		4		
			5		8			
		4				2		
	1		8		2		4	
8		3		1		7		5
	4						1	
		7		8		9		
			1		9			

2	6	5	4	3	7	1	9	8
7	9	8	2	6	1	4	5	3
4	3	1	5	9	8	6	7	2
9	7	4	6	5	3	2	8	1
5	1	6	8	7	2	3	4	9
8	2	3	9	1	4	7	6	5
3	4	9	7	2	5	8	1	6
1	5	7	3	8	6	9	2	4
6	8	2	1	4	9	5	3	7

真题：

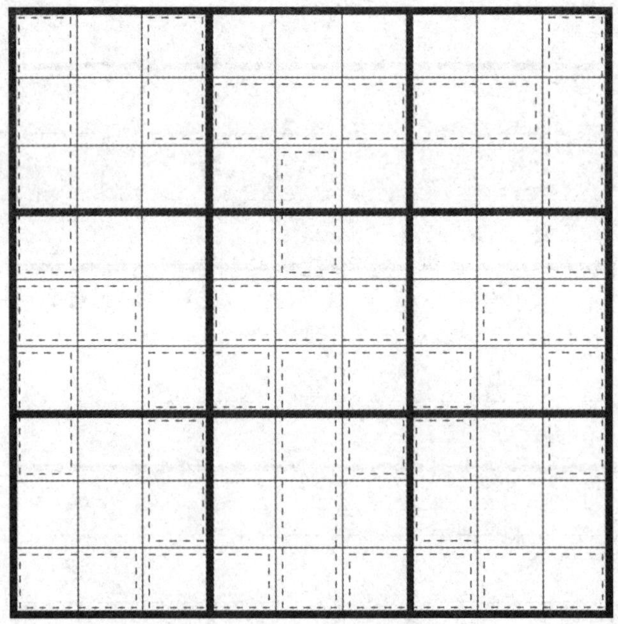

B4　箭头数独　在空格内填入数字1—9，使每行、每列及每宫内数字均不重复。每个箭头圆圈中的数字为线上所有数字的数字和。箭头上数字可以重复。（200分）

例题和答案：

		6				3		
	4						5	
8				5				4
			4		6			
		3				7		
			2		8			
3				1				7
	1						9	
		7				2		

7	5	6	8	4	1	3	2	9
2	4	9	3	6	7	1	5	8
8	3	1	9	5	2	6	7	4
1	2	8	4	7	6	9	3	5
4	6	3	1	9	5	7	8	2
9	7	5	2	3	8	4	6	1
3	8	2	6	1	9	5	4	7
5	1	4	7	2	3	8	9	6
6	9	7	5	8	4	2	1	3

真题：

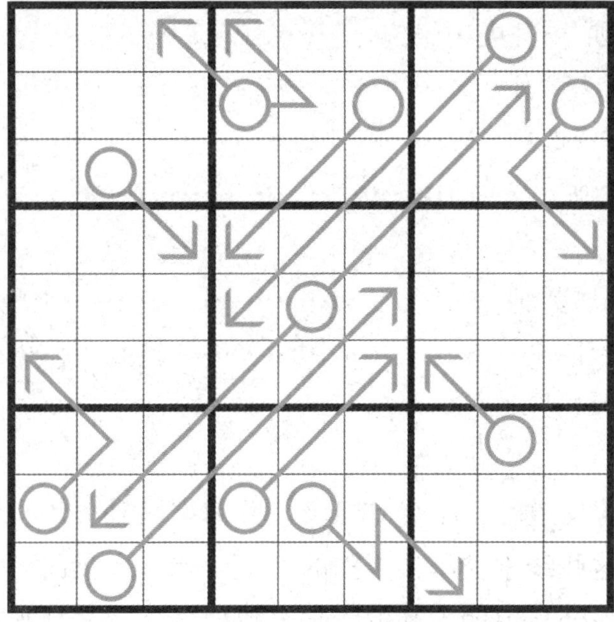

第9轮　团体赛：配对

限时：35分钟　总分：1400分

9.1　宫和数独 ………………………………………………… 70分

9.2　代码数对数独 ……………………………………………105分

9.3　全标无马数独 …………………………………………… 85分

9.4　连续块数独 ……………………………………………… 70分

9.5　连续组数独 ……………………………………………… 85分

9.6　十字数独 ………………………………………………… 85分

9.7　斜向连续数独 …………………………………………… 85分

9.8　儿童数独 ………………………………………………… 70分

9.9　全大数独 ………………………………………………… 85分

9.10　大数箭头数独 …………………………………………… 95分

9.11　奇数拼块数独 …………………………………………… 70分

9.12　海盗数独 ………………………………………………100分

9.13　回文箭头数独 …………………………………………100分

9.14　重复邻居数独 …………………………………………… 95分

9.15　菱形数独 ………………………………………………105分

9.16　唯一和数独 ……………………………………………… 95分

本轮包含16道题，印在A5纸上。除海盗数独外均包含除数字以外的线索。这些线索被印在单独的纸上。标有“盘面”的16道题为数字线索，另外16道题为其他线索。数独名称及其规则在其他线索的16道题中。数字线索的题目中不会有对应题目规则。选手需自行将数字线索和其他线索一一配对。

盘面A

		3				6		
	4		1		3		9	
		4		1		2		
			4		2			
		7		9		4		
	1		3		8		6	
		2				3		

盘面B

		9				3		
	7		2		6		4	
		3		9		4		
			6		1			
		2		3		5		
	6		1		2		7	
		5				6		

盘面C

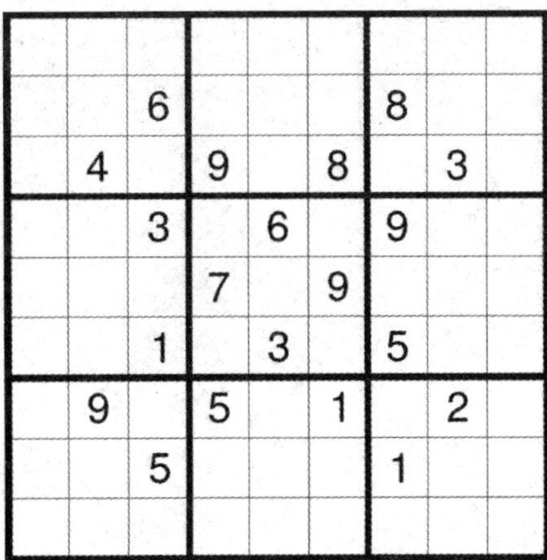

		6				8		
	4		9		8		3	
		3		6		9		
			7		9			
		1		3		5		
	9		5		1		2	
		5				1		

盘面D

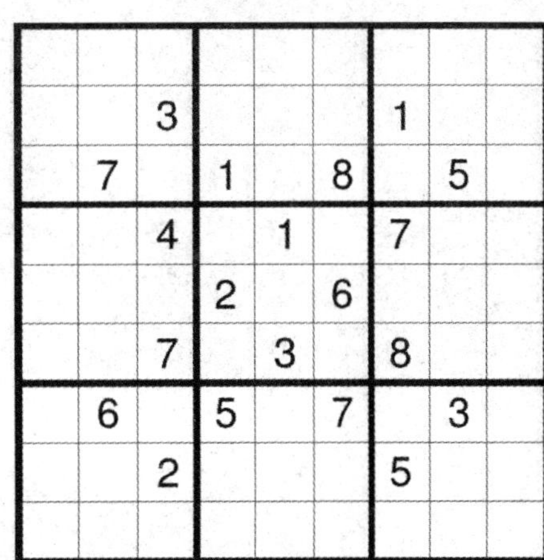

		3				1		
	7		1		8		5	
		4		1		7		
			2		6			
		7		3		8		
	6		5		7		3	
		2				5		

盘面E

		1				2		
	2		9		1		4	
		9		2		6		
			1		8			
		3		5		1		
	9		4		5		6	
		6				9		

盘面F

		1				8		
	5		9		6		4	
		8		4		1		
			8		1			
		7		3		5		
	7		4		2		6	
		3				7		

盘面G

		2				9		
	9		7		4		3	
		6		1		2		
			5		7			
		5		6		3		
	7		8		3		4	
		1				6		

盘面H

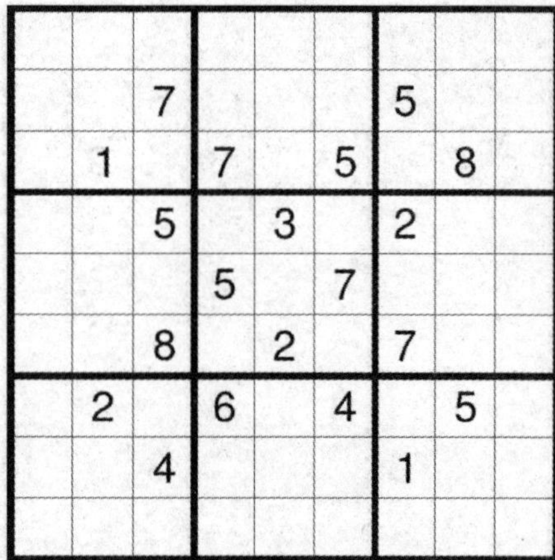

		7				5		
	1		7		5		8	
		5		3		2		
			5		7			
		8		2		7		
	2		6		4		5	
		4				1		

盘面I

		1				7		
	3		5		9		2	
		8		7		6		
			8		1			
		3		2		9		
	5		2		4		6	
		6				8		

盘面J

		3				8		
	5		8		6		2	
		7		8		4		
			4		2			
		1		3		9		
	6		2		5		4	
		4				3		

盘面K

		4				2		
	6		9		3		5	
		1		5		4		
			3		6			
		5		4		7		
	9		8		1		3	
		7				8		

盘面L

		7				1		
	4		3		2		6	
		9		8		7		
			6		3			
		5		7		6		
	3		2		1		5	
		8				3		

盘面M

		7				6		
	3		7		8		1	
		5		6		7		
			9		2			
		2		1		5		
	4		1		3		7	
		6				9		

盘面N

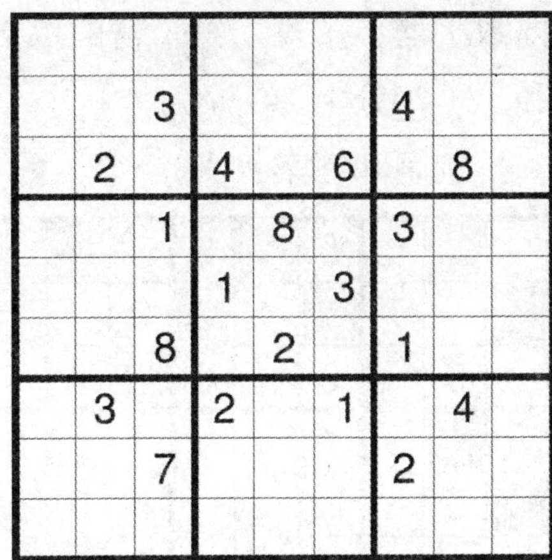

盘面O

		2				8		
	8		5		4		6	
		7		5		4		
			6		7			
		3		8		5		
	2		8		1		4	
		8				7		

盘面P

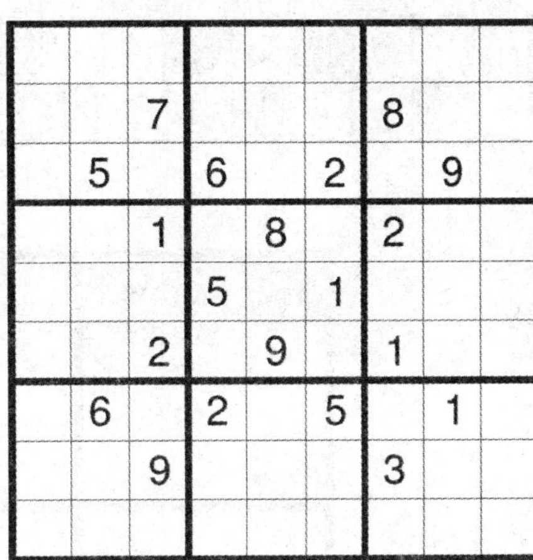

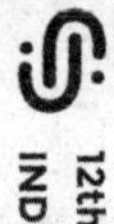

9.1 **宫和数独** 在空格内填入数字1—9，使每行、每列及每宫内数字均不重复。每个宫的黑格中，1个黑格为其余所有黑格的数字和。（70分）

例题和答案：

	■		5	■	9		■	
■		7	■	1	■	9		■
	9	■	2		6	■	4	
9	■	2				1	■	5
■	5						9	■
6	■	1				8	■	3
	1	■	6		8	■	7	
■		6	■	3	■	4		■
	■		4	■	1		■	

2	3	4	5	7	9	6	1	8
8	6	7	3	1	4	9	5	2
1	9	5	2	8	6	3	4	7
9	7	2	8	4	3	1	6	5
3	5	8	1	6	2	7	9	4
6	4	1	7	9	5	8	2	3
4	1	3	6	5	8	2	7	9
5	2	6	9	3	7	4	8	1
7	8	9	4	2	1	5	3	6

真题：

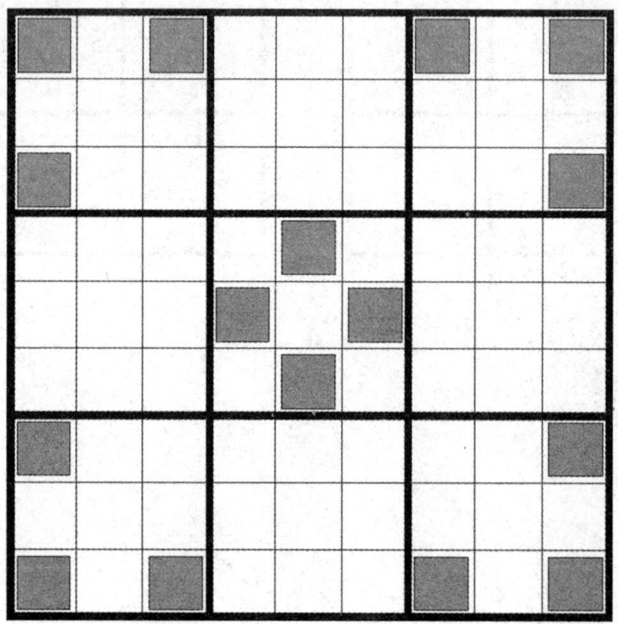

9.2 **代码数对数独** 在空格内填入数字1—9，使每行、每列及每宫内数字均不重复。盘面中标有一些字母。相同字母代表相同一对数字，不同字母代表一对不同数字。每对数字顺序没有限制。（105分）

例题和答案：

			5		9			
		7		1		9		
	9		2		6		4	
9		2				1		5
	5						9	
6		1				8		3
	1		6		8		7	
		6		3		4		
			4		1			

8	6	4	5	7	9	2	3	1
5	2	7	3	1	4	9	8	6
1	9	3	2	8	6	5	4	7
9	7	2	8	4	3	1	6	5
3	5	8	1	6	2	7	9	4
6	4	1	9	5	7	8	2	3
4	1	5	6	9	8	3	7	2
2	8	6	7	3	5	4	1	9
7	3	9	4	2	1	6	5	8

真题：

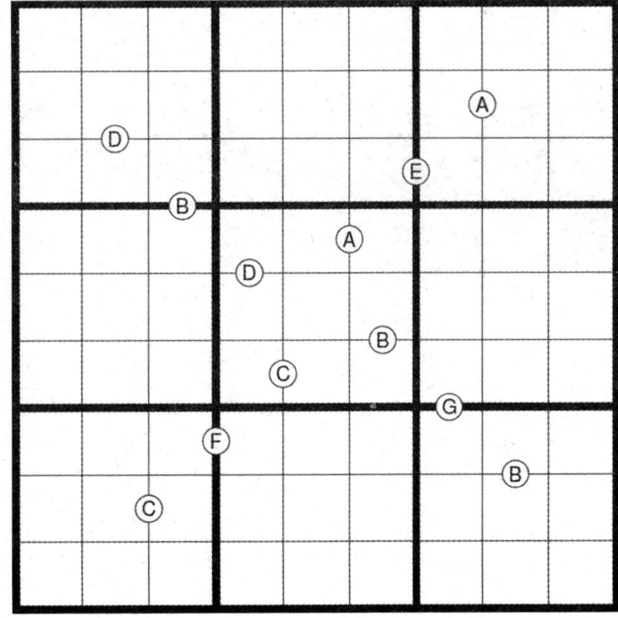

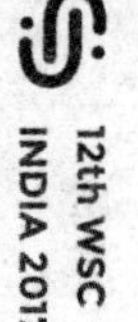

9.3 全标无马数独 在空格内填入数字1—9，使每行、每列及每宫内数字均不重复。若某个数字在阴影中出现至少1次，则这个数字全盘都需符合无马规则（马步上的数字不得重复）。未出现在阴影中的数字没有限制。（85分）

例题和答案：

				8	■		3	
	■	1				8		5
					4		■	■
■	4		■		8	9	6	
		■		■		■		
	8	9	7		■		4	■
■	■		1					
2		6				7	■	
	1		■	5				

5	6	2	9	8	**1**	4	3	7
4	**3**	1	2	7	6	8	9	5
9	7	8	5	3	4	2	**1**	**6**
7	4	5	**3**	1	8	9	6	2
1	2	**3**	4	**6**	9	**5**	7	8
6	8	9	7	2	**5**	1	4	**3**
3	**5**	7	1	9	2	6	8	4
2	9	6	8	4	3	7	**5**	1
8	1	4	**6**	5	7	3	2	9

真题：

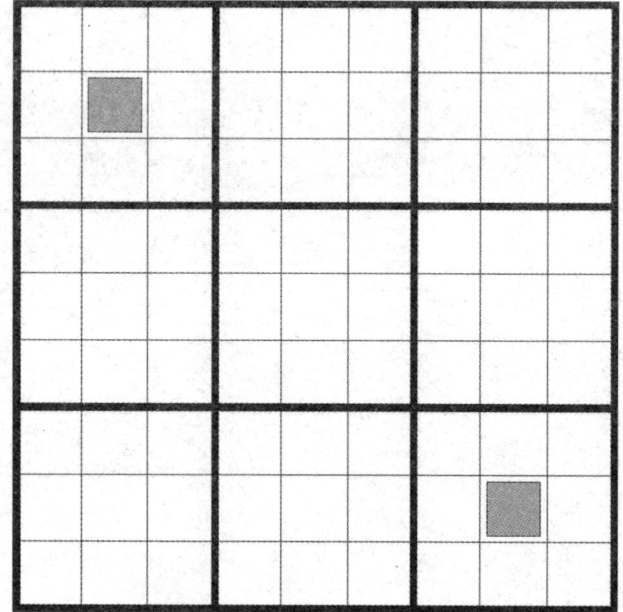

9.4　连续块数独　在空格内填入数字1—9，使每行、每列及每宫内数字均不重复。白点表示其连接的4格中有且仅有1组连续数，黑点表示其连接的4格中有至少2组连续数，1个数字可能同时属于多组连续数。没有标记的格子没有限制。（70分）

例题和答案：

			5		9			
		7		1		9		
	9		2		6		4	
9		2				1		5
	5						9	
6		1				8		3
	1		6		8		7	
		6		3		4		
			4		1			

1	6	4	5	8	9	2	3	7
5	2	7	3	1	4	9	8	6
3	9	8	2	7	6	5	4	1
9	7	2	8	4	3	1	6	5
8	5	3	1	6	2	7	9	4
6	4	1	9	5	7	8	2	3
4	1	5	6	9	8	3	7	2
2	8	6	7	3	5	4	1	9
7	3	9	4	2	1	6	5	8

真题：

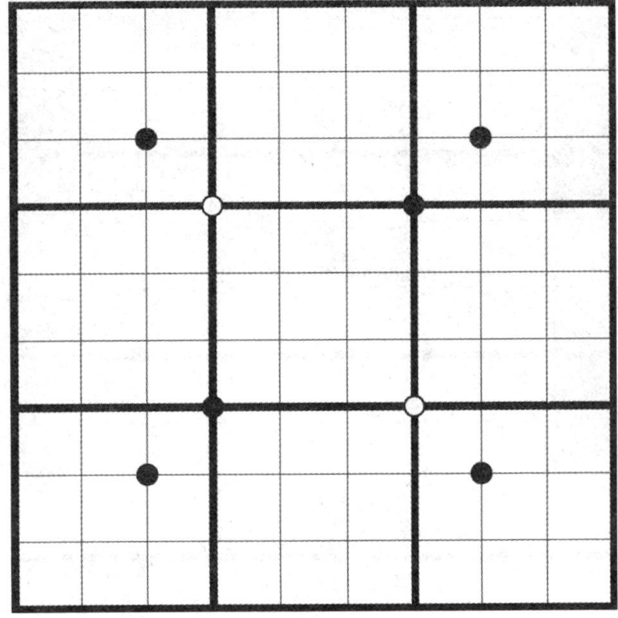

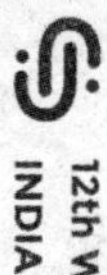

9.5　**连续组数独**　在空格内填入数字1—9，使每行、每列及每宫内数字均不重复。每个阴影区域的3个数字为1组连续数，且第二大的数字在中间。所有符合条件的阴影区域均已标出。（85分）

例题和答案：

		5	9					
	6		4				1	
						7		
7			5			1	2	
	5	9			1			8
		3						
	7				4		3	
					5	9		

3	4	5	9	1	7	8	6	2
8	6	7	4	2	3	5	1	9
9	1	2	8	5	6	7	4	3
7	8	4	5	3	9	1	2	6
1	3	6	7	8	2	4	9	5
2	5	9	6	4	1	3	7	8
6	9	3	1	7	8	2	5	4
5	7	8	2	9	4	6	3	1
4	2	1	3	6	5	9	8	7

真题：

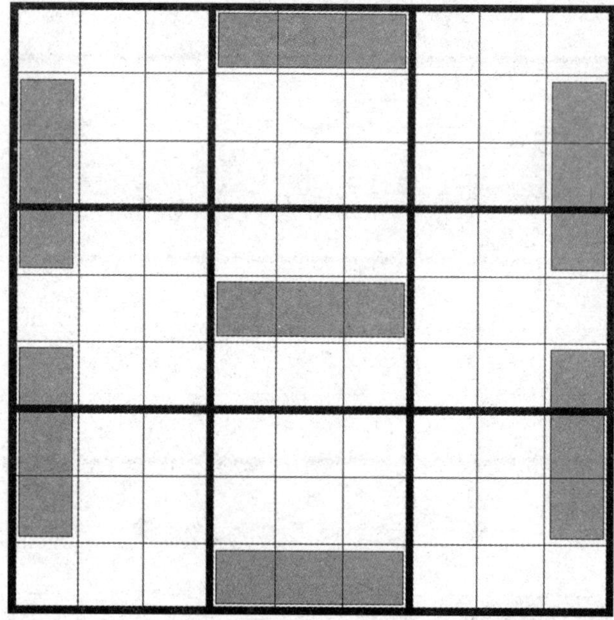

9.6　十字数独　在空格内填入数字1—9，使每行、每列及每宫内数字均不重复。所有十字上的数字相同。数字位置没有要求。（85分）

例题和答案：

			2		9	7		
	1		6			2		
		6	4					
						3	6	2
6				7				4
5	4	1						
					2	4		
		8			1		3	
		4	8		3			

4	8	3	2	1	9	7	5	6
9	1	5	6	3	7	2	4	8
7	2	6	4	8	5	1	9	3
8	7	9	1	5	4	3	6	2
6	3	2	9	7	8	5	1	4
5	4	1	3	2	6	8	7	9
3	9	7	5	6	2	4	8	1
2	6	8	7	4	1	9	3	5
1	5	4	8	9	3	6	2	7

真题：

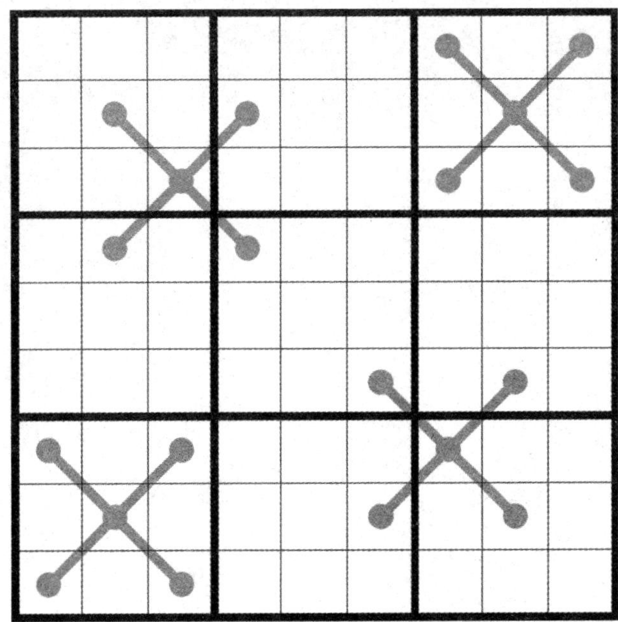

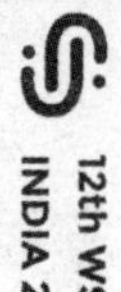

9.7 斜向连续数独 在空格内填入数字1—9，使每行、每列及每宫内数字均不重复。斜线连接的数字为连续数。所有符合条件的斜线均已标出。（85分）

例题和答案：

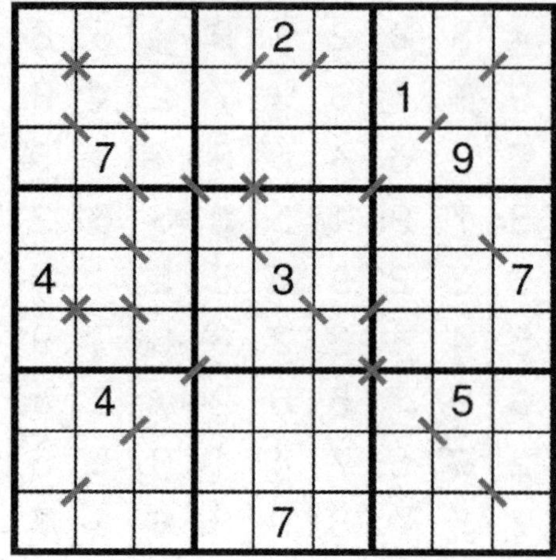

1	9	5	7	2	8	4	3	6
8	2	4	3	9	6	1	7	5
6	7	3	4	1	5	8	9	2
3	1	6	2	5	7	9	8	4
4	8	2	1	3	9	5	6	7
7	5	9	8	6	4	2	1	3
2	4	7	6	8	1	3	5	9
9	6	1	5	4	3	7	2	8
5	3	8	9	7	2	6	4	1

真题：

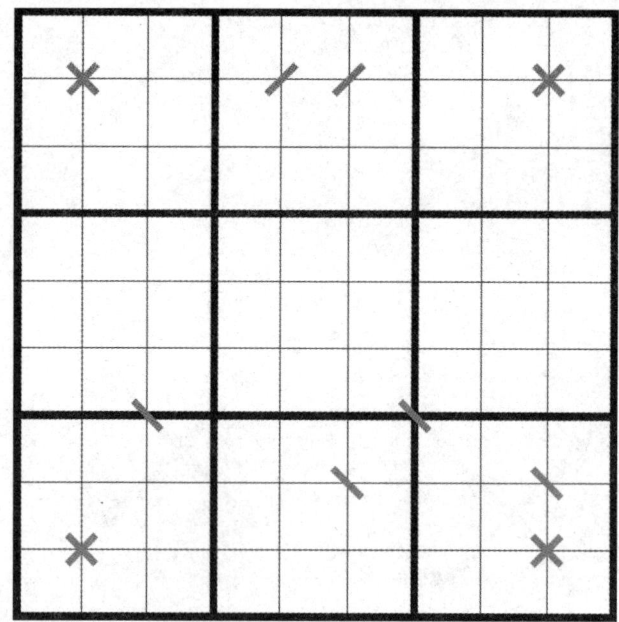

9.8 儿童数独 在空格内填入数字1—9，使每行、每列及每宫内数字均不重复。盘面外的提示数字表示其所在行从左至右1个或多个连续数字的和，每个和均不大于9。（70分）

例题和答案：

875799				5		9			
878958			7		1		9		
		9		2		6		4	
	9		2				1		5
898794		5						9	
	6		1				8		3
		1		6		8		7	
7693749			6		3		4		
789975				4		1			

8	3	4	5	7	9	2	1	6
2	6	7	3	1	4	9	5	8
1	9	5	2	8	6	3	4	7
9	7	2	8	4	3	1	6	5
3	5	8	1	6	2	7	9	4
6	4	1	7	9	5	8	2	3
4	1	3	6	2	8	5	7	9
5	2	6	9	3	7	4	8	1
7	8	9	4	5	1	6	3	2

真题：

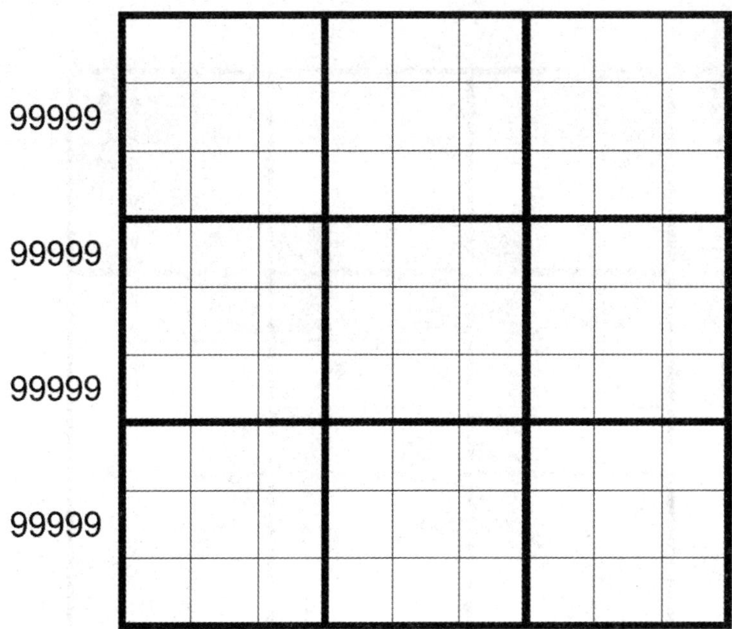

9.9 全大数独 在空格内填入数字1—9，使每行、每列及每宫内数字均不重复。箭头连接2个相邻的2×2方块。箭头指向的方块中每个数字都比另一个方块中对应位置的数字大。（85分）

例题和答案：

3	7			1	4	2		
6	2							
		9		7				3
								7
7		3				9		2
8								
9				6		3		
							2	6
		6	2	4			9	8

3	7	8	9	1	4	2	6	5
6	2	4	5	3	8	1	7	9
5	1	9	6	7	2	4	8	3
2	4	1	3	9	6	8	5	7
7	6	3	8	5	1	9	4	2
8	9	5	4	2	7	6	3	1
9	8	2	7	6	5	3	1	4
4	3	7	1	8	9	5	2	6
1	5	6	2	4	3	7	9	8

真题：

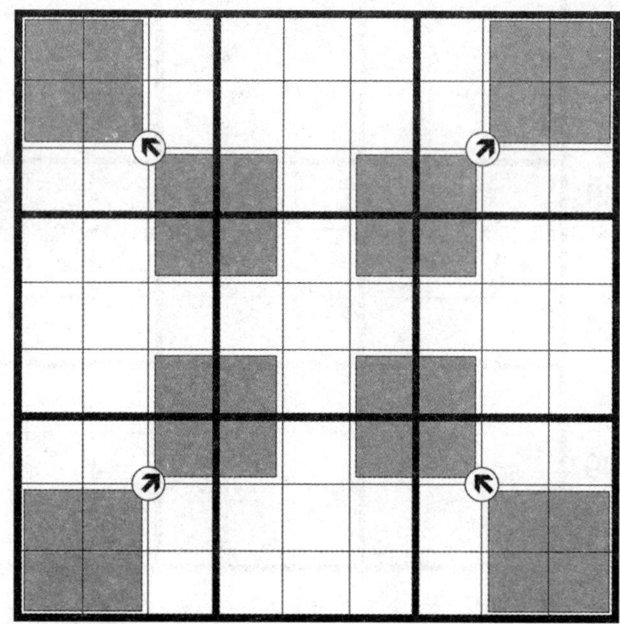

9.10 大数箭头数独 在空格内填入数字1—9，使每行、每列及每宫内数字均不重复。箭头上圆圈中的数字不小于线上的任意数字。（95分）

例题和答案：

			5		9			
		7		1		9		
	9		2		6		4	
9		2				1		5
	5						9	
6		1				8		3
	1		6		8		7	
		6		3		4		
			4		1			

8	3	4	5	7	9	2	1	6
2	6	7	3	1	4	9	5	8
1	9	5	2	8	6	3	4	7
9	7	2	8	4	3	1	6	5
3	5	8	1	6	2	7	9	4
6	4	1	7	9	5	8	2	3
4	1	3	6	2	8	5	7	9
5	2	6	9	3	7	4	8	1
7	8	9	4	5	1	6	3	2

真题：

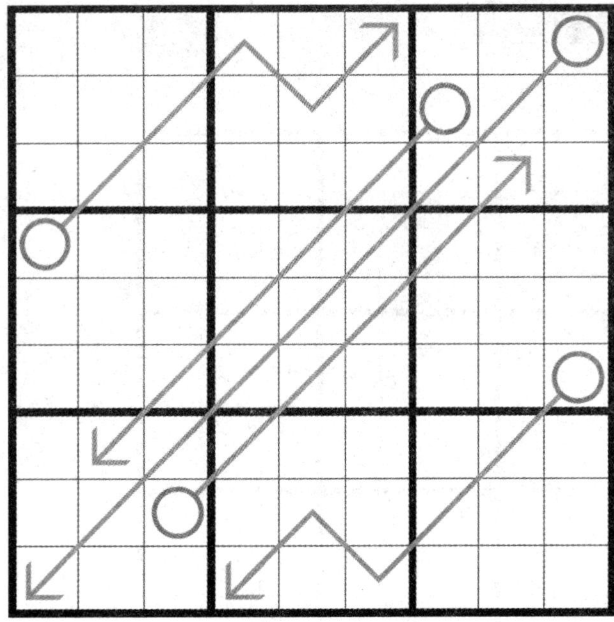

9.11 **奇数拼块数独** 在空格内填入数字1—9，使每行、每列及每宫内数字均不重复。将盘面下方给出的形状放进盘面中，使图形覆盖的格子均为奇数。图形不得旋转或翻转。（70分）

例题和答案：

			5		3			
		4		9		3		
	3		8		7		4	
7		6				8		1
	1						3	
3		2				7		5
	8		2		6		7	
		9		3		1		
			9		4			

9	2	7	5	4	3	6	1	8
8	6	4	1	9	2	3	5	7
1	3	5	8	6	7	2	4	9
7	4	6	3	2	5	8	9	1
5	1	8	6	7	9	4	3	2
3	9	2	4	8	1	7	6	5
4	8	1	2	5	6	9	7	3
6	5	9	7	3	8	1	2	4
2	7	3	9	1	4	5	8	6

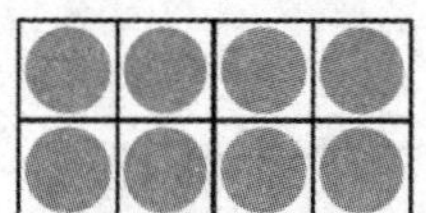

真题：

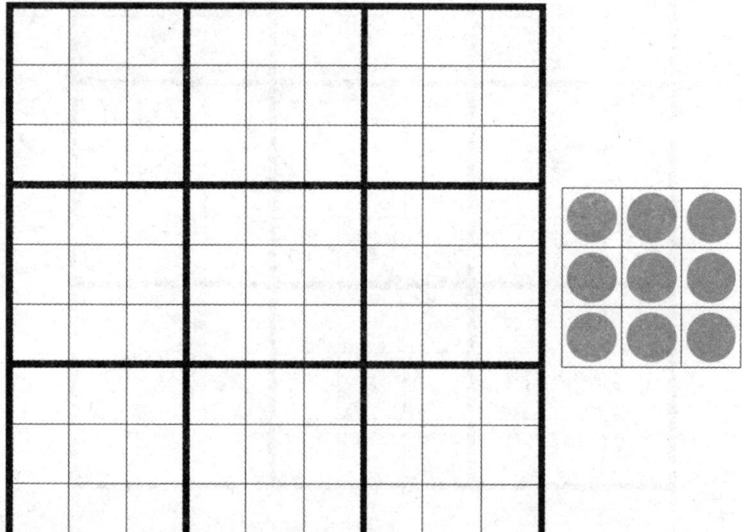

9.12 海盗数独 在空格内填入数字1—9，使每行、每列及每宫内数字均不重复。与5相邻的数字必须小于5。（100分）

例题和答案：

		8	2	9	3	1	7	
		7						
		6		4	8	3		
		9	3				6	
							8	
		5					1	
			1	7	6	2		

3	6	2	7	1	5	4	9	8
5	4	8	2	9	3	1	7	6
1	9	7	8	6	4	5	3	2
7	1	6	9	4	8	3	2	5
8	2	9	3	5	1	7	6	4
4	5	3	6	2	7	9	8	1
2	3	5	4	8	9	6	1	7
9	8	4	1	7	6	2	5	3
6	7	1	5	3	2	8	4	9

真题：

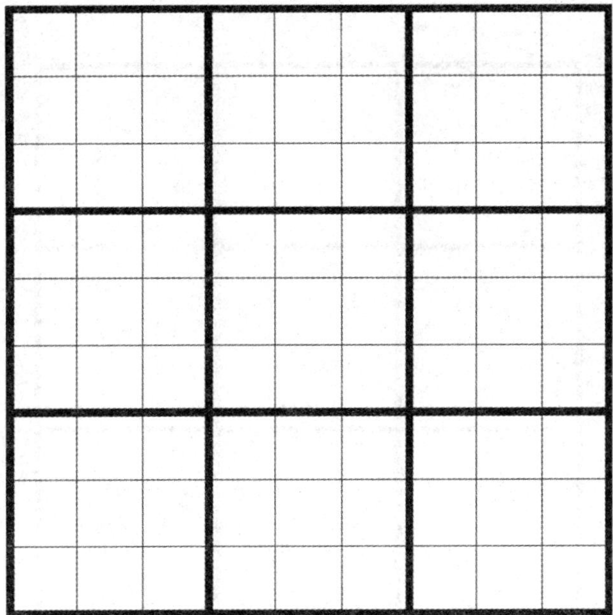

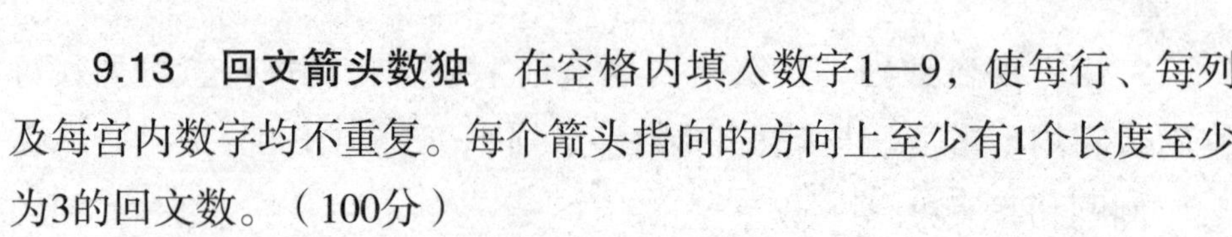

9.13 回文箭头数独 在空格内填入数字1—9，使每行、每列及每宫内数字均不重复。每个箭头指向的方向上至少有1个长度至少为3的回文数。（100分）

例题和答案：

	5						8	
2		7		1		9		4
	9		2		5		3	
		2		8		7		
	4		6		7		9	
		1		5		8		
	1		3		6		2	
4		6		2		3		9
	2						1	

1	5	3	7	4	9	6	8	2
2	6	7	8	1	3	9	5	4
8	9	4	2	6	5	1	3	7
9	3	2	1	8	4	7	6	5
5	4	8	6	3	7	2	9	1
6	7	1	9	5	2	8	4	3
7	1	5	3	9	6	4	2	8
4	8	6	5	2	1	3	7	9
3	2	9	4	7	8	5	1	6

真题：

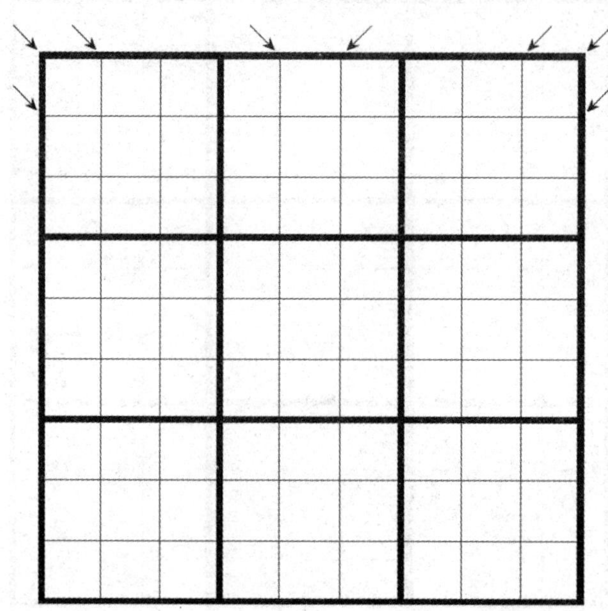

9.14 重复邻居数独 在空格内填入数字1—9，使每行、每列及每宫内数字均不重复。每个黑格相邻的数字中至少有一组重复数字。所有符合条件的黑格均已标出。（95分）

例题和答案：

			8		3			
		4		1		2		
	3		6		8		9	
		8				6		
	6		5		4		2	
		1		6		8		
			7		5			

5	1	3	4	2	6	7	8	9
7	2	9	8	5	3	4	6	1
6	8	4	9	1	7	2	5	3
1	3	2	6	7	8	5	9	4
4	5	8	2	9	1	6	3	7
9	6	7	5	3	4	1	2	8
2	7	1	3	6	9	8	4	5
3	4	6	7	8	5	9	1	2
8	9	5	1	4	2	3	7	6

真题：

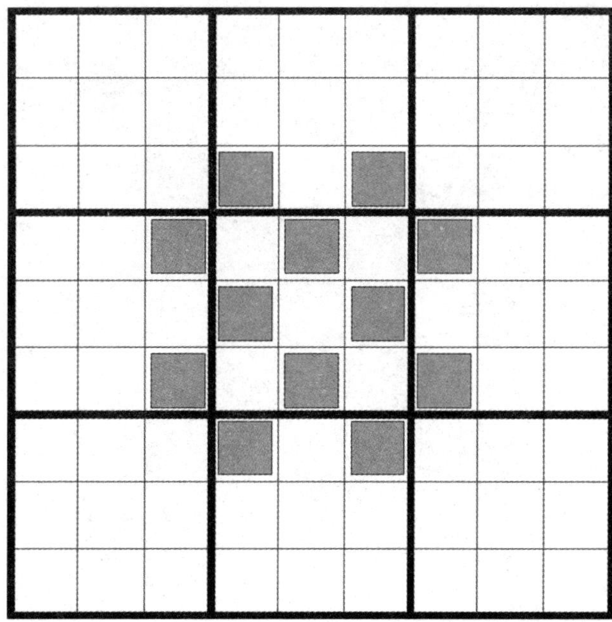

9.15 **菱形数独** 在空格内填入数字1—9，使每行、每列及每宫内数字均不重复。每个菱形的4格顶点的数字和必为菱形中心数字的整数倍。（105分）

例题和答案：

3		2		6		4		8
	1			2			3	
7			3					4
1	4			5			6	3
5					6			9
	7			8			9	
2		1		4		8		5

3	5	2	9	6	7	4	1	8
8	1	7	5	2	4	9	3	6
9	6	4	8	3	1	5	2	7
7	8	6	3	9	2	1	5	4
1	4	9	7	5	8	2	6	3
5	2	3	4	1	6	7	8	9
6	9	8	1	7	5	3	4	2
4	7	5	2	8	3	6	9	1
2	3	1	6	4	9	8	7	5

真题：

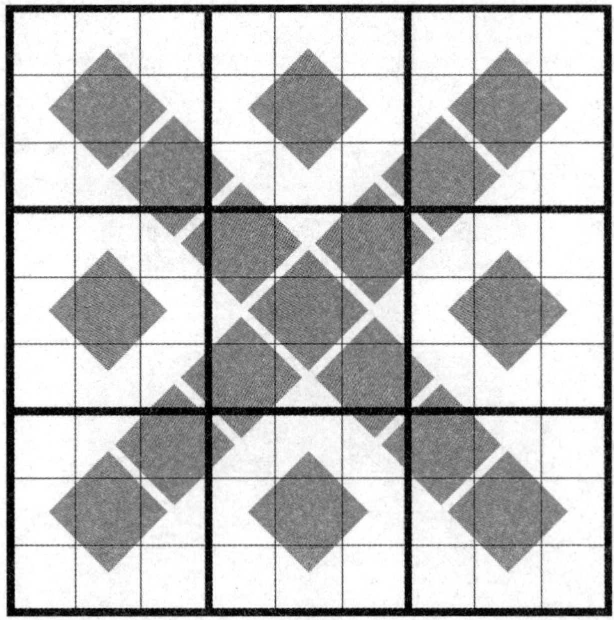

9.16　唯一和数独　在空格内填入数字1—9，使每行、每列及每宫内数字均不重复。虚线框中的所有数字的数字和为虚线框左上角标出的数字，虚线框中数字不得重复，有些虚线框的数字和可能未标出，所有虚线框的数字和不得重复。（95分）

例题和答案：

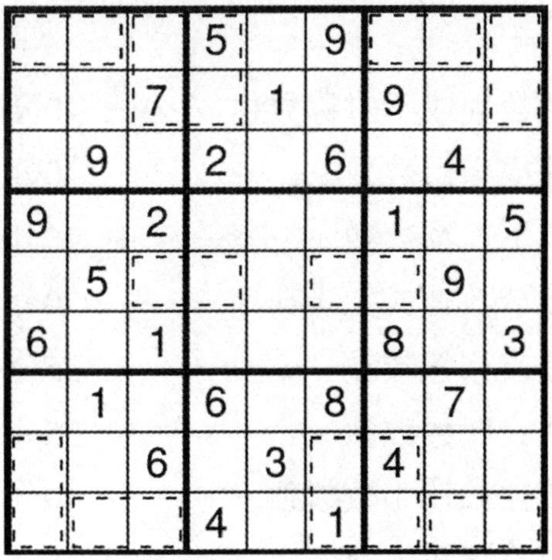
5 9
7 1 9
9 2 6 4
9 2 1 5
5 9
6 1 8 3
1 6 8 7
6 3 4
4 1

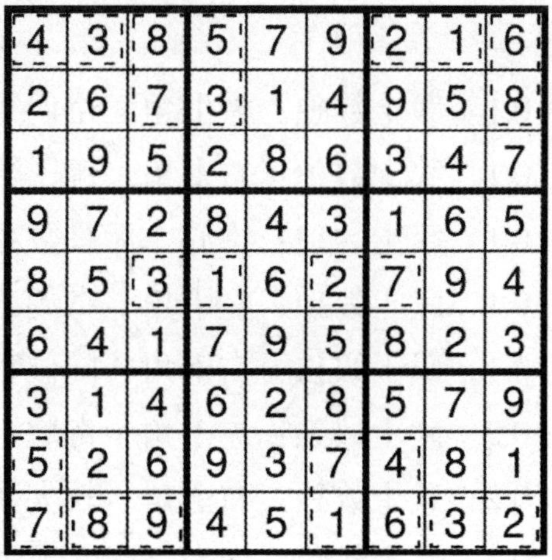
4 3 8 5 7 9 2 1 6
2 6 7 3 1 4 9 5 8
1 9 5 2 8 6 3 4 7
9 7 2 8 4 3 1 6 5
8 5 3 1 6 2 7 9 4
6 4 1 7 9 5 8 2 3
3 1 4 6 2 8 5 7 9
5 2 6 9 3 7 4 8 1
7 8 9 4 5 1 6 3 2

真题：

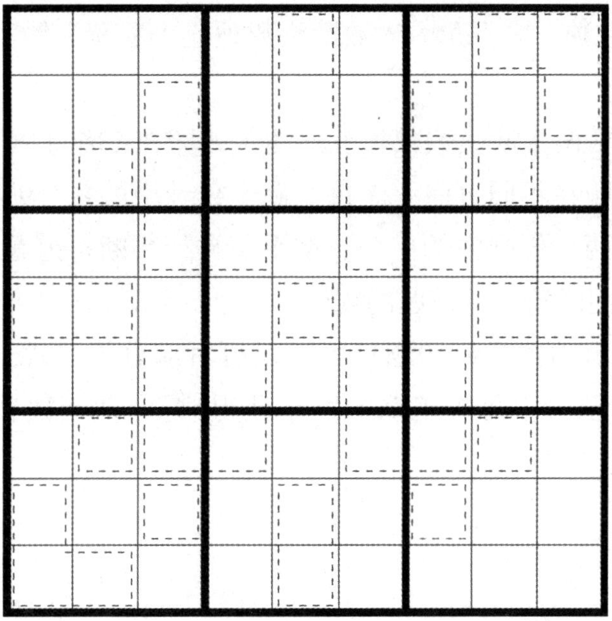

第10轮　团体赛：抉择

限时：25分钟　总分：355分

10.1　武士数独：左上角　奇偶矩形数独或不对称数独 ……… 40分
10.1　武士数独：右上角　镜子数独或皇后数独 ………………… 40分
10.1　武士数独：中心　无马数独或不连续数独 ………………… 10分
10.1　武士数独：左下角　奇偶三连禁数独或无缘数独 ……… 20分
10.1　武士数独：右下角　同位数独或相邻数独 ………………… 25分
10.2　武士数独：左上角　奇数数独或偶数数独 ………………… 35分
10.2　武士数独：右上角　较大数数独或较小数数独 ………… 40分
10.2　武士数独：中心　回文数独或连续数数独 ………………… 45分
10.2　武士数独：左下角　杀手数独或乘积杀手数独 ………… 50分
10.2　武士数独：右下角　大数箭头数独或小数箭头数独 …… 50分

本轮包括两个武士数独（五连体），印在A3纸上（本题集由于版面限制，印在不同页面）。每个武士数独中的每个9×9题目必须符合给出的两个规则中的一个。选手需自行判断每道题目规则。重叠的宫需要同时符合两道题的规则。

正确解出的每个9×9题目可以获得对应分值。武士数独1中未正确解出的题目中每个正确的宫将获得5分，武士数独2中每个宫10分。

10.1 武士数独

左上角：奇偶矩形数独或不对称数独。（40分）

奇偶块数独：任意2×2区域数字不得奇偶性完全相同。

不对称数独：中心对称的位置的数字不得重复。

右上角：镜子数独或皇后数独。（40分）

镜子数独：角上的4格宫中心对称的位置数字相同。

皇后数独：任意一条对角线上最多有一个9。

中心：无马数独或不连续数独。（10分）

无马数独：马步上的数字不得重复。

不连续数独：相邻数字不得为连续数。

左下角：奇偶三连禁数独或无缘数独。（20分）

奇偶三连禁数独：任意3个连续数字奇偶性不得完全相同。

无缘数独：相同数字不得相邻或对角相邻。

右下角：同位数独或相邻数独。（25分）

同位数独：9格宫相同位置的数字也必须为1—9不重复。

相邻数独：每个数字相邻的数字中至少有一个连续数。

例题：

		5	9	2	3	8								3		2		6		
	1						9								4		5		7	
9			4	1	7			6				4				7		2		5
5		8				7		2					9				2		1	
7		4				6		1				6		4				5		8
1		2				4		9					2		1				9	
3			2	5	1			8				5		2		6				4
	5						6						7		5		3			
		9	8	3	6	1								6		1		3		
		1		4		3								9	4	2	5	3		
			5		7		1						2						9	
7				1		4		6				3			7	6	9			4
	9				3		8					8		6				2		3
3		5				6		4				7		1				5		9
	6		7				9					5		2				4		1
5		2		3				8				9			5	3	1			2
	1		6		2								5						3	
		9		8		7								3	2	4	6	9		

例题答案：

6	4	5	9	2	3	8	1	7				7	5	3	8	2	1	6	4	9
2	1	7	6	8	5	3	9	4				2	6	9	4	3	5	8	7	1
9	8	3	4	1	7	5	2	6				4	8	1	9	7	6	2	3	5
5	9	8	1	6	4	7	3	2				8	9	7	6	5	2	4	1	3
7	3	4	5	9	2	6	8	1				6	1	4	3	9	7	5	2	8
1	6	2	3	7	8	4	5	9				3	2	5	1	8	4	7	9	6
3	7	6	2	5	1	9	4	8	7	6	1	5	3	2	7	6	9	1	8	4
8	5	1	7	4	9	2	6	3	9	4	5	1	7	8	5	4	3	9	6	2
4	2	9	8	3	6	1	7	5	3	2	8	9	4	6	2	1	8	3	5	7
						7	9	4	5	3	2	8	6	1						
						6	8	1	4	9	7	2	5	3						
						5	3	2	1	8	6	7	9	4						
9	2	1	8	4	6	3	5	7	2	1	4	6	8	9	4	2	5	3	1	7
4	3	6	5	2	7	8	1	9	6	5	3	4	2	7	8	1	3	6	9	5
7	5	8	3	1	9	4	2	6	8	7	9	3	1	5	7	6	9	8	2	4
2	9	7	4	6	3	5	8	1				8	9	6	1	5	4	2	7	3
3	8	5	2	9	1	6	7	4				7	4	1	3	8	2	5	6	9
1	6	4	7	5	8	2	9	3				5	3	2	6	9	7	4	8	1
5	7	2	9	3	4	1	6	8				9	6	8	5	3	1	7	4	2
8	1	3	6	7	2	9	4	5				2	5	4	9	7	8	1	3	6
6	4	9	1	8	5	7	3	2				1	7	3	2	4	6	9	5	8

真题：

			5	3				9				5			9	1				
		1	9				2	4				2	6				4	5		
	5	9				8	7						7	1				2	8	
4	7				6	2								6	4				5	7
9				8	2										6	7				8
			3	9												3	5			
		7	8														6	1		
	9	6																8	6	
5	1																		3	5
4	6																		1	2
	5	8																4	6	
		1	2														4	9		
			6	3												8	5			
7				9	5										9	1				7
5	4				7	9								5	4				9	6
	3	7				8	1						2	9				1	5	
		4	3				5	2				6	5				9	8		
			9	6				7				8				4	3			

10.2 武士数独

左上角：奇数数独或偶数数独。（35分）

奇数数独：灰格必须填入奇数。

偶数数独：灰格必须填入偶数。

右上角：较大数数独或较小数数独。（40分）

较大数数独：格中数字表示所在2格中的较大的数字。

较小数数独：格中数字表示所在2格中的较小的数字。

中心：回文数独或连续数数独。（45分）

回文数独：每条线上的数字必组成1组回文关系。

连续数数独：每条线上的数字必为1组连续数，数字顺序没有要求。

左下角：杀手数独或乘积杀手数独。（50分）

杀手数独：虚线框左上角的数字表示其所在虚线框中所有数字的数字和。每个虚线框中数字不得重复。

乘积杀手数独：虚线框左上角的数字表示其所在虚线框中所有数字的乘积。每个虚线框中数字不得重复。

右下角：大数箭头数独或小数箭头数独。（50分）

大数箭头数独：箭头指向的数字必须大于其余3个数字。

小数箭头数独：箭头指向的数字必须小于其余3个数字。

例题：

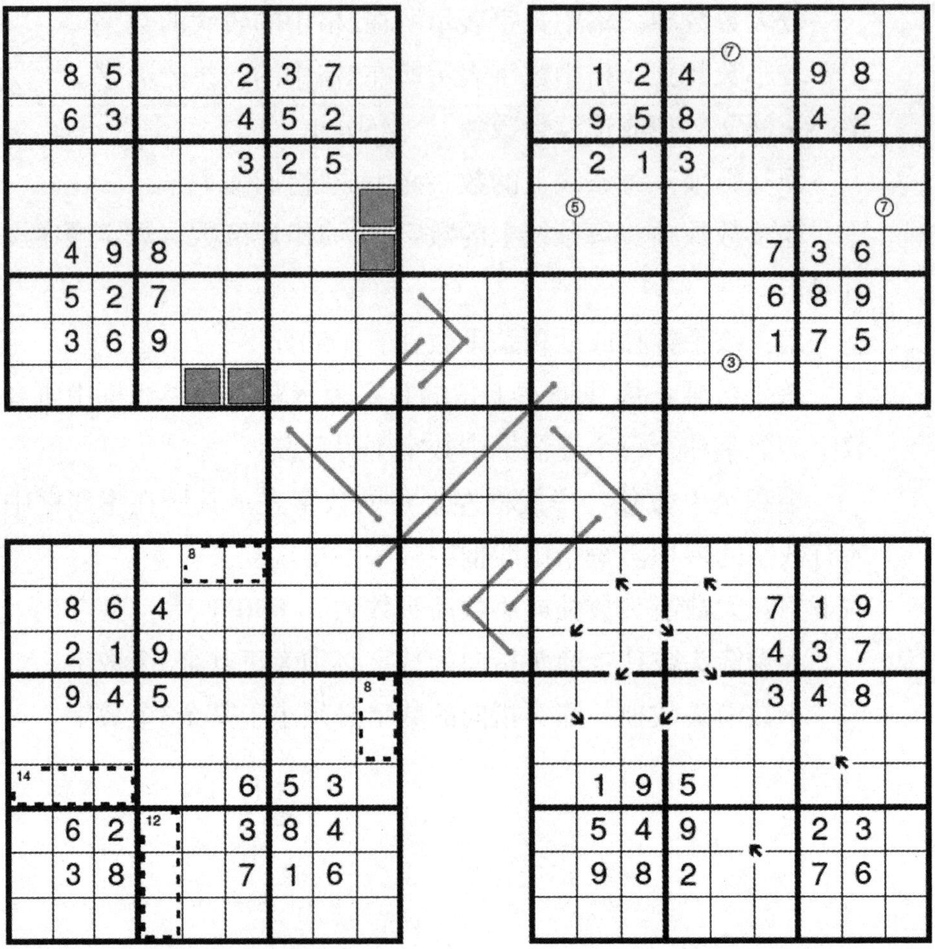

	8	5			2	3	7	
	6	3			4	5	2	
					3	2	5	
	4	9	8					
	5	2	7					
	3	6	9					

	1	2	4			9	8	
	9	5	8			4	2	
	2	1	3					
					7	3	6	
					6	8	9	
					1	7	5	

	8	6	4					
	2	1	9					
	9	4	5					
					6	5	3	
	6	2			3	8	4	
	3	8			7	1	6	

					7	1	9	
					4	3	7	
					3	4	8	
	1	9	5					
	5	4	9			2	3	
	9	8	2			7	6	

例题答案：

2	1	7	3	5	8	4	9	6				8	7	4	6	9	2	1	3	5
4	8	5	6	9	2	3	7	1				3	1	2	4	7	5	9	8	6
9	6	3	1	7	4	5	2	8				6	9	5	8	1	3	4	2	7
6	7	8	4	1	3	2	5	9				7	2	1	3	6	9	5	4	8
3	2	1	5	6	9	8	4	7				5	6	3	1	8	4	2	7	9
5	4	9	8	2	7	1	6	3				9	4	8	5	2	7	3	6	1
1	5	2	7	8	6	9	3	4	6	8	2	1	5	7	2	4	6	8	9	3
8	3	6	9	4	5	7	1	2	3	5	9	4	8	6	9	3	1	7	5	2
7	9	4	2	3	1	6	8	5	7	4	1	2	3	9	7	5	8	6	1	4
						1	4	9	2	7	5	3	6	8						
						8	2	7	9	3	6	5	1	4						
						5	6	3	4	1	8	7	9	2						
7	4	9	3	1	8	2	5	6	1	9	4	8	7	3	6	1	9	5	4	2
5	8	6	4	7	2	3	9	1	8	2	7	6	4	5	3	2	7	1	9	8
3	2	1	9	6	5	4	7	8	5	6	3	9	2	1	8	5	4	3	7	6
6	9	4	5	3	1	7	8	2				5	6	2	1	9	3	4	8	7
8	5	3	7	2	9	6	1	4				3	8	7	4	6	2	9	1	5
2	1	7	8	4	6	5	3	9				4	1	9	5	7	8	6	2	3
9	6	2	1	5	3	8	4	7				7	5	4	9	8	6	2	3	1
4	3	8	2	9	7	1	6	5				1	9	8	2	3	5	7	6	4
1	7	5	6	8	4	9	2	3				2	3	6	7	4	1	8	5	9

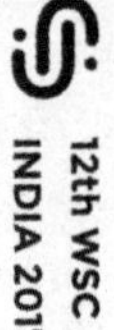

真题：

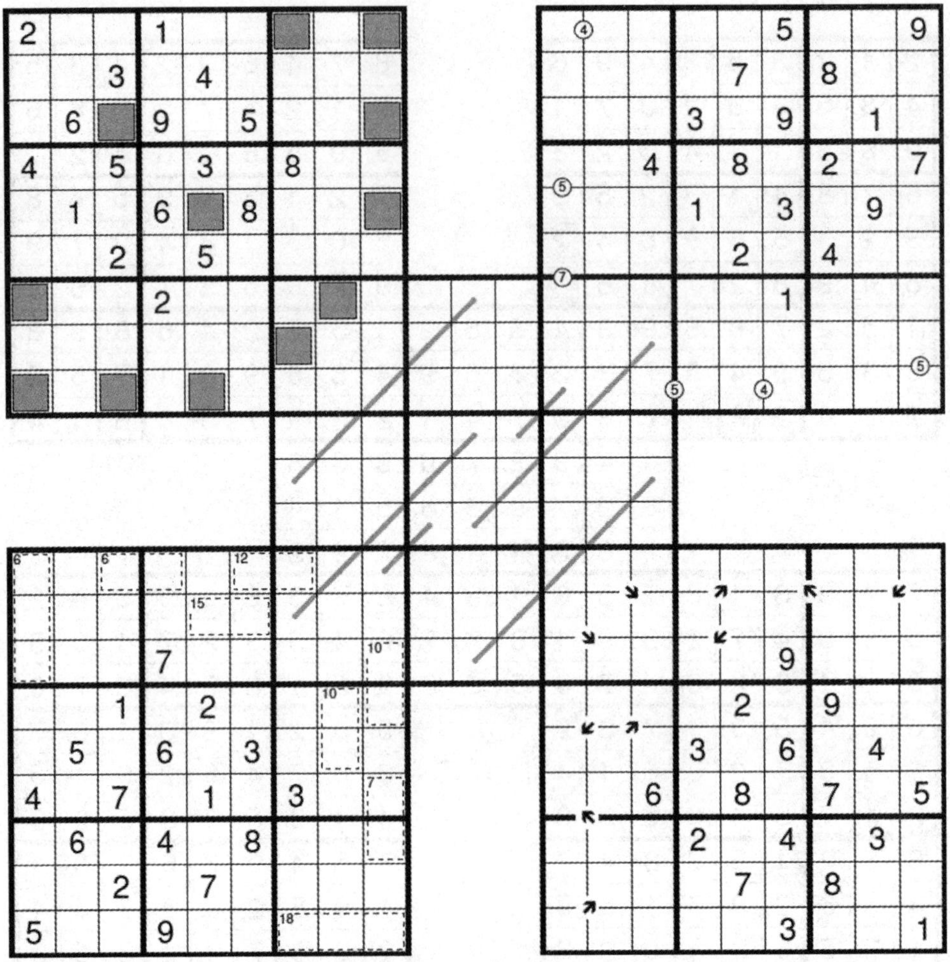

第11轮　个人赛：合体

限时：25分钟　总分：250分

11.1　标准数独 ………………………………………………………… 20分
11.2　标准数独 ………………………………………………………… 30分
11.3　标准数独 ………………………………………………………… 20分
11.4　标准数独 ………………………………………………………… 25分
11.5　标准数独 ………………………………………………………… 30分
11.6　标准数独 ………………………………………………………… 25分
11.7　标准数独 ………………………………………………………… 20分
11.8　标准数独 ………………………………………………………… 25分
11.9　标准数独 ………………………………………………………… 25分
11.10　标准数独 ……………………………………………………… 30分

本轮包括10道标准数独，印在一张A3纸上（本题集由于版面大小限制，印在不同页面）。

将数字1—4填入空格内，使每行、每列和每宫内的数字均不能重复。第n道题的所有的n都必须与第5题的所有n位置相同。

例题：

			4
			2
3			1

1	2	3	
	4		

1		3	4
			2

1			2
3			
4			

例题答案：

1	3	2	4
2	4	1	3
4	1	3	2
3	2	4	1

4	3	1	2
1	2	3	4
2	1	4	3
3	4	2	1

1	4	3	2
3	2	1	4
2	1	4	3
4	3	2	1

1	2	3	4
3	4	2	1
2	1	4	3
4	3	1	2

1	4	3	2
2	3	1	4
3	2	4	1
4	1	2	3

将数字1—9填入空格内，使每行、每列和每宫内的数字均不能重复。第n道题的所有的n都必须与第10题的所有n位置相同。

11.1 标准数独（20分）

	2	3						6
4	5	6				8	9	
7	8	9			6	5	2	
				6		2		
			5		4			
		4		2				5
	9	8	3				5	
	7	5				9	3	
3					9			

11.2 标准数独（30分）

			1		3			
			4	5	6			
	4		7	8	9		6	
1								6
3								8
9	6						3	5
	3	7				6	4	
		6	9		4	1		
			8	6	7			

11.3 标准数独（20分）

9						1	2	
	7					4	5	6
6		5				7	8	9
	6		5					
1		2		7				
	4		1		9			
		1		2		6		
			6		8		4	
				9		2		7

11.4 标准数独（25分）

	9			2		3		
		8	7		3		9	
					9			
1	2	3			5			9
	5	6			8	7	3	
7	8	9			6			1
					2			
		2	9		7		1	
	1			5		6		

11.5　标准数独（30分）

			2		1			
		7		3		1		
	6						3	
	9		1	2	3		4	
7			4		6			1
	4		7	8	9		6	
	7						1	
		3		9		2		
			8		7			

11.6　标准数独（25分）

3	9							
8	2			5	4			
			3					
		4	7			1	2	3
			8	9		4	5	
		3	4			7	8	9
			1					
2	3			4	7			
5	1							

11.7　标准数独（20分）

					3	8		
5	9	1			8	6		
2	3	8					5	4
9	4	5		1	2		6	8
				8	9			
1	2	3			6	4	8	
4	5	6			1	9	2	
	8	9			4	3	1	

11.8　标准数独（25分）

		1				3		
			3	7	5			
				9				
			5	1	2			
		6	9		7	4		
2	9						1	3
6			1	2	3			7
3			4	5	6			9
			7		9			

11.9 标准数独（25分）

5	6						1	2
1						5	6	
					5	8		
					6			
			4	1	8			
			5					
		5	7			1	2	3
	7	8				4	5	6
4	2					7	8	

11.10 标准数独（30分）

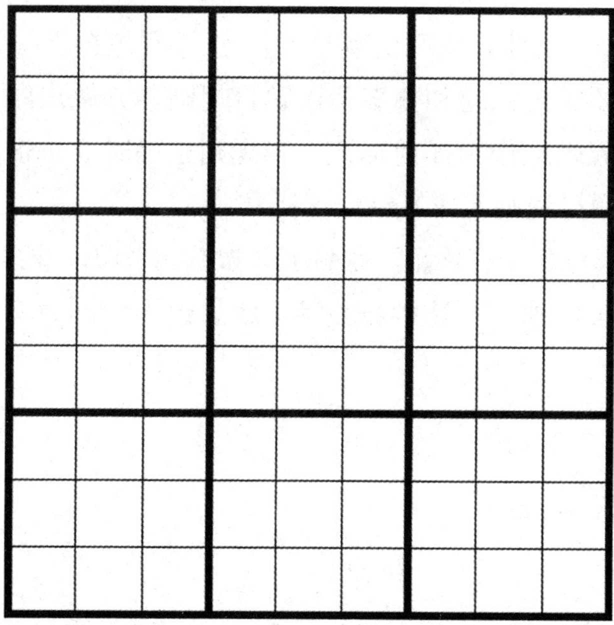

第12轮　个人赛：判断规则

限时：50分钟　总分：500分

12.1　XX数独 …………………………………………… 30分
12.2　XX数独 …………………………………………… 40分
12.3　XX数独 …………………………………………… 40分
12.4　XX数独 …………………………………………… 45分
12.5　XX数独 …………………………………………… 55分
12.6　XX数独 …………………………………………… 65分
12.7　XX数独 …………………………………………… 70分
12.8　XX数独 …………………………………………… 75分
12.9　XX数独 …………………………………………… 80分

本轮包含9道没有规则的变形数独。每道题会有一道例题及答案。选手需要根据例题和答案猜出题目规则，并解出题目。选手无需解释题目规则或作出任何标记。当规则正确时，每道题目都有唯一解。猜对题目规则但作答错误不得分。

所有变形题目均有标记。题目不会为看起来像标准数独的变形题目，例如无马数独、不连续数独等。题目也不会同时有多个规则。

例题的规则示意图：

			2					
		1		8				
	6		5		8			
		7		9		8		
			7		2		6	
				2		1		4
					7		3	
						2		

8	2	5	6	3	4	9	1	7
6	4	9	2	7	1	3	8	5
3	7	1	9	8	5	4	2	6
2	6	3	5	4	8	7	9	1
5	1	7	3	9	6	8	4	2
4	9	8	7	1	2	5	6	3
7	3	6	8	2	9	1	5	4
1	8	2	4	5	7	6	3	9
9	5	4	1	6	3	2	7	8

例题和答案：

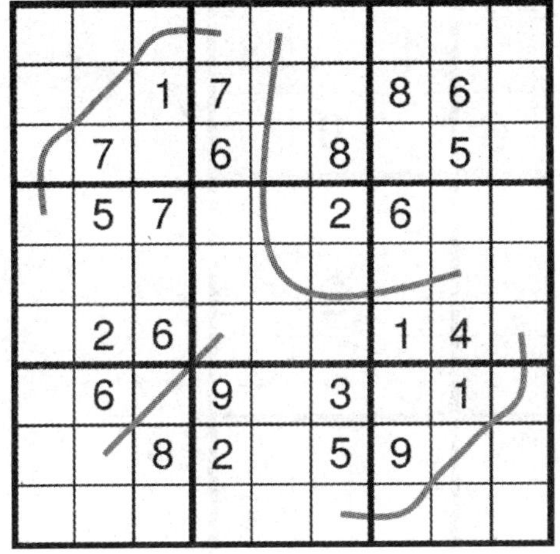

		1	7			8	6	
	7		6		8		5	
	5	7			2	6		
	2	6				1	4	
	6		9		3		1	
		8	2		5	9		

6	8	4	5	1	9	3	2	7
5	3	1	7	2	4	8	6	9
2	7	9	6	3	8	4	5	1
1	5	7	8	4	2	6	9	3
9	4	3	1	5	6	7	8	2
8	2	6	3	9	7	1	4	5
7	6	2	9	8	3	5	1	4
4	1	8	2	7	5	9	3	6
3	9	5	4	6	1	2	7	8

12.1 XX数独（30分）

规则示意图：

				8		1		2
			4		1		8	
				7		6		4
	2		9		8			
5		7		3				
	6		5		7			
7		4				8		6
	1						3	
9		8				2		1

3	4	5	6	8	9	1	7	2
2	7	6	4	5	1	9	8	3
1	8	9	3	7	2	6	5	4
4	2	3	9	1	8	5	6	7
5	9	7	2	3	6	4	1	8
8	6	1	5	4	7	3	2	9
7	5	4	1	2	3	8	9	6
6	1	2	8	9	4	7	3	5
9	3	8	7	6	5	2	4	1

真题：

			4		5		7	
				9		4		3
					6		9	
7						5		8
	1						2	
5		2						4
	3		5					
9		8		4				
	2		9		8			

12.2 XX数独（40分）

规则示意图：

4				3				9
	8						1	
		9				5		
			7		4			
5				1				7
			9		8			
		4				7		
	7						3	
1				6				5

4	6	7	1	3	5	2	8	9
3	8	5	2	7	9	6	1	4
2	1	9	4	8	6	5	7	3
6	9	3	7	2	4	8	5	1
5	4	8	6	1	3	9	2	7
7	2	1	9	5	8	3	4	6
8	5	4	3	9	1	7	6	2
9	7	6	5	4	2	1	3	8
1	3	2	8	6	7	4	9	5

真题：

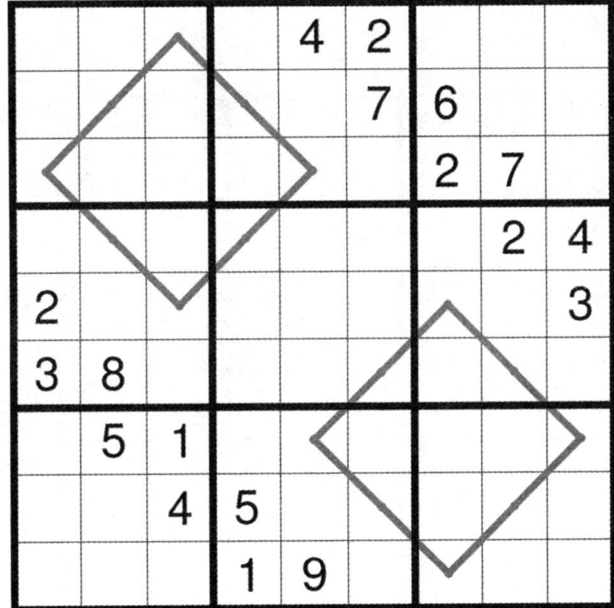

12.3 XX数独（40分）

规则示意图：

	2 8 5	3 6 9	1 8 2	1 2 6	5 6 7	1 2 3	7 2 9	3 5 8	1 3 4	
456	4								3	135
345		3						2		246
123			1				7			789
456					6					234
789				4		7				159
135					9					789
418			4				2			567
385		5						1		124
197	1								9	356
	1 2 3	2 5 8	4 7 8	3 5 8	1 2 3	7 8 9	4 5 6	1 2 3	6 8 9	

	2 8 5	3 6 9	1 8 2	1 2 6	5 6 7	1 2 3	7 2 9	3 5 8	1 3 4	
456	4	7	6	1	8	2	9	5	3	135
345	5	3	8	9	7	4	1	2	6	246
123	2	9	1	6	5	3	7	8	4	789
456	7	4	5	8	6	1	3	9	2	234
789	9	8	2	4	3	7	5	6	1	159
135	6	1	3	2	9	5	8	4	7	789
418	8	6	4	3	1	9	2	7	5	567
385	3	5	9	7	2	6	4	1	8	124
197	1	2	7	5	4	8	6	3	9	356
	1 2 3	2 5 8	4 7 8	3 5 8	1 2 3	7 8 9	4 5 6	1 2 3	6 8 9	

真题：

	1 2 3	4 5 6	7 8 9	7 8 9	5 6 7	3 4 5	7 8 9	2 3 4	5 6 7	
123		2						3		345
345	3								2	456
456				3	2					789
456			3	2						567
789			2				3			234
567						3	2			789
456					3	2				789
123	2								3	567
345		3						2		234
	3 4 5	7 8 9	6 7 8	4 5 6	3 2 1	3 6 9	3 4 5	6 7 8	2 6 9	

12.4 XX数独（45分）

规则示意图：

1	2	3				6	7	4
7							8	2
4								9
	6		7					
		5	4	8				
6			5					3
8	3			7				6
5	7	4				1	9	8

1	2	3	8	9	5	6	7	4
7	5	9	1	6	4	3	8	2
4	8	6	3	2	7	5	1	9
3	4	7	2	1	9	8	6	5
9	6	8	7	5	3	2	4	1
2	1	5	4	8	6	9	3	7
6	9	1	5	4	8	7	2	3
8	3	2	9	7	1	4	5	6
5	7	4	6	3	2	1	9	8

真题：

9		1				6		3
	7		9		1		8	
8								2
	4						6	
	1						2	
5								6
	6		5		2		3	
1		3				2		8

12.5 XX数独（55分）

规则示意图：

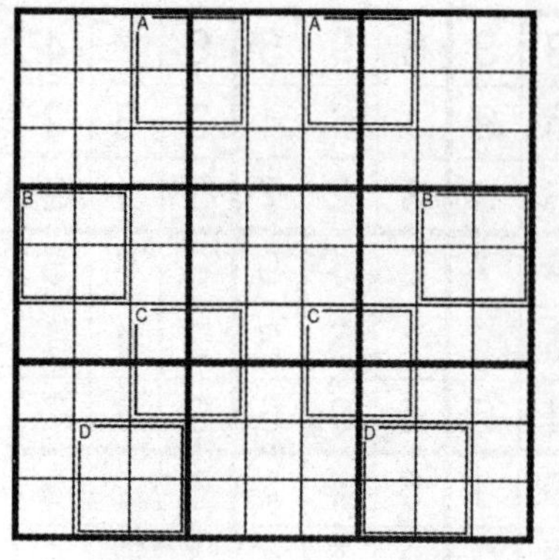

A		A	
1	6	3	4
3	4	8	5

B		B	
6	7	8	9
8	9	2	3

C		C	
1	9	8	2
2	3	5	8

D		D	
3	4	5	6
7	1	8	9

9	7	3	4	2	1	6	5	8
6	2	8	5	9	3	4	7	1
4	1	5	8	6	7	9	2	3
8	9	4	1	3	2	5	6	7
2	3	7	6	5	4	1	8	9
5	6	1	9	7	8	2	3	4
7	4	2	3	1	5	8	9	6
1	5	6	7	8	9	3	4	2
3	8	9	2	4	6	7	1	5

真题：

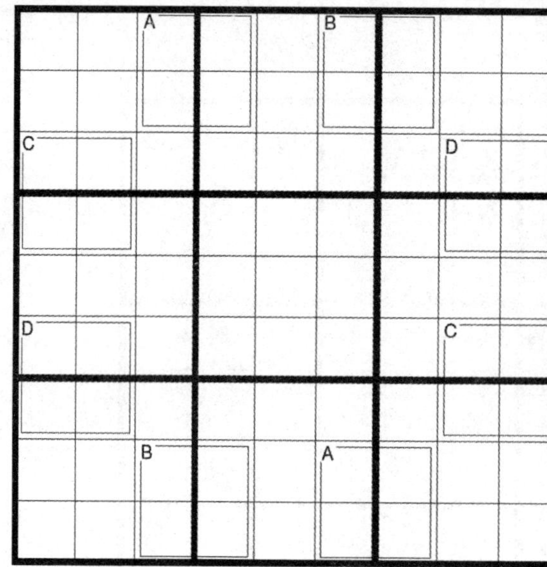

A		A	
9	6	5	1
1	4	4	6

B		B	
7	5	4	2
3	2	3	7

C		C	
4	3	7	6
8	1	4	9

D		D	
5	7	9	4
2	4	2	7

12.6　XX数独（65分）

规则示意图：

6	9						5	7
4	7						8	1
		3	5		1	6		
		7	2		6	1		
				4				
		6	3		5	9		
		8	9		4	7		

6	9	1	4	8	2	3	5	7
4	7	5	6	3	9	2	8	1
2	8	3	5	7	1	6	9	4
3	5	7	2	9	6	1	4	8
1	2	9	8	4	7	5	3	6
8	4	6	3	1	5	9	7	2
5	1	8	9	2	4	7	6	3
7	3	2	1	5	8	4	1	9
9	6	4	7	6	3	8	2	5

真题：

12.7 XX数独（70分）

规则示意图：

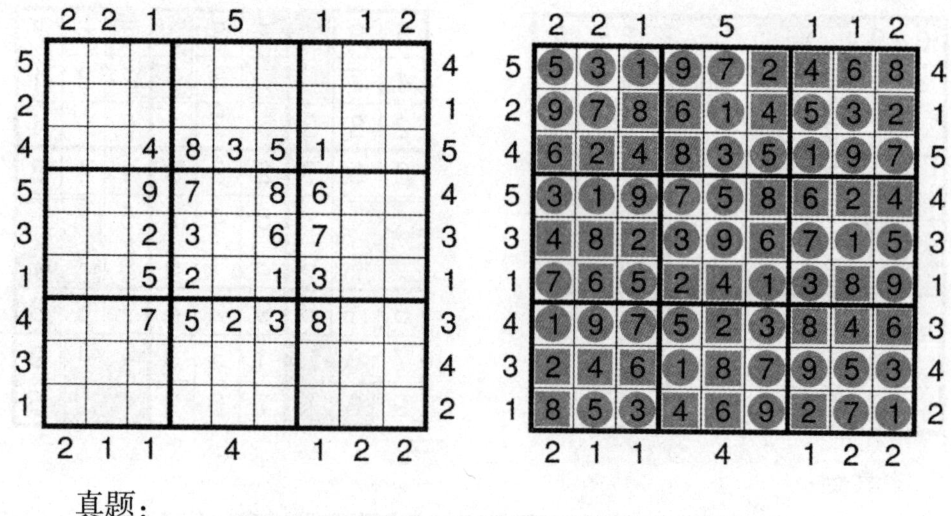

真题：

	1	2		1	2			2	2	
1										2
2						1				2
					3	2	5			
1				6			9	5		
2			4		8		6			1
		6	1			9				2
			9	7	5					
2				4						1
2										2
	2	2			1	2		1	2	

12.8　XX数独（75分）

规则示意图：

1	8						4	5
3								9
		4	5		1	2		
		9		1		8		
			9		8			
		1		4		9		
		6	8		4	3		
7								1
4	5						9	8

1	8	2	3	6	9	7	4	5
3	7	5	4	8	2	1	6	9
6	9	4	5	7	1	2	8	3
5	3	9	7	1	6	8	2	4
2	4	7	9	3	8	5	1	6
8	6	1	2	4	5	9	3	7
9	1	6	8	5	4	3	7	2
7	2	8	6	9	3	4	5	1
4	5	3	1	2	7	6	9	8

真题：

		1	2		3	4		
	8						7	
7				5				6
3								7
		5				3		
1				9				2
		9				6		

12.9 XX数独（80分）

规则示意图：

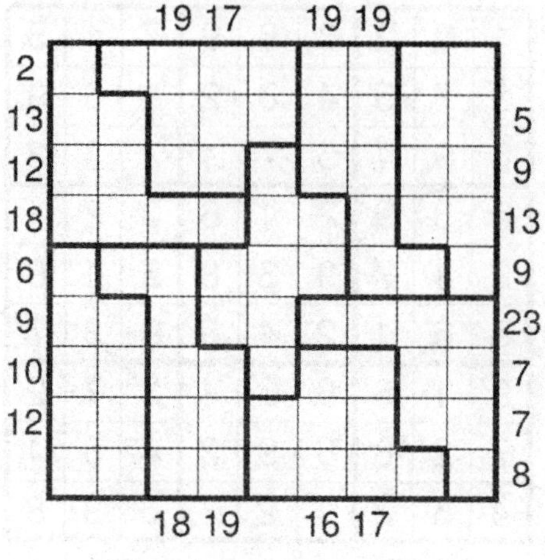

真题：

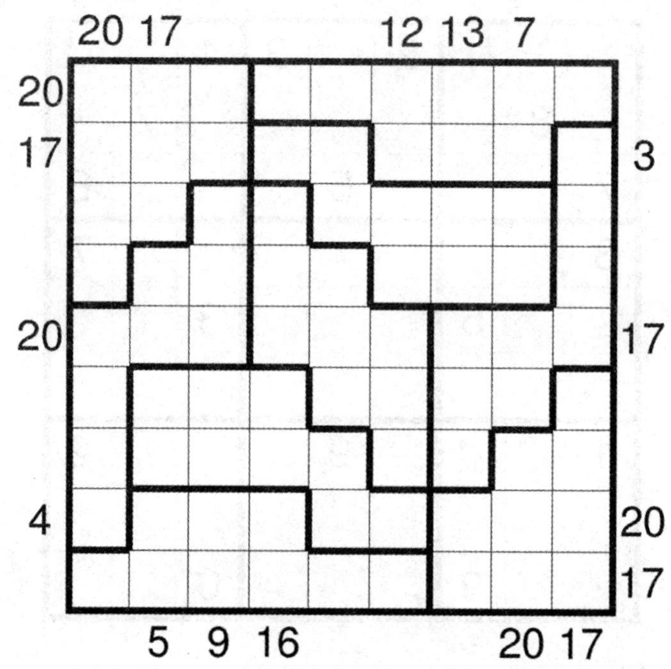

第13轮　个人赛：小丑

限时：50分钟　总分：600分

13.1　小丑堡垒数独 …………………………………… 35分
13.2　小丑候选数数独 ………………………………… 40分
13.3　小丑不连续数独 ………………………………… 40分
13.4　小丑克隆数独 …………………………………… 45分
13.5　小丑数列数独 …………………………………… 55分
13.6　小丑窗口数独 …………………………………… 60分
13.7　小丑乘积数独 …………………………………… 65分
13.8　小丑钟面数独 …………………………………… 90分
13.9　小丑双色蛋糕数独 ……………………………… 100分
13.10　小丑奇偶大小数独 ……………………………… 70分

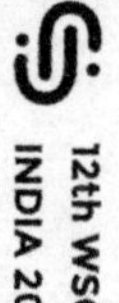

13.1 小丑堡垒数独 在空格内填入数字1—9，使每行、每列及每宫内数字均不重复。黑格中的数字必须大于相邻白格中的数字。

小丑规则：1—9中的1个数字是小丑数字，可以被当成1—9中的任意数字。同一个小丑数字与不同堡垒比较时可以被当成不同数字。（35分）

例题和答案：

	■	2		7		3	■	5
■	5		9		3		1	■
1		3				9		6
	8			9			7	
7			8		1			3
	2			3			4	
5		8				1		2
■	1		3		2		6	■
2	■	4		1		7	■	

4	9	2	1	7	6	3	8	5
8	5	6	9	2	3	4	1	7
1	7	3	4	5	8	9	2	6
3	8	5	2	9	4	6	7	1
7	4	9	8	6	1	2	5	3
6	2	1	5	3	7	8	4	9
5	6	8	7	4	9	1	3	2
9	1	7	3	8	2	5	6	4
2	3	4	6	1	5	7	9	8

真题：

■	■	9	2	5	8	1	■	■
	■	■		7		■	■	
	2	■	■	1	■	■	6	
	9		■	■	■		8	
	4	8	1	■	3	2	5	
	7		■	■	■		1	
	1	■	■	3	■	■	2	
	■	■		4		■	■	
■	■	2	9	6	1	5	■	■

13.2 小丑候选数数独 在空格内填入数字1—9，使每行、每列及每宫内数字均不重复。每个格中的数字表示该格中所有可能填写的数字。

小丑规则：1—9中的1个数字是小丑数字，可以被当成1—9中的任意数字。这个数字无需符合格中候选数限制。（40分）

例题和答案：

1			2	3456		9	123	
	9			1	2345		2	234
		2			4	1234		1
3			8			4	6789	
45	2			5			1	5678
	56	8			3			2
7		67	5			2		
345	4		56	3			8	
	789	1		45	9			3

1	7	4	2	3456 6	8	9	123 3	5
6	9	3	7	1	2345 5	8	2	234 4
8	5	2	3	9	4	1234 7	6	1
3	1	5	8	2	7	4	6789 9	6
45 4	2	7	9	5	6	3	1	5678 8
9	56 6	8	1	4	3	5	7	2
7	3	67 6	5	8	1	2	4	9
345 5	4	9	56 6	3	2	1	8	7
2	789 8	1	4	45 7	9	6	5	3

真题：

	1		68	78	28		5	
		2				6		
			3	4	5			
89	89						79	79
		6	7		4	2		
	3			9			1	
	5			1			3	
		8	2		6	7		

13.3 小丑不连续数独 在空格内填入数字1—9，使每行、每列及每宫内数字均不重复。相邻数字不得为连续数。

小丑规则：1—9中的1个数字是小丑数字，可以被当成1—9中的任意数字。小丑数字可以与任何数相邻，同一小丑数字在与不同数字比较时可以被当成不同数字。（40分）

例题和答案：

9				5				1
			6		8			
		6		7		4		
	2						1	
3		5				9		2
	6						5	
		7		4		1		
			8		1			
6				9				3

9	7	2	4	5	3	8	6	1
5	3	4	6	1	8	2	9	7
1	8	6	9	7	2	4	3	5
7	2	9	5	3	4	6	1	8
3	4	5	1	8	6	9	7	2
8	6	1	7	2	9	3	5	4
2	9	7	3	4	5	1	8	6
4	5	3	8	6	1	7	2	9
6	1	8	2	9	7	5	4	3

真题：

	2		6		3		7	
	1		8		5		9	
	7		3		9		2	
	9		5		2		4	
	6		2		8		1	
	4		9		6		8	

13.4 小丑克隆数独 在空格内填入数字1—9，使每行、每列及每宫内数字均不重复。两个黑格区域中相同位置的数字必须相同。

小丑规则：1—9中的1个数字是小丑数字，可以被当成1—9中的任意数字。克隆区域中的小丑数字可以对应任意数字。（45分）

例题和答案：

9	8	4	2	1				
7	■	■	■	5				
6	■		■	9				
3	■	■	■	8				
5	2	1	4		7	6	8	9
				6	■	■	■	7
				7	■		■	1
				4	■	■	■	6
				2	3	8	4	5

9	8	4	2	1	6	5	7	3
7	1	2	3	5	4	9	6	8
6	5	3	7	9	8	4	1	2
3	6	7	9	8	2	1	5	4
5	2	1	4	3	7	6	8	9
4	9	8	5	6	1	2	3	7
2	4	6	8	7	5	3	9	1
8	3	5	1	4	9	7	2	6
1	7	9	6	2	3	8	4	5

真题：

	■	■	■		6	2	7	1
		■			4			8
		■			9			5
■		■	2	9	3	7	8	4
	■		4		5	■	■	■
3	4	9	8	6	7		■	
8			6				■	
9			3		■		■	
5	1	2	9			■		

13.5 小丑数列数独 在空格内填入数字1—9，使每行、每列及每宫内数字均不重复。每条线上的数字必须组成1个等差数列。

小丑规则：1—9中的1个数字是小丑数字，可以被当成1—9中的任意数字。小丑数字可以在等差数列中被当成任何数字。（55分）

例题和答案：

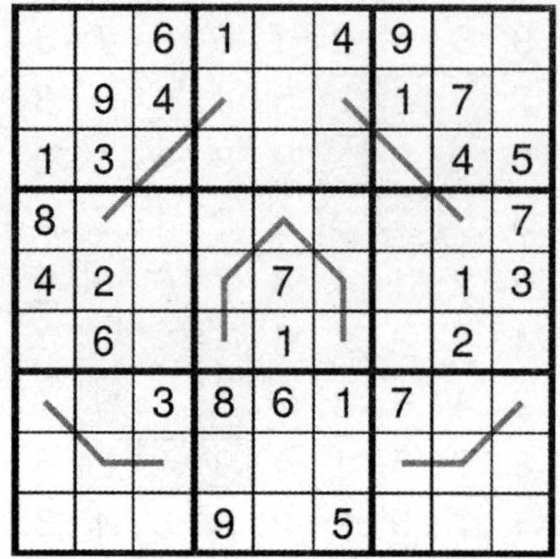

7	8	6	1	5	4	9	3	2
5	9	4	3	8	2	1	7	6
1	3	2	7	9	6	8	4	5
8	1	5	4	2	3	6	9	7
4	2	9	6	7	8	5	1	3
3	6	7	5	1	9	4	2	8
2	4	3	8	6	1	7	5	9
9	5	8	2	4	7	3	6	1
6	7	1	9	3	5	2	8	4

真题：

5	7						4	3
1	4						2	9
8	6						9	2
9	2						7	4
	9	2				4	1	
	1	8				2	3	

13.6 小丑窗口数独 在空格内填入数字1—9，使每行、每列及每宫内数字均不重复。4个窗口中的数字也必须为1—9不重复。

小丑规则：1—9中的1个数字是小丑数字，可以被当成1—9中的任意数字。窗口中的小丑数字可以被当成任意数字。（60分）

例题和答案：

	1	4	5		9	6	8	
5				1				4
7				6				3
8								9
			6	8	1			
		9		3		5		
	5			2			9	
1	7	8	9		5	3	2	6

3	1	4	5	7	9	6	8	2
5	8	6	2	1	3	9	7	4
7	9	2	4	6	8	1	5	3
8	3	1	7	5	2	4	6	9
2	6	5	3	9	4	7	1	8
9	4	7	6	8	1	2	3	5
6	2	9	8	3	7	5	4	1
4	5	3	1	2	6	8	9	7
1	7	8	9	4	5	3	2	6

真题：

	3			7			4	
5			4		8			3
		1				2		
	9						6	
7								8
	6						5	
		8				6		
1			9		2			4
	2			1			3	

13.7 小丑乘积数独 在空格内填入数字1—9，使每行、每列及每宫内数字均不重复。格中数字表示其所在格2个数字的乘积。

小丑规则：1—9中的1个数字是小丑数字，可以被当成1—9中的任意数字。同一小丑数字在不同乘积中可以被当成不同数字。（65分）

例题和答案：

9								6
2	4						1	7
7	3	6				4	8	9
	1	2	3		9	8	5	
		7	1		6	3		
			4		8			

5	2	9	7	3	1	6	4	8
1	7	3	6	8	4	9	2	5
8	6	4	2	9	5	1	7	3
9	5	1	8	4	7	2	3	6
2	4	8	9	6	3	5	1	7
7	3	6	5	1	2	4	8	9
6	1	2	3	7	9	8	5	4
4	8	7	1	5	6	3	9	2
3	9	5	4	2	8	7	6	1

真题：

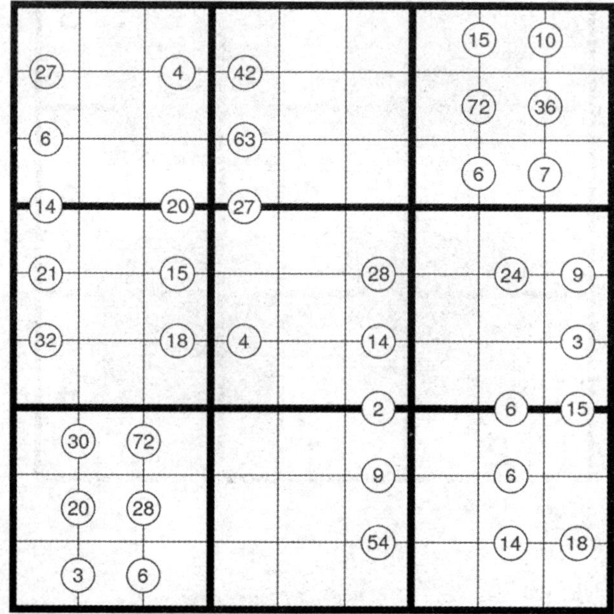

13.8 小丑钟面数独 在空格内填入数字1—9，使每行、每列及每宫内数字均不重复。白点标出的2×2方块中的数字必须顺时针递增，黑点标出的2×2方块中的数字必须顺时针递减。所有符合条件的黑白点均已标出。

小丑规则：1—9中的1个数字是小丑数字，可以被当成1—9中的任意数字。同一个小丑数字在不同的2×2方块中可以代表不同数字。小丑数字也可以被当成使没有黑白点标记的2×2方块不满足黑白点条件的任意数字。（90分）

例题和答案：

	3		4		6		1	
1				2				8
		2				6		
3			6		9			5
	2			7			9	
8			3		2			1
		3				8		
2				6				9
	6		2		8		3	

5	3	7	4	8	6	9	1	2
1	4	6	9	2	7	3	5	8
9	8	2	1	3	5	6	7	4
3	7	1	6	4	9	2	8	5
6	2	5	8	7	1	4	9	3
8	9	4	3	5	2	7	6	1
7	1	3	5	9	4	8	2	6
2	5	8	7	6	3	1	4	9
4	6	9	2	1	8	5	3	7

真题：

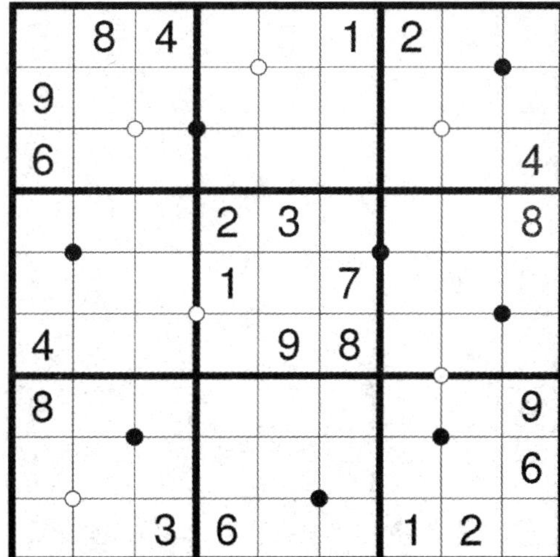

13.9　小丑双色蛋糕数独　在空格内填入数字1—9，使每行、每列及每宫内数字均不重复。双色蛋糕标记说明所在的2×2方块中有2个奇数2个偶数，且分别在对角位置。所有符合条件的双色蛋糕均已标出。

小丑规则：1—9中的1个数字是小丑数字，可以被当成1—9中的任意数字。同一小丑数字在不同2×2方块中可以被当成不同数字。小丑数字也可以被当成任意使得没有双色蛋糕标记的位置不满足双色蛋糕条件的数字。（100分）

例题和答案：

5	3						1	2
				2				
9	8						6	4
6	2			7			9	3
7	1						2	6
				6				
4	6						3	7

5	3	7	4	8	6	9	1	2
1	4	6	9	2	7	3	8	5
9	8	2	1	3	5	7	6	4
3	7	1	6	4	9	2	5	8
6	2	5	8	7	1	4	9	3
8	9	4	3	5	2	6	7	1
7	1	3	5	9	4	8	2	6
2	5	8	7	6	3	1	4	9
4	6	9	2	1	8	5	3	7

真题：

1	4	7		9		2	6	5
2								8
9								4
3	9						1	2
4								9
8								1
6	2	9		4		7	8	3

13.10　小丑奇偶大小数独　在空格内填入数字1—8，使每行、每列及每宫内数字均不重复。格外的4个汉字表示其所在行列对应方向上前两个数字必须满足的条件。奇表示1、3、5、7，偶表示2、4、6、8，大表示5、6、7、8，小表示1、2、3、4。

小丑规则：1—8中的1个数字是小丑数字，这个数字可以满足任何属性。（70分）

例题和答案：

	奇 odd	偶 even	大 big	小 small	奇 odd	偶 even	大 big	小 small	
	1							3	
		4	7			8	6		
		3	4			1	2		奇 odd
偶 even				5	3				偶 even
大 big				4	1				大 big
小 small		1	8			2	7		
		5	2			6	3		
	8							2	
			小 small	奇 odd	偶 even	大 big			

	奇 odd	偶 even	大 big	小 small	奇 odd	偶 even	大 big	小 small	
	1	8	6	2	7	4	5	3	
	5	4	7	3	2	8	6	1	
	7	3	4	8	6	1	2	5	奇 odd
偶 even	6	2	1	5	3	7	4	8	偶 even
大 big	2	7	5	4	1	3	8	6	大 big
小 small	3	1	8	6	5	2	7	4	
	4	5	2	1	8	6	3	7	
	8	6	3	7	4	5	1	2	
			小 small	奇 odd	偶 even	大 big			

真题：

	小 small		大 big	大 big	小 small	奇 odd		偶 even	
奇 odd									小 small
偶 even		4					5		大 big
大 big			4			3			偶 even
小 small				7	4				奇 odd
奇 odd				4	8				小 small
偶 even			1			4			大 big
大 big		7					8		偶 even
小 small									奇 odd
	偶 even	奇 odd	奇 odd			奇 odd	大 big	小 small	

第14轮　个人赛：常规题型

限时：45分钟　总分：500分

题号	题目	分值
14.1	三重数独	25分
14.2	无缘数独	25分
14.3	不连续数独	25分
14.4	无马数独	30分
14.5	ISO数独	30分
14.6	额外区域数独	45分
14.7	不规则数独	45分
14.8	联通不规则数独	45分
14.9	镜子数独	50分
14.10	连续数数独	50分
14.11	外提示数独	60分
14.12	小杀手数独	70分

14.1　三重数独　在空格内填入数字1—9，使每行、每列及每宫内数字均不重复。圆圈中必须填入1、2、3，方块中必须填入4、5、6。（25分）

例题和答案：

□	○				□	○	○	□
○	□		○	[4]	○	□		
○		[6]	□	○		②	□	
	○	□		○	□		○	□
	9	○	○	□	○		[5]	□
□	□	○	□			○		○
		③	○	□	□	7	□	○
○	○	□	□	8		□	○	
□	□			○	○	□		○

[4]	②	9	8	7	[6]	③	①	[5]
③	[5]	8	②	[4]	①	[6]	9	7
①	7	[6]	[5]	③	9	②	[4]	8
8	③	[4]	7	①	[5]	9	②	[6]
7	9	①	③	[6]	②	8	[5]	[4]
[5]	[6]	②	[4]	9	8	①	7	③
9	8	③	①	[5]	[4]	7	[6]	②
②	①	[5]	[6]	8	7	[4]	③	9
[6]	[4]	7	9	②	③	[5]	8	①

真题：

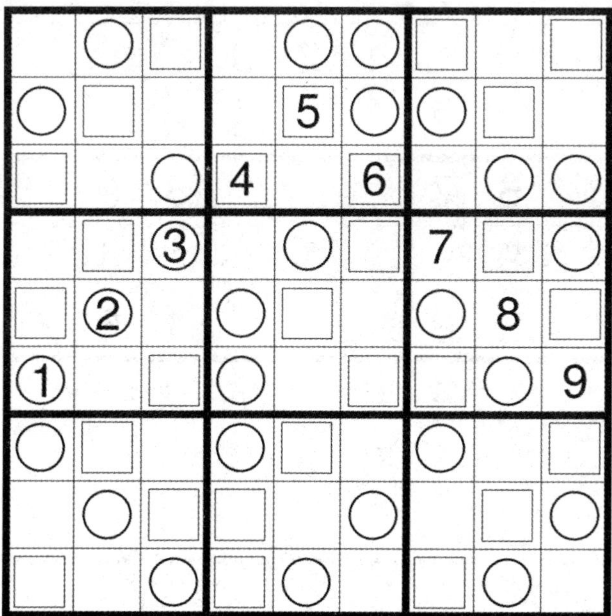

14.2 无缘数独 在空格内填入数字1—9，使每行、每列及每宫内数字均不重复。斜向相邻的数字不得重复。（25分）

例题和答案：

5	7	1						
			8	2	5			
						6	5	4
3	1	4						
			2	7	4			
						5	4	6
7	9	2						
			5	1	7			
						4	3	7

5	7	1	4	6	9	3	2	8
6	4	3	8	2	5	7	9	1
8	2	9	7	3	1	6	5	4
3	1	4	6	5	8	2	7	9
9	6	5	2	7	4	1	8	3
2	8	7	1	9	3	5	4	6
7	9	2	3	4	6	8	1	5
4	3	8	5	1	7	9	6	2
1	5	6	9	8	2	4	3	7

真题：

			1	2	3			
		3	4		5	6		
	6	7				8	9	
	9						4	
	2	8				1	6	
		4	2		7	3		
			6	3	9			

14.3 不连续数独 在空格内填入数字1—9，使每行、每列及每宫内数字均不重复。相邻数字不得为连续数。（25分）

例题和答案：

6	1	5						
			5	1	7			
						5	1	9
4	2	7						
			7	2	4			
						4	2	7
7	4	2						
			4	9	5			
						8	4	6

6	1	5	2	4	9	7	3	8
8	3	9	5	1	7	2	6	4
2	7	4	8	6	3	5	1	9
4	2	7	3	8	6	9	5	1
9	5	1	7	2	4	6	8	3
3	8	6	9	5	1	4	2	7
7	4	2	6	3	8	1	9	5
1	6	8	4	9	5	3	7	2
5	9	3	1	7	2	8	4	6

真题：

	2		8		7		9	
1		3		9		2		8
3		7		6		5		2
	9		2		5		3	

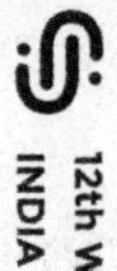

14.4 无马数独 在空格内填入数字1—9，使每行、每列及每宫内数字均不重复。马步上的数字不得重复。（30分）

例题和答案：

9				4		6		7
	8			3			4	
6								
			8		5			
1	5						7	8
			9		4			
								4
	9			6			1	
2		8		9				5

9	3	1	5	4	2	6	8	7
7	8	5	6	3	9	2	4	1
6	4	2	7	8	1	5	3	9
4	2	3	8	7	5	1	9	6
1	5	9	3	2	6	4	7	8
8	7	6	9	1	4	3	5	2
3	6	7	1	5	8	9	2	4
5	9	4	2	6	7	8	1	3
2	1	8	4	9	3	7	6	5

真题：

	1	7	4					
	2		6					
	3		9		1	7	4	
	4		8		2		6	
	5	6	7		3		9	
					4		8	
					5	6	7	

14.5　**ISO数独**　在空格内填入数字1—9，使每行、每列及每宫内数字均不重复。任意方向斜线上的数字也不得重复。（30分）

例题和答案：

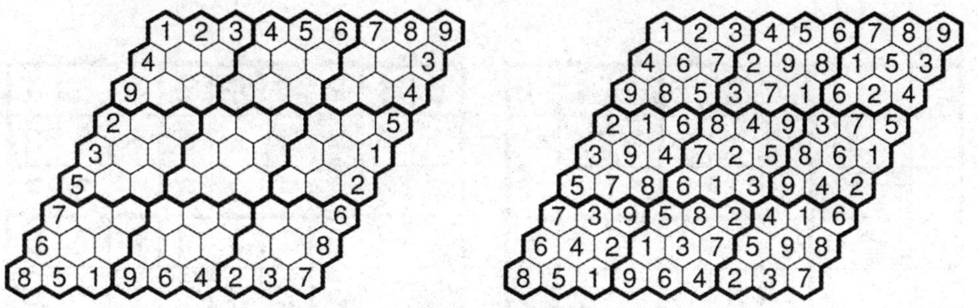

真题：

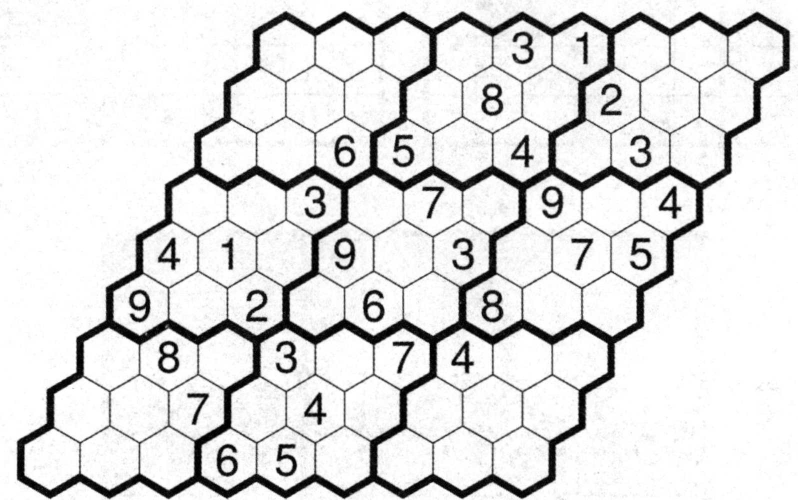

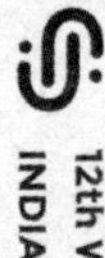

14.6 额外区域数独 在空格内填入数字1—9，使每行、每列及每宫内数字均不重复。每个阴影区域中的数字也为1—9且不重复。（45分）

例题和答案：

					7			4
				4			5	
			9			1		
		6			4			5
	9			8			1	
3			6			2		
		3			9			
	1			6				
4			7					

8	3	2	5	1	7	9	6	4
1	7	9	3	4	6	8	5	2
5	6	4	9	2	8	1	3	7
2	8	6	1	9	4	3	7	5
7	9	5	2	8	3	4	1	6
3	4	1	6	7	5	2	9	8
6	2	3	8	5	9	7	4	1
9	1	7	4	6	2	5	8	3
4	5	8	7	3	1	6	2	9

真题：

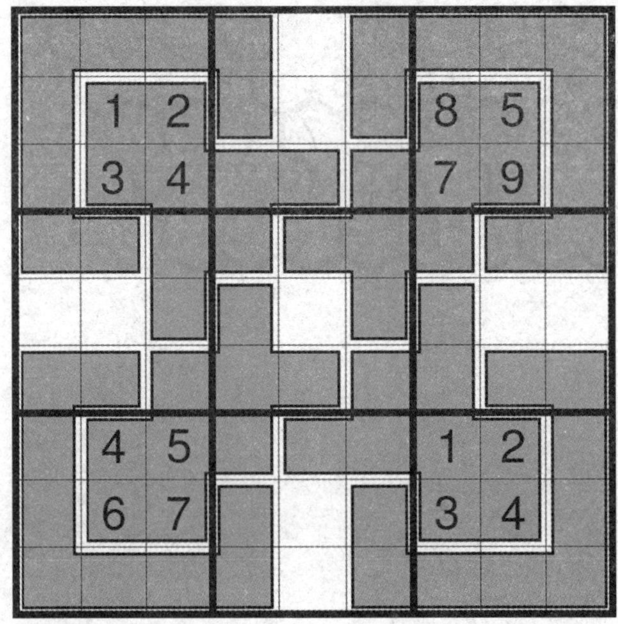

14.7 不规则数独 在空格内填入数字1—9，使每行、每列及每个不规则宫内数字均不重复。（45分）

例题和答案：

	2						9	
7		8				4		1
	6		2		8		7	
		2		6		8		
			3		1			
		4		2		9		
	3		1		6		5	
3		5				1		6
	7						8	

1	2	6	4	8	5	7	9	3
7	9	8	5	3	2	4	6	1
9	6	1	2	4	8	3	7	5
4	5	2	7	6	3	8	1	9
2	8	9	3	5	1	6	4	7
5	1	4	6	2	7	9	3	8
8	3	7	1	9	6	2	5	4
3	4	5	8	7	9	1	2	6
6	7	3	9	1	4	5	8	2

真题：

					3	4		
	4			6			9	
8		6			7	3		
4		1						
	8			3			6	
						6		7
		7	3			2		4
	6			7			5	
		9	5					

14.8 **联通不规则数独** 在空格内填入数字1—9，使每行、每列及每个不规则宫内数字均不重复。有些宫在宫外左右或上下联通。（45分）

例题和答案：

1							9	
						2		6
					8		7	
				1		4		
			5		9			
		7		4				
	8		2					
2		3						
	5							8

1	3	2	6	5	7	8	9	4
4	7	5	9	8	1	2	3	6
5	4	6	3	2	8	9	7	1
9	6	8	7	1	3	4	5	2
8	2	1	5	6	9	7	4	3
3	9	7	8	4	2	1	6	5
6	8	9	2	3	4	5	1	7
2	1	3	4	7	5	6	8	9
7	5	4	1	9	6	3	2	8

真题：

	1	2	3	4	5	6		
	4	7	5	8	3	2		
		1	2	3	4	5	6	
		4	7	5	8	3	2	

14.9　镜子数独　在空格内填入数字1—9，使每行、每列及每宫内数字均不重复。4个角上的宫中心对称位置数字相同。（50分）

例题和答案：

			1					2
				2			1	
					3	7		
					1	4		
				3			5	
			8					6
			3					1
				8			6	
					7	3		

5	4	3	1	7	9	6	8	2
7	6	9	4	2	8	5	1	3
1	2	8	5	6	3	7	9	4
6	5	2	7	9	1	4	3	8
8	7	4	6	3	2	1	5	9
9	3	1	8	4	5	2	7	6
4	9	7	3	5	6	8	2	1
3	1	5	2	8	4	9	6	7
2	8	6	9	1	7	3	4	5

真题：

				7				
	1		2		9			
		8				3		
	3		5					
5				9				
	2				7	4	6	
		3			6	8		
					5		1	

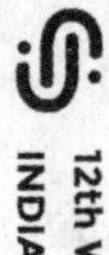

14.10　**连续数数独**　在空格内填入数字1—9，使每行、每列及每宫内数字均不重复。每条线上的数字组成1组连续数。数字位置没有要求。（50分）

例题和答案：

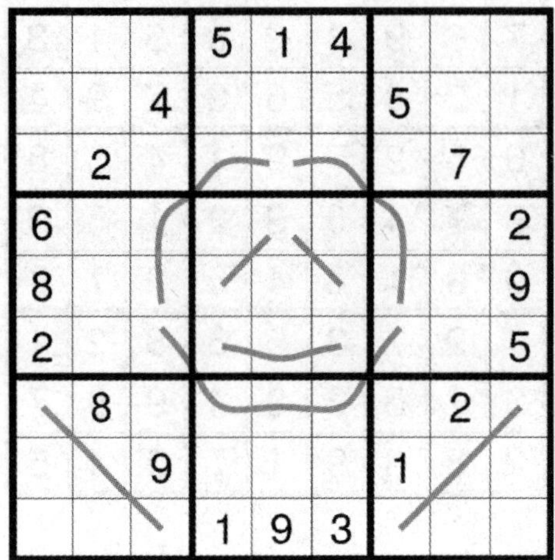

真题：

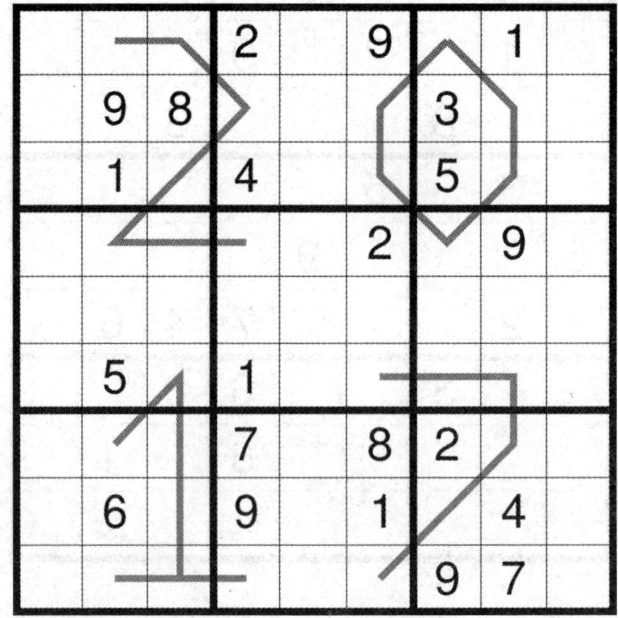

14.11 外提示数独 在空格内填入数字1—9，使每行、每列及每宫内数字均不重复。盘面外提示数字表示其所在行列对应方向上前3个数字的数字和。（60分）

例题和答案：

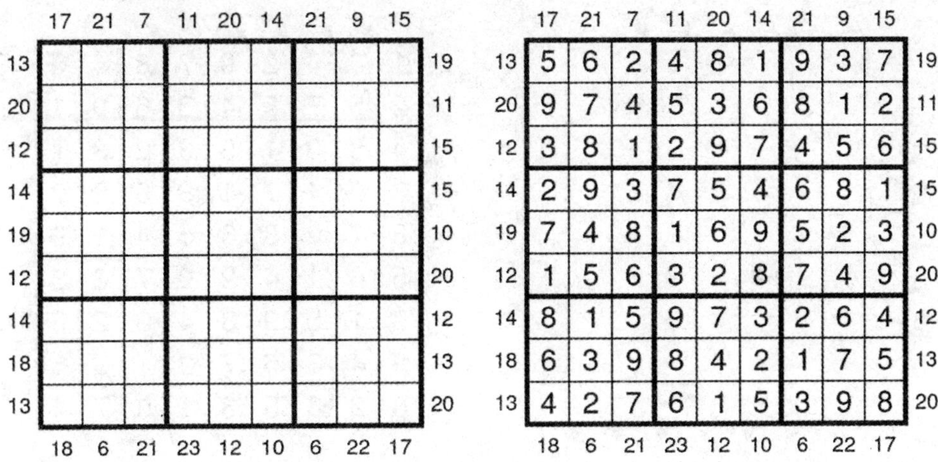

	17	21	7	11	20	14	21	9	15	
13	5	6	2	4	8	1	9	3	7	19
20	9	7	4	5	3	6	8	1	2	11
12	3	8	1	2	9	7	4	5	6	15
14	2	9	3	7	5	4	6	8	1	15
19	7	4	8	1	6	9	5	2	3	10
12	1	5	6	3	2	8	7	4	9	20
14	8	1	5	9	7	3	2	6	4	12
18	6	3	9	8	4	2	1	7	5	13
13	4	2	7	6	1	5	3	9	8	20
	18	6	21	23	12	10	6	22	17	

真题：

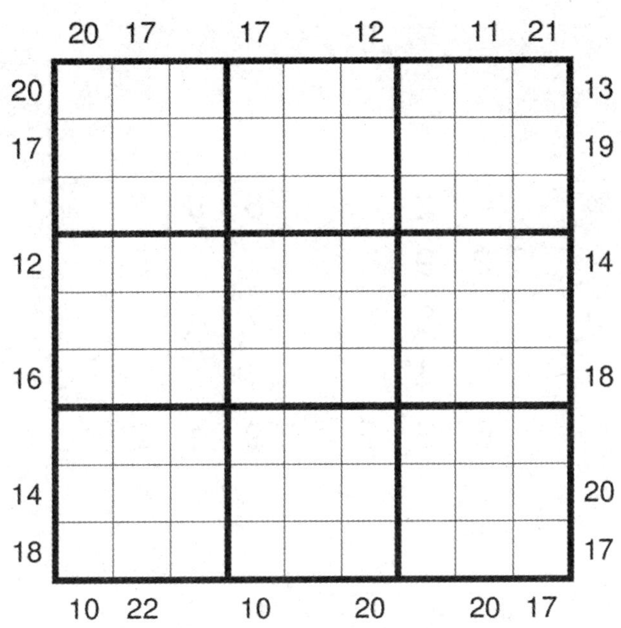

14.12 小杀手数独 在空格内填入数字1—9，使每行、每列及每宫内数字均不重复。箭头上的数字表示其所指方向所有数字的数字和，斜线上数字可以重复。（70分）

例题和答案：

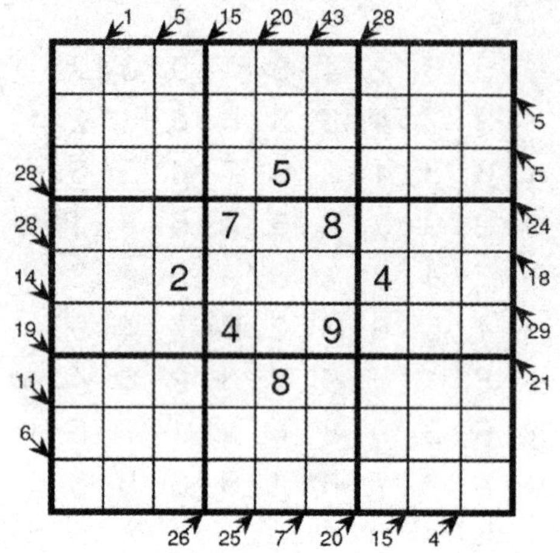

真题：

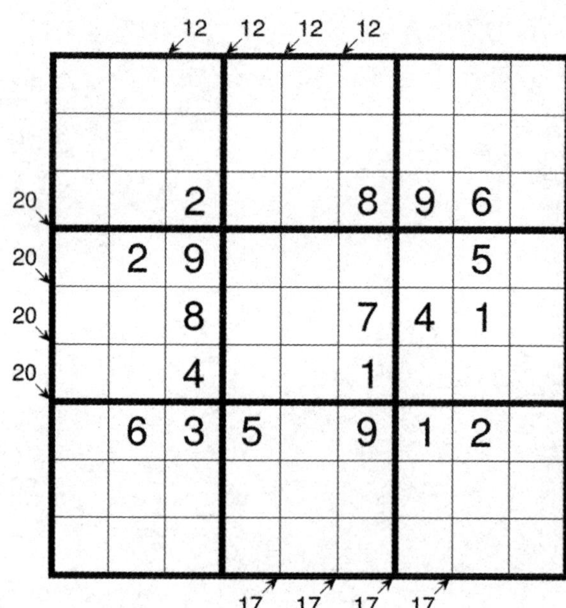

第15轮　个人赛：关联数独

限时：30分钟　总分：250分

左上角：标准数独 ………………………………………………… 65分

右上角：标准数独 ………………………………………………… 60分

左下角：标准数独 ………………………………………………… 65分

右下角：标准数独 ………………………………………………… 60分

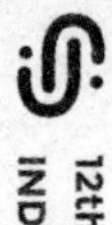

标准数独 在空格内填入数字1—9，使每行、每列及每宫内数字均不重复。

2道题中间的数字表示连接的2道题所在行列对应位置上相同的数字的个数。

例题：

			5		9				0				9		1			
		7		1		9						6		2		5		
	9		2		6		4		0		8		5		7		6	
9		2				1		5		5		8				7		1
	5						9		1		6						9	
6		1				8		3		7		9				6		5
	1		6		8		7		1		2		4		5		1	
		6		3		4						5		7		8		
			4		1				2				1		3			
1		7		1		0		2		1		0		1		9		1
			1		6				0				3		8			
		7		8		5						2		1		5		
	3		2		7		1		1		8		2		5		6	
5		2				4		8		9		4				7		1
	9						2		2		6						4	
7		1				3		5		1		5				6		2
	1		4		9		5		7		1		4		7		5	
		3		7		9						3		5		8		
			5		8				0				6		3			

例题答案：

2	3	4	5	8	9	6	1	7	0	3	5	7	9	6	1	4	8	2
8	6	7	3	1	4	9	5	2		4	1	6	3	2	8	5	7	9
1	9	5	2	7	6	3	4	8	0	9	8	2	5	4	7	1	6	3
9	7	2	8	4	3	1	6	5		5	4	8	6	3	9	7	2	1
3	5	8	1	6	2	7	9	4	1	2	6	1	7	5	4	3	9	8
6	4	1	7	9	5	8	2	3		7	3	9	8	1	2	6	4	5
4	1	3	6	2	8	5	7	9	1	6	2	3	4	8	5	9	1	7
5	2	6	9	3	7	4	8	1		1	9	5	2	7	6	8	3	4
7	8	9	4	5	1	2	3	6	2	8	7	4	1	9	3	2	5	6
1		7		1		0		2		1		0		1		9		1
9	8	4	1	5	6	2	3	7	0	6	5	1	3	7	8	4	2	9
1	2	7	3	8	4	5	6	9		7	4	2	9	1	6	5	3	8
6	3	5	2	9	7	8	1	4	1	3	8	9	2	4	5	1	6	7
5	6	2	9	1	3	4	7	8		9	3	4	5	6	2	7	8	1
3	9	8	7	4	5	6	2	1	2	2	6	8	7	9	1	3	4	5
7	4	1	8	6	2	3	9	5		1	7	5	8	3	4	6	9	2
8	1	6	4	2	9	7	5	3	7	8	1	6	4	2	7	9	5	3
4	5	3	6	7	1	9	8	2		4	2	3	1	5	9	8	7	6
2	7	9	5	3	8	1	4	6	0	5	9	7	6	8	3	2	1	4

真题：

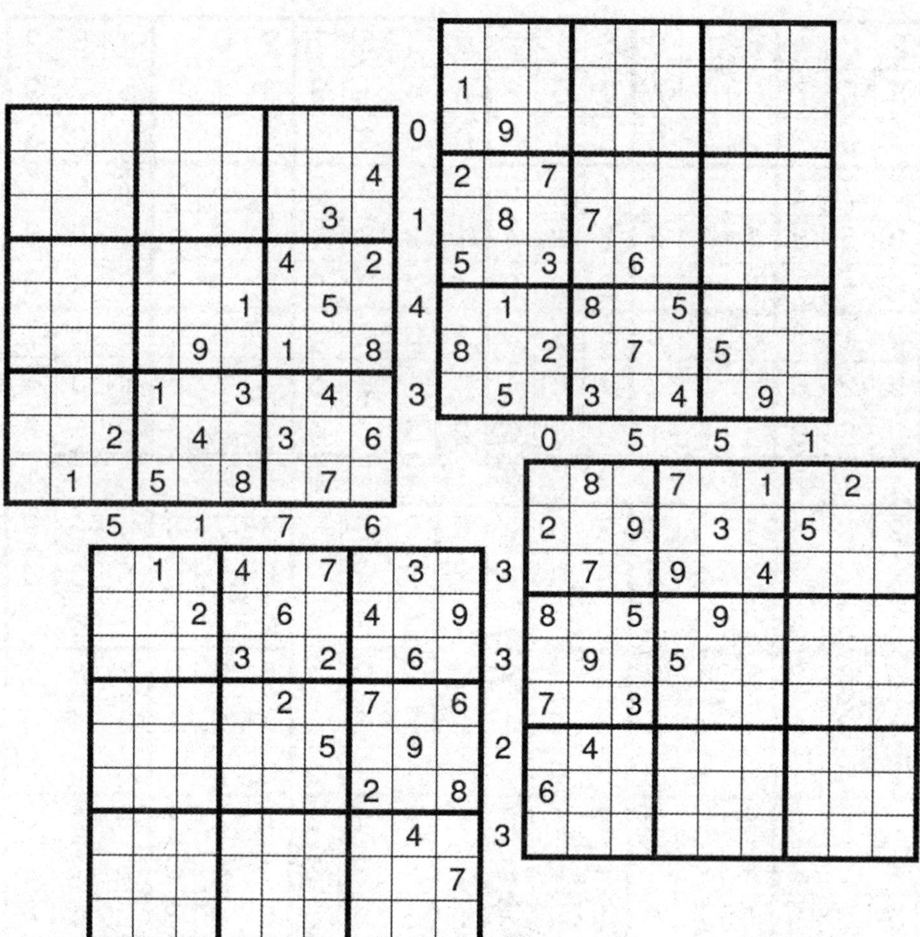

第16轮　个人赛：别眨眼

限时：30分钟　总分：150分

16.1　标准数独
16.2　标准数独
16.3　标准数独
16.4　标准数独
16.5　标准数独
16.6　标准数独
16.7　对角线数独
16.8　对角线数独
16.9　额外区域数独
16.10　额外区域数独
16.11　不规则数独
16.12　不规则数独
16.13　奇偶数独
16.14　奇偶数独
16.15　字母数独
16.16　字母数独

本轮包含6道标准数独和10道变形数独。每道题目有唯一解，并会在屏幕上显示60秒，其中一个格子会被圈出。选手不动笔，只用眼睛观察，需在60秒内判断出该格该填入的数字。

本轮根据答对题目的个数，阶梯式给出分值：

完成1题——5分
完成2题——10分
完成3题——15分
完成4题——20分
完成5题——25分
完成6题——30分
完成7题——35分
完成8题——40分
完成9题——50分
完成10题——60分
完成11题——70分
完成12题——80分
完成13题——95分
完成14题——110分
完成15题——130分
完成16题——150分

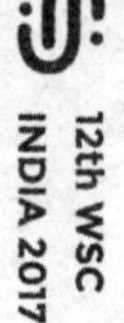

16.1　**标准数独**　在空格内填入数字1—9，使每行、每列及每宫内数字均不重复。

		1	2		3	4		
2			7		9			5
9		2				8		6
6		8				1		7
5			9		6			8
		4	3		2	9		○

16.2　**标准数独**　在空格内填入数字1—9，使每行、每列及每宫内数字均不重复。

		2				6		
	8		3		1		9	
3								5
	1		○	9			4	
5				2				6
	3		4		5		1	
		8				7		

16.3 标准数独 在空格内填入数字1—9，使每行、每列及每宫内数字均不重复。

			9	2				3
		6	5				1	
	9	3				2		
2	3				5			
7				4				8
			2				5	6
		4				8	3	○
	7				2	4		
3				8	4			

16.4 标准数独 在空格内填入数字1—9，使每行、每列及每宫内数字均不重复。

							9	
								5
		4	1		8	3		
		3	7		9	5		
		6	8		4	1		
		2	5		3	8		
		7	4		1	6	○	
2								
	5							

16.5　标准数独　在空格内填入数字1—9，使每行、每列及每宫内数字均不重复。

8								2
	4						9	
		3				6		
			9		5			
		○	8		3			
		1	6		2	5		
	9						5	
	8						4	
		6	2		1	3		

16.6　标准数独　在空格内填入数字1—9，使每行、每列及每宫内数字均不重复。

	1	2		8	9		6	4
	3	4		2	7		8	1
	5	6		7	1		3	8
	7			9			1	
				○				
		1			4			3
	8			5			7	

16.7 对角线数独 在空格内填入数字1—9，使每行、每列及每宫内数字均不重复。两条对角线上的数字也必须为1—9且不重复。

<table>
<tr><td></td><td></td><td>5</td><td>1</td><td></td><td></td><td></td><td></td><td></td></tr>
<tr><td></td><td></td><td>7</td><td>4</td><td>3</td><td></td><td></td><td></td><td></td></tr>
<tr><td></td><td></td><td></td><td></td><td></td><td></td><td></td><td>7</td><td>1</td></tr>
<tr><td></td><td></td><td></td><td></td><td></td><td></td><td></td><td>2</td><td>9</td></tr>
<tr><td></td><td>4</td><td></td><td></td><td></td><td></td><td></td><td>5</td><td></td></tr>
<tr><td>2</td><td>6</td><td></td><td></td><td></td><td></td><td></td><td></td><td></td></tr>
<tr><td>4</td><td>9</td><td></td><td></td><td></td><td></td><td></td><td></td><td></td></tr>
<tr><td></td><td></td><td></td><td></td><td>8</td><td>1</td><td>2</td><td></td><td></td></tr>
<tr><td></td><td></td><td></td><td></td><td></td><td>7</td><td>8</td><td></td><td></td></tr>
</table>

16.8 对角线数独 在空格内填入数字1—9，使每行、每列及每宫内数字均不重复。两条对角线上的数字也必须为1—9且不重复。

<table>
<tr><td></td><td>8</td><td>4</td><td></td><td></td><td></td><td>6</td><td>9</td><td></td></tr>
<tr><td></td><td></td><td>7</td><td>1</td><td></td><td>3</td><td>8</td><td></td><td></td></tr>
<tr><td></td><td></td><td></td><td></td><td></td><td></td><td></td><td></td><td></td></tr>
<tr><td></td><td></td><td></td><td></td><td></td><td></td><td></td><td></td><td></td></tr>
<tr><td></td><td></td><td></td><td></td><td></td><td></td><td></td><td></td><td></td></tr>
<tr><td></td><td></td><td></td><td></td><td></td><td></td><td></td><td></td><td></td></tr>
<tr><td></td><td></td><td></td><td>9</td><td></td><td>2</td><td></td><td></td><td></td></tr>
<tr><td></td><td></td><td>6</td><td>3</td><td></td><td>7</td><td>1</td><td></td><td></td></tr>
<tr><td></td><td>4</td><td>8</td><td></td><td></td><td></td><td>3</td><td>7</td><td></td></tr>
</table>

16.9　额外区域数独　在空格内填入数字1—9，使每行、每列及每宫内数字均不重复。每个阴影区域也必须为1—9且不重复。

		7			4			6
				3			4	
8			7			9		
		9			8			2
	8						9	
3			9			1		
		6			3			5
	5			2				
2			6			4		

16.10　额外区域数独　在空格内填入数字1—9，使每行、每列及每宫内数字均不重复。每个阴影区域也必须为1—9且不重复。

	6						3	
7								2
	2						1	
4								8
	1						2	
3								4
	4						9	
6								1
	8			9			5	

16.11 **不规则数独** 在空格内填入数字1—9，使每行、每列及每个不规则宫内数字均不重复。

	6						9	
4		2				1		7
	9		4		5		6	
		5				9		
			1		3			
		6		8		4		
	4			9			1	
9				1				6

16.12 **不规则数独** 在空格内填入数字1—9，使每行、每列及每个不规则宫内数字均不重复。

6				4				7
	7			2			5	
		5				3		
			2		1			
				3				
			7		4			
		7				4		
	4			8			1	
3				9				6

16.13　**奇偶数独**　在空格内填入数字1—9，使每行、每列及每宫内数字均不重复。圆圈内必须填入奇数，方块内必须填入偶数。

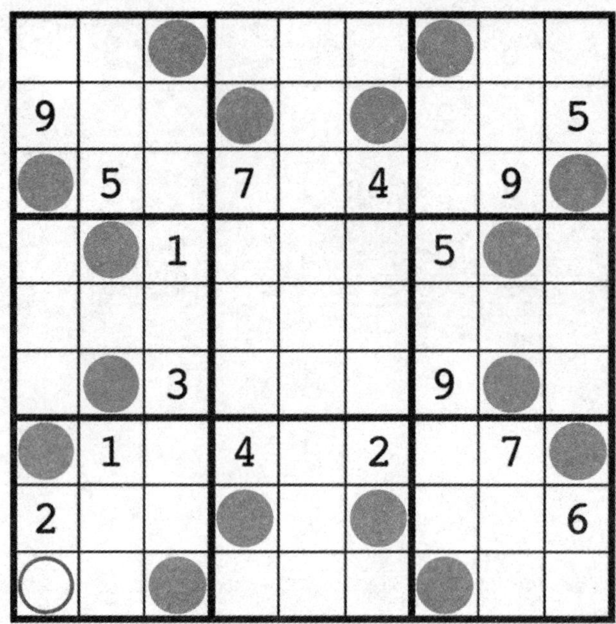

16.14　**奇偶数独**　在空格内填入数字1—9，使每行、每列及每宫内数字均不重复。圆圈内必须填入奇数，方块内必须填入偶数。

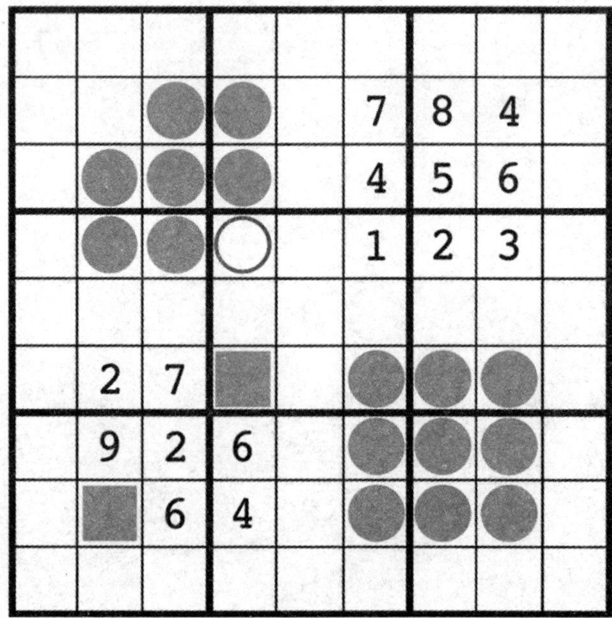

16.15 字母数独 在空格内填入数字1—9，使每行、每列及每宫内数字均不重复。格中有些数字被字母代替。相同字母代表相同数字，不同字母代表不同数字。

				○				
P	A	N	I	C	O	S	H	M
S	I	M	A	N	H	P	C	O
H	S	O	C	M	P	A	I	N
I	N	P	O	H	A	M	S	C
5	1	6	3	7	4	9	2	8
C	H	A	M	P	I	O	N	S
1	2	3	4	5	6	7	8	9

16.16 字母数独 在空格内填入数字1—9，使每行、每列及每宫内数字均不重复。格中有些数字被字母代替。相同字母代表相同数字，不同字母代表不同数字。

1	2	3			H	O	P	E
4	5	6					1	
7	8	9	Y	O	U	2		
○						1		
E	N	J	O	Y			2	
				E	D			7
		2	3					8
	1			4			7	
					5	6		

第17轮　团体赛：六宫

限时：45分钟　总分：900分

17.1—17.6	标准数独	125分
17.7—17.12	奇偶扫雷数独	175分
17.13—17.18	候选数数独	150分
17.19—17.24	乘积杀手数独	150分
17.25—17.30	指大数独	150分
17.31—17.36	差2数独	150分

本轮包括36道题目。每道题目为6×6，并使用1—9中的6个数字。

每道题目有1个表格，用于标记该题使用的数字和规则。CLA表示标准数独，OEC表示奇偶扫雷数独，PK表示乘积杀手数独，PM表示候选数数独，PTN表示指向数独，TCP表示差二数独。

36道题解答完成后将被放到答案终盘中，使每行、每列、每宫中每种题型各出现1次，且每个数字各出现2次。有些数字和规则已被标出。

17.1—17.6　标准数独　在空格内填入数字1—9，使每行、每列及每宫内数字均不重复。（25分、20分、20分、20分、20分、20分）

1

①	②	③
④	5	6
7	8	⑨

		9	2		
	1			3	
	2			4	
3					1
2					9

2

①	2	3
④	⑤	⑥
⑦	8	⑨

			4		5
		7			
	6				4
1				9	
			1		
7		5			

3

①	②	③
4	5	⑥
7	⑧	⑨

					6
	2	3			
	1	8			
			1	2	
			3	6	
9					

4

1	②	③
4	⑤	⑥
⑦	8	⑨

	9				
	7	6			
		7	3		
			6	5	
				2	5
9					

5

①	2	③
④	5	⑥
7	⑧	⑨

		8	6		
	9			4	
9					3
	6			8	
		4	1		

6

1	②	③
4	⑤	6
⑦	⑧	⑨

3				5	
	8		9		
		7			
			5		
		2		8	
	7				2

17.7—17.12 奇偶扫雷数独 在空格内填入数字1—9，使每行、每列及每宫内数字均不重复。圆圈中的数字表示周围8个数字中与其奇偶性相同的数字的个数。（20分、30分、30分、30分、30分、35分）

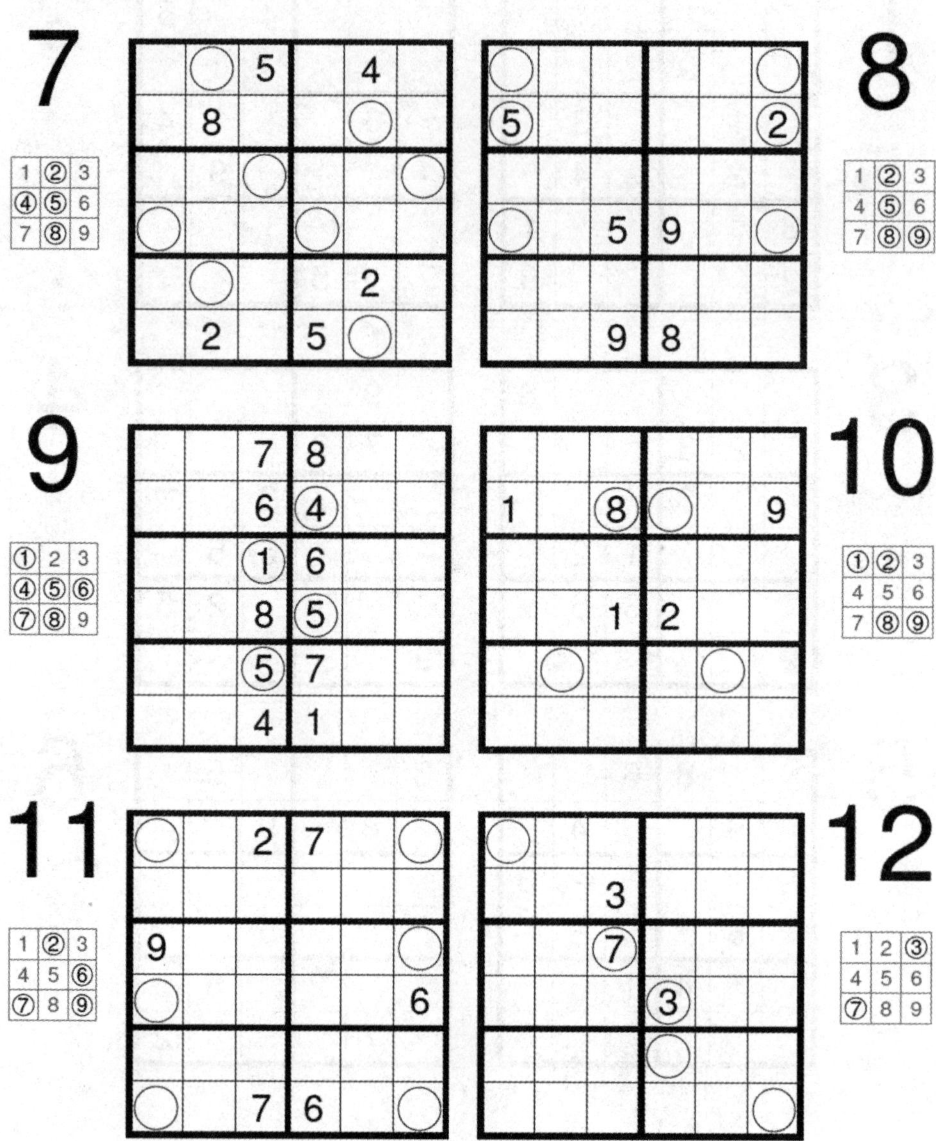

17.13—17.18 候选数数独 在空格内填入数字1—9，使每行、每列及每宫内数字均不重复。每个格中的数字表示该格中所有可能填写的数字。（20分、20分、20分、30分、30分、30分）

13

37	14	39			
			139	49	78
	27	58			
			58	45	
37	28	25			
			27	278	357

1	2	3
4	5	6
7	8	9

14

18					28
	12			25	
		49			58
67			12		
	15			45	
68					46

1	2	3
4	5	6
7	8	9

15

36					78
	36			45	
27					17
23					13
	35			16	
35					69

1	2	3
4	5	6
7	8	9

16

					15
	12	26	46	45	
				47	
36				37	
	25			38	
		15			

1	2	3
4	5	6
7	8	9

17

467	235	458	789	279	189
278	579	789	249	158	456
128	234	345	456	147	236
	123			124	

1	2	3
4	5	6
7	8	9

18

	79				
12		45			
	37		19		
		56		15	
			57		18
				15	

1	2	3
4	5	6
7	8	9

17.19—17.24 乘积杀手数独 在空格内填入数字1—9，使每行、每列及每宫内数字均不重复。虚线框左上角的数字为框内所有数字的数字乘积。虚线框内数字不得重复。（30分、30分、30分、20分、20分、20分）

19

84 60 36 72 280 210 60 40 56

20

54 112 432 126 504 112 42 1512

21

35 21 21 189 315 15 315 135

22

6 32 36 24 8 9 30 5

23

24 24 18 24 24 16 6 36 12 24

24

192 40 42 28 30 336 120 6

17.25–17.30 **指大数独** 在空格内填入数字1—9，使每行、每列及每宫内数字均不重复。如果箭头上的数字为n，则n+1必须在箭头所指方向出现至少1次。（30分、30分、25分、25分、20分、20分）

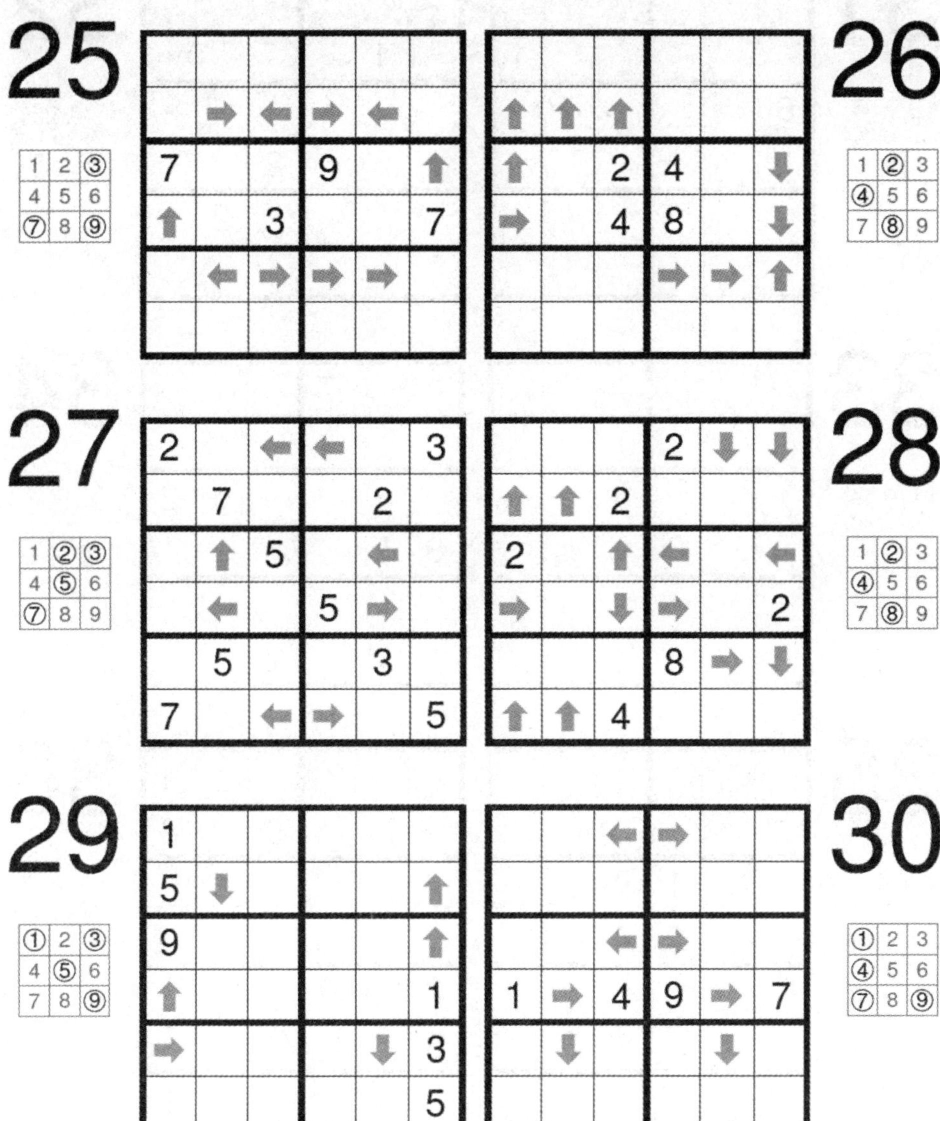

17.31—17.36　**差2数独**　在空格内填入数字1—9，使每行、每列及每宫内数字均不重复。白点表示其所在2格数字差为2。不是所有白点都已标出。（30分、30分、25分、25分、20分、20分）

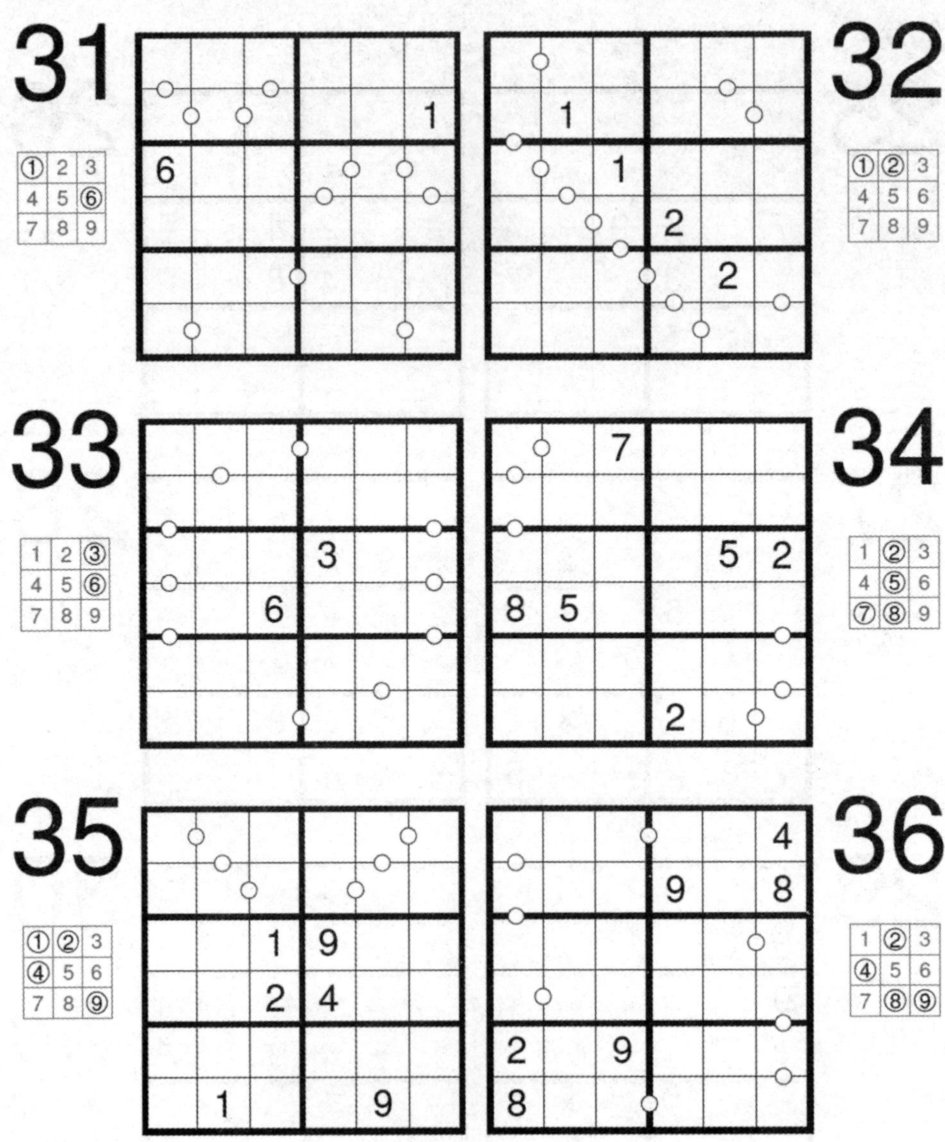

答案终盘：

CLA 1	CLA 2	CLA 3	CLA 4	CLA 5	CLA 6
OEC 7	OEC 8	OEC 9	OEC 10	OEC 11	OEC 12
PM 13	PM 14	PM 15	PM 16	PM 17	PM 18
PK 19	PK 20	PK 21	PK 22	PK 23	PK 24
PTN 25	PTN 26	PTN 27	PTN 28	PTN 29	PTN 30
TCP 31	TCP 32	TCP 33	TCP 34	TCP 35	TCP 36

258					467
		236 PM	468 PK		
128 TCP					PK
PK					578 CLA
		258 OEC	169 PTN		
379					136

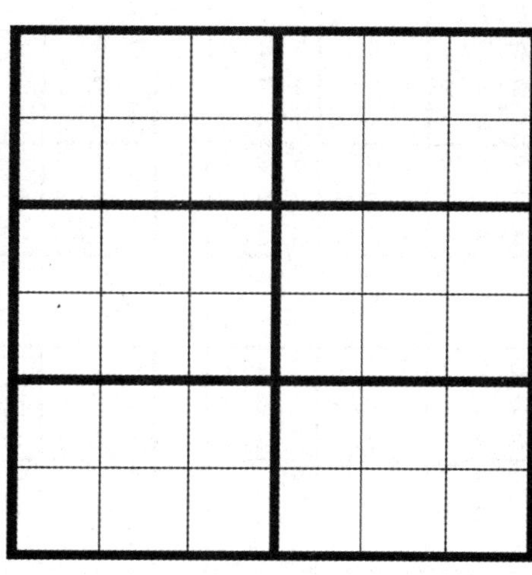

真题答案

微信关注公众号“漫漫读”并回复“数独世锦赛”查看答案电子版。

第1轮　题目答案

1.1

2	7	8	5	9	3	6	4	1
3	4	6	7	1	2	5	9	8
1	9	5	8	6	4	3	2	7
4	2	1	6	3	5	8	7	9
7	6	3	2	8	9	4	1	5
8	5	9	4	7	1	2	3	6
6	3	4	1	5	7	9	8	2
9	8	7	3	2	6	1	5	4
5	1	2	9	4	8	7	6	3

1.2

3	9	2	6	1	8	4	5	7
5	4	7	3	9	2	1	8	6
1	6	8	5	4	7	3	2	9
6	2	1	9	7	5	8	4	3
4	7	3	8	2	1	6	9	5
8	5	9	4	6	3	2	7	1
7	1	6	2	5	4	9	3	8
9	8	4	7	3	6	5	1	2
2	3	5	1	8	9	7	6	4

1.3

7	6	1	3	5	9	2	4	8
4	2	9	7	1	8	6	5	3
3	8	5	6	2	4	9	7	1
6	9	7	8	3	5	1	2	4
1	3	4	2	9	7	8	6	5
2	5	8	1	4	6	3	9	7
8	4	2	9	7	3	5	1	6
5	1	6	4	8	2	7	3	9
9	7	3	5	6	1	4	8	2

1.4

6	7	5	3	4	1	9	8	2
9	3	4	5	2	8	7	6	1
8	2	1	6	7	9	4	5	3
5	1	8	7	9	2	3	4	6
3	9	2	4	1	6	8	7	5
4	6	7	8	5	3	2	1	9
2	5	9	1	8	4	6	3	7
7	4	3	2	6	5	1	9	8
1	8	6	9	3	7	5	2	4

1.5

3	9	7	5	1	6	2	8	4
4	8	5	9	2	7	6	1	3
6	1	2	8	4	3	9	7	5
9	6	4	1	7	2	5	3	8
8	7	1	3	9	5	4	6	2
2	5	3	4	6	8	1	9	7
5	4	6	7	3	9	8	2	1
7	2	8	6	5	1	3	4	9
1	3	9	2	8	4	7	5	6

1.6

3	4	1	8	6	7	5	2	9
9	7	6	2	1	5	8	4	3
8	2	5	9	3	4	6	7	1
1	9	3	5	4	8	2	6	7
4	6	8	3	7	2	1	9	5
2	5	7	1	9	6	4	3	8
6	3	9	4	8	1	7	5	2
5	8	4	7	2	3	9	1	6
7	1	2	6	5	9	3	8	4

1.7

5	2	7	3	1	6	8	4	9
4	9	3	2	7	8	6	5	1
8	1	6	4	5	9	7	3	2
1	5	4	8	2	3	9	6	7
3	8	9	6	4	7	2	1	5
7	6	2	1	9	5	4	8	3
9	3	8	5	6	2	1	7	4
6	7	1	9	3	4	5	2	8
2	4	5	7	8	1	3	9	6

1.8

6	1	7	3	2	8	5	9	4
4	2	9	7	5	1	6	8	3
8	5	3	4	9	6	7	2	1
7	4	8	9	6	5	1	3	2
9	6	2	1	3	7	4	5	8
1	3	5	8	4	2	9	6	7
2	9	4	6	1	3	8	7	5
3	8	1	5	7	9	2	4	6
5	7	6	2	8	4	3	1	9

1.9

			20	1	7					
	8	3	4	1	2	7	5	9	6	
	7	6	2	9	5	4	8	1	3	12
	9	1	5	8	3	6	4	7	2	
20	3	8	9	2	6	1	7	5	4	17
1	1	4	6	5	7	9	2	3	8	
7	2	5	7	3	4	8	9	6	1	
	4	7	8	6	9	3	1	2	5	20
	6	2	1	7	8	5	3	4	9	
	5	9	3	4	1	2	6	8	7	
			12	20	1	7				

1.10

6	3	2	1	5	8	9	7	4
9	7	1	4	6	2	5	8	3
5	4	8	9	7	3	1	2	6
8	2	9	5	4	7	3	6	1
4	1	3	6	8	9	7	5	2
7	5	6	3	2	1	8	4	9
2	9	5	7	3	6	4	1	8
3	6	7	8	1	4	2	9	5
1	8	4	2	9	5	6	3	7

1.11

9	4	1	T8	H2	O7	6	5	3
7	6	3	M4	A5	S1	9	2	8
2	5	8	6	9	3	4	7	1
8	Y9	O4	U1	3	C2	A7	N6	5
1	3	7	5	6	4	2	8	9
J6	2	N5	9	K7	8	J3	1	T4
A4	7	A2	3	O1	5	I8	9	I6
N3	1	N6	7	T8	9	N5	4	I2
A5	8	9	2	A4	6	1	3	T7

1.12

9	7	4	8	1	2	5	3	6
2	8	5	6	3	9	1	4	7
3	1	6	5	4	7	2	9	8
1	6	3	9	5	8	4	7	2
7	4	2	1	6	3	8	5	9
8	5	9	2	7	4	3	6	1
4	3	1	7	2	6	9	8	5
5	9	7	4	8	1	6	2	3
6	2	8	3	9	5	7	1	4

第2轮 题目答案

2.1

1	2	3	4	7	8	6	5	9
4	5	6	9	2	1	8	3	7
7	8	9	6	3	5	1	4	2
2	3	8	1	4	9	5	7	6
9	4	7	2	5	6	3	8	1
6	1	5	7	8	3	2	9	4
8	6	1	5	9	4	7	2	3
5	9	2	3	6	7	4	1	8
3	7	4	8	1	2	9	6	5

2.2

2	7	4	3	1	6	9	8	5
3	8	9	5	2	7	4	1	6
6	1	5	8	9	4	2	7	3
1	4	2	9	6	5	7	3	8
9	6	3	2	7	8	5	4	1
8	5	7	1	4	3	6	9	2
7	9	8	6	5	1	3	2	4
4	3	6	7	8	2	1	5	9
5	2	1	4	3	9	8	6	7

2.3

2	7	5	3	9	6	8	4	1
6	8	4	1	7	5	9	3	2
3	9	1	2	4	8	5	6	7
7	1	6	5	8	3	4	2	9
8	4	2	7	1	9	6	5	3
9	5	3	6	2	4	7	1	8
5	6	7	8	3	2	1	9	4
4	3	8	9	5	1	2	7	6
1	2	9	4	6	7	3	8	5

2.4

2	6	4	1	9	5	8	7	3
7	1	9	4	3	8	6	5	2
5	8	3	7	2	6	9	1	4
8	5	7	9	4	3	1	2	6
6	9	1	5	8	2	4	3	7
3	4	2	6	1	7	5	8	9
9	2	6	3	5	1	7	4	8
4	3	5	8	7	9	2	6	1
1	7	8	2	6	4	3	9	5

2.5

2	7	9	5	1	4	3	6	8
4	5	3	9	8	6	1	2	7
1	8	6	7	3	2	5	9	4
7	3	1	4	2	9	6	8	5
8	2	5	1	6	7	9	4	3
6	9	4	3	5	8	2	7	1
9	1	8	6	7	5	4	3	2
3	4	2	8	9	1	7	5	6
5	6	7	2	4	3	8	1	9

2.6

4	7	2	5	9	3	8	6	1
1	6	5	4	7	8	2	9	3
8	9	3	6	1	2	5	7	4
6	2	8	7	3	1	4	5	9
7	4	9	2	8	5	1	3	6
5	3	1	9	6	4	7	2	8
2	8	4	3	5	9	6	1	7
9	5	6	1	4	7	3	8	2
3	1	7	8	2	6	9	4	5

2.7

9	1	3	8	6	5	4	2	7
5	8	2	3	7	4	6	9	1
7	6	4	2	9	1	3	5	8
6	4	9	1	8	3	2	7	5
1	5	7	4	2	9	8	3	6
2	3	8	6	5	7	1	4	9
8	7	6	5	4	2	9	1	3
4	9	1	7	3	6	5	8	2
3	2	5	9	1	8	7	6	4

2.8

8	9	1	3	6	5	4	2	7
7	5	2	8	9	4	3	6	1
6	4	3	2	7	1	5	9	8
9	6	8	1	4	3	2	7	5
1	7	4	5	2	9	8	3	6
2	3	5	6	8	7	1	4	9
5	1	7	4	3	6	9	8	2
4	8	9	7	5	2	6	1	3
3	2	6	9	1	8	7	5	4

2.9

2	7	5	8	6	3	4	9	1
6	1	9	5	4	7	8	3	2
8	3	4	1	9	2	5	7	6
7	9	2	6	1	5	3	4	8
5	4	1	9	3	8	2	6	7
3	6	8	2	7	4	9	1	5
1	2	3	4	5	6	7	8	9
9	8	7	3	2	1	6	5	4
4	5	6	7	8	9	1	2	3

2.10

7	5	8	9	3	6	4	1	2
2	3	6	4	1	5	9	7	8
1	4	9	2	7	8	5	3	6
8	2	5	7	4	3	1	6	9
6	7	3	8	9	1	2	5	4
4	9	1	5	6	2	7	8	3
3	8	7	1	2	4	6	9	5
9	6	2	3	5	7	8	4	1
5	1	4	6	8	9	3	2	7

2.11

6	8	1	2	3	4	5	7	9
9	3	4	5	1	7	8	6	2
7	5	2	8	9	6	4	3	1
5	1	6	9	4	2	3	8	7
4	9	8	7	5	3	1	2	6
3	2	7	1	6	8	9	4	5
1	4	3	6	2	9	7	5	8
2	7	9	4	8	5	6	1	3
8	6	5	3	7	1	2	9	4

2.12

7	3	1	9	2	8	5	6	4
4	9	5	3	6	1	8	2	7
2	8	6	5	7	4	9	3	1
1	6	4	7	8	2	3	5	9
8	7	3	1	9	5	6	4	2
5	2	9	4	3	6	1	7	8
6	5	2	8	4	9	7	1	3
3	4	8	6	1	7	2	9	5
9	1	7	2	5	3	4	8	6

2.13

3	9	4	6	5	8	2	7	1
8	7	2	9	1	4	5	6	3
6	1	5	7	3	2	9	8	4
7	5	8	2	6	1	4	3	9
9	6	3	4	7	5	8	1	2
4	2	1	8	9	3	6	5	7
2	4	7	1	8	6	3	9	5
5	8	9	3	4	7	1	2	6
1	3	6	5	2	9	7	4	8

2.14

6	1	9	2	8	7	4	5	3
3	4	8	6	5	1	9	7	2
7	5	2	3	4	9	6	8	1
5	2	1	7	3	6	8	4	9
4	3	7	5	9	8	2	1	6
8	9	6	4	1	2	5	3	7
9	8	4	1	6	3	7	2	5
1	7	5	9	2	4	3	6	8
2	6	3	8	7	5	1	9	4

2.15

5	1	9	6	4	3	2	8	7
2	3	4	5	7	8	1	6	9
6	7	8	2	1	9	4	5	3
8	6	1	3	2	7	5	9	4
3	5	2	4	9	1	6	7	8
9	4	7	8	6	5	3	1	2
4	8	5	9	3	6	7	2	1
1	2	6	7	8	4	9	3	5
7	9	3	1	5	2	8	4	6

2.16

9	8	7	2	6	5	3	1	4
1	3	5	9	8	4	2	7	6
2	6	4	7	1	3	5	8	9
5	4	3	8	2	9	7	6	1
7	2	6	5	4	1	8	9	3
8	9	1	6	3	7	4	5	2
4	5	2	1	9	8	6	3	7
6	1	8	3	7	2	9	4	5
3	7	9	4	5	6	1	2	8

2.17

5	1	9	2	3	4	8	7	6
6	2	3	7	5	8	1	4	9
7	8	4	9	1	6	5	3	2
1	5	6	3	8	2	7	9	4
9	3	8	4	7	1	6	2	5
4	7	2	5	6	9	3	1	8
3	4	7	8	9	5	2	6	1
2	6	5	1	4	3	9	8	7
8	9	1	6	2	7	4	5	3

2.18

8	3	7	9	5	2	1	6	4
4	6	2	3	8	1	7	5	9
9	5	1	6	4	7	8	2	3
2	1	8	5	6	9	3	4	7
3	7	4	1	2	8	6	9	5
5	9	6	7	3	4	2	8	1
6	2	5	4	1	3	9	7	8
7	4	3	8	9	6	5	1	2
1	8	9	2	7	5	4	3	6

2.19

3	4	8	6	2	9	5	1	7
4	9	1	3	8	5	2	7	6
2	7	9	5	6	1	3	8	4
5	8	2	1	7	4	9	6	3
7	6	5	4	3	2	1	9	8
9	3	6	2	4	7	8	5	1
6	5	7	8	1	3	4	2	9
8	1	4	9	5	6	7	3	2
1	2	3	7	9	8	6	4	5

2.20

4	8	5	3	9	6	7	1	2
6	1	2	7	4	3	9	8	5
9	3	4	8	2	1	5	6	7
7	5	6	2	3	9	1	4	8
1	7	8	6	5	4	2	3	9
2	6	9	1	7	8	4	5	3
5	4	3	9	8	2	6	7	1
3	2	1	5	6	7	8	9	4
8	9	7	4	1	5	3	2	6

2.21

		8	5		9	2 8	1 3 7	4 6	5	
1	7	8	1	6	9	2	3	4	5	
2 3	9	3	2	1	4	5	7	6	8	8
4 5 6	6	4	5	3	7	8	1	2	9	1
7 8	3	7	8	2	6	1	5	9	4	
9	2	9	6	5	3	4	8	7	1	1
	5	1	4	9	8	7	6	3	2	2 3
8	8	2	9	7	1	3	4	5	6	4 5 6
3	1	6	3	4	5	9	2	8	7	7 8
	4	5	7	8	2	6	9	1	3	9
	1	2 6	3 7 9	4 8	5		2	5		

2.22

	2	3	4	2	3	4	2	3	4	
	4	7	8	3	1	5	9	2	6	2
2	6	1	5	2	8	9	7	3	4	3
3	2	3	9	7	6	4	8	1	5	4
4	9	8	4	5	3	6	2	7	1	2
	7	5	1	4	2	8	3	6	9	3
2	3	2	6	9	7	1	5	4	8	4
3	5	9	3	6	4	2	1	8	7	2
4	8	4	7	1	5	3	6	9	2	3
	1	6	2	8	9	7	4	5	3	4
		2						4		

2.23

	4	5	7	5	4	7	7	4	5	
4	7	3	5	9	6	8	2	4	1	3
8	4	1	9	5	2	7	8	3	6	5
6	8	6	2	4	3	1	9	7	5	4
4	3	2	6	8	1	4	7	5	9	4
5	9	4	7	3	5	2	1	6	8	7
7	1	5	8	6	7	9	4	2	3	2
4	5	8	4	7	9	6	3	1	2	2
6	6	7	1	2	8	3	5	9	4	5
7	2	9	3	1	4	5	6	8	7	2
	4	2	3	6	5	3	3	8	5	

2.24

	9	10	12	14	5	10	15	4	12	
13	7	9	4	8	1	3	6	2	5	8
9	5	1	8	9	2	6	7	3	4	10
8	2	3	6	5	4	7	9	1	8	10
11	6	2	9	4	7	8	1	5	3	6
8	1	4	7	3	5	9	8	6	2	10
11	8	5	3	2	6	1	4	7	9	13
8	4	6	2	1	9	5	3	8	7	11
10	3	7	5	6	8	4	2	9	1	10
10	9	8	1	7	3	2	5	4	6	10
	12	14	6	8	12	7	7	13	8	

第3轮　题目答案

3.1

4	3	6	8	7	1	5	2	9
5	2	8	6	3	9	7	4	1
7	9	1	2	5	4	3	6	8
6	7	2	1	9	5	8	3	4
8	1	3	7	4	6	9	5	2
9	5	4	3	2	8	6	1	7
1	8	5	4	6	7	2	9	3
2	4	9	5	8	3	1	7	6
3	6	7	9	1	2	4	8	5

3.2

9	2	8	3	4	7	5	1	6
7	3	4	6	1	5	2	9	8
6	1	5	2	8	9	3	4	7
8	7	1	9	3	2	6	5	4
2	6	3	7	5	4	1	8	9
5	4	9	1	6	8	7	2	3
3	5	7	8	9	1	4	6	2
1	8	6	4	2	3	9	7	5
4	9	2	5	7	6	8	3	1

3.3

6	9	3	4	7	2	1	8	5
4	8	2	5	1	3	9	7	6
5	7	1	9	8	6	4	3	2
1	2	9	7	6	4	8	5	3
7	3	6	1	5	8	2	9	4
8	4	5	2	3	9	6	1	7
9	5	4	3	2	1	7	6	8
2	6	7	8	9	5	3	4	1
3	1	8	6	4	7	5	2	9

3.4

1	6	8	3	4	2	9	5	7
7	2	5	8	1	9	3	4	6
4	9	3	6	7	5	8	1	2
2	5	9	4	3	1	6	7	8
8	1	6	9	5	7	4	2	3
3	4	7	2	8	6	5	9	1
9	8	1	5	2	3	7	6	4
6	3	2	7	9	4	1	8	5
5	7	4	1	6	8	2	3	9

3.5

6	3	9	7	4	5	8	2	1
7	2	4	6	8	1	5	9	3
1	5	8	3	9	2	7	4	6
3	8	7	9	6	4	2	1	5
2	1	6	5	7	3	9	8	4
9	4	5	1	2	8	3	6	7
8	7	2	4	5	6	1	3	9
4	9	1	2	3	7	6	5	8
5	6	3	8	1	9	4	7	2

3.6

7	6	9	4	3	2	8	1	5
3	1	5	8	9	7	6	4	2
8	2	4	1	6	5	3	9	7
5	3	6	7	4	8	1	2	9
1	8	2	6	5	9	4	7	3
4	9	7	3	2	1	5	6	8
2	7	1	5	8	6	9	3	4
6	5	3	9	7	4	2	8	1
9	4	8	2	1	3	7	5	6

3.7

5	6	8	2	9	3	7	4	1
1	2	3	8	4	7	5	6	9
7	9	4	5	1	6	8	2	3
9	1	2	4	7	8	6	3	5
4	5	6	3	2	9	1	7	8
3	8	7	6	5	1	2	9	4
6	7	5	1	3	4	9	8	2
2	4	9	7	8	5	3	1	6
8	3	1	9	6	2	4	5	7

3.8

1	9	6	5	4	3	7	8	2
7	3	2	1	6	8	4	5	9
5	4	8	7	9	2	6	3	1
3	5	1	2	8	7	9	4	6
6	2	7	4	5	9	8	1	3
9	8	4	6	3	1	2	7	5
2	1	3	8	7	6	5	9	4
8	6	5	9	1	4	3	2	7
4	7	9	3	2	5	1	6	8

第4轮　题目答案

		4	1	3	6	5	2	3	5	1	4	2	6	4	3	6	1	5	2
		2	5	6	4	1	3	6	2	4	1	5	3	1	5	2	3	6	4
4	1	3	6	5	2	4	1	2	4	6	3	1	5	2	6	1	4	3	5
6	5	1	4	2	3	6	5	5	1	3	6	4	2	3	4	5	2	1	6
3	6	5	2	4	1	3	6	1	3	5	2	6	4	5	1	4	6	2	3
2	4	6	3	1	5	2	4	4	6	2	5	3	1	6	2	3	5	4	1
5	6	4	1	3	6	5	2	3	5	1	4	2	6	1	6	5	2	3	4
1	3	2	5	6	4	1	3	2	5	6	4	5	3	3	4	2	1	5	6
2	4	1	3	5	6	4	6	5	1	3	2	1	5	2	3	1	4	6	5
6	3	5	4	2	1	2	1	6	4	5	3	1	2	4	5	6	3	1	2
5	1	2	6	3	4	3	5	4	2	1	6	5	4	2	1	3	6	5	4
4	6	3	5	1	2	6	4	1	3	2	5	4	3	6	2	1	4	3	5
1	5	4	2	6	3	5	2	3	6	4	1	2	6	3	4	5	2	6	1
3	2	6	1	4	5	4	3	5	1	6	2	6	1	5	3	4	1	2	6
6	4	5	3	2	1	1	6	2	5	3	4	3	5	1	6	2	5		
2	3	1	4	5	6	2	1	6	4	5	3	1	2	4	5	6	3		

无VX第1行	3	1	2	4	5	6
	4	6	5	1	3	2
无连续第3行	2	4	6	3	1	5
	5	3	1	6	2	4
无缘第5行	1	5	4	2	6	3
	6	2	3	5	4	1

	2	3	1	4	5	6
不平均第2行	4	6	5	1	3	2
	3	5	6	2	1	4
无马第4行	1	4	2	3	6	5
	5	1	4	6	2	3
不对称第6行	6	2	3	5	4	1

第5轮　题目答案

5.1

5	1	4	8	3	9	7	2	6
9	3	7	2	1	6	5	8	4
2	6	8	7	5	4	1	3	9
7	9	5	4	2	8	6	1	3
6	4	3	1	7	5	2	9	8
8	2	1	6	9	3	4	5	7
1	8	2	3	4	7	9	6	5
3	7	9	5	6	2	8	4	1
4	5	6	9	8	1	3	7	2

5.2

5	2	4	9	6	8	3	1	7
9	3	6	7	1	4	5	8	2
7	8	1	2	3	5	6	9	4
2	6	3	4	9	7	8	5	1
8	1	9	3	5	2	7	4	6
4	7	5	6	8	1	2	3	9
1	9	7	8	2	3	4	6	5
6	4	8	5	7	9	1	2	3
3	5	2	1	4	6	9	7	8

5.3

1	4	6	5	9	8	3	2	7
5	2	8	7	4	3	1	9	6
7	9	3	6	2	1	5	4	8
6	5	1	4	7	9	8	3	2
4	3	9	8	5	2	6	7	1
8	7	2	1	3	6	9	5	4
2	6	5	9	8	4	7	1	3
9	1	4	3	6	7	2	8	5
3	8	7	2	1	5	4	6	9

5.4

7	6	5	4	3	8	1	9	2
1	9	8	2	6	7	4	5	3
2	3	4	5	9	1	8	7	6
4	5	1	8	7	3	2	6	9
8	7	6	9	5	2	3	4	1
9	2	3	6	1	4	7	8	5
3	4	9	7	2	6	5	1	8
6	1	7	3	8	5	9	2	4
5	8	2	1	4	9	6	3	7

5.5

1	2	5	8	6	7	4	9	3
7	8	3	1	4	9	5	2	6
9	6	4	2	5	3	8	7	1
6	5	7	3	2	4	9	1	8
3	4	8	9	1	6	7	5	2
2	9	1	7	8	5	6	3	4
8	7	9	6	3	1	2	4	5
5	3	2	4	7	8	1	6	9
4	1	6	5	9	2	3	8	7

5.6

8	7	1	2	4	9	3	5	6
6	5	4	3	8	7	9	2	1
9	2	3	5	1	6	4	7	8
7	4	2	8	5	1	6	3	9
5	3	6	9	2	4	8	1	7
1	8	9	6	7	3	2	4	5
3	9	7	1	6	2	5	8	4
4	6	8	7	3	5	1	9	2
2	1	5	4	9	8	7	6	3

5.7

4	8	7	3	9	5	1	6	2
9	3	6	1	7	2	4	5	8
2	1	5	6	8	4	3	9	7
5	7	8	2	6	1	9	4	3
1	6	4	7	3	9	8	2	5
3	2	9	5	4	8	7	1	6
7	4	3	9	2	6	5	8	1
8	5	2	4	1	7	6	3	9
6	9	1	8	5	3	2	7	4

5.8

1	9	7	8	3	4	5	6	2
2	3	6	5	7	1	4	9	8
8	4	5	6	9	2	1	7	3
5	1	8	7	4	9	2	3	6
4	2	9	3	6	5	7	8	1
7	6	3	2	1	8	9	4	5
6	7	4	1	2	3	8	5	9
9	8	1	4	5	6	3	2	7
3	5	2	9	8	7	6	1	4

5.9

1	8	6	7	4	2	3	9	5
9	7	3	1	8	5	4	2	6
2	5	4	9	3	6	7	1	8
3	4	8	2	9	7	6	5	1
7	2	5	8	6	1	9	4	3
6	1	9	4	5	3	2	8	7
8	9	1	3	7	4	5	6	2
5	3	2	6	1	9	8	7	4
4	6	7	5	2	8	1	3	9

5.10

5	6	1	7	8	9	3	4	2
3	7	9	5	4	2	8	6	1
2	8	4	3	1	6	5	7	9
9	5	6	1	7	4	2	8	3
4	1	3	9	2	8	7	5	6
7	2	8	6	3	5	1	9	4
1	3	5	4	9	7	6	2	8
6	4	2	8	5	1	9	3	7
8	9	7	2	6	3	4	1	5

5.11

8	3	7	4	5	2	6	9	1
1	9	4	3	6	7	2	8	5
6	2	5	1	8	9	4	7	3
2	1	9	6	7	4	3	5	8
7	5	3	8	2	1	9	4	6
4	8	6	5	9	3	1	2	7
3	4	8	2	1	5	7	6	9
5	7	1	9	4	6	8	3	2
9	6	2	7	3	8	5	1	4

5.12

1	6	9	4	8	3	7	5	2
7	2	4	1	5	9	3	8	6
5	8	3	7	2	6	4	1	9
4	1	7	2	6	8	5	9	3
8	5	2	9	3	4	1	6	7
3	9	6	5	7	1	8	2	4
9	3	5	6	1	7	2	4	8
6	7	1	8	4	2	9	3	5
2	4	8	3	9	5	6	7	1

第6轮　题目答案

6.1

9	8	7	5	3	6	4	1	2
2	5	1	4	8	9	6	7	3
3	4	6	7	1	2	9	8	5
7	2	8	1	4	5	3	9	6
1	9	5	6	7	3	2	4	8
4	6	3	9	2	8	1	5	7
8	7	9	3	6	4	5	2	1
6	1	4	2	5	7	8	3	9
5	3	2	8	9	1	7	6	4

6.2

8	6	1	2	3	7	4	9	5
2	9	5	1	4	6	8	3	7
3	4	7	8	5	9	1	6	2
5	1	4	7	6	2	3	8	9
6	3	8	5	9	4	7	2	1
7	2	9	3	1	8	6	5	4
4	8	2	6	7	5	9	1	3
9	5	3	4	8	1	2	7	6
1	7	6	9	2	3	5	4	8

6.3

6	8	4	3	1	2	7	9	5
7	9	5	6	8	4	1	3	2
1	2	3	7	9	5	6	8	4
5	6	9	8	4	7	3	2	1
4	7	8	1	2	3	5	6	9
3	1	2	9	5	6	4	7	8
8	4	6	2	3	1	9	5	7
9	5	7	4	6	8	2	1	3
2	3	1	5	7	9	8	4	6

6.4

9	2	7	5	4	8	1	3	6
4	6	3	9	7	1	2	8	5
1	5	8	6	3	2	7	4	9
2	3	1	4	9	7	5	6	8
6	8	5	2	1	3	4	9	7
7	4	9	8	5	6	3	2	1
8	7	6	3	2	5	9	1	4
5	9	2	1	8	4	6	7	3
3	1	4	7	6	9	8	5	2

6.5

1	6	4	9	2	7	5	8	3
9	7	3	5	8	6	1	2	4
8	5	2	3	4	1	7	9	6
4	9	7	1	6	3	8	5	2
2	8	6	7	5	4	9	3	1
5	3	1	8	9	2	4	6	7
3	1	5	6	7	8	2	4	9
7	2	8	4	3	9	6	1	5
6	4	9	2	1	5	3	7	8

6.6

9	8	4	1	3	2	6	5	7
6	7	2	4	9	5	1	8	3
5	1	3	7	6	8	2	9	4
1	6	8	2	7	3	9	4	5
3	9	5	8	1	4	7	6	2
4	2	7	9	5	6	8	3	1
2	3	9	6	4	7	5	1	8
7	5	1	3	8	9	4	2	6
8	4	6	5	2	1	3	7	9

6.7

7	2	4	3	8	9	5	1	6
8	3	6	1	5	7	9	2	4
1	9	5	4	2	6	8	3	7
3	4	9	6	1	5	7	8	2
6	8	1	7	3	2	4	5	9
2	5	7	8	9	4	3	6	1
4	6	3	2	7	8	1	9	5
5	1	2	9	4	3	6	7	8
9	7	8	5	6	1	2	4	3

6.8

6	8	9	4	2	3	7	1	5
7	5	1	8	9	6	3	4	2
4	3	2	7	1	5	6	9	8
1	9	6	5	8	2	4	3	7
8	7	3	6	4	9	5	2	1
5	2	4	3	7	1	8	6	9
2	4	5	9	3	8	1	7	6
9	6	7	1	5	4	2	8	3
3	1	8	2	6	7	9	5	4

6.9

7	9	8	6	4	5	3	2	1
5	6	4	2	3	1	9	8	7
3	2	1	8	7	9	4	6	5
8	3	2	7	5	4	1	9	6
6	7	9	3	1	8	5	4	2
4	1	5	9	2	6	7	3	8
2	8	3	1	9	7	6	5	4
1	5	6	4	8	3	2	7	9
9	4	7	5	6	2	8	1	3

6.10

1	3	8	7	6	9	5	4	2
7	2	6	1	4	5	8	9	3
9	4	5	8	3	2	7	1	6
3	1	2	9	7	8	6	5	4
5	6	9	3	1	4	2	8	7
8	7	4	5	2	6	9	3	1
6	9	3	4	5	7	1	2	8
2	5	1	6	8	3	4	7	9
4	8	7	2	9	1	3	6	5

6.11

	?	?	?	?	?	?	?	?	?
①	8	4	9	3	2	5	6	1	7
②	1	6	7	9	4	8	5	2	3
③	5	3	2	7	1	6	9	8	4
④	9	1	6	4	8	7	2	3	5
⑤	3	8	5	2	6	1	4	7	9
⑥	7	2	4	5	9	3	8	6	1
⑦	2	7	8	1	5	9	3	4	6
⑧	4	5	3	6	7	2	1	9	8
⑨	6	9	1	8	3	4	7	5	2

第7轮　题目答案

7.1

3	6	5	7	8	4	★	2	1
★	1	8	5	2	3	4	6	7
7	4	2	1	6	★	8	3	5
8	7	3	6	4	5	1	★	2
5	2	1	★	3	8	7	4	6
6	★	4	2	1	7	5	8	3
2	8	7	4	5	6	3	1	★
4	5	6	3	★	1	2	7	8
1	3	★	8	7	2	6	5	4

7.2

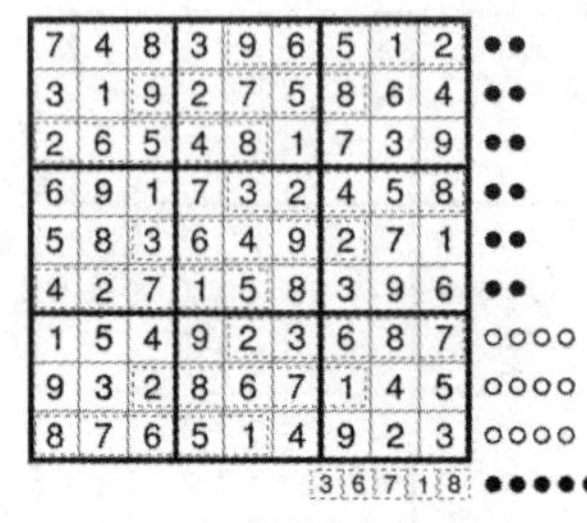

7	4	8	3	9	6	5	1	2	●●
3	1	9	2	7	5	8	6	4	●●
2	6	5	4	8	1	7	3	9	●●
6	9	1	7	3	2	4	5	8	●●
5	8	3	6	4	9	2	7	1	●●
4	2	7	1	5	8	3	9	6	●●
1	5	4	9	2	3	6	8	7	○○○○
9	3	2	8	6	7	1	4	5	○○○○
8	7	6	5	1	4	9	2	3	○○○○
				3	6	7	1	8	●●●●●

7.3

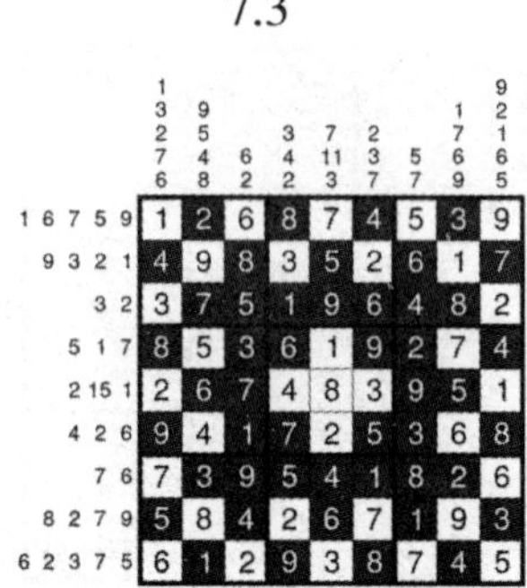

	1 3 2 7 6	9 5 4 8	6 2	3 4 2	7 11 3	2 3 7	5 7	1 7 6 9	9 2 1 6 5
1 6 7 5 9	1	2	6	8	7	4	5	3	9
9 3 2 1	4	9	8	3	5	2	6	1	7
3 2	3	7	5	1	9	6	4	8	2
5 1 7	8	5	3	6	1	9	2	7	4
2 15 1	2	6	7	4	8	3	9	5	1
4 2 6	9	4	1	7	2	5	3	6	8
7 6	7	3	9	5	4	1	8	2	6
8 2 7 9	5	8	4	2	6	7	1	9	3
6 2 3 7 5	6	1	2	9	3	8	7	4	5

7.4

			2				2			
1				1	3	5	2	4	6	6
	6	4	2				5	3	1	
5	5	3	1	4	6	2				2
3				3	5	1	6	2	4	4
	2	6	4				1	5	3	
3	3	1	5	6	2	4				4
5				5	1	3	4	6	2	2
	4	2	6				3	1	5	
1	1	5	3	2	4	6				6
			3				3			

7.5

8	7	6	4	2	3	5	1	9
3	9	4	5	7	1	2	6	8
2	5	1	8	9	6	7	3	4
7	6	3	2	8	5	9	4	1
5	2	8	1	4	9	6	7	3
4	1	9	6	3	7	8	5	2
9	4	7	3	6	8	1	2	5
1	8	2	7	5	4	3	9	6
6	3	5	9	1	2	4	8	7

7.6

				9	17	19	27	28	35	45	45	45
			45	5	4	2	8	3	9	6	1	7
			45	1	7	8	6	2	5	4	9	3
	45	45	45 45	3	6	9	4	1	7	2	8	5
20	9	3	8			25	1	7	2	5	6	4
17	6	7	4			28	5	9	8	1	3	2
8	2	1	5	36	28	26 37	3	6	4	9	7	8
24	1	4	2	6	8	3			21	7	5	9
32	8	9	7	2	5	1			13	3	4	6
34	3	5	6	4	9	7	18	17	10 11	8	2	1
45	7	8	3	9	1	4	2	5	6			
45	4	6	1	7	2	5	9	8	3			
45	5	2	9	8	3	6	7	4	1			

7.7

2	9	1	7	6	5	4	3	8
3	8	5	9	4	1	6	7	2
4	6	7	2	3	8	9	5	1
5	4	2	8	9	3	1	6	7
6	1	8	5	2	7	3	9	4
7	3	9	6	1	4	8	2	5
8	5	4	3	7	9	2	1	6
9	7	6	1	8	2	5	4	3
1	2	3	4	5	6	7	8	9

7.8

	2		4				6		8	
	7	2	5	4	9	6	3	8	1	
5	4	1	6	7	3	8	5	9	2	2
	3	9	8	5	2	1	6	7	4	
	9	8	3	2	6	4	7	1	5	
3	6	7	2	9	1	5	8	4	3	4
	1	5	4	3	8	7	9	2	6	
	5	3	1	8	4	9	2	6	7	
3	2	6	9	1	7	3	4	5	8	2
	8	4	7	6	5	2	1	3	9	
		5		3		3		5		

7.9

S	?	O	D	A	T	U	K	I
T	U	I	K	?	S	A	O	D
K	A	D	I	U	O	S	T	?
A	S	K	O	I	D	?	U	T
O	T	U	?	K	A	I	D	S
D	I	?	S	T	U	O	A	K
?	O	A	T	S	K	D	I	U
U	K	S	A	D	I	T	?	O
I	D	T	U	O	?	K	S	A

第8轮　题目答案

A1

4	3	7	1	5	2	8	9	6
6	2	9	7	3	8	4	1	5
8	5	1	9	4	6	3	2	7
5	1	2	6	7	4	9	3	8
9	6	3	8	2	5	1	7	4
7	8	4	3	9	1	6	5	2
1	7	5	4	8	3	2	6	9
3	9	8	2	6	7	5	4	1
2	4	6	5	1	9	7	8	3

A2

8	3	7	6	4	1	2	9	5
2	5	6	7	9	3	1	8	4
1	4	9	8	2	5	6	3	7
9	7	2	1	5	6	3	4	8
4	1	8	9	3	2	7	5	6
3	6	5	4	8	7	9	1	2
7	8	4	2	1	9	5	6	3
5	2	1	3	6	4	8	7	9
6	9	3	5	7	8	4	2	1

A3

1	3	4	6	5	9	8	7	2
8	2	5	4	1	7	9	6	3
9	7	6	3	8	2	4	5	1
2	8	7	9	4	5	3	1	6
3	4	1	7	6	8	5	2	9
6	5	9	1	2	3	7	8	4
5	1	8	2	3	4	6	9	7
4	9	2	8	7	6	1	3	5
7	6	3	5	9	1	2	4	8

A4

9	8	1	6	4	3	2	5	7
7	6	5	1	8	2	4	3	9
2	4	3	5	9	7	6	1	8
6	2	4	3	5	9	7	8	1
1	7	9	4	2	8	5	6	3
5	3	8	7	6	1	9	2	4
4	5	7	8	3	6	1	9	2
3	1	2	9	7	5	8	4	6
8	9	6	2	1	4	3	7	5

B1

9	6	3	4	7	5	1	2	8
2	4	5	8	9	1	6	3	7
1	8	7	3	2	6	5	4	9
6	3	9	5	4	7	2	8	1
4	7	2	1	3	8	9	5	6
8	5	1	9	6	2	3	7	4
3	1	4	2	8	9	7	6	5
5	2	6	7	1	4	8	9	3
7	9	8	6	5	3	4	1	2

B2

7	3	2	1	5	4	9	8	6
9	8	5	3	7	6	4	1	2
1	6	4	9	8	2	3	7	5
5	7	6	2	1	3	8	4	9
2	4	3	8	6	9	7	5	1
8	1	9	7	4	5	6	2	3
3	2	7	5	9	8	1	6	4
4	5	1	6	3	7	2	9	8
6	9	8	4	2	1	5	3	7

B3

2	4	5	3	9	7	6	8	1
3	9	6	2	8	1	7	4	5
1	7	8	5	4	6	9	2	3
5	8	1	9	7	3	4	6	2
9	2	7	1	6	4	5	3	8
4	6	3	8	5	2	1	9	7
7	5	9	6	2	8	3	1	4
6	1	2	4	3	5	8	7	9
8	3	4	7	1	9	2	5	6

B4

2	1	7	3	5	8	4	9	6
3	6	5	7	4	9	2	1	8
8	4	9	6	1	2	3	7	5
9	7	4	8	3	5	6	2	1
5	8	6	2	9	1	7	4	3
1	3	2	4	6	7	8	5	9
7	5	3	1	2	6	9	8	4
6	2	1	9	8	4	5	3	7
4	9	8	5	7	3	1	6	2

第9轮 题目答案

9.1

3	8	4	1	2	5	6	9	7
9	6	1	3	7	4	8	5	2
7	5	2	9	8	6	3	4	1
5	9	8	2	4	7	1	3	6
2	3	6	8	5	1	4	7	9
4	1	7	6	3	9	5	2	8
8	7	5	4	1	2	9	6	3
6	2	3	5	9	8	7	1	4
1	4	9	7	6	3	2	8	5

9.2

9	2	6	8	1	7	5	3	4
1	3	7	4	5	9	8	6	2
8	5	4	6	3	2	7	9	1
5	4	1	3	8	6	2	7	9
7	9	3	5	2	1	4	8	6
6	8	2	7	9	4	1	5	3
3	6	8	2	4	5	9	1	7
2	7	9	1	6	8	3	4	5
4	1	5	9	7	3	6	2	8

9.3

5	6	7	9	3	1	4	2	8
4	3	2	6	8	5	9	7	1
1	9	8	7	2	4	5	3	6
9	4	6	3	1	8	2	5	7
2	1	3	5	4	7	8	6	9
7	8	5	2	6	9	3	1	4
6	7	9	8	5	3	1	4	2
8	5	1	4	7	2	6	9	3
3	2	4	1	9	6	7	8	5

9.4

4	6	5	7	3	2	1	9	8
9	2	1	6	4	8	7	3	5
8	3	7	5	1	9	4	2	6
2	9	8	3	7	5	6	1	4
6	7	4	8	9	1	2	5	3
5	1	3	4	2	6	9	8	7
7	5	9	2	8	4	3	6	1
1	4	6	9	5	3	8	7	2
3	8	2	1	6	7	5	4	9

9.5

9	7	8	6	5	4	1	3	2
1	5	3	2	8	9	6	4	7
2	4	6	1	7	3	5	9	8
3	6	4	8	1	7	2	5	9
5	9	1	4	3	2	7	8	6
8	2	7	5	9	6	4	1	3
7	1	5	3	2	8	9	6	4
6	8	2	9	4	1	3	7	5
4	3	9	7	6	5	8	2	1

9.6

4	7	6	1	3	8	9	2	5
1	5	2	7	9	6	8	3	4
3	8	9	5	2	4	1	6	7
8	1	7	3	5	2	4	9	6
5	9	4	6	1	7	2	8	3
2	6	3	4	8	9	5	7	1
7	2	5	8	6	1	3	4	9
6	3	8	9	4	5	7	1	2
9	4	1	2	7	3	6	5	8

9.7

9	5	6	4	8	2	3	1	7
4	8	7	9	1	3	5	6	2
3	1	2	7	6	5	9	8	4
7	9	5	8	3	6	2	4	1
2	3	1	5	4	7	6	9	8
6	4	8	1	2	9	7	3	5
1	2	3	6	7	4	8	5	9
5	7	4	3	9	8	1	2	6
8	6	9	2	5	1	4	7	3

9.8

3	4	7	2	8	6	5	9	1
9	8	1	5	4	7	2	3	6
6	2	5	9	3	1	8	4	7
8	1	9	7	2	3	6	5	4
5	6	4	1	9	8	7	2	3
2	7	3	6	5	4	1	8	9
7	9	8	4	1	5	3	6	2
4	5	6	3	7	2	9	1	8
1	3	2	8	6	9	4	7	5

9.9

8	2	1	7	5	3	6	9	4
5	9	3	6	4	2	1	7	8
4	7	6	1	9	8	2	5	3
6	3	4	8	1	5	7	2	9
1	8	9	2	7	6	3	4	5
2	5	7	4	3	9	8	1	6
9	6	8	5	2	7	4	3	1
3	1	2	9	6	4	5	8	7
7	4	5	3	8	1	9	6	2

9.10

8	1	2	3	5	4	6	7	9
6	7	3	9	2	1	8	5	4
4	5	9	8	7	6	1	2	3
5	3	7	6	8	9	4	1	2
9	8	6	4	1	2	5	3	7
2	4	1	5	3	7	9	8	6
3	6	8	2	9	5	7	4	1
1	2	4	7	6	8	3	9	5
7	9	5	1	4	3	2	6	8

9.11

2	5	4	6	3	1	8	9	7
8	1	7	5	4	9	6	2	3
6	3	9	7	2	8	4	1	5
1	9	5	3	6	4	7	8	2
7	8	3	9	5	2	1	6	4
4	6	2	8	1	7	5	3	9
5	4	8	1	9	3	2	7	6
3	7	6	2	8	5	9	4	1
9	2	1	4	7	6	3	5	8

9.12

8	9	4	3	7	2	6	1	5
6	7	3	5	1	8	4	9	2
1	2	5	4	9	6	7	8	3
2	5	1	7	8	4	3	6	9
7	4	9	1	6	3	5	2	8
3	6	8	9	2	5	1	7	4
9	3	6	2	5	1	8	4	7
4	8	7	6	3	9	2	5	1
5	1	2	8	4	7	9	3	6

9.13

4	5	6	3	7	9	1	8	2
2	8	9	5	1	4	3	6	7
3	7	1	2	8	6	9	4	5
7	1	3	8	9	5	4	2	6
5	4	8	6	2	1	7	3	9
6	9	2	4	3	7	5	1	8
9	6	4	1	5	2	8	7	3
8	2	5	7	4	3	6	9	1
1	3	7	9	6	8	2	5	4

9.14

6	8	3	9	1	7	2	4	5
2	5	7	8	6	4	1	9	3
9	4	1	3	5	2	8	6	7
3	6	9	1	8	5	7	2	4
1	7	4	6	2	3	5	8	9
8	2	5	4	7	9	6	3	1
7	3	6	2	4	1	9	5	8
4	1	8	5	9	6	3	7	2
5	9	2	7	3	8	4	1	6

9.15

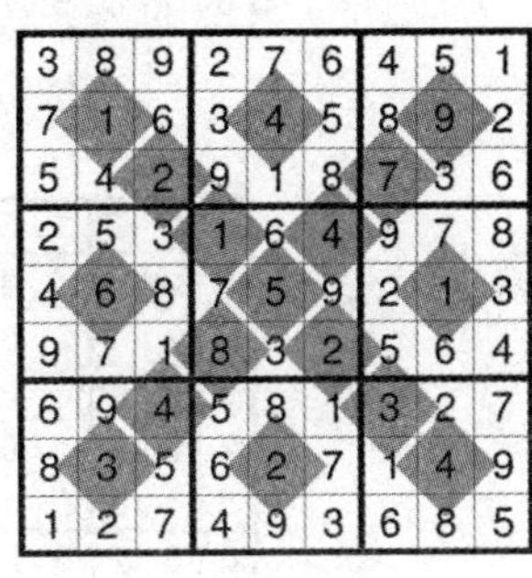

3	8	9	2	7	6	4	5	1
7	1	6	3	4	5	8	9	2
5	4	2	9	1	8	7	3	6
2	5	3	1	6	4	9	7	8
4	6	8	7	5	9	2	1	3
9	7	1	8	3	2	5	6	4
6	9	4	5	8	1	3	2	7
8	3	5	6	2	7	1	4	9
1	2	7	4	9	3	6	8	5

9.16

1	5	9	4	6	2	3	7	8
3	7	4	1	8	5	2	6	9
2	6	8	9	7	3	1	5	4
9	3	1	7	5	8	4	2	6
7	4	2	3	1	6	9	8	5
6	8	5	2	4	9	7	1	3
4	9	6	8	2	1	5	3	7
5	1	7	6	3	4	8	9	2
8	2	3	5	9	7	6	4	1

第10轮 题目答案

10.1

7	4	2	5	3	8	1	6	9				5	3	8	2	9	1	7	4	6
3	8	1	9	6	7	5	2	4				2	6	9	7	8	4	5	1	3
6	5	9	4	2	1	8	7	3				4	7	1	5	6	3	2	8	9
4	7	3	1	5	6	2	9	8				8	2	6	4	1	9	3	5	7
9	6	5	7	8	2	4	3	1				1	5	3	6	7	2	4	9	8
1	2	8	3	9	4	7	5	6				7	9	4	8	3	5	6	2	1
2	3	7	8	4	9	6	1	5	9	4	7	3	8	2	9	5	6	1	7	4
8	9	6	2	1	5	3	4	7	6	8	2	9	1	5	3	4	7	8	6	2
5	1	4	6	7	3	9	8	2	3	1	5	6	4	7	1	2	8	9	3	5
						8	2	3	1	5	6	4	7	9						
						1	5	6	4	7	9	8	2	3						
						4	7	9	8	2	3	1	5	6						
4	6	2	1	5	9	7	3	8	2	6	1	5	9	4	6	3	8	7	1	2
9	5	8	7	4	3	2	6	1	5	9	4	7	3	8	2	9	1	4	6	5
3	7	1	2	8	6	5	9	4	7	3	8	2	6	1	7	5	4	9	3	8
1	8	9	6	3	2	4	7	5				9	7	6	3	8	5	2	4	1
7	2	3	4	9	5	1	8	6				3	4	2	9	1	6	5	8	7
5	4	6	8	1	7	9	2	3				1	8	5	4	7	2	3	9	6
6	3	7	5	2	4	8	1	9				4	2	9	8	6	7	1	5	3
8	9	4	3	7	1	6	5	2				6	5	3	1	2	9	8	7	4
2	1	5	9	6	8	3	4	7				8	1	7	5	4	3	6	2	9

10.2

2	7	4	1	6	3	5	8	9				4	6	3	8	1	5	7	2	9
9	5	3	8	4	7	6	2	1				1	5	9	4	7	2	8	6	3
8	6	1	9	2	5	4	7	3				2	8	7	3	6	9	5	1	4
4	9	5	7	3	2	8	1	6				9	1	4	5	8	6	2	3	7
3	1	7	6	9	8	2	4	5				5	7	2	1	4	3	6	9	8
6	8	2	4	5	1	3	9	7				8	3	6	9	2	7	4	5	1
7	3	6	2	8	9	1	5	4	2	3	6	7	9	8	6	5	1	3	4	2
1	4	8	5	7	6	9	3	2	8	7	5	6	4	1	2	3	8	9	7	5
5	2	9	3	1	4	7	6	8	9	4	1	3	2	5	7	9	4	1	8	6
						6	8	7	4	5	3	2	1	9						
						3	1	5	7	9	2	4	8	6						
						4	2	9	6	1	8	5	7	3						
2	9	5	1	3	4	8	7	6	3	2	9	1	5	4	7	3	2	6	8	9
1	7	8	2	9	6	5	4	3	1	8	7	9	6	2	5	4	8	3	1	7
3	4	6	7	8	5	2	9	1	5	6	4	8	3	7	1	6	9	2	5	4
6	3	1	5	2	7	4	8	9				5	8	1	4	2	7	9	6	3
8	5	9	6	4	3	1	2	7				2	7	9	3	5	6	1	4	8
4	2	7	8	1	9	3	6	5				3	4	6	9	8	1	7	2	5
7	6	3	4	5	8	9	1	2				7	9	8	2	1	4	5	3	6
9	8	2	3	7	1	6	5	4				4	1	3	6	7	5	8	9	2
5	1	4	9	6	2	7	3	8				6	2	5	8	9	3	4	7	1

第11轮　题目答案

11.1

1	2	3	9	8	5	4	7	6
4	5	6	1	7	2	8	9	3
7	8	9	4	3	6	5	2	1
5	3	7	8	6	1	2	4	9
8	6	2	5	9	4	3	1	7
9	1	4	7	2	3	6	8	5
6	9	8	3	4	7	1	5	2
2	7	5	6	1	8	9	3	4
3	4	1	2	5	9	7	6	8

11.2

6	8	9	1	2	3	7	5	4
7	1	3	4	5	6	8	9	2
5	4	2	7	8	9	3	6	1
1	2	5	3	4	8	9	7	6
3	7	4	6	9	5	2	1	8
9	6	8	2	7	1	4	3	5
8	3	7	5	1	2	6	4	9
2	5	6	9	3	4	1	8	7
4	9	1	8	6	7	5	2	3

11.3

9	8	4	7	5	6	1	2	3
2	7	3	9	8	1	4	5	6
6	1	5	2	3	4	7	8	9
3	6	8	5	4	2	9	7	1
1	9	2	8	7	3	5	6	4
5	4	7	1	6	9	8	3	2
4	5	1	3	2	7	6	9	8
7	2	9	6	1	8	3	4	5
8	3	6	4	9	5	2	1	7

11.4

5	9	4	6	2	1	3	8	7
2	6	8	7	4	3	1	9	5
3	7	1	5	8	9	2	4	6
1	2	3	4	7	5	8	6	9
4	5	6	1	9	8	7	3	2
7	8	9	2	3	6	4	5	1
6	3	5	8	1	2	9	7	4
8	4	2	9	6	7	5	1	3
9	1	7	3	5	4	6	2	8

11.5

3	8	4	2	6	1	7	5	9
2	5	7	9	3	4	1	8	6
9	6	1	5	7	8	4	3	2
6	9	5	1	2	3	8	4	7
7	3	8	4	5	6	9	2	1
1	4	2	7	8	9	3	6	5
5	7	9	3	4	2	6	1	8
8	1	3	6	9	5	2	7	4
4	2	6	8	1	7	5	9	3

11.6

3	9	7	2	1	6	5	4	8
8	2	1	9	5	4	6	3	7
4	6	5	3	7	8	9	1	2
9	8	4	7	6	5	1	2	3
1	7	2	8	9	3	4	5	6
6	5	3	4	2	1	7	8	9
7	4	6	1	8	2	3	9	5
2	3	9	5	4	7	8	6	1
5	1	8	6	3	9	2	7	4

11.7

6	7	4	1	5	3	8	9	2
5	9	1	2	4	8	6	7	3
2	3	8	6	9	7	1	5	4
9	4	5	3	1	2	7	6	8
3	6	2	7	8	9	5	4	1
8	1	7	4	6	5	2	3	9
1	2	3	9	7	6	4	8	5
4	5	6	8	3	1	9	2	7
7	8	9	5	2	4	3	1	6

11.8

9	2	1	8	6	4	3	7	5
8	6	4	3	7	5	2	9	1
7	5	3	2	9	1	8	4	6
4	3	7	5	1	2	9	6	8
1	8	6	9	3	7	4	5	2
2	9	5	6	4	8	7	1	3
6	4	9	1	2	3	5	8	7
3	7	8	4	5	6	1	2	9
5	1	2	7	8	9	6	3	4

11.9

5	6	3	8	4	7	9	1	2
1	8	7	2	3	9	5	6	4
9	4	2	1	6	5	8	3	7
8	5	4	3	7	6	2	9	1
2	3	9	4	1	8	6	7	5
7	1	6	5	9	2	3	4	8
6	9	5	7	8	4	1	2	3
3	7	8	9	2	1	4	5	6
4	2	1	6	5	3	7	8	9

11.10

1	7	4	8	2	6	9	5	3
8	5	3	1	4	9	6	7	2
9	6	2	5	3	7	8	4	1
3	2	5	4	6	1	7	9	8
4	8	9	7	5	3	2	1	6
6	1	7	2	9	8	4	3	5
5	9	6	3	7	2	1	8	4
2	4	8	9	1	5	3	6	7
7	3	1	6	8	4	5	2	9

第12轮 题目答案

12.1

1	8	9	4	3	5	6	7	2
2	7	6	8	9	1	4	5	3
3	4	5	2	7	6	8	9	1
7	9	4	1	2	3	5	6	8
8	1	3	6	5	4	7	2	9
5	6	2	7	8	9	1	3	4
4	3	1	5	6	2	9	8	7
9	5	8	3	4	7	2	1	6
6	2	7	9	1	8	3	4	5

12.2

1	6	7	8	4	2	9	3	5
5	3	2	9	1	7	6	4	8
4	9	8	3	5	6	2	7	1
7	1	9	6	3	5	8	2	4
2	4	6	7	8	1	5	9	3
3	8	5	4	2	9	1	6	7
9	5	1	2	7	4	3	8	6
8	2	4	5	6	3	7	1	9
6	7	3	1	9	8	4	5	2

12.3

1	2	7	9	6	4	8	3	5
3	5	9	8	7	1	6	4	2
8	6	4	3	2	5	9	1	7
6	4	3	2	9	8	7	5	1
9	8	2	1	5	7	3	6	4
7	1	5	6	4	3	2	9	8
4	7	6	5	3	2	1	8	9
2	9	1	4	8	6	5	7	3
5	3	8	7	1	9	4	2	6

12.4

9	5	1	2	4	8	6	7	3
6	7	2	9	3	1	5	8	4
8	3	4	6	7	5	1	9	2
2	4	5	1	8	9	3	6	7
7	8	9	3	2	6	4	1	5
3	1	6	4	5	7	8	2	9
5	2	7	8	1	3	9	4	6
4	6	8	5	9	2	7	3	1
1	9	3	7	6	4	2	5	8

12.5

9	3	(A) 5	1	7	(B) 4	2	6	8
8	2	4	6	9	3	7	1	5
(C) 7	6	1	8	5	2	3	(D) 9	4
4	9	6	3	1	5	8	2	7
3	1	8	4	2	7	9	5	6
(D) 5	7	2	9	6	8	1	(C) 4	3
2	4	9	7	3	6	5	8	1
1	8	(B) 7	5	4	(A) 9	6	3	2
6	5	3	2	8	1	4	7	9

12.6

4	6	8	5	1	9	3	2	7
9	2	3	7	6	8	1	5	4
5	7	1	3	4	2	8	6	9
7	8	9	1	2	5	6	4	3
3	5	6	9	7	4	2	8	1
1	4	2	6	8	3	7	9	5
8	1	5	2	9	7	4	3	6
2	3	7	4	5	6	9	1	8
6	9	4	8	3	1	5	7	2

12.7

	1	2		1	2			2	2	
1	9	4	5	8	6	7	2	3	1	2
2	6	2	3	5	4	1	8	7	9	2
	8	1	7	9	3	2	5	6	4	
1	2	3	8	6	1	4	9	5	7	
2	7	9	4	3	8	5	6	1	2	1
	5	6	1	2	7	9	3	4	8	2
	4	8	9	7	5	3	1	2	6	
2	1	5	2	4	9	6	7	8	3	1
2	3	7	6	1	2	8	4	9	5	2
	2	2			1	2		1	2	

12.8

6	9	1	2	7	3	4	5	8
5	8	2	4	6	9	1	7	3
7	3	4	8	5	1	9	2	6
3	4	8	5	1	6	2	9	7
9	1	5	7	8	2	3	6	4
2	6	7	9	3	4	5	8	1
1	7	6	3	9	5	8	4	2
4	5	3	6	2	8	7	1	9
8	2	9	1	4	7	6	3	5

12.9

	20	17				12	13	7		
20	9	5	6	3	2	7	4	1	8	
17	7	8	2	1	4	5	9	6	3	3
	1	4	5	6	9	8	3	7	2	
	3	1	7	4	8	6	5	2	9	
20	8	9	3	5	1	2	7	4	6	17
	2	6	9	8	7	3	1	5	4	
	6	7	4	2	5	9	8	3	1	
4	4	2	8	7	3	1	6	9	5	20
	5	3	1	9	6	4	2	8	7	17
		5	9	16				20	17	

第13轮 题目答案

13.1

7	6	9	2	5	8	1	4	3
1	5	4	3	7	6	8	9	2
8	2	3	4	1	9	7	6	5
3	9	1	7	2	5	4	8	6
6	4	8	1	9	3	2	5	7
2	7	5	6	8	4	3	1	9
5	1	6	8	3	7	9	2	4
9	8	7	5	4	2	6	3	1
4	3	2	9	6	1	5	7	8

13.2

4	1	3	6	2	8	9	5	7
5	8	2	1	7	9	6	4	3
9	6	7	3	4	5	1	2	8
8	2	4	5	6	1	3	7	9
1	9	6	7	3	4	2	8	5
7	3	5	8	9	2	4	1	6
6	5	9	4	1	7	8	3	2
3	4	8	2	5	6	7	9	1
2	7	1	9	8	3	5	6	4

13.3

9	3	6	4	7	1	8	5	2
5	2	8	6	9	3	1	7	4
7	1	4	8	2	5	3	9	6
4	7	1	3	6	9	5	2	8
8	5	2	1	4	7	9	6	3
6	9	3	5	8	2	7	4	1
3	6	9	2	5	8	4	1	7
1	4	7	9	3	6	2	8	5
2	8	5	7	1	4	6	3	9

13.4

4	9	3	5	8	6	2	7	1
6	7	5	1	2	4	3	9	8
2	8	1	7	3	9	4	6	5
1	5	6	2	9	3	7	8	4
7	2	8	4	1	5	9	3	6
3	4	9	8	6	7	1	5	2
8	3	7	6	4	2	5	1	9
9	6	4	3	5	1	8	2	7
5	1	2	9	7	8	6	4	3

13.5

5	7	9	1	2	6	8	4	3
1	4	6	3	5	8	7	2	9
2	8	3	4	7	9	6	5	1
8	6	7	5	1	4	3	9	2
9	2	1	6	8	3	5	7	4
4	3	5	7	9	2	1	6	8
3	9	2	8	6	7	4	1	5
7	1	8	9	4	5	2	3	6
6	5	4	2	3	1	9	8	7

13.6

2	3	9	6	7	1	8	4	5
5	7	6	4	2	8	1	9	3
4	8	1	3	9	5	2	7	6
8	9	5	2	4	7	3	6	1
7	1	4	5	3	6	9	2	8
3	6	2	1	8	9	4	5	7
9	4	8	7	5	3	6	1	2
1	5	3	9	6	2	7	8	4
6	2	7	8	1	4	5	3	9

13.7

9	7	8	6	1	4	3	5	2
3	6	1	7	2	5	8	9	4
2	5	4	9	8	3	6	1	7
7	1	5	3	6	8	2	4	9
8	2	3	4	9	7	5	6	1
4	9	6	1	5	2	7	8	3
6	8	9	2	7	1	4	3	5
5	4	7	8	3	9	1	2	6
1	3	2	5	4	6	9	7	8

13.8

3	8	4	9	6	1	2	7	5
9	2	5	4	7	3	6	8	1
6	1	7	8	2	5	3	9	4
1	7	9	2	3	6	4	5	8
2	5	8	1	4	7	9	6	3
4	3	6	5	9	8	7	1	2
8	6	2	7	1	4	5	3	9
7	9	1	3	5	2	8	4	6
5	4	3	6	8	9	1	2	7

13.9

1	4	7	3	9	8	2	6	5
2	5	6	4	1	7	3	9	8
9	8	3	2	5	6	1	7	4
5	6	4	9	2	1	8	3	7
3	9	8	6	7	4	5	1	2
7	1	2	5	8	3	9	4	6
4	7	1	8	3	2	6	5	9
8	3	5	7	6	9	4	2	1
6	2	9	1	4	5	7	8	3

13.10

	小 small		大 big	大 big	小 small	奇 odd		偶 even	
奇 odd	1	3	8	5	6	7	4	2	小 small
偶 even	2	4	7	6	3	1	5	8	大 big
大 big	5	8	4	1	7	3	2	6	偶 even
小 small	3	6	2	7	4	8	1	5	奇 odd
奇 odd	7	5	6	4	8	2	3	1	小 small
偶 even	8	2	1	3	5	4	6	7	大 big
大 big	6	7	3	2	1	5	8	4	偶 even
小 small	4	1	5	8	2	6	7	3	奇 odd
	偶 even	奇 odd	奇 odd			奇 odd	大 big	小 small	

第14轮 题目答案

14.1

8	①	6	9	②	③	5	7	4
③	4	9	7	5	①	②	6	8
5	7	②	4	8	6	9	①	③
9	6	③	8	①	5	7	4	②
4	②	7	③	6	9	①	8	5
①	8	5	②	7	4	6	③	9
②	5	8	①	4	7	③	9	6
7	③	4	6	9	②	8	5	①
6	9	①	5	③	8	4	②	7

14.2

1	5	2	9	6	8	4	3	7
7	4	6	1	2	3	9	5	8
9	8	3	4	7	5	6	2	1
4	6	7	5	1	2	8	9	3
5	9	1	3	8	6	7	4	2
3	2	8	7	9	4	1	6	5
6	1	4	2	5	7	3	8	9
8	7	5	6	3	9	2	1	4
2	3	9	8	4	1	5	7	6

14.3

5	2	6	8	1	7	4	9	3
1	7	3	6	9	4	2	5	8
9	4	8	3	5	2	7	1	6
4	6	1	5	2	8	3	7	9
7	3	9	1	4	6	8	2	5
2	8	5	9	7	3	6	4	1
8	5	2	7	3	1	9	6	4
3	1	7	4	6	9	5	8	2
6	9	4	2	8	5	1	3	7

14.4

6	8	4	5	3	9	1	2	7
5	1	7	4	2	8	9	3	6
9	2	3	6	1	7	4	5	8
2	3	8	9	6	1	7	4	5
7	4	9	8	5	2	3	6	1
1	5	6	7	4	3	8	9	2
3	6	2	1	7	4	5	8	9
4	9	1	2	8	5	6	7	3
8	7	5	3	9	6	2	1	4

14.5

8	9	5	2	3	1	7	4	6
1	3	4	7	8	6	2	5	9
7	2	6	5	9	4	1	3	8
6	5	3	1	7	8	9	2	4
4	1	8	9	2	3	6	7	5
9	7	2	4	6	5	8	1	3
5	8	9	3	1	7	4	6	2
3	6	7	8	4	2	5	9	1
2	4	1	6	5	9	3	8	7

14.6

5	9	8	1	3	7	2	6	4
7	1	2	4	6	9	8	5	3
6	3	4	8	5	2	7	9	1
3	2	9	7	1	6	4	8	5
8	5	6	2	4	3	9	1	7
4	7	1	9	8	5	6	3	2
9	4	5	3	7	8	1	2	6
2	6	7	5	9	1	3	4	8
1	8	3	6	2	4	5	7	9

14.7

5	9	8	7	1	3	4	2	6
7	4	3	2	6	1	8	9	5
8	2	6	9	5	7	3	4	1
4	3	1	6	2	8	5	7	9
9	8	5	1	3	4	7	6	2
3	5	2	4	8	9	6	1	7
6	1	7	3	9	5	2	8	4
1	6	4	8	7	2	9	5	3
2	7	9	5	4	6	1	3	8

14.8

2	3	8	1	7	6	9	5	4
9	1	2	3	4	5	6	8	7
6	4	7	5	8	3	2	9	1
3	8	9	6	2	1	7	4	5
8	2	5	9	1	7	4	3	6
4	5	3	8	6	9	1	7	2
7	9	1	2	3	4	5	6	8
1	6	4	7	5	8	3	2	9
5	7	6	4	9	2	8	1	3

14.9

6	4	2	3	7	8	5	9	1
3	1	7	2	5	9	6	8	4
9	5	8	6	4	1	3	7	2
7	3	1	5	6	4	9	2	8
5	6	4	8	9	2	1	3	7
8	2	9	1	3	7	4	6	5
2	7	3	4	1	6	8	5	9
4	8	6	9	2	5	7	1	3
1	9	5	7	8	3	2	4	6

14.10

6	3	5	2	7	9	4	1	8
4	9	8	6	1	5	3	2	7
7	1	2	4	8	3	5	6	9
3	7	4	8	6	2	1	9	5
9	2	1	3	5	7	6	8	4
8	5	6	1	9	4	7	3	2
1	4	9	7	3	8	2	5	6
5	6	7	9	2	1	8	4	3
2	8	3	5	4	6	9	7	1

14.11

	20	17		17		12		11	21	
20	8	7	5	4	6	2	3	1	9	13
17	9	6	2	5	1	3	4	8	7	19
	3	4	1	8	9	7	6	2	5	
12	4	1	7	6	5	8	9	3	2	14
	6	3	8	9	2	4	7	5	1	
16	5	2	9	3	7	1	8	6	4	18
	2	5	6	7	8	9	1	4	3	
14	1	9	4	2	3	6	5	7	8	20
18	7	8	3	1	4	5	2	9	6	17
	10	22		10		20		20	17	

14.12

12 12 12 12

	9	4	6	1	2	5	8	3	7
	8	1	7	3	9	6	2	4	5
20	5	3	2	4	7	8	9	6	1
20	1	2	9	8	4	3	7	5	6
20	3	5	8	9	6	7	4	1	2
20	6	7	4	2	5	1	3	9	8
	7	6	3	5	8	9	1	2	4
	2	8	1	6	3	4	5	7	9
	4	9	5	7	1	2	6	8	3

17 17 17 17

第15轮 题目答案

3	2	8	5	4	7	6	1	9
1	7	5	2	9	6	3	8	4
6	9	4	1	8	3	2	7	5
2	6	7	4	5	1	9	3	8
9	8	1	7	3	2	4	5	6
5	4	3	9	6	8	1	2	7
4	1	9	8	2	5	7	6	3
8	3	2	6	7	9	5	4	1
7	5	6	3	1	4	8	9	2
0		5		5		1		

9	4	1	6	3	2	5	8	7	0
5	7	3	8	1	9	6	2	4	
6	2	8	7	5	4	9	3	1	1
1	8	5	3	7	6	4	9	2	
4	6	9	2	8	1	7	5	3	4
2	3	7	4	9	5	1	6	8	
7	9	6	1	2	3	8	4	5	3
8	5	2	9	4	7	3	1	6	
3	1	4	5	6	8	2	7	9	
5		1		7		6			

3	8	4	7	5	1	6	2	9
2	1	9	6	3	8	5	7	4
5	7	6	9	2	4	8	3	1
8	6	5	3	9	7	4	1	2
4	9	1	5	8	2	7	6	3
7	2	3	4	1	6	9	8	5
1	4	2	8	7	9	3	5	6
6	5	7	1	4	3	2	9	8
9	3	8	2	6	5	1	4	7

9	1	6	4	5	7	8	3	2	3
3	5	2	1	6	8	4	7	9	
4	7	8	3	9	2	1	6	5	3
5	4	9	8	2	3	7	1	6	
8	2	1	6	7	5	3	9	4	2
7	6	3	9	1	4	2	5	8	
6	3	7	2	8	9	5	4	1	3
2	9	4	5	3	1	6	8	7	
1	8	5	7	4	6	9	2	3	

第16轮 题目答案

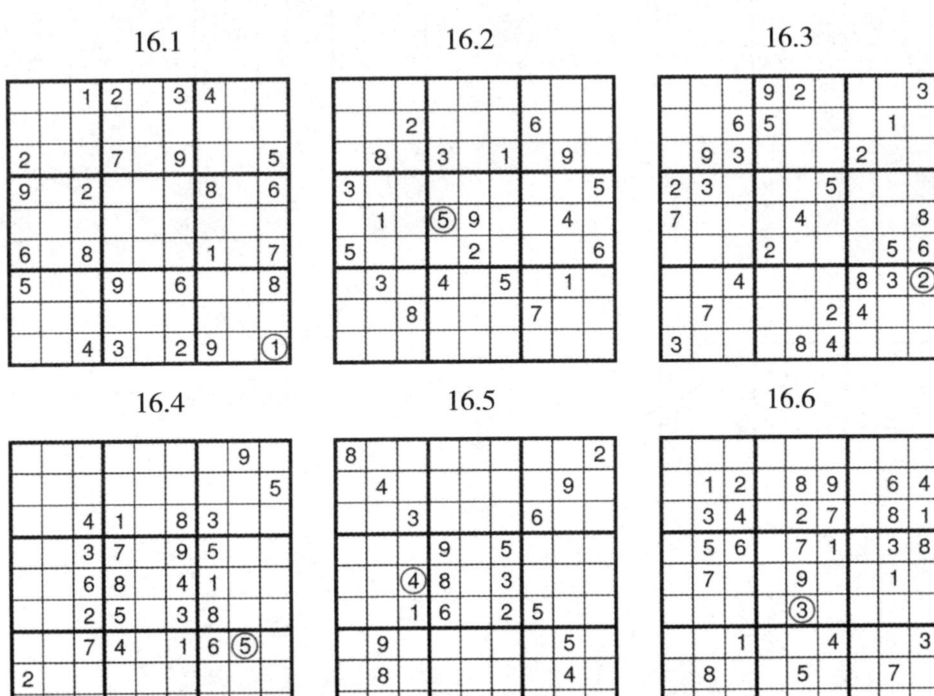

16.7

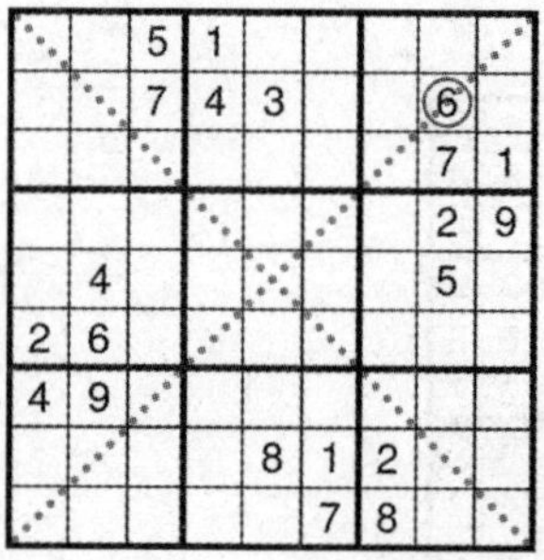

		5	1					
		7	4	3			⑥	
							7	1
							2	9
	4						5	
2	6							
4	9							
				8	1	2		
					7	8		

16.8

	8	4				6	9	
		7	1		3	8	④	
			9		2			
		6	3		7	1		
	4	8				3	7	

16.9

		7		⑨	4			6
				3			4	
8			7			9		
		9			8			2
	8						9	
3			9			1		
		6			3			5
	5			2				
2			6			4		

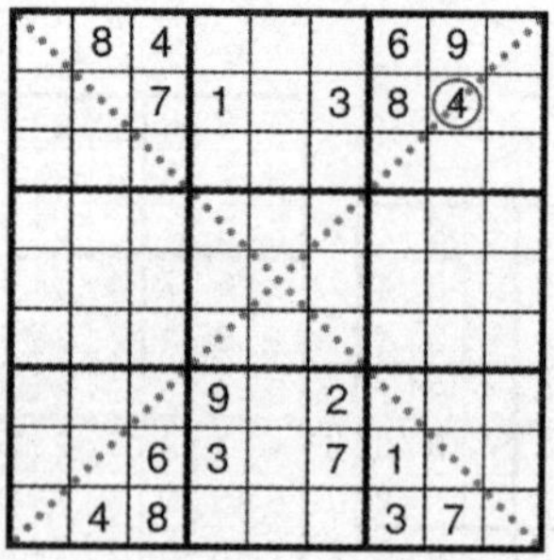

16.10

	6						3	
7								2
	2						1	
4								8
	1						2	
3								4
	4						9	
6	③							1
	8			9			5	

16.11

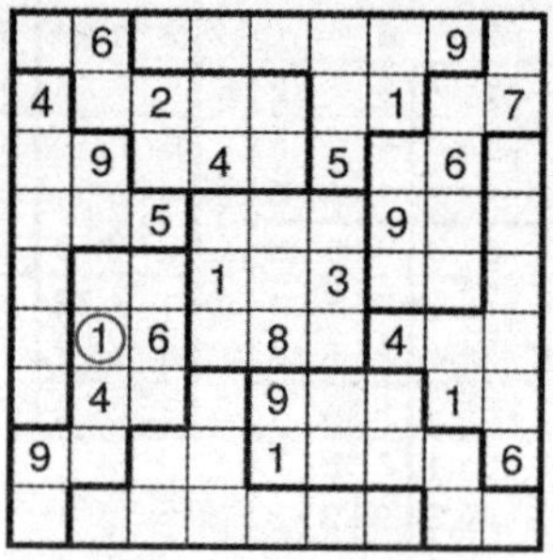

	6						9	
4		2				1		7
	9		4		5		6	
		5				9		
			1		3			
	①	6		8		4		
	4			9			1	
9				1				6

16.12

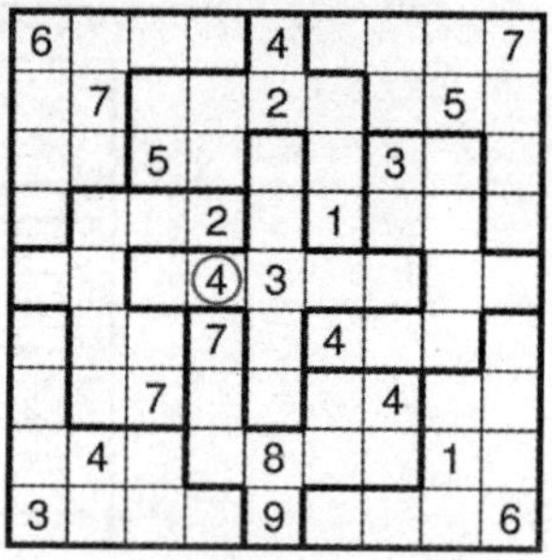

6				4				7
	7			2			5	
		5				3		
			2		1			
			④	3				
			7		4			
		7				4		
	4			8			1	
3				9				6

16.13

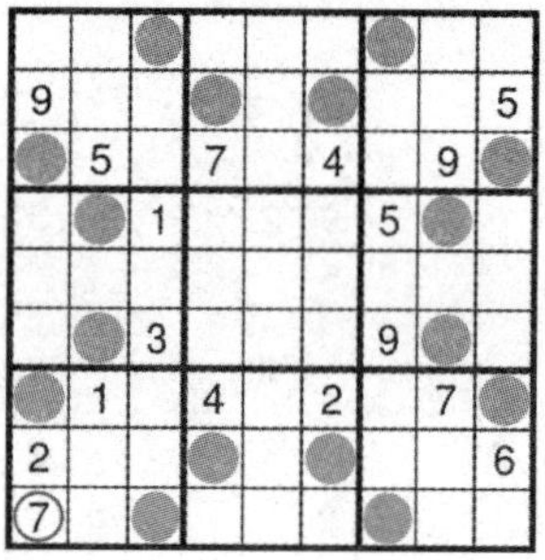

9								5
	5		7		4		9	
		1				5		
		3				9		
	1		4		2		7	
2								6
⑦								

16.14

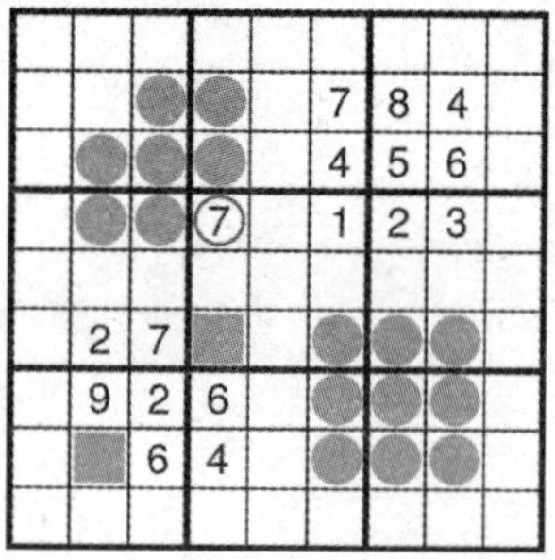

					7	8	4	
					4	5	6	
			⑦		1	2	3	
	2	7						
	9	2	6					
		6	4					

16.15

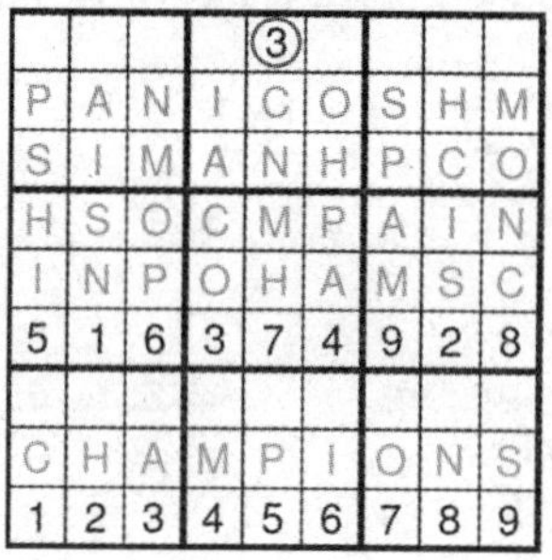

				③				
P	A	N	I	C	O	S	H	M
S	I	M	A	N	H	P	C	O
H	S	O	C	M	P	A	I	N
I	N	P	O	H	A	M	S	C
5	1	6	3	7	4	9	2	8
C	H	A	M	P	I	O	N	S
1	2	3	4	5	6	7	8	9

16.16

1	2	3			H	O	P	E
4	5	6					1	
7	8	9	Y	O	U	2		
②						1		
E	N	J	O	Y			2	
				E	D			7
		2	3					8
	1			4			7	
					5	6		

第17轮 题目答案

1

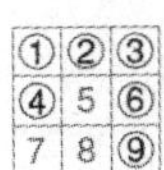

1	3	2	6	9	4
4	6	9	2	1	3
6	1	4	9	3	2
9	2	3	1	4	6
3	9	6	4	2	1
2	4	1	3	6	9

①	②	③
④	5	⑥
7	8	⑨

2

6	9	1	4	7	5
4	5	7	9	6	1
5	6	9	7	1	4
1	7	4	5	9	6
9	4	6	1	5	7
7	1	5	6	4	9

①	2	3
④	⑤	⑥
⑦	8	⑨

3

8	9	1	2	3	6
6	2	3	9	8	1
2	1	8	6	9	3
3	6	9	1	2	8
1	8	2	3	6	9
9	3	6	8	1	2

①	②	③
4	5	⑥
7	⑧	⑨

4

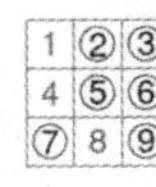

3	9	2	5	7	6
5	7	6	2	3	9
6	5	7	3	9	2
2	3	9	6	5	7
7	6	3	9	2	5
9	2	5	7	6	3

1	②	③
4	⑤	⑥
⑦	8	⑨

5

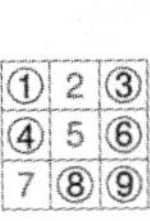

3	4	8	6	1	9
1	9	6	3	4	8
9	8	1	4	6	3
4	6	3	9	8	1
8	3	4	1	9	6
6	1	9	8	3	4

①	2	③
④	5	⑥
7	⑧	⑨

6

3	2	9	8	5	7
7	8	5	9	2	3
8	5	7	2	3	9
2	9	3	5	7	8
9	3	2	7	8	5
5	7	8	3	9	2

1	②	③
4	⑤	6
⑦	⑧	⑨

7

6	①	5	2	4	8
4	8	2	1	⑥	5
1	5	⑥	4	8	②
②	4	8	⑥	5	1
5	⑥	1	8	2	4
8	2	4	5	①	6

①	②	3
④	⑤	⑥
7	⑧	9

8

③	9	2	5	8	①
⑤	1	8	3	9	②
9	3	1	2	5	8
②	8	5	9	1	③
8	5	3	1	2	9
1	2	9	8	3	5

①	②	③
4	⑤	6
7	⑧	⑨

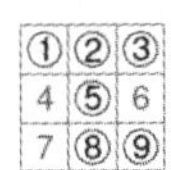

9

4	5	7	8	6	1
1	8	6	④	5	7
5	4	①	6	7	8
7	6	8	⑤	1	4
8	1	⑤	7	4	6
6	7	4	1	8	5

①23
④⑤⑥
⑦⑧9

10

9	6	4	8	1	2
1	2	⑧	⑥	4	9
6	8	2	4	9	1
4	9	1	2	8	6
2	④	9	1	⑥	8
8	1	6	9	2	4

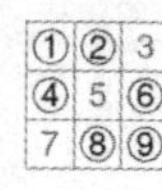

11

③	9	2	7	6	①
7	1	6	3	2	9
9	6	3	1	7	②
②	7	1	9	3	6
6	3	9	2	1	7
①	2	7	6	9	③

①②③
45⑥
⑦8⑨

12

①	6	9	7	3	4
4	7	3	9	1	6
6	3	⑦	1	4	9
9	1	4	③	6	7
3	9	6	④	7	1
7	4	1	6	9	③

①2③
④5⑥
⑦8⑨

13

^{37}7	^{14}4	^{39}3	5	2	8
2	5	8	^{139}3	^{49}4	^{78}7
8	^{27}2	^{58}5	7	3	4
4	3	7	^{58}8	^{45}5	2
^{37}3	^{28}8	^{25}2	4	7	5
5	7	4	^{27}2	^{278}8	^{357}3

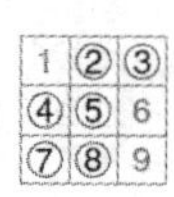

14

^{18}1	6	5	4	2	^{28}8
4	^{12}2	8	6	^{25}5	1
2	8	^{49}4	1	6	^{58}5
^{67}6	5	1	^{12}2	8	4
5	^{15}1	6	8	^{45}4	2
^{68}8	4	2	5	1	^{46}6

①②3
④⑤⑥
7⑧9

15

^{36}3	2	5	1	6	^{78}7
1	^{36}6	7	3	^{45}5	2
^{27}7	5	3	6	2	^{17}1
^{23}2	1	6	5	7	^{13}3
6	^{35}3	2	7	^{16}1	5
^{35}5	7	1	2	3	^{69}6

16

5	4	3	7	2	^{15}1
7	^{12}1	^{26}2	^{46}4	^{45}5	3
2	7	1	3	^{47}4	5
^{36}3	5	4	1	^{37}7	2
1	^{25}2	7	5	^{38}3	4
4	3	^{15}5	2	1	7

①②③
④⑤6
⑦89

17

^{467}6	^{235}5	^{458}4	^{789}7	^{279}2	^{189}8
^{278}2	^{579}7	^{789}8	^{249}4	^{158}5	^{456}6
^{128}8	^{234}4	^{345}5	^{456}6	^{147}7	^{236}2
7	6	2	5	8	4
4	8	7	2	6	5
5	^{123}2	6	8	^{124}4	7

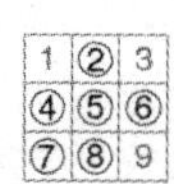

18

5	^{79}9	7	1	8	4
^{12}1	8	^{45}4	5	7	9
8	^{37}7	1	^{19}9	4	5
9	4	^{56}5	8	^{15}1	7
4	5	8	^{57}7	9	^{18}1
7	1	9	4	^{15}5	8

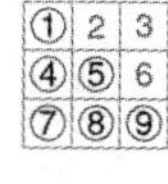

19

1 ②③ / ④⑤⑥ / ⑦ 8 9

(84)3	4	5	7	(60)2	6
7	(36)6	2	(72)4	3	5
2	3	(280)4	5	6	7
6	(210)5	7	2	(60)4	3
(40)4	7	6	3	5	(56)2
5	2	3	6	7	4

20

①②③ / 4 5 6 / ⑦⑧⑨

(54)1	(112)8	7	(432)2	9	3
3	9	2	1	8	(126)7
(504)7	2	3	8	1	9
8	1	9	3	(112)7	2
9	(42)3	(1512)8	7	2	1
2	7	1	9	3	8

21

①②③ / 4 ⑤ 6 / ⑦ 8 ⑨

(35)1	9	2	5	(21)7	3
5	(21)7	3	(189)9	2	1
7	1	(315)9	3	(15)5	2
2	3	5	7	1	(315)9
(135)9	2	7	1	3	5
3	5	1	2	9	7

22

① 2 3 / ④⑤⑥ / 7 ⑧⑨

5	9	4	(6)1	6	8
6	1	(32)8	4	5	(36)9
8	(24)6	5	9	(8)1	4
(9)1	4	9	6	8	5
9	8	(30)6	5	4	1
4	(5)5	1	8	9	6

23

1 ②③ / ④ 5 ⑥ / 7 ⑧⑨

(24)3	8	(24)6	4	(18)2	9
(24)4	2	9	3	8	(24)6
6	3	8	2	9	4
(16)2	9	4	8	6	(6)3
8	6	3	9	4	2
(36)9	4	(12)2	6	(24)3	8

24

① 2 3 / ④⑤⑥ / ⑦⑧ 9

(192)4	1	(40)8	5	7	(42)6
6	5	(28)7	4	8	1
8	4	(30)5	6	1	7
7	(336)6	1	8	(120)5	4
1	8	4	7	6	5
5	7	(6)6	1	4	8

25

1 2 ③ / ④ 5 ⑥ / ⑦⑧⑨

3	4	7	6	9	8
9	6	8	3	7	4
7	8	4	9	6	3
6	9	3	8	4	7
4	3	6	7	8	9
8	7	9	4	3	6

26

1 ②③ / ④⑤ 6 / ⑦⑧ 9

5	3	8	7	4	2
4	2	7	3	8	5
3	8	2	4	5	7
7	5	4	8	2	3
8	7	5	2	3	4
2	4	3	5	7	8

27

1 ②③ / 4 ⑤ 6 / ⑦⑧⑨

2	9	8	7	5	3
5	7	3	9	2	8
9	8	5	3	7	2
3	2	7	5	8	9
8	5	9	2	3	7
7	3	2	8	9	5

28

1 ② 3 / ④⑤⑥ / 7 ⑧⑨

9	5	6	2	8	4
8	4	2	6	5	9
2	6	5	4	9	8
4	9	8	5	6	2
6	2	9	8	4	5
5	8	4	9	2	6

29

1	3	8	5	7	9
5	7	9	3	1	8
9	1	3	8	5	7
8	5	7	9	3	1
7	9	5	1	8	3
3	8	1	7	9	5

①	2	③
4	⑤	6
⑦	⑧	⑨

30

9	4	3	6	7	1
6	1	7	4	9	3
7	9	6	3	1	4
1	3	4	9	6	7
4	6	1	7	3	9
3	7	9	1	4	6

①	2	③
④	5	⑥
⑦	8	⑨

31

1	6	9	7	3	5
3	5	7	6	9	1
6	9	1	3	5	7
7	3	5	1	6	9
9	1	3	5	7	6
5	7	6	9	1	3

①	2	③
4	⑤	⑥
⑦	8	⑨

32

6	8	3	1	4	2
4	1	2	3	6	8
2	4	1	8	3	6
3	6	8	2	1	4
8	3	6	4	2	1
1	2	4	6	8	3

①	②	③
④	5	⑥
7	⑧	9

33

6	7	3	5	9	4
9	5	4	6	7	3
7	4	9	3	6	5
5	3	6	9	4	7
3	6	7	4	5	9
4	9	5	7	3	6

1	2	③
④	⑤	⑥
⑦	8	⑨

34

3	1	7	5	2	8
5	2	8	3	1	7
7	3	1	8	5	2
8	5	2	7	3	1
2	7	5	1	8	3
1	8	3	2	7	5

①	②	③
4	⑤	6
⑦	⑧	9

35

2	4	9	1	6	8
1	6	8	2	4	9
4	8	1	9	2	6
6	9	2	4	8	1
9	2	6	8	1	4
8	1	4	6	9	2

①	②	3
④	5	⑥
7	⑧	⑨

36

9	8	5	7	2	4
7	4	2	9	5	8
5	9	7	8	4	2
4	2	8	5	7	9
2	5	9	4	8	7
8	7	4	2	9	5

1	②	3
④	⑤	6
⑦	⑧	⑨

答案终盘

578 CLA 1	238 CLA 2	457 CLA 3	148 CLA 4	257 CLA 5	146 CLA 6
379 OEC 7	467 OEC 8	239 OEC 9	357 OEC 10	458 OEC 11	258 OEC 12
169 PM 13	379 PM 14	489 PM 15	689 PM 16	139 PM 17	236 PM 18
189 PK 19	456 PK 20	468 PK 21	237 PK 22	157 PK 23	239 PK 24
125 PTN 25	169 PTN 26	146 PTN 27	137 PTN 28	246 PTN 29	258 PTN 30
248 TCP 31	579 TCP 32	128 TCP 33	469 TCP 34	357 TCP 35	136 TCP 36

258 PTN	157 PK	469 TCP	139 PM	238 CLA	467 OEC
379 OEC	148 CLA	236 PM	468 PK	579 TCP	125 PTN
128 TCP	689 PM	457 CLA	357 OEC	146 PTN	239 PK
456 PK	239 OEC	137 PTN	248 TCP	169 PM	578 CLA
146 CLA	357 TCP	258 OEC	169 PTN	237 PK	489 PM
379 PM	246 PTN	189 PK	257 CLA	458 OEC	136 TCP

30	23	34	17	2	8
7	4	18	21	32	25
33	16	3	10	27	24
20	9	28	31	13	1
6	35	12	26	22	15
14	29	19	5	11	36

世界数独锦标赛真题集
第13届真题

北京市数独运动协会　编

科学普及出版社
·北京·

图书在版编目（CIP）数据

世界数独锦标赛真题集. 第13届真题 / 北京市数独运动协会编. —北京：科学普及出版社，2020.11

ISBN 978-7-110-10204-6

Ⅰ. ①世… Ⅱ. ①北… Ⅲ. ①智力游戏 Ⅳ. ①G898.2

中国版本图书馆CIP数据核字（2020）第202686号

目　录
CONTENTS

第1轮　个人赛：标准数独 …………………………… 1
第2轮　个人赛：FED常规变形 ……………………… 9
第3轮　个人赛：凯特克杯 ………………………… 20
第4轮　个人赛：箭头 ……………………………… 38
第5轮　个人赛：递增区域 ………………………… 47
第6轮　个人赛：FED变形数独 ……………………… 54
第7轮　个人赛：翻转数独 ………………………… 63
第8轮　个人赛：杀手数独 ………………………… 65
第9轮　个人赛：世界大奖赛 ……………………… 74
第10轮　个人赛：捷克大奖赛 …………………… 87
第11轮　团体赛：两对 …………………………… 103
第12轮　团体赛：神秘五连体 …………………… 116
第13轮　团体赛：加密 …………………………… 129
个人赛决赛 ……………………………………… 134
真题答案 ………………………………………… 147

第1轮　个人赛：标准数独

限时：30分钟　总分：345分

1.1　标准数独 …………………………………………… 20分
1.2　标准数独 …………………………………………… 40分
1.3　标准数独 …………………………………………… 20分
1.4　标准数独 …………………………………………… 30分
1.5　标准数独 …………………………………………… 25分
1.6　标准数独 …………………………………………… 25分
1.7　标准数独 …………………………………………… 30分
1.8　标准数独 …………………………………………… 25分
1.9　标准数独 …………………………………………… 20分
1.10　标准数独 ………………………………………… 20分
1.11　标准数独 ………………………………………… 25分
1.12　标准数独 ………………………………………… 35分
1.13　标准数独 ………………………………………… 30分

标准数独例题和答案：将数字1—9填入空格内，使每行、每列和每宫内的数字均不重复。

1								
			2			8	1	
		5	1		3			2
	2		6					3
			8			7	4	
			7					5
			5		2			6
			9			1	7	
8								

1	6	2	4	9	8	5	3	7
3	7	4	2	5	6	8	1	9
9	8	5	1	7	3	4	6	2
5	2	7	6	4	1	9	8	3
6	3	9	8	2	5	7	4	1
4	1	8	7	3	9	6	2	5
7	4	1	5	8	2	3	9	6
2	5	3	9	6	4	1	7	8
8	9	6	3	1	7	2	5	4

1.1 **标准数独** 将数字1—9填入空格内，使每行、每列和每宫内的数字均不重复。（20分）

		1					4	
	6				3			7
9				2	4			1
8			1		5			
					6			
1					7			8
	5				8			4
		3					6	
			7	4		8		

1.2 标准数独 将数字1—9填入空格内，使每行、每列和每宫内的数字均不重复。（40分）

		9	2					5
	2			6			8	
				4		7		
			8			3		
		1					5	
	3							9
	4	7	9	1				3
							6	
8					7	4		

1.3 标准数独 将数字1—9填入空格内，使每行、每列和每宫内的数字均不重复。（20分）

		3	5					4
	7			6			1	
				9		6		
			8			7		
				4			6	
	9			3				8
		7	6					3
9								2
1	2				7	5	9	

1.4 **标准数独** 将数字1—9填入空格内，使每行、每列和每宫内的数字均不重复。（30分）

4			7		2			
9			1			8		
6			9				3	
8	5	3	4					7
			2					4
			5				9	
2						6		
	7				9			
		9		5				

1.5 **标准数独** 将数字1—9填入空格内，使每行、每列和每宫内的数字均不重复。（25分）

								6
	7	8	5	4			3	
	9					2		
	3							4
		7	3				5	
				2		1		
	2			1				9
		3	8				7	
						8		

1.6 标准数独 将数字1—9填入空格内，使每行、每列和每宫内的数字均不重复。（25分）

						3		
		2	6				1	
	7			9				8
	5					6		
		8	2				5	
	6			7				9
	9			6		8		
		5	3				2	
								4

1.7 标准数独 将数字1—9填入空格内，使每行、每列和每宫内的数字均不重复。（30分）

2	5	1	3					8
			7				3	
			1			2		
		9				6		
	3						1	
5								9
		4	8					7
	2			3			6	
7					9	1		

1.8　**标准数独**　将数字1—9填入空格内，使每行、每列和每宫内的数字均不重复。（25分）

<table>
<tr><td></td><td></td><td></td><td></td><td></td><td></td><td></td><td>7</td><td></td></tr>
<tr><td></td><td></td><td>1</td><td>8</td><td></td><td></td><td>3</td><td></td><td></td></tr>
<tr><td></td><td>5</td><td></td><td></td><td>9</td><td></td><td>8</td><td></td><td></td></tr>
<tr><td></td><td>1</td><td></td><td></td><td>4</td><td></td><td></td><td>2</td><td></td></tr>
<tr><td></td><td></td><td>4</td><td>9</td><td></td><td></td><td></td><td></td><td>6</td></tr>
<tr><td></td><td>9</td><td></td><td></td><td>2</td><td></td><td></td><td></td><td>3</td></tr>
<tr><td></td><td>6</td><td></td><td></td><td>5</td><td></td><td></td><td>4</td><td></td></tr>
<tr><td></td><td></td><td>3</td><td>2</td><td></td><td></td><td>9</td><td></td><td></td></tr>
<tr><td>8</td><td></td><td></td><td></td><td></td><td>7</td><td></td><td></td><td>5</td></tr>
</table>

1.9　**标准数独**　将数字1—9填入空格内，使每行、每列和每宫内的数字均不重复。（20分）

<table>
<tr><td></td><td></td><td></td><td></td><td></td><td></td><td></td><td>4</td><td></td></tr>
<tr><td></td><td></td><td>9</td><td>4</td><td></td><td></td><td>1</td><td></td><td></td></tr>
<tr><td></td><td>6</td><td></td><td></td><td>5</td><td></td><td>2</td><td></td><td></td></tr>
<tr><td></td><td>3</td><td></td><td></td><td>6</td><td></td><td></td><td>8</td><td></td></tr>
<tr><td></td><td></td><td>6</td><td>3</td><td></td><td></td><td></td><td></td><td>1</td></tr>
<tr><td></td><td></td><td></td><td></td><td>2</td><td></td><td></td><td></td><td>5</td></tr>
<tr><td></td><td>9</td><td></td><td></td><td>8</td><td></td><td></td><td>3</td><td></td></tr>
<tr><td></td><td></td><td>1</td><td>9</td><td></td><td></td><td></td><td>5</td><td></td></tr>
<tr><td>4</td><td></td><td></td><td></td><td></td><td>2</td><td>6</td><td></td><td></td></tr>
</table>

1.10　标准数独　将数字1—9填入空格内，使每行、每列和每宫内的数字均不重复。（20分）

	9			8				4
6								
			5			7	8	
		5	3		6			9
	2		8		5			1
			7		4			6
			2		3			5
			9			2	1	
5								

1.11　标准数独　将数字1—9填入空格内，使每行、每列和每宫内的数字均不重复。（25分）

	4			7		9		
8					6			
			3				7	
		2	4			7	1	
	1		5		8		6	
			6				8	
			7				3	
5			8				2	
	7				2			

1.12 **标准数独** 将数字1—9填入空格内，使每行、每列和每宫内的数字均不重复。（35分）

5	7							
3								
			2			5	6	
		1	3		4			7
	2		7					4
			8			6	3	
			1		3			
			6		8	4	7	2
6								

1.13 **标准数独** 将数字1—9填入空格内，使每行、每列和每宫内的数字均不重复。（30分）

7								
			5			9	6	
		4	6		9			1
	3		9					4
			8			2	3	
			1					7
			3		5			9
5			4			8	7	
1	9							

第2轮　个人赛：FED常规变形

限时：45分钟　总分：515分

2.1　不等号数独 ………………………………………… 20分

2.2　连续数独 …………………………………………… 25分

2.3　对角线数独 ………………………………………… 30分

2.4　不纯粹奇偶数独 …………………………………… 40分

2.5　窗口数独 …………………………………………… 45分

2.6　杀手数独 …………………………………………… 55分

2.7　同位数独 …………………………………………… 70分

2.8　不规则数独 ………………………………………… 70分

2.9　不规则杀手数独 …………………………………… 70分

2.10　不等号杀手数独 ………………………………… 90分

世界数独锦标赛真题集　第13届真题

2.1　不等号数独　在空格内填入数字1—9，使每行、每列及每宫内数字均不重复。此外，数字需满足格子间不等号大小条件的限制。（20分）

例题和答案：

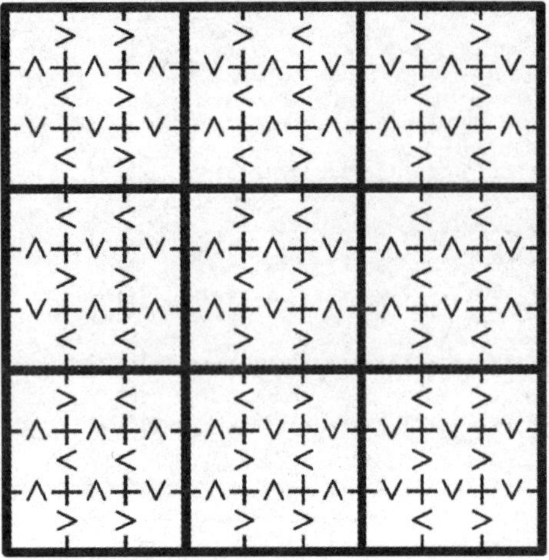

真题：

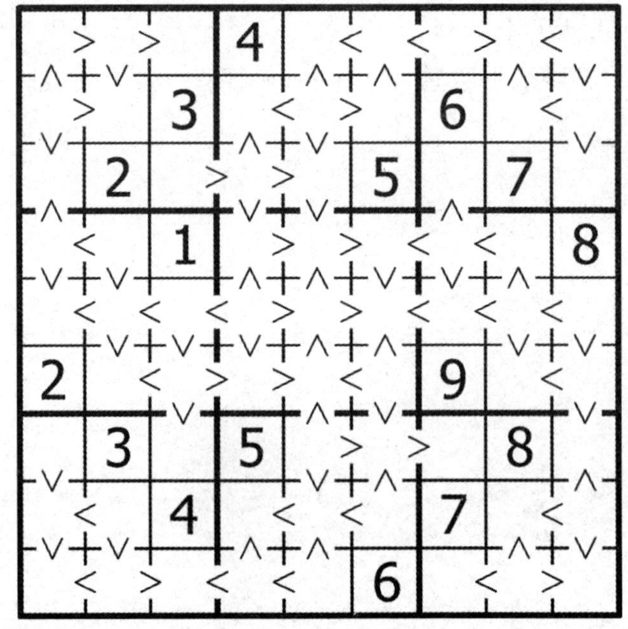

2.2 **连续数独** 在空格内填入数字1—9，使每行、每列及每宫内数字均不重复，盘面内白点两侧格内数字之差为1。所有符合条件的位置均已标出。（25分）

例题和答案：

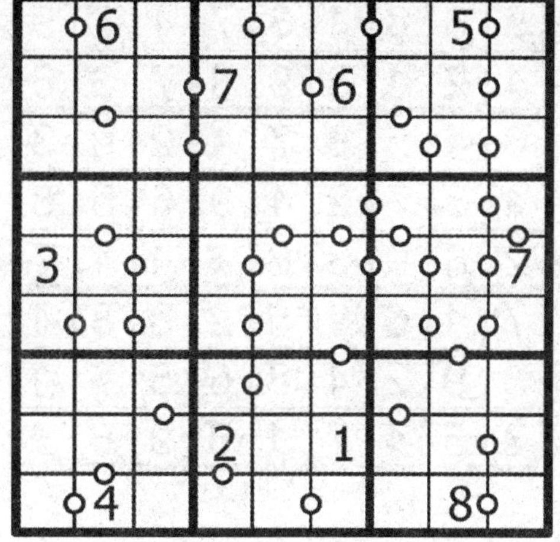

真题：

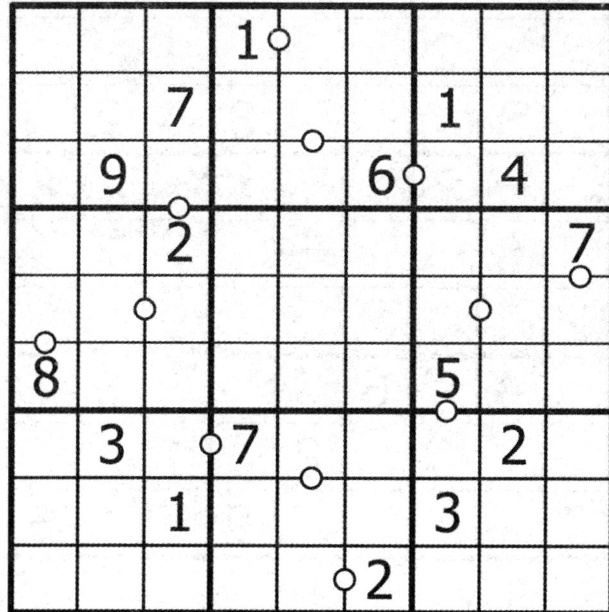

2.3　对角线数独　在空格内填入数字1—9，使每行、每列、每宫及每条对角线内数字均不重复。（30分）

例题和答案：

9		3					1	
			1		7			9
4			5					
	4	5		7			9	
			2		9			
	8			6		1	4	
					2			4
3			4		6			
	5					9		2

9	7	3	6	2	4	8	1	5
5	6	8	1	3	7	4	2	9
4	2	1	5	9	8	7	3	6
6	4	5	8	7	1	2	9	3
1	3	7	2	4	9	6	5	8
2	8	9	3	6	5	1	4	7
7	1	6	9	5	2	3	8	4
3	9	2	4	8	6	5	7	1
8	5	4	7	1	3	9	6	2

真题：

1			7					2
		2		3		4		
	3				8		9	
		7						8
	8						7	
2						9		
	4		6				5	
		5		8		1		
3					9			6

2.4 不纯粹奇偶数独 在空格内填入数字1—9，使每行、每列及每宫内数字均不重复。盘面内每个2×2区域内数字不能全部为奇数或全部为偶数。（40分）

例题和答案：

4								8
		5	8		4	1		
	2			3			5	
	9			1			8	
		1	9		6	7		
	8			4			1	
	3			6			9	
		6	5		3	2		
5								6

4	7	3	2	5	1	9	6	8
9	6	5	8	7	4	1	2	3
1	2	8	6	3	9	4	5	7
6	9	4	7	1	2	3	8	5
3	5	1	9	8	6	7	4	2
7	8	2	3	4	5	6	1	9
2	3	7	1	6	8	5	9	4
8	4	6	5	9	3	2	7	1
5	1	9	4	2	7	8	3	6

真题：

6			2					1
		1		3		4		
	9				5		6	
		6						8
	4			5			7	
2						9		
	6		1				4	
		5		7		6		
7					8			3

2.5 窗口数独 在空格内填入数字1—9，使每行、每列、每宫及4个9格灰色区域内数字均不重复。（45分）

例题和答案：

			2		3		8	
						5	1	3
		4	1				6	
1		9		4				6
			5		6			
2				3		4		1
	1				9	8		
4	2	5						
	6		3		5			

6	9	1	2	5	3	7	8	4
8	7	2	6	9	4	5	1	3
5	3	4	1	7	8	9	6	2
1	5	9	8	4	2	3	7	6
3	4	7	5	1	6	2	9	8
2	8	6	9	3	7	4	5	1
7	1	3	4	6	9	8	2	5
4	2	5	7	8	1	6	3	9
9	6	8	3	2	5	1	4	7

真题：

			1					
		2		3		5		
	3				9		8	
		4						8
	5						6	
6						7		
	7		8				2	
		5		4		8		
				3				

2.6　杀手数独　在空格内填入数字1—9，使每行、每列及每宫内数字均不重复。盘面内虚线框左上角数字表示该虚线框内所有数字之和，虚线框内数字不重复。（55分）

例题和答案：

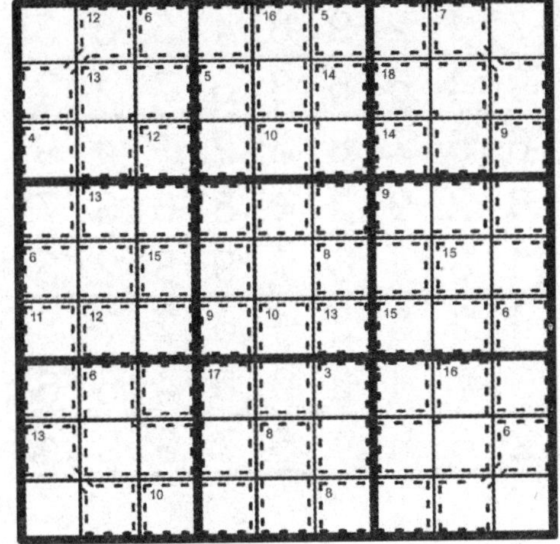

真题：

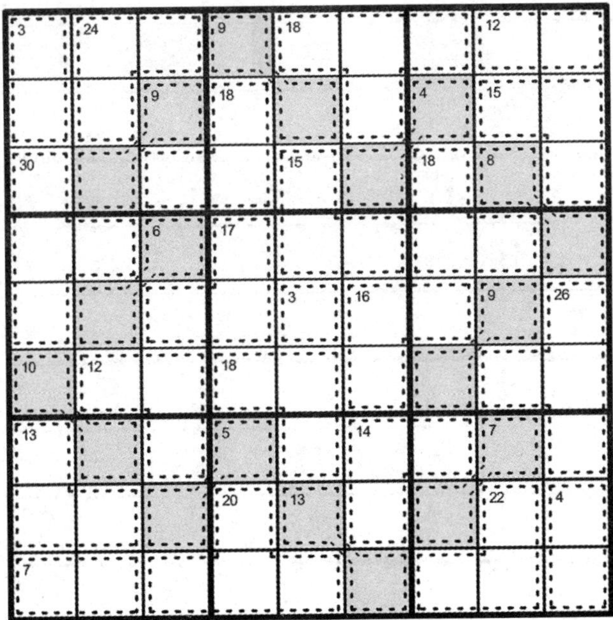

2.7　同位数独　在空格内填入数字1—9，使每行、每列及每宫内数字均不重复。每宫相同位置的9格内数字不重复。（70分）

例题和答案：

5			7					4
				6		5		
	4		5		3			
		7				1		9
	2						3	
1		4				8		
			3		6		7	
		1		9				
2					7			1

5	8	3	7	2	1	9	6	4
7	1	2	9	6	4	5	8	3
9	4	6	5	8	3	7	1	2
6	5	7	8	3	2	1	4	9
8	2	9	1	4	5	6	3	7
1	3	4	6	7	9	8	2	5
4	9	5	3	1	6	2	7	8
3	7	1	2	9	8	4	5	6
2	6	8	4	5	7	3	9	1

真题：

			7					
		4		1		3		
	3				2		4	
		6						5
	8						6	
1						7		
	4		1				8	
		7		9		1		
					8			

2.8 不规则数独 在空格内填入数字1—9，使每行、每列及每个不规则粗线宫内数字均不重复。（70分）

例题和答案：

		6	1		5	2		
		4		3		9		
2	3						4	1
6								5
	2			4			8	
5								3
8	9						3	4
		7		2		6		
		9	8		4	3		

3	4	6	1	7	5	2	9	8
1	8	4	2	3	6	9	5	7
2	3	5	6	8	9	7	4	1
6	7	8	9	1	3	4	2	5
9	2	3	7	4	1	5	8	6
5	6	1	4	9	2	8	7	3
8	9	2	5	6	7	1	3	4
4	5	7	3	2	8	6	1	9
7	1	9	8	5	4	3	6	2

真题：

			4					
		5		3		1		
	6				2		1	
		7						5
	5						7	
9						3		
	4		2				3	
		2		6		8		
					4			

2.9 不规则杀手数独 在空格内填入数字1—9，使每行、每列及每个不规则粗线宫内数字均不重复。盘面内虚线框左上角数字表示该虚线框内所有数字之和，虚线框内数字不重复。（70分）

例题和答案：

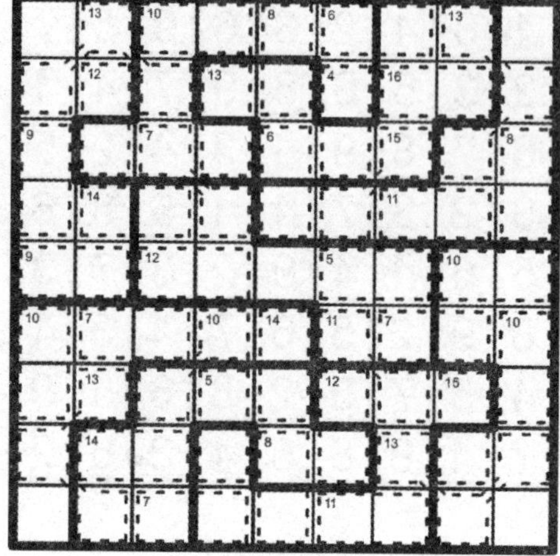

9	7	2	8	3	5	1	4	6
2	3	4	6	5	1	7	9	8
4	9	6	7	2	3	8	1	5
5	6	8	1	4	7	9	2	3
8	1	7	5	9	2	3	6	4
7	2	5	9	8	6	4	3	1
3	4	1	2	6	8	5	7	9
1	5	9	3	7	4	6	8	2
6	8	3	4	1	9	2	5	7

真题：

12	8		22	30			12	
			10			12		10
29	3			7		13	18	
					14			
	6	20		8				17
	18			9		17		
12			7		9			
	19		24	17			19	
						3		

2.10　不等号杀手数独　在空格内填入数字1—9，使每行、每列及每宫内数字均不重复。数字需满足格子间不等号大小条件的限制。盘面内虚线框左上角数字表示该虚线框内所有数字之和，虚线框内数字不重复。（90分）

例题和答案：

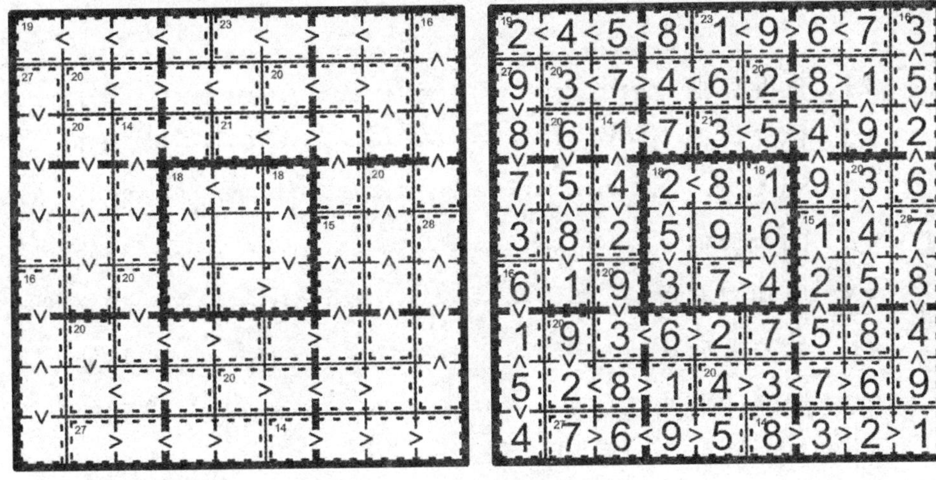

真题：

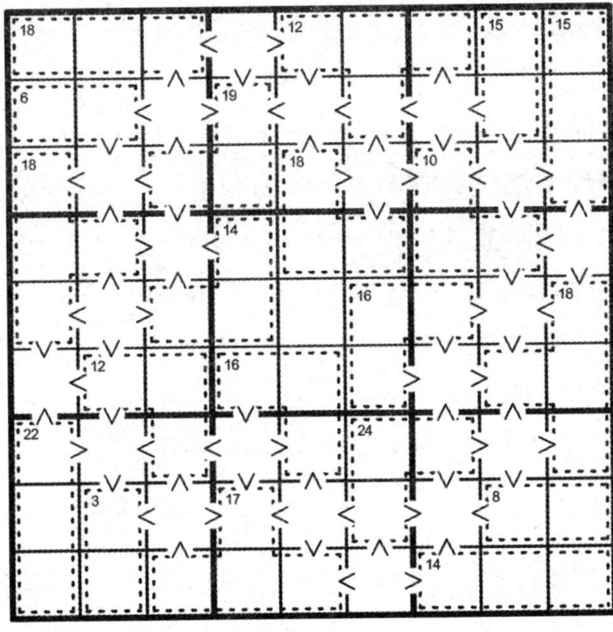

第3轮　个人赛：凯特克杯

限时：90分钟　总分：1180分

3.1　标准数独 …… 20分
3.2　标准数独 …… 30分
3.3　XV数独 …… 30分
3.4　四对数独 …… 35分
3.5　黑和白差数独 …… 40分
3.6　等差数列数独 …… 45分
3.7　温度计数独 …… 50分
3.8　足球数独 …… 65分
3.9　堡垒数独 …… 65分
3.10　加密数对数独 …… 65分
3.11　探测数独 …… 70分
3.12　指向排除数独 …… 75分
3.13　螺旋不连续数独 …… 85分
3.14　水平间距数独 …… 85分
3.15　表面数独 …… 90分
3.16　杀手007数独 …… 110分
3.17　数邻数独 …… 110分
3.18　尾5杀手数独 …… 110分

3.1　**标准数独**　将数字1—9填入空格内，使每行、每列和每宫内的数字均不重复。（20分）

7			5			3		
	2			8			9	
		6			9			5
4			7			9		
	3			1			7	
		5			8			4
3			8			2		
	4			6			1	
		2			1			6

3.2　**标准数独**　将数字1—9填入空格内，使每行、每列和每宫内的数字均不重复。（30分）

1			4			2		
	6			9			3	
		7			2			9
3			6			1		
	5			2			4	
		8			4			6
9			7			3		
	8			5			7	
		1			8			5

3.3 **XV数独** 在空格内填入数字1—9，使每行、每列及每个不规则粗线宫内数字均不重复。X标记两侧格内数字之和为10，V标记两侧格内数字之和为5。所有符合条件的位置均已标出。（30分）

例题和答案：

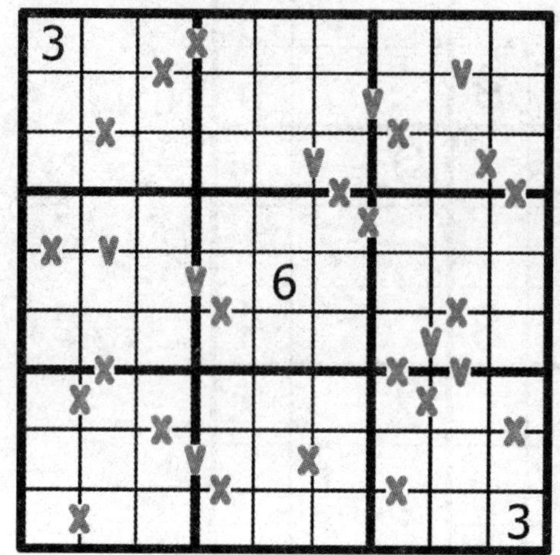

真题：

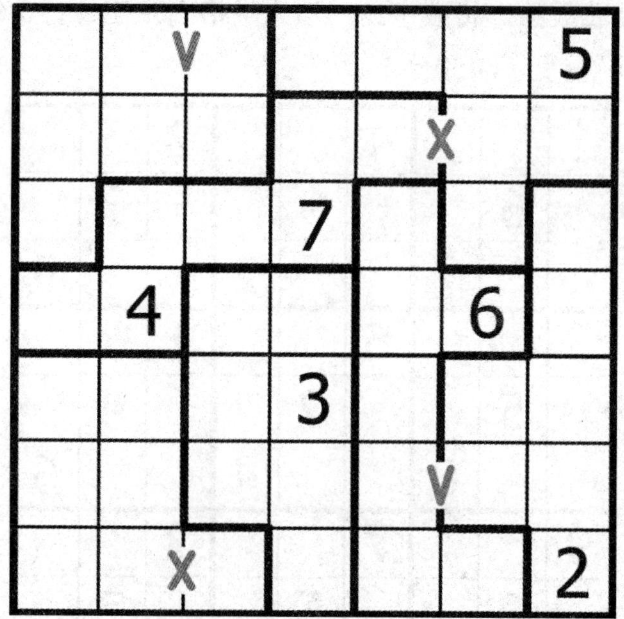

3.4　**四对数独**　在空格内填入数字1—9，使每行、每列及每宫内数字均不重复。盘面内有2组8格灰色区域。每组灰色区域内出现4个数字，每个数字恰好出现2次。（35分）

例题和答案：

	7		9					8
5		4			7		2	
	2					3		
6			3		8		9	
				2				
	4		1		5			3
		2					8	
	1		2			7		6
7					1		5	

1	7	6	9	3	2	5	4	8
5	3	4	8	1	7	6	2	9
8	2	9	5	4	6	3	1	7
6	5	1	3	7	8	2	9	4
3	9	8	6	2	4	1	7	5
2	4	7	1	9	5	8	6	3
9	6	2	7	5	3	4	8	1
4	1	5	2	8	9	7	3	6
7	8	3	4	6	1	9	5	2

真题：

2	7				9		8	
3						7		9
					6		3	
				5		2		4
			4		8			
4		3		7				
	2		3					
1		7						6
	4		1				5	3

3.5　**黑和白差数独**　在空格内填入数字1—9，使每行、每列及每个不规则粗线宫内数字均不重复。盘面内白点表示两侧数字之差与所在的行或列的序号相等，盘面内黑点表示两侧数字之和与所在的行或列的序号相等，所有符合条件的点已标出。（40分）

例题和答案：

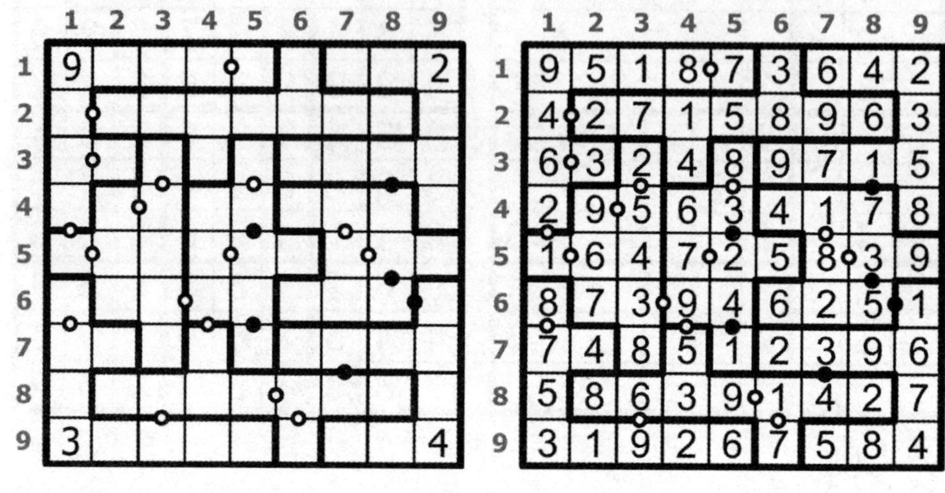

真题：

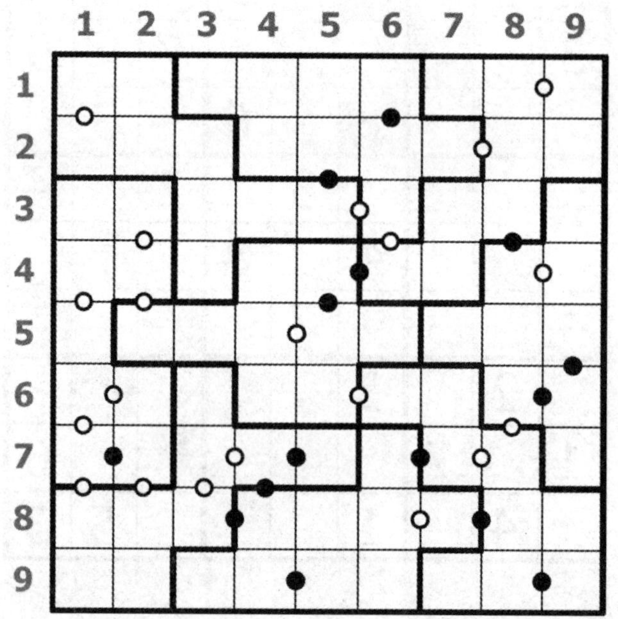

3.6 等差数列数独 在空格内填入数字1—9，使每行、每列及每宫内数字均不重复。盘面内每条灰色粗线上数字呈等差数列。即线上数字从一头到另一头从小到大排列，且所有线上连续的2格内数字之差相等。（45分）

例题和答案：

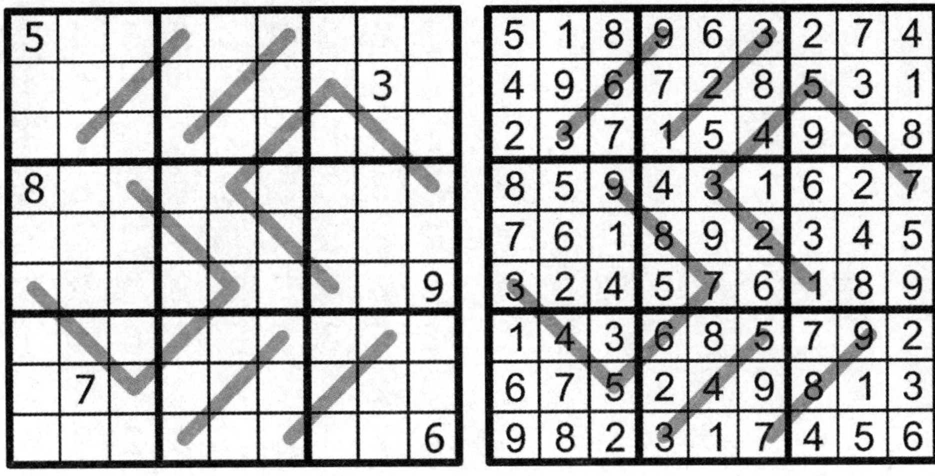

5
3
8
9
7
6
5 1 8 9 6 3 2 7 4
4 9 6 7 2 8 5 3 1
2 3 7 1 5 4 9 6 8
8 5 9 4 3 1 6 2 7
7 6 1 8 9 2 3 4 5
3 2 4 5 7 6 1 8 9
1 4 3 6 8 5 7 9 2
6 7 5 2 4 9 8 1 3
9 8 2 3 1 7 4 5 6

真题：

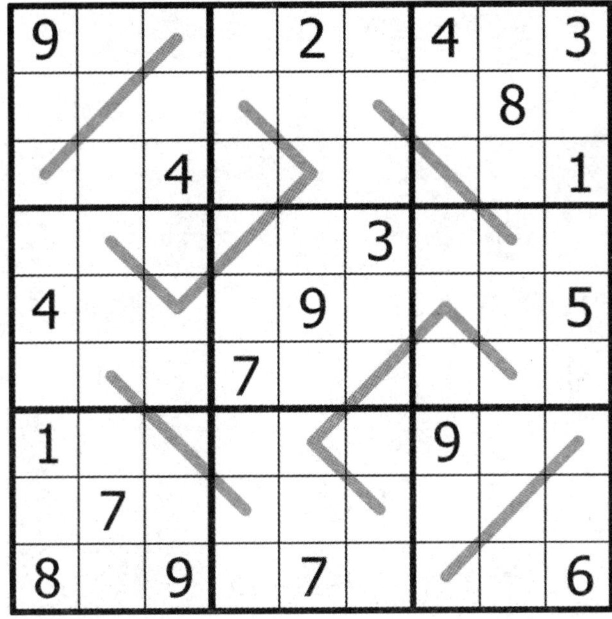

3.7 温度计数独 在空格内填入数字1—9，使每行、每列及每宫内数字均不重复。盘面内每个灰色形状表示1个温度计符号，圆圈格为该温度计内最小的数字，数字沿温度计方向向另一头依次增大。（50分）

例题和答案：

	4						1	
		9				8		
				6				
2								7
		3				6		
			8		1			
				5				

7	4	2	9	3	8	5	1	6
6	3	9	5	1	7	8	2	4
5	1	8	4	2	6	9	7	3
1	9	7	3	6	5	4	8	2
2	8	5	1	9	4	3	6	7
3	6	4	7	8	2	1	5	9
8	5	3	2	7	9	6	4	1
9	2	6	8	4	1	7	3	5
4	7	1	6	5	3	2	9	8

真题：

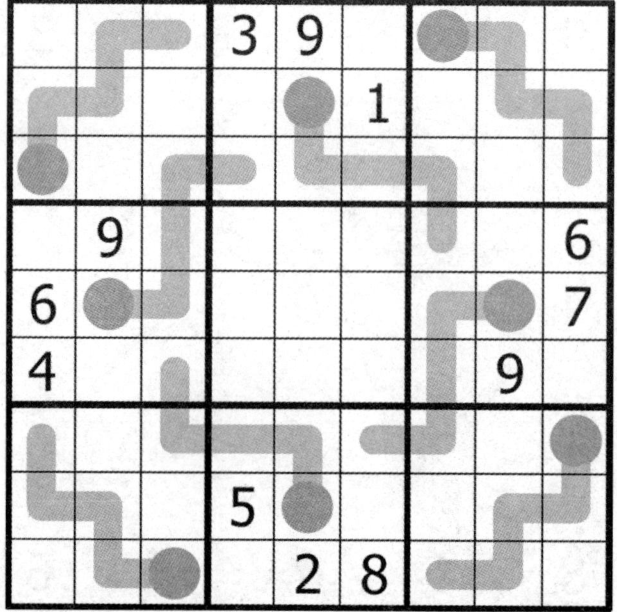

3.8 足球数独 在空格内填入数字1—9，使每行、每列及每宫内数字均不重复。盘面内14个灰色圆圈表示2组足球队员。每组队员都由1—7数字组成。2组队员分别向他们的队员传球，由1号传给2号，2号传给3号，以此类推，最终由6号传给7号。传球方向可以为横向、竖向或对角线方向，球的位置在传球方向上离传球的队员最近的第一格。传球的过程中任意位置不可以出现其他球员。其中一队传8号球，另一队传9号球。（65分）

例题和答案：

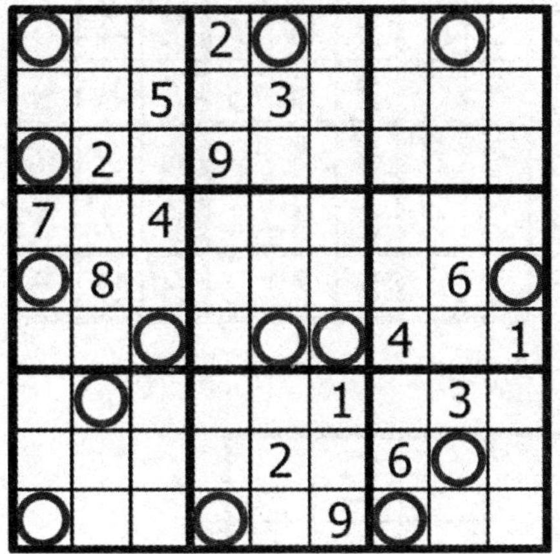

3	6	7	2	4	8	1	5	9
9	1	5	7	3	6	8	4	2
4	2	8	9	1	5	3	7	6
7	9	4	1	6	3	2	8	5
2	8	1	5	9	4	7	6	3
5	3	6	8	7	2	4	9	1
6	7	2	4	5	1	9	3	8
8	5	9	3	2	7	6	1	4
1	4	3	6	8	9	5	2	7

真题：

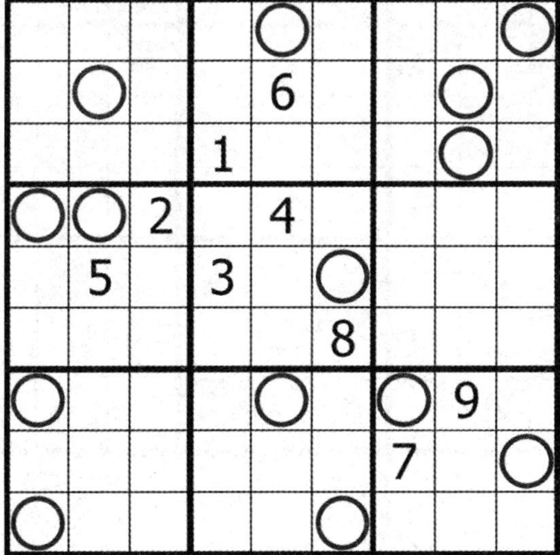

3.9　**堡垒数独**　在空格内填入数字1—9，使每行、每列及每宫内数字均不重复。盘面灰格内数字大于横竖相邻的所有白格内数字。（65分）

例题和答案：

2	8			9		4		7
					6			8
1								
	9		4		1			
5								6
			2		3		8	
								4
9			6					
6		4		7			9	5

2	8	3	1	9	5	4	6	7
7	4	9	3	2	6	5	1	8
1	5	6	7	4	8	9	3	2
8	9	2	4	6	1	7	5	3
5	3	1	9	8	7	2	4	6
4	6	7	2	5	3	1	8	9
3	7	8	5	1	9	6	2	4
9	2	5	6	3	4	8	7	1
6	1	4	8	7	2	3	9	5

真题：

5							2	
						1		8
					7		3	
				8		5		
			9		5			
		4		6				
	6		8					
2		9						
	4							7

3.10 **加密数对数独** 在空格内填入数字1—9，使每行、每列及每宫内数字均不重复。虚线框内的数字组合被加密。如果两组虚线框内数字组合相同（顺序不限），则虚线框左上角的字母相同。如果2组虚线框内数字组合不相同，则虚线框左上角的字母不相同。（65分）

例题和答案：

4				1		C		
A		9		B			D	2
		1				5		E
			8		F		4	
	7		3		5		8	
B	4	D			7			
	C	2		A		7		
5		E				1	F	
				5				9

4	5	8	2	1	3	9	7	6
7	3	9	5	6	4	8	1	2
2	6	1	7	8	9	5	3	4
1	2	5	8	9	6	3	4	7
9	7	6	3	4	5	2	8	1
8	4	3	1	2	7	6	9	5
6	9	2	4	3	1	7	5	8
5	8	4	9	7	2	1	6	3
3	1	7	6	5	8	4	2	9

真题：

A			2	B	7		C	
4		D			E			3
F	6	E				G	9	D
	H		1		6		B	
8				F				1
C	9	B			A		5	E
		A		9		C		
D				H			G	
	4	C			D		7	

3.11 探测数独 在空格内填入数字1—9，使每行、每列及每宫内数字均不重复。盘面内箭头表示其所指方向上出现与该格内数字相同的数字。所有符合条件的箭头均已标出。（70分）

例题和答案：

					8			
							3	
						9		
2								
6							1	
4			7					

3	9	4	6	1	8	7	2	5
5	2	6	9	7	4	1	3	8
1	8	7	5	2	3	9	6	4
2	1	5	4	9	7	3	8	6
8	4	3	2	6	1	5	9	7
6	7	9	8	3	5	4	1	2
7	3	8	1	5	2	6	4	9
9	5	2	3	4	6	8	7	1
4	6	1	7	8	9	2	5	3

真题：

5								6
			1					
							2	
				9				
	4							
					3			
8								7

3.12　指向排除数独　在空格内填入数字1—9，使每行、每列及每宫内数字均不重复。盘面内箭头格内数字不能出现在其所指方向的任何格内。（75分）

例题和答案：

	5	7			↙	↙	↙	
1		8	9			↙	↙	↙
6	2		5	3			↙	↙
	6	3	↖	1	8			↙
		1	4		3	6		
↗			6	5	↘	3	1	
↗	↗			9	6		3	4
↗	↗	↗			2	7		9
	↗	↗	↗			2	8	

4	5	7	2	8	1	9	6	3
1	3	8	9	6	7	5	4	2
6	2	9	5	3	4	8	7	1
9	6	3	7	1	8	4	2	5
5	8	1	4	2	3	6	9	7
7	4	2	6	5	9	3	1	8
2	7	5	8	9	6	1	3	4
8	1	6	3	4	2	7	5	9
3	9	4	1	7	5	2	8	6

真题：

9	↘		8			↙	↙	5
↘		↘		1	↙	4		↙
↘	5	↘	2		9	↙	↙	
	↘	3				5		9
	4						8	
5		2				7	↖	
	↗	↗	4		6	↖	5	↖
↗		4	↗	5		↖		↖
6	↗	↗			7		↖	3

3.13　螺旋不连续数独　在空格内填入数字1—9，使每行、每列及每宫内数字均不重复（本题中不同的宫由灰色或白色3 × 3区域表示）。盘面内沿螺旋走势相邻的任意2格格内数字之差不能为1。（85分）

例题和答案：

			3		5			
		2				1		
	1						7	
3				5				9
			2		3			
8				9				6
	7						2	
		6				5		
			9		4			

7	4	8	3	1	5	9	6	2
9	5	2	6	4	7	1	3	8
6	1	3	8	2	9	4	7	5
3	6	1	7	5	8	2	4	9
5	9	4	2	6	3	7	8	1
8	2	7	4	9	1	3	5	6
1	7	9	5	3	6	8	2	4
4	3	6	1	8	2	5	9	7
2	8	5	9	7	4	6	1	3

真题：

						4		
	2				1		6	
				7				3
					8		7	
		9				5		
	3		6					
1				9				
	5		7				1	
		2						

3.14 水平间距数独 在空格内填入数字1—9，使每行、每列及每宫内数字均不重复。盘面有由两个箭头和一条粗线标记的格。假设标记格内的数字为X，其箭头指向的相邻2格内数字为A和B，则其粗线方向所在的行或列内数字A和B所在的2格距离为X（相邻的两格距离为1，以此类推）。格内可能同时含有两个不同方向的标记。（85分）

例题和答案：

				5			7	
				9			4	
					2	8		3
	8	7		3	5		6	4
4			1			9		
6			8			1		

2	3	9	4	5	8	6	7	1
8	7	1	6	9	3	5	4	2
5	6	4	7	1	2	8	9	3
7	1	5	3	8	9	4	2	6
9	4	8	2	7	6	3	1	5
3	2	6	5	4	1	7	8	9
1	8	7	9	3	5	2	6	4
4	5	2	1	6	7	9	3	8
6	9	3	8	2	4	1	5	7

真题：

	8	2		4				3
9		5						6
							5	
					5			4
2			1					
	5							
7						2		9
6				9		3	7	

3.15　表面数独　在空格内填入数字1—9，使每行、每列及每宫内数字均不重复。盘面内白点表示其周围4格数字从小到大顺时针递增，黑点表示其周围4格数字从小到大逆时针递增，所有符合条件的点已标出。（90分）

例题和答案：

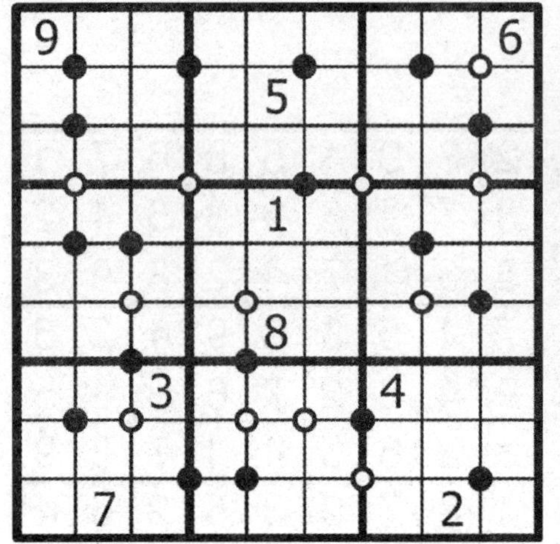

真题：

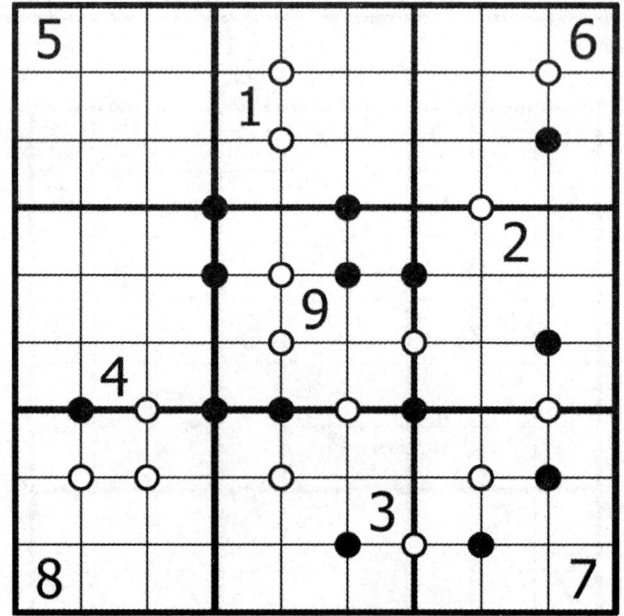

3.16　**杀手007数独**　在空格内填入数字0—7，使每行、每列及每宫内数字1—7各出现1次，数字0出现2次。盘面内虚线框左上角数字表示该虚线框内所有数字之和，每个虚线框内数字不重复，任意2个数字0不能横竖相邻。（110分）

例题和答案：

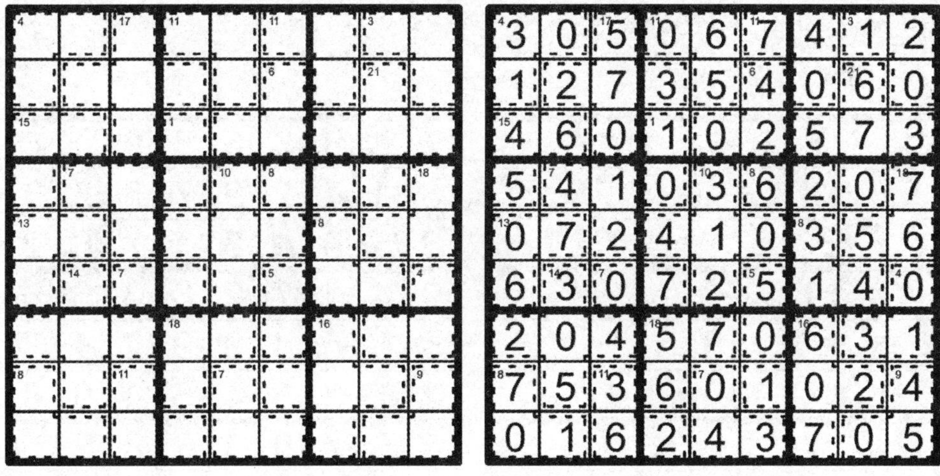

真题：

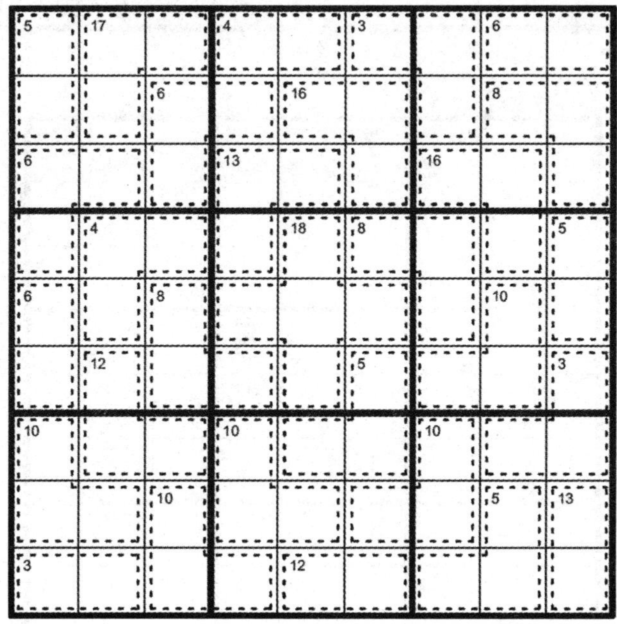

3.17 数邻数独 在空格内填入数字1—9，使每行、每列及每宫内数字均不重复。盘面内圆圈标记格内数字表示周围横、竖和对角相邻的格内不同数字的个数。盘面内叉子标记格内数字表示周围对角相邻的格内不同数字的个数。所有符合条件的格均已标出（当盘面内圆圈或叉子标记格在盘面边或角的位置时，对应的相邻格数相应减少）。（110分）

例题和答案：

	×	8						
		×	2				○	
	○		×			7	○	×
	×	1	○				○	
○	○	○		3			×	
×	○				○	1		
		7			×			○
			○		2	×		
×		×		○		6		

7	2	8	3	6	5	9	1	4
6	1	4	2	9	7	5	8	3
3	5	9	4	8	1	7	6	2
9	4	1	7	2	8	3	5	6
5	8	6	1	3	9	2	4	7
2	7	3	5	4	6	1	9	8
4	6	7	9	1	3	8	2	5
8	9	5	6	7	2	4	3	1
1	3	2	8	5	4	6	7	9

真题：

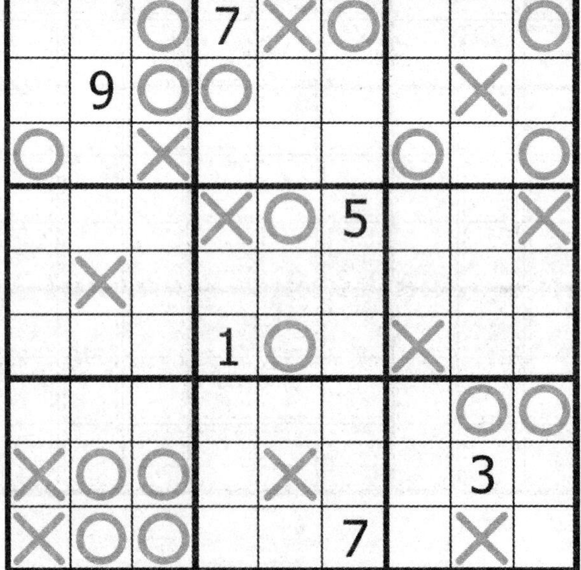

3.18 尾5杀手数独 在空格内填入数字1—9，使每行、每列及每宫内数字均不重复。盘面内每个虚线框内数字不重复，且每个虚线框内所有数字之和的个位数为5。（110分）

例题和答案：

		9						
						6		
	2		3					7
						3		
				1				
		4						
6					5		4	
		3						
						8		

3	6	9	2	7	1	5	8	4
1	8	7	9	5	4	6	2	3
4	2	5	3	6	8	1	9	7
5	1	6	4	2	9	3	7	8
2	3	8	6	1	7	4	5	9
9	7	4	5	8	3	2	6	1
6	9	1	8	3	5	7	4	2
8	5	3	7	4	2	9	1	6
7	4	2	1	9	6	8	3	5

真题：

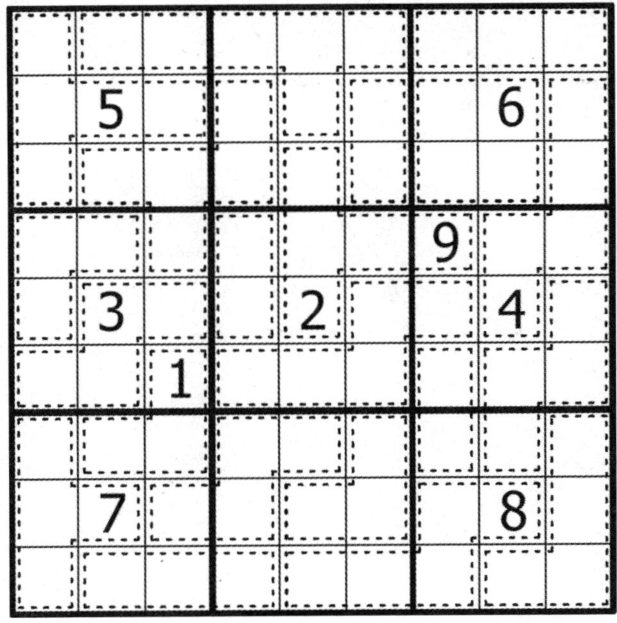

第4轮　个人赛：箭头

限时：30分钟　总分：430分

4.1　箭头数独 …… 15分
4.2　箭头数独 …… 40分
4.3　不同箭头数独 …… 40分
4.4　平均箭头数独 …… 45分
4.5　摩天楼箭头数独 …… 45分
4.6　乘积末位箭头数独 …… 65分
4.7　摩尔斯密码数独 …… 80分
4.8　奇数箭头数独 …… 100分

4.1 箭头数独 在空格内填入数字1—9，使每行、每列及每宫内数字均不重复。盘面圈内数字为延伸箭头线上的所有数字之和，箭头线上的数字可以重复。（15分）

例题和答案：

4				3			2	1
					9			8
						6		
		3					7	
			7					4
9				8				
	1				4			
6		4						
	5		9					7

4	9	5	8	3	6	7	2	1
2	3	6	1	7	9	5	4	8
8	7	1	2	4	5	6	3	9
5	2	3	4	9	1	8	7	6
1	6	8	7	5	2	3	9	4
9	4	7	6	8	3	1	5	2
7	1	9	5	6	4	2	8	3
6	8	4	3	2	7	9	1	5
3	5	2	9	1	8	4	6	7

真题：

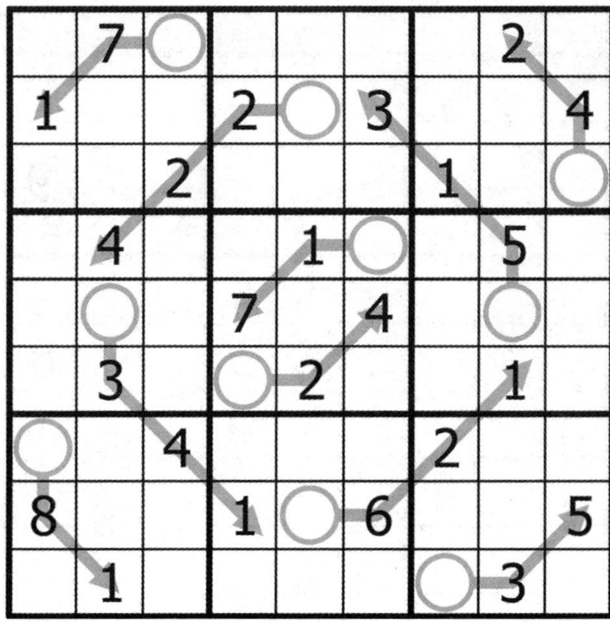

4.2 **箭头数独** 在空格内填入数字1—9，使每行、每列及每宫内数字均不重复。盘面圈内数字为圆圈延伸箭头线上的所有数字之和。箭头线上的数字可以重复。（40分）

例题和答案：

4				3			2	1
					9			8
						6		
		3					7	
			7					4
9				8				
	1				4			
6		4						
	5		9					7

4	9	5	8	3	6	7	2	1
2	3	6	1	7	9	5	4	8
8	7	1	2	4	5	6	3	9
5	2	3	4	9	1	8	7	6
1	6	8	7	5	2	3	9	4
9	4	7	6	8	3	1	5	2
7	1	9	5	6	4	2	8	3
6	8	4	3	2	7	9	1	5
3	5	2	9	1	8	4	6	7

真题：

				2		4	5	
	7							6
			5					9
		9		3				
7			2		1			3
				7		8		
8					7			
4							8	
	6	1		4				

4.3 不同箭头数独 在空格内填入数字1—9，使每行、每列及每宫内数字均不重复。盘面中圈内数字为圆圈延伸箭头线上不同数字的个数。（40分）

例题和答案：

6							4	3
	3							7
4		○		7	○			
	7		3				○	○
		1		2		8		
○	○				5		7	
			○	8		○		1
3							9	
1	2							8

6	1	7	9	5	8	2	4	3
8	3	9	6	4	2	5	1	7
4	5	2	1	7	3	6	8	9
5	7	8	3	6	1	9	2	4
9	6	1	4	2	7	8	3	5
2	4	3	8	9	5	1	7	6
7	9	4	2	8	6	3	5	1
3	8	6	5	1	4	7	9	2
1	2	5	7	3	9	4	6	8

真题：

5	○	6		7		3		2
	1			○			5	○
2				9				1
8	○	2		4		6	○	5
3				5				6
○	7			○			8	
4		1		6		5	○	3

4.4　**平均箭头数独**　在空格内填入数字1—9，使每行、每列及每宫内数字均不重复。盘面圆圈格内数字为圆圈延伸箭头线上所有数字的平均数。（45分）

例题和答案：

		4				9		
	3				6			
9				5				7
			4				8	
		3				1		
	2				5			
1				9				8
			7				4	
		6				2		

5	1	4	2	7	8	9	3	6
2	3	7	9	4	6	8	5	1
9	6	8	1	5	3	4	2	7
6	7	1	4	2	9	5	8	3
4	5	3	8	6	7	1	9	2
8	2	9	3	1	5	7	6	4
1	4	5	6	9	2	3	7	8
3	9	2	7	8	1	6	4	5
7	8	6	5	3	4	2	1	9

真题：

3		9		1		7		6
	5						8	
7				3				9
2		6		9		4		5
6				5				7
	7						3	
1		2		7		8		4

4.5 摩天楼箭头数独 在空格内填入数字1—9，使每行、每列及每宫内数字均不重复。数字表示每个摩天楼的高度，较高的摩天楼会挡住后方所有比它低的摩天楼的视线。圆圈所在格数字为圆圈延伸箭头线上可以看见的摩天楼的个数。（45分）

例题和答案：

6	3				○		8	5
7				4				1
			9		5			
○		2				1		
	1						7	
		9				4		○
			8		6			
1				7				9
9	4		○				5	6

6	3	4	7	1	2	9	8	5
7	9	5	3	4	8	6	2	1
8	2	1	9	6	5	3	4	7
3	6	2	4	5	7	1	9	8
4	1	8	6	3	9	5	7	2
5	7	9	2	8	1	4	6	3
2	5	3	8	9	6	7	1	4
1	8	6	5	7	4	2	3	9
9	4	7	1	2	3	8	5	6

真题：

1	○	2		8		5		7
	7			○			4	○
8				5				6
9	○	6		7		4	○	8
5				9				4
○	6			○			5	
3		8		1		2	○	9

4.6 **乘积末位箭头数独** 在空格内填入数字1—9，使每行、每列及每宫内数字均不重复。圆圈所在格数字为圆圈延伸箭头线上所有数字的乘积的末位数字。（65分）

例题和答案：

9			5		3			2
		7				4		
8			3		9			1
				2				
2			8		1			9
		5				6		
4			6		5			7

9	4	8	5	7	3	1	6	2
5	2	3	4	1	6	9	7	8
6	1	7	2	9	8	4	5	3
8	7	4	3	6	9	5	2	1
1	5	9	7	2	4	8	3	6
2	3	6	8	5	1	7	4	9
7	8	5	1	3	2	6	9	4
3	6	1	9	4	7	2	8	5
4	9	2	6	8	5	3	1	7

真题：

		9	7		1	8		
5				3				1
9			3		8			4
		3		9		2		
8			4		5			6
3				6				7
		2	1		4	5		

4.7 摩尔斯密码数独 在空格内填入数字1—9，使每行、每列及每宫内数字均不重复。每条箭头上的5个数字（从箭尾到箭头）对应一个摩尔斯密码。摩尔斯密码所对应的数字与箭头前方圆圈所在格的数字相同。奇数表示摩尔斯密码中的点，偶数表示摩尔斯密码中的线。（80分）

1=OEEEE、2=OOEEE、3=OOOEE、4=OOOOE、5=OOOOO、6=EOOOO、7=EEOOO、8=EEEOO、9=EEEEO。

例题和答案：

9	2							
3		7	8					
	1							
	3		2					
					4		5	
							8	
					7	5		6
							7	1

9	2	4	6	7	5	1	3	8
3	5	7	8	1	2	6	4	9
6	1	8	9	4	3	7	2	5
4	3	5	2	9	1	8	6	7
2	7	6	5	3	8	9	1	4
1	8	9	7	6	4	3	5	2
7	6	2	1	5	9	4	8	3
8	4	1	3	2	7	5	9	6
5	9	3	4	8	6	2	7	1

真题：

7								2
	6				5		8	
		5				4		
			6		1		3	
				7				
	9		5		8			
		2				9		
	4		3				1	
5								3

4.8 **奇数箭头数独** 在空格内填入数字1—9，使每行、每列及每宫内数字均不重复。圆圈所在格数字为圆圈延伸箭头线上奇数数字的个数。（100分）

例题和答案：

			○		8		4	3
○			1			6		9
		4					5	
	8		9					7
1					2		9	
	2					9		
4		3			6			○
6	1		4		○			

9	6	1	2	5	8	7	4	3
7	5	2	1	4	3	6	8	9
8	3	4	6	7	9	1	5	2
3	8	5	9	6	4	2	1	7
2	9	6	7	8	1	4	3	5
1	4	7	5	3	2	8	9	6
5	2	8	3	1	7	9	6	4
4	7	3	8	9	6	5	2	1
6	1	9	4	2	5	3	7	8

真题：

6	○	3		4		8		2
	8			○			6	○
9				1				7
8	○	2		9		7	○	5
3				6				4
○	6			○			7	
2		8		7		6	○	9

第5轮　个人赛：递增区域

限时：30分钟　总分：310分

5.1	不规则数独（6×6数独）	15分
5.2	不规则数独（7×7数独）	20分
5.3	不规则数独（8×8数独）	30分
5.4	亏损数独（6×6数独）	15分
5.5	亏损数独（7×7数独）	45分
5.6	亏损数独（8×8数独）	50分
5.7	盈余数独（6×6数独）	35分
5.8	盈余数独（7×7数独）	65分
5.9	盈余数独（8×8数独）	35分

不规则数独例题和答案：在空格内填入数字1—7，使每行、每列及每个不规则粗线宫内数字均不重复。

	4	3				
			4		7	
				1		
4						5
		6				
	2		5			
				7	4	

5	4	3	1	6	2	7
1	6	2	4	5	7	3
6	7	5	2	1	3	4
4	1	7	3	2	6	5
2	3	6	7	4	5	1
7	2	4	5	3	1	6
3	5	1	6	7	4	2

5.1　**不规则数独**　在空格内填入数字1—6，使每行、每列及每个不规则粗线宫内数字均不重复。（15分）

5					3
	1			2	
	4			3	
6					5

5.2 不规则数独 在空格内填入数字1—7，使每行、每列及每个不规则粗线宫内数字均不重复。（20分）

	1				2	
		5		6		
7			3			1
		7		1		
	3				4	

5.3 不规则数独 在空格内填入数字1—8，使每行、每列及每个不规则粗线宫内数字均不重复。（30分）

5							6
	1					2	
		4			7		
			6				
				6			
		5			3		
	3					4	
7							8

亏损数独例题和答案：在空格内填入数字1—7，使每行及每列内数字均不重复，不规则粗线宫内每个数字最多出现1次。

		4		1		
	2				1	
3			6			5
		1		2		
	4				7	
5		2		6		3

6	5	4	2	1	3	7
4	2	5	7	3	1	6
3	1	7	6	4	2	5
7	3	1	5	2	6	4
2	4	6	3	5	7	1
5	7	2	1	6	4	3
1	6	3	4	7	5	2

5.4　**亏损数独**　在空格内填入数字1—6，使每行及每列内数字均不重复。不规则粗线宫内每个数字最多出现1次。（15分）

		1			3
			2		
5				3	
	6				4
		3			
4			6		

5.5 亏损数独 在空格内填入数字1—7，使每行及每列内数字均不重复，每个不规则粗线宫内每个数字最多出现1次。（45分）

		6		5		
1			4			
	2				7	
		3		4		
	3				5	
			7			6
		7		2		

5.6 亏损数独 在空格内填入数字1—8，使每行及每列内数字均不重复，每个不规则粗线宫内每个数字最多出现1次。（50分）

	1				4		7
		2			5		
7			3			1	6
				4			
			5				
1	4			6			2
		3			7		
6		5				8	

盈余数独例题和答案：在空格内填入数字1—7，使每行及每列内数字均不重复，每个不规则粗线宫内每个数字最多出现1次。

			5			3
		3			7	
	7			2		
1			6			4
		1			5	
	4			6		
5			7			

7	2	6	5	1	4	3
4	6	3	1	5	7	2
3	7	5	4	2	6	1
1	5	2	6	7	3	4
6	3	1	2	4	5	7
2	4	7	3	6	1	5
5	1	4	7	3	2	6

5.7 **盈余数独** 在空格内填入数字1—6，使每行及每列内数字均不重复，每个不规则粗线宫内每个数字最多出现1次。（35分）

1			6		
	2				1
		3			
6			4		
				5	
	5				6

5.8 **盈余数独** 在空格内填入数字1—7，使每行及每列内数字均不重复，每不规则粗线宫内每个数字最多出现1次。（65分）

					2	
	6		1			7
4				2		
	5				3	
		6				4
1			7		5	
	3					

5.9 **盈余数独** 在空格内填入数字1—8，使每行及每列内数字均不重复，每个不规则粗线宫内每个数字最多出现1次。（35分）

	1			5			
5			4			7	
		3			6		
	2			1			4
1			5			6	
		4			8		
	3			7			6
			6			5	

第6轮　个人赛：FED变形数独

限时：50分钟　总分：650分

6.1　位移数独 ………………………………………………… 40分

6.2　加减线数独 ……………………………………………… 55分

6.3　反对角线数独 …………………………………………… 65分

6.4　对角配对数独 …………………………………………… 70分

6.5　逐步数独 ………………………………………………… 75分

6.6　奇偶相邻杀手数独 ……………………………………… 85分

6.7　小于10数独 ……………………………………………110分

6.8　山洞数独 …………………………………………………150分

6.1 **位移数独** 在空格内填入数字1—9，使每行、每列及每宫内数字均不重复。盘面内灰格右边格内数字X表示灰格内数字在下一行的第X格。（40分）

例题和答案：

1				7			8	
	9				6			4
	7					5		
9							6	
	3							9
		5					1	
3			1				9	
	8			2				1

1	6	2	4	7	5	9	8	3
5	9	3	2	8	6	1	7	4
4	7	8	3	9	1	5	2	6
9	4	1	8	5	7	3	6	2
8	3	7	6	1	2	4	5	9
6	2	5	9	4	3	7	1	8
3	5	4	1	6	8	2	9	7
7	8	9	5	2	4	6	3	1
2	1	6	7	3	9	8	4	5

真题：

8		2				1		
	9						5	
5						7		4
		1					3	
	8					2		
2		7						5
	2						4	
		6				8		9

6.2 加减线数独 在空格内填入数字1—9，使每行、每列及每宫内数字均不重复。盘面内横向灰线上的数字为左右相邻2格的数字之和。盘面内竖向灰线上的数字为上下相邻2格的数字之差。所有符合条件的数字均已标出。（55分）

例题和答案：

		5				7		
			9		2			
9				5				3
	4		2		6		3	
		6				9		
	2		5		7		6	
4				7				1
			6		4			
		1				8		

2	1	5	4	6	3	7	8	9
6	7	3	9	8	2	4	1	5
9	8	4	7	5	1	6	2	3
1	4	7	2	9	6	5	3	8
5	3	6	1	4	8	9	7	2
8	2	9	5	3	7	1	6	4
4	6	2	8	7	5	3	9	1
3	9	8	6	1	4	2	5	7
7	5	1	3	2	9	8	4	6

真题：

6.3 反对角线数独 在空格内填入数字1—9，使每行、每列及每宫内数字均不重复。盘面内每条对角线上必须包含且仅包含3个数字。（65分）

例题和答案：

			3					
				2				
			7		9			
		5		9		8		7
	9		2		5		1	
3		4		8		2		
			4		2			
				5				
					6			

7	5	8	3	4	1	9	2	6
9	3	6	5	2	8	7	4	1
2	4	1	7	6	9	3	5	8
6	2	5	1	9	4	8	3	7
8	9	7	2	3	5	6	1	4
3	1	4	6	8	7	2	9	5
5	8	3	4	7	2	1	6	9
1	6	9	8	5	3	4	7	2
4	7	2	9	1	6	5	8	3

真题：

		1				5		
			2		4			
9				3				6
	2						7	
7		9				8		
	1						9	
5				8				4
			7		6			
		6		4		1		

6.4 对角配对数独 在空格内填入数字1—9，使每行、每列及每宫内数字均不重复。盘面内有13对数字满足如下条件：每对数字中一个数字在灰格内，另一个数字在白格内。每对的2格中数字相等，且等于两格对角线上的距离（对角相邻的2格距离为1，以此类推）。盘面内没有符合此条件的2个灰格或2个白格。灰格中至少出现数字1—8各1次。每个格子或数字都最多只属于盘面内其中一对数字。（70分）

例题和答案：

8	4	2	5	3	1	6	9	7
7	1	6	9	4	8	5	3	2
5	9	3	2	7	6	1	8	4
6	3	7	4	5	2	8	1	9
1	2	5	7	8	9	4	6	3
4	8	9	1	6	3	7	2	5
3	5	8	6	2	4	9	7	1
2	7	1	8	9	5	3	4	6
9	6	4	3	1	7	2	5	8

真题：

		4		3		1		
		6		8		2		
		7		5		6		
		3		9		7		
		1		4		9		

6.5 逐步数独 在空格内填入数字1—9，使每行、每列及每宫内数字均不重复。所有箭头形成一个圈，有且只有一种方法通过盘面内所有箭头。每次从一个箭头到其所指向的下一个箭头需要走X步，X为箭头所在格内的数字（相邻2格之间需要走1步，以此类推）。（75分）

例题和答案：

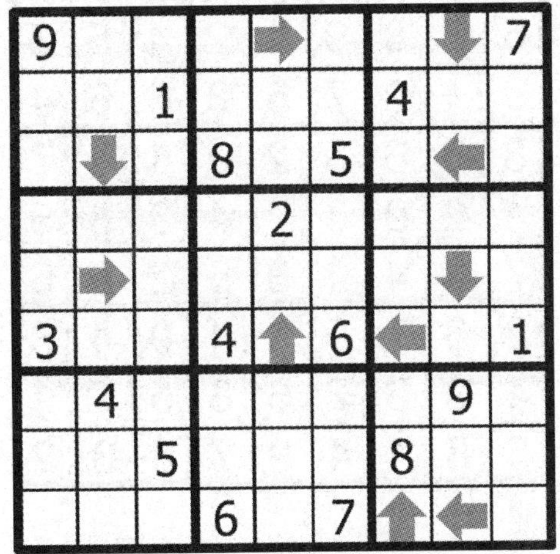

真题：

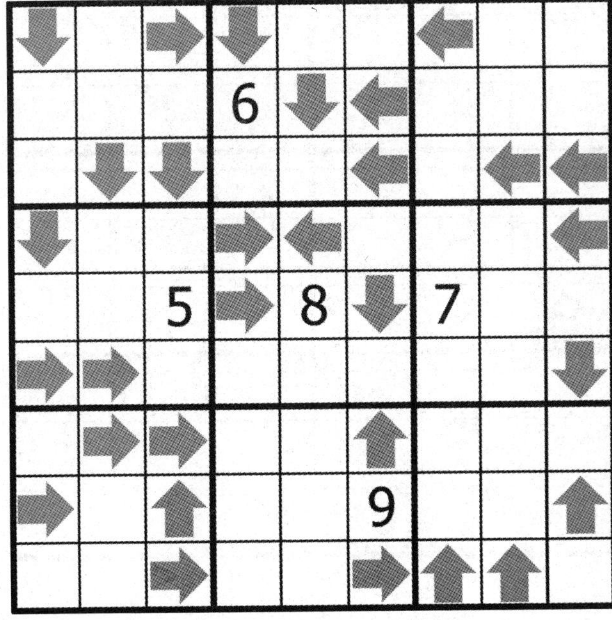

6.6 **奇偶相邻杀手数独** 在空格内填入数字1—9，使每行、每列及每宫内数字均不重复。虚线框左上角数字表示该虚线框内所有数字之和，每个虚线框内数字不重复，所有相邻的2个空白格（所有不在虚线框内的格）内数字为1个奇数和1个偶数。（85分）

例题和答案：

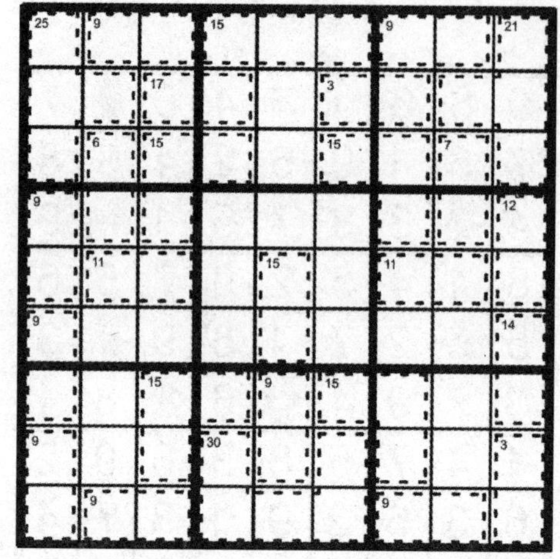

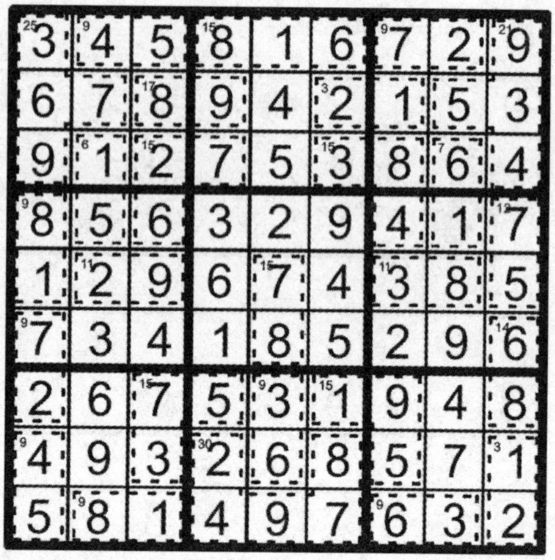

3	4	5	8	1	6	7	2	9
6	7	8	9	4	2	1	5	3
9	1	2	7	5	3	8	6	4
8	5	6	3	2	9	4	1	7
1	2	9	6	7	4	3	8	5
7	3	4	1	8	5	2	9	6
2	6	7	5	3	1	9	4	8
4	9	3	2	6	8	5	7	1
5	8	1	4	9	7	6	3	2

真题：

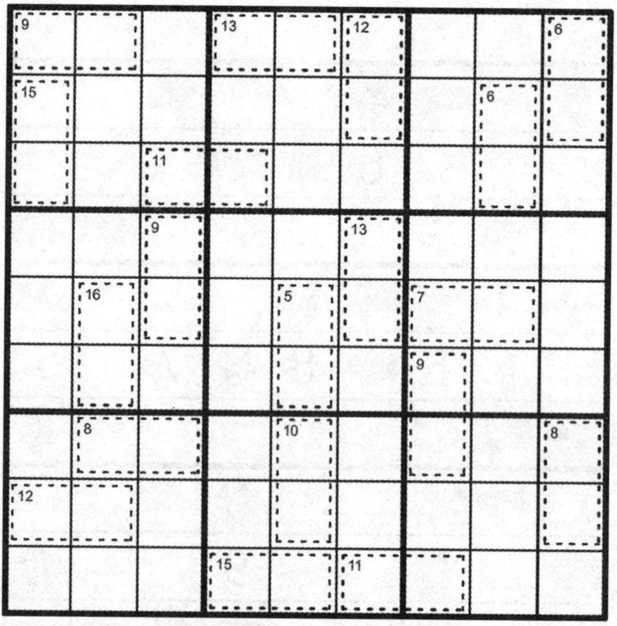

6.7 **小于10数独** 在空格内填入数字1—9，使每行、每列及每宫内数字均不重复。×标记两侧的格内数字之积小于10，+标记两侧的格内数字之和小于10。如果两个条件都符合，则标记×。所有符合条件的位置均已标出。（110分）

例题和答案：

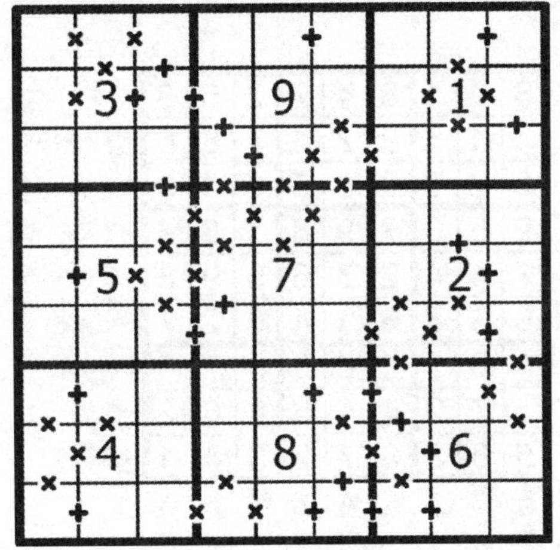

9	1	5	8	2	7	6	4	3
2	3	4	5	9	6	8	1	7
8	7	6	4	3	1	5	9	2
6	9	3	2	1	4	7	5	8
4	5	1	3	7	8	9	2	6
7	8	2	6	5	9	1	3	4
5	2	9	7	6	3	4	8	1
1	4	7	9	8	2	3	6	5
3	6	8	1	4	5	2	7	9

真题：

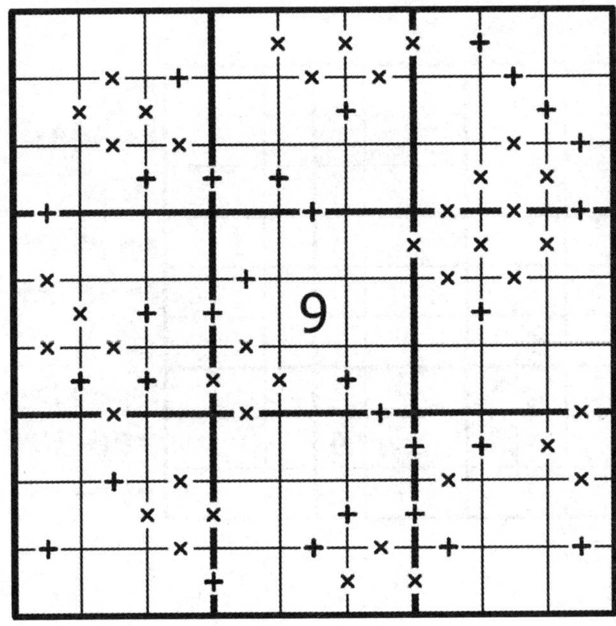

6.8　山洞数独　在空格内填入数字1—9，使每行、每列及每宫内数字均不重复。盘面外符号表示其所在行或列内所有长度大于等于3的连续递增或递减数列，符号内数字表示连续递增或递减数字的个数。每个符号表示数字从尖头方向向平头方向逐渐增加。符号顺序与所在行、列内连续递增或递减的数列位置对应。（150分）

例题和答案：

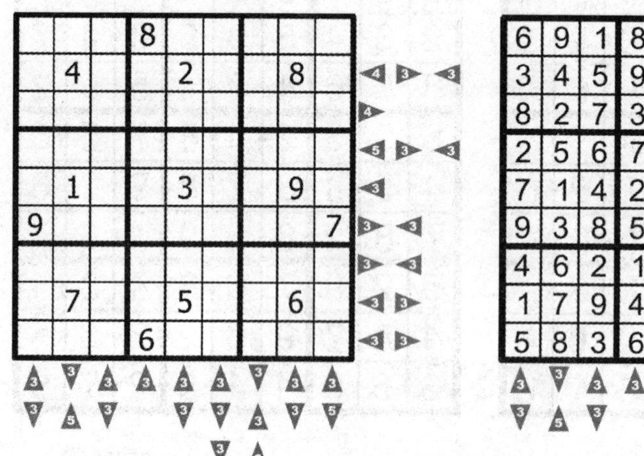

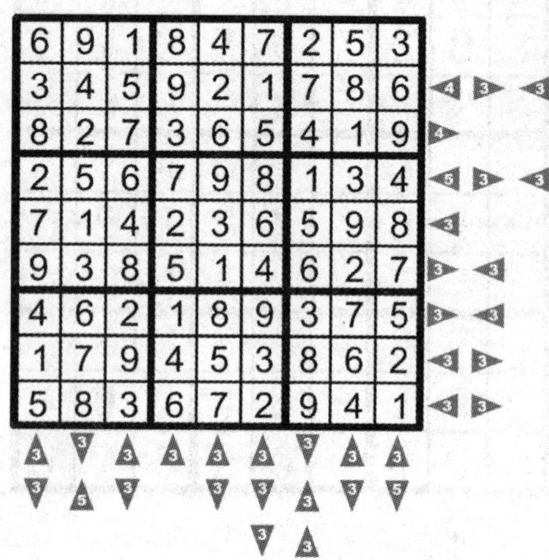

真题：

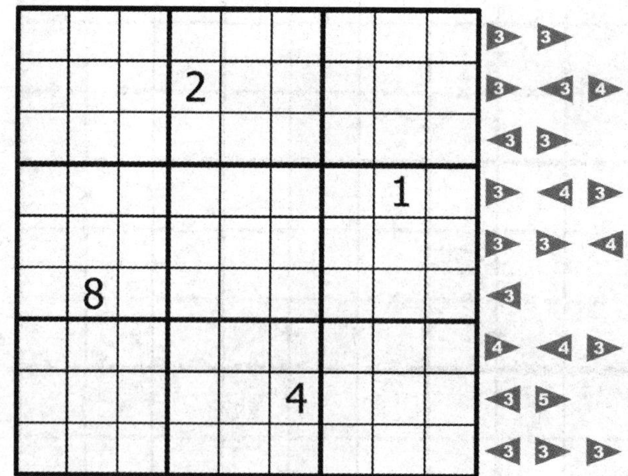

第7轮　个人赛：翻转数独

限时：20分钟　总分：120分

7.1　标准数独 ………………………………………… 60分

7.2　标准数独 ………………………………………… 60分

本轮包含2道标准数独，分别在纸张的2面。除了常规标准数独的9个宫之外，盘面外沿还有12个额外的宫。选手分别将每个额外的宫翻向题目的其中1面，所有额外宫都必须翻折。翻折完成之后题目的2面形成2个标准数独。正确解答1面得80分，2面都解答正确得120分。

标准数独：在空格内填入数字1—9，使每行、每列及每宫内数字均不重复。

答案示例：

3	7	5	2	1	8	4	6	9
1	2	4	9	6	5	7	3	8
6	9	8	4	7	3	5	2	1
4	3	1	8	5	9	2	7	6
9	6	7	3	2	1	8	5	4
5	8	2	6	4	7	9	1	3
2	1	3	7	9	4	6	8	5
7	5	9	1	8	6	3	4	2
8	4	6	5	3	2	1	9	7

8	9	4	7	3	5	6	2	1
1	7	3	8	6	2	5	4	9
2	5	6	4	1	9	8	3	7
5	2	7	9	8	6	3	1	4
3	4	1	5	2	7	9	8	6
9	6	8	1	4	3	7	5	2
4	3	9	6	5	1	2	7	8
6	8	2	3	7	4	1	9	5
7	1	5	2	9	8	4	6	3

7.1 标准数独

				6			6			2				
			4		2				9		3			
				3		9		4		8				
	4			6		2		7		7			3	
3		9	3		7				1		8	2		8
	2			9			8			9			6	
		5	2			7		2			9	5		
3					4				7					1
		7	8			1		3			6	3		
	9			6			4			2			1	
6		4	5		2				7		4	8		7
	3			4		2		5		6			5	
				4		6		8		1				
			3		9				8		5			
				9			5			7				

7.2 标准数独

				8			2			3				
			1		9				7		9			
				7		7		8		6				
	1			3		9		6		4			7	
9		8	2		6				9		3	6		3
	7			8			4			2			9	
		6	1			6		2			3	8		
7					3				7					2
		9	5			1		8			5	4		
	6			7			9			9			2	
7		2	1		8				4		6	5		6
	4			5		5		8		3			4	
				9		2		4		4				
			7		4				5		2			
				2			5			9				

第8轮　个人赛：杀手数独

限时：40分钟　总分：450分

8.1　杀手数独 …… 15分

8.2　杀手数独 …… 45分

8.3　四舍五入数独 …… 30分

8.4　和排序数独 …… 50分

8.5　倍数数独 …… 50分

8.6　内排序数独 …… 65分

8.7　奇偶和数独 …… 70分

8.8　邻居杀手数独 …… 125分

8.1 **杀手数独** 在空格内填入数字1—9，使每行、每列及每宫内数字均不重复。盘面内虚线框左上角数字表示该虚线框内所有数字之和，每个虚线框内数字不重复。（15分）

例题和答案：

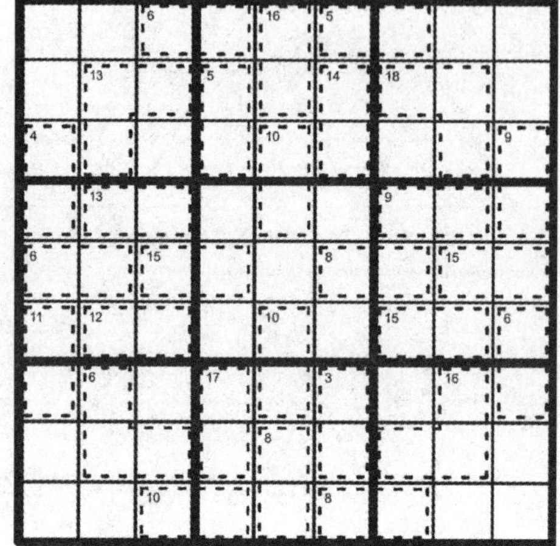

真题：

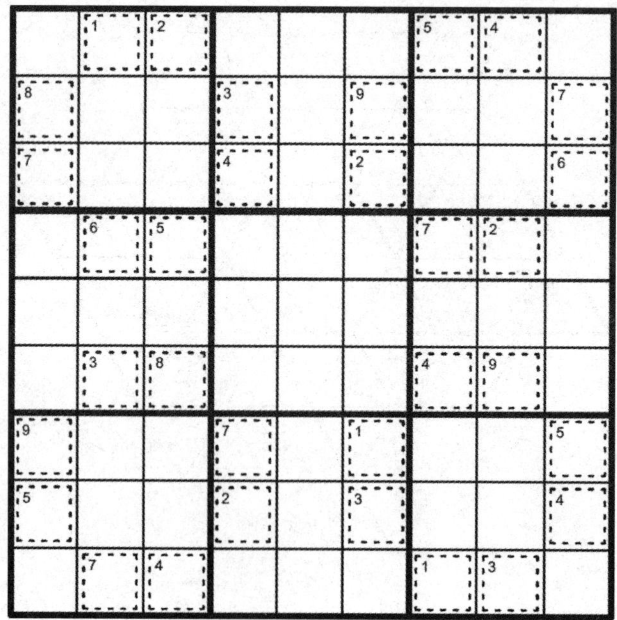

8.2 杀手数独 在空格内填入数字1—9，使每行、每列及每宫内数字均不重复。盘面内虚线框左上角数字表示该虚线框内所有数字之和，每个虚线框内数字不重复。（45分）

例题和答案：

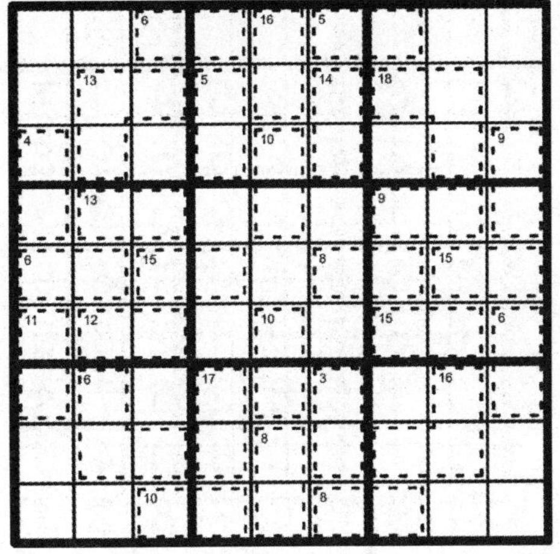

7	8	1	5	9	3	2	4	6
4	2	5	1	7	6	8	9	3
3	6	9	4	2	8	5	1	7
1	7	6	3	8	9	4	5	2
2	4	8	7	1	5	3	6	9
5	9	3	2	6	4	7	8	1
6	1	7	8	4	2	9	3	5
8	3	2	9	5	1	6	7	4
9	5	4	6	3	7	1	2	8

真题：

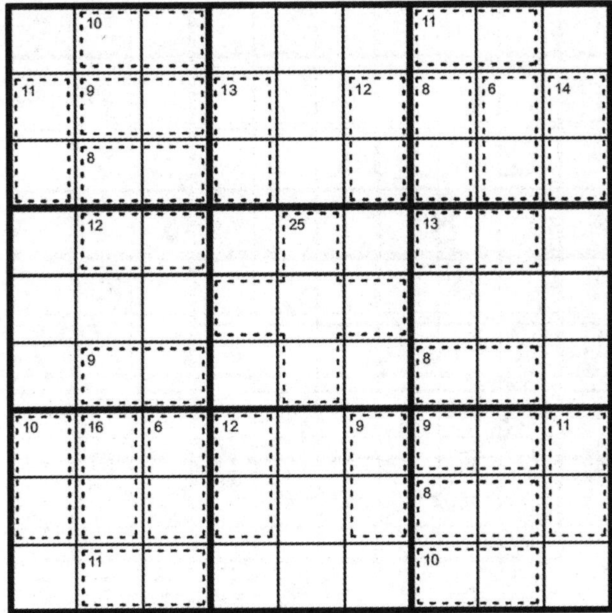

8.3　**四舍五入数独**　在空格内填入数字1—9，使每行、每列及每宫内数字均不重复。虚线框内数字表示该两位数字四舍五入为10的倍数后的数值（例如21—24四舍五入后为20，25—29四舍五入后为30）。（30分）

例题和答案：

		70			5	4		
	1			2			9	
8			1		9			30
2		5		4		1		
	6		7		1		3	
30		1		8		6		4
			2		8			6
	4			6			2	
		2	9		50			

9	2	70 6	8	3	5	4	1	7
7	1	3	4	2	6	5	9	8
8	5	4	1	7	9	3	6	30 2
2	7	5	6	4	3	1	8	9
4	6	8	7	9	1	2	3	5
30 3	9	1	5	8	2	6	7	4
1	3	7	2	5	8	9	4	6
5	4	9	3	6	7	8	2	1
6	8	2	9	1	50 4	7	5	3

真题：

	10			7		30		
60	2		1		60		3	90
		8				6		
	40			5			8	
8			9		3			7
	4			6		50		
20		5	70			8		70
	6				2		5	
	80			9		40		

8.4　**和排序数独**　在空格内填入数字1—9，使每行、每列及每宫内数字均不重复。盘面有12组虚线框，将12组虚线框内所有数字之和从小到大排序，标记为序号1—12，虚线框左上角的数字表示该虚线框内数字之和排列的序号。（50分）

例题和答案：

	5						6	
8	[10]		[5]		[1]		[11]	4
	[4]		2		4			
		1		3		4	[12]	
	[9]		4		6			
		9		7		6	[2]	
	[3]		8		5			
4		[8]		[7]		[6]		8
	9						4	

2	5	4	9	8	7	3	6	1
8	[10] 7	6	[5] 3	5	[1] 1	2	[11] 9	4
9	[4] 1	3	2	6	4	8	5	7
7	6	1	5	3	2	4	[12] 8	9
3	[9] 8	2	4	9	6	1	7	5
5	4	9	1	7	8	6	[2] 3	2
6	[3] 2	7	8	4	5	9	1	3
4	3	[8] 5	6	[7] 1	9	[6] 7	2	8
1	9	8	7	2	3	5	4	6

真题：

	[1]			7		[9]		
[12]	2		1		[11]		3	[4]
		8				6		
	[6]			5			8	
8			9		3			7
	4			6		[2]		
[3]		5	[10]			8		[8]
	6				2		5	
	[7]			9		[5]		

8.5　倍数数独　在空格内填入数字1—9，使每行、每列及每宫内数字均不重复。盘面虚线框内形成的两位数为左上角数字的整数倍。（50分）

例题和答案：

	[12]	[21]				4		
				[12]	[21]		1	
6							[12]	[21]
	4				9			
		1		6		2		
[12]	[21]		8				3	
			[12]	[21]				5
	7					[12]	[21]	
		9						

3	1	8	5	9	2	4	7	6
9	2	4	7	8	6	5	1	3
6	5	7	1	4	3	8	9	2
8	4	3	2	5	9	7	6	1
7	9	1	3	6	4	2	5	8
2	6	5	8	7	1	9	3	4
4	3	6	9	2	7	1	8	5
5	7	2	6	1	8	3	4	9
1	8	9	4	3	5	6	2	7

真题：

3	[13]			5		[13]		1
[13]			[13]		[13]			[13]
		7						
	[13]		7	1	4	[13]		
8			6	3	5			7
	[13]		9	2	8	[13]		
[13]			[13]		[13]	8		[13]
4	[13]			9		[13]		6

8.6 内排序数独 在空格内填入数字1—9，使每行、每列及每宫内数字均不重复。盘面内有16组虚线框形成的两位数。将16组两位数从小到大排列，标记为序号1—16，虚线框左上角的数字表示这个两位数排列的序号。（65分）

例题和答案：

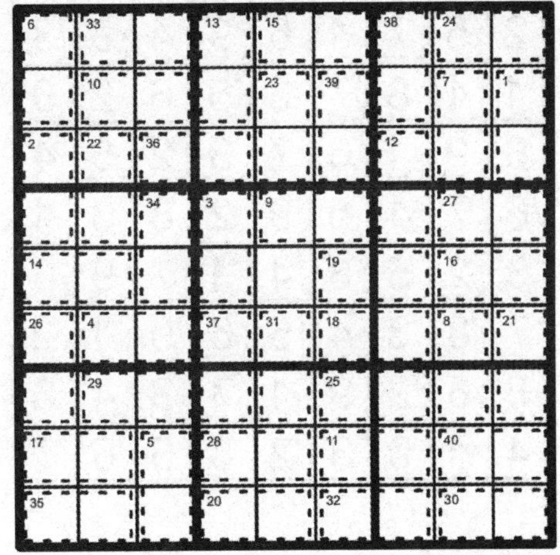

2	8	6	3	4	1	9	5	7
7	3	4	8	5	9	6	2	1
1	5	9	2	6	7	3	8	4
5	4	8	1	3	2	7	6	9
3	9	7	6	8	5	1	4	2
6	2	1	9	7	4	8	3	5
8	7	5	4	9	6	2	1	3
4	6	2	7	1	3	5	9	8
9	1	3	5	2	8	4	7	6

真题：

3	(8)			5		(13)		1
(11)			(1)		(5)			(9)
		7						
	(12)		7	1	4	(16)		
8			6	3	5			7
	(2)		9	2	8	(7)		
(10)			(6)		(3)	8		(4)
4	(15)			9		(14)		6

8.7　**奇偶和数独**　在空格内填入数字1—9，使每行、每列及每宫内数字均不重复。盘面内虚线框左上角字母O表示框内2个数字之和为奇数，字母E表示框内2个数字之和为偶数。（70分）

例题和答案：

9	3		2		4		7	
2				6				3
8								4
	7		5		2		3	
3								6
5				1				8
	1		3		8		6	7

9	3	6	2	8	4	1	7	5
2	5	7	1	6	9	4	8	3
1	4	8	7	3	5	6	2	9
8	9	1	6	7	3	2	5	4
6	7	4	5	9	2	8	3	1
3	2	5	8	4	1	7	9	6
7	8	3	4	5	6	9	1	2
5	6	2	9	1	7	3	4	8
4	1	9	3	2	8	5	6	7

真题：

1								7
	2			8			3	
		3				9		
			4		1			
	9			5			2	
			8		6			
		2				7		
	4			7			8	
6								9

8.8　邻居杀手数独　在空格内填入数字1—9，使每行、每列及每宫内数字均不重复。盘面内虚线框左上角数字表示与虚线框横、竖及对角相邻的10个格子内不同数字的个数（当虚线框在盘面边或角的位置时，对应的相邻格数相应减少）。（125分）

例题和答案：

1		3		5			4	
	8		2			[6]		3
7				6				
		[4]			6			
3		4		1		2		8
			3		[5]			
		[7]		9				4
2					5		6	
	5			3		8		9

1	2	3	9	5	8	6	4	7
6	8	9	2	7	4	[6] 1	5	3
7	4	5	1	6	3	9	8	2
9	1	[4] 2	8	4	6	7	3	5
3	6	4	5	1	7	2	9	8
5	7	8	3	2	[5] 9	4	1	6
8	3	[7] 1	6	9	2	5	7	4
2	9	7	4	8	5	3	6	1
4	5	6	7	3	1	8	2	9

真题：

1	[4]			[5]		[5]		7
[5]	2		[7]	8	[6]		3	[5]
		3				9		
[6]	[8]		4		1	[8]		
	9			5			2	[6]
	[7]		8		6	[7]		
[5]		2	[7]		[5]	7		[4]
	4			7			8	
6	[5]		[6]			[6]		9

第9轮　个人赛：世界大奖赛

限时：55分钟　总分：790分

9.1　标准数独 ………………………………… 20分

9.2　标准数独 ………………………………… 35分

9.3　邻9数独 ………………………………… 35分

9.4　行列之间数独 …………………………… 40分

9.5　分散不规则数独 ………………………… 45分

9.6　算5数独 ………………………………… 50分

9.7　连续数数独 ……………………………… 55分

9.8　重影数独 ………………………………… 65分

9.9　奇偶分离数独 …………………………… 75分

9.10　X射线数独 ……………………………… 85分

9.11　对角连续数独 …………………………… 85分

9.12　三明治和数独 …………………………… 90分

9.13　21点数独 ………………………………110分

9.1　**标准数独**　将数字1—9填入空格内，使每行、每列和每宫内的数字均不重复。（20分）

	1	5			9	3	2	
2			5		8			9
7					3			4
4		3	2		1	5	6	
9			6		7			
8			9		4			
	3	2			6			

9.2　**标准数独**　将数字1—9填入空格内，使每行、每列和每宫内的数字均不重复。（35分）

	4	8			7	1	2	
2			4		6			5
7					5			4
6		2	8		4	5	7	
1			7		3			
9			3		2			
	7	6			1			

9.3 **邻9数独** 在空格内填入数字1—9，使每行、每列及每宫内数字均不重复。盘面外提示数字表示该行或列内所有与数字9所在格相邻的格内数字。（35分）

例题和答案：

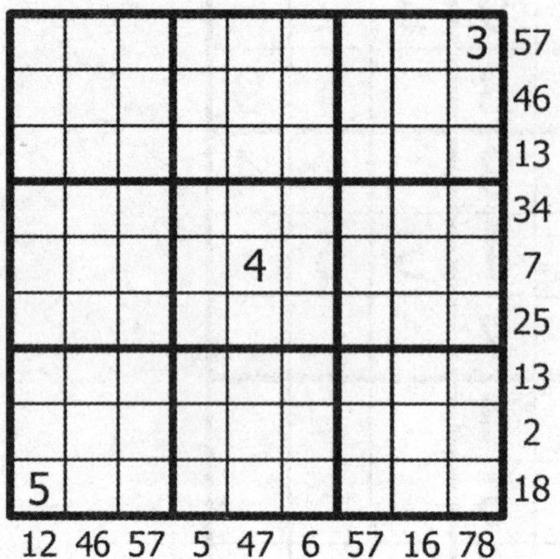

6	1	2	4	5	9	7	8	3	57
8	5	7	3	2	6	9	4	1	46
4	3	9	1	8	7	5	6	2	13
2	8	5	7	6	1	3	9	4	34
9	7	6	8	4	3	2	1	5	7
1	4	3	2	9	5	8	7	6	25
3	9	1	6	7	2	4	5	8	13
7	6	4	5	3	8	1	2	9	2
5	2	8	9	1	4	6	3	7	18
12	46	57	5	47	6	57	16	78	

真题：

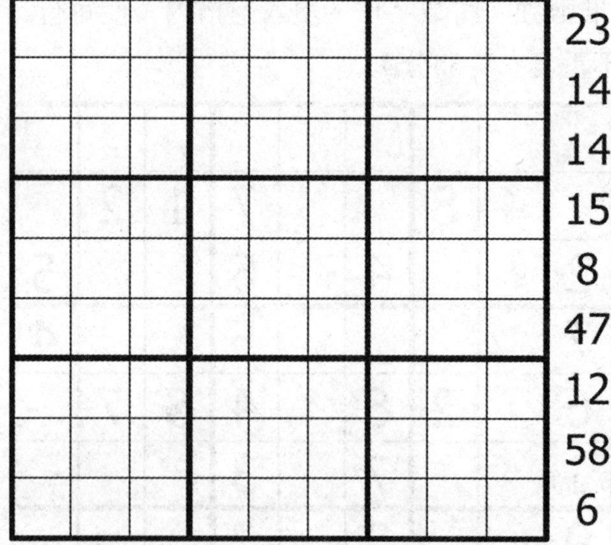

9.4 行列之间数独 在空格内填入数字1—9，使每行、每列及每宫内数字均不重复。如果某一行或列有且仅有2个已知数，则在2个已知数所在位置中间的所有格内的数字必须均小于2个已知数中较大的数，且大于2个已知数中较小的数。（40分）

例题和答案：

9				4				
				9				
	2					7		
3		6						
			4			1		
		8			5			
							6	
			8		3			
							2	

9	6	5	7	4	1	2	3	8
7	3	1	2	9	8	6	4	5
8	2	4	3	5	6	7	1	9
3	4	6	1	8	9	5	7	2
5	9	7	4	3	2	1	8	6
2	1	8	6	7	5	4	9	3
1	8	9	5	2	4	3	6	7
4	7	2	8	6	3	9	5	1
6	5	3	9	1	7	8	2	4

真题：

			7					
		2					7	
			5					
	3				8			
						3		7
		6					1	
				5		8		
	9				4			

9.5 **分散不规则数独** 在空格内填入数字1—9，使每行、每列及每个不规则粗线宫内数字均不重复。盘面内分散的9个灰格内也填入1组数字1—9。（45分）

例题和答案：

9		4						
	3		1			4		
8				5	1		6	
	6					1		
		6				2		
		9					1	
	2		7	8				5
		2			7		8	
						8		4

9	5	4	6	1	8	7	3	2
2	3	5	1	9	6	4	7	8
8	4	7	2	5	1	9	6	3
3	6	8	9	2	5	1	4	7
7	8	6	3	4	9	2	5	1
4	7	9	8	3	2	5	1	6
1	2	3	7	8	4	6	9	5
5	1	2	4	6	7	3	8	9
6	9	1	5	7	3	8	2	4

真题：

7	2		3	9				
		3						2
				5	8			
	8					1		
3								7
		2					4	
			7	6				
6						9		
				2	6		1	8

9.6　算5数独　在空格内填入数字1—9，使每行、每列及每宫内数字均不重复。盘面内白点两侧格内数字之和或之差为5。所有符合条件的点均已标出。（50分）

例题和答案：

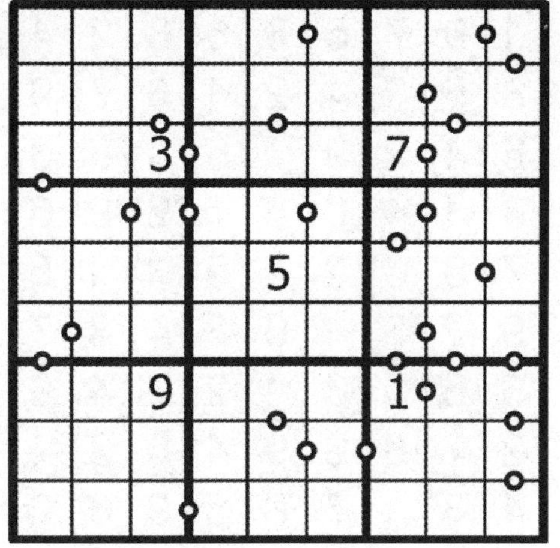

6	9	8	7	3	2	5	1	4
7	1	2	6	4	5	8	3	9
4	5	3	8	9	1	7	2	6
9	6	1	4	2	7	3	8	5
8	4	7	3	5	9	2	6	1
2	3	5	1	8	6	4	9	7
3	7	9	5	6	8	1	4	2
5	8	6	2	1	4	9	7	3
1	2	4	9	7	3	6	5	8

真题：

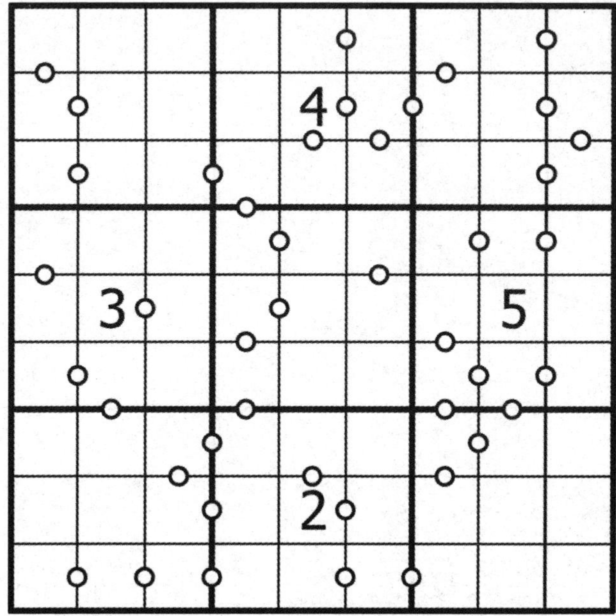

9.7　**连续数数独**　在空格内填入数字1—9，使每行、每列及每宫内数字均不重复。盘面内每个虚线框框出的灰色区域都包含1组连续数字，数字的位置顺序没有限制。（55分）

例题和答案：

				3				
			4		1			
		2				1		
	1			5			9	
7			2		9			5
	2			6			8	
		9				7		
			6		4			
				8				

1	9	7	5	3	6	8	2	4
8	5	3	4	2	1	6	7	9
6	4	2	9	7	8	1	5	3
3	1	4	8	5	7	2	9	6
7	8	6	2	4	9	3	1	5
9	2	5	1	6	3	4	8	7
5	6	9	3	1	2	7	4	8
2	7	8	6	9	4	5	3	1
4	3	1	7	8	5	9	6	2

真题：

		1				4		
	2			1				6
			3		2			
		8				6		
			4					9
	5			7				2
		6			8	3		

9.8 重影数独 本题包含2个重叠的标准数独。

标准数独：在空格内填入数字1—9，使每行、每列及每宫内数字均不重复。（65分）

例题和答案：

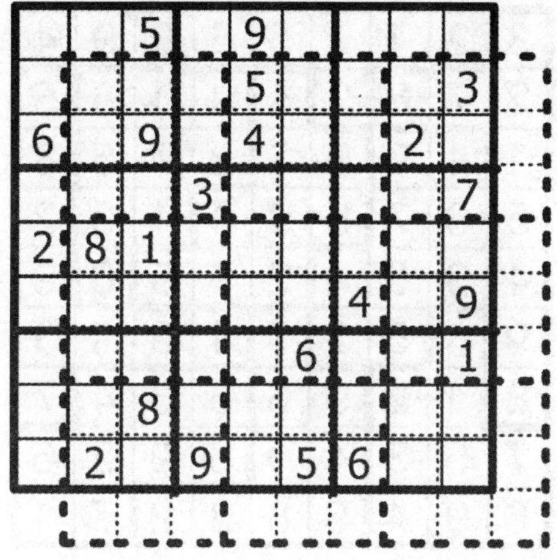

3	4	5	1	9	2	7	6	8	
8	1	2	6	5	7	9	4	3	8
6	7	9	8	4	3	1	2	5	6
9	5	4	3	6	8	2	1	7	9
2	8	1	4	7	9	5	3	6	2
7	3	6	5	2	1	4	8	9	7
4	9	7	2	3	6	8	5	1	4
5	6	8	7	1	4	3	9	2	5
1	2	3	9	8	5	6	7	4	1
	4	5	1	9	2	7	6	8	3

真题：

3					7				
	7						2	3	
					6		9		
			3					6	
						4		1	
6		9							
				8			4		
	1	5				6			
	8		6	4					

9.9　**奇偶分离数独**　在空格内填入数字1—9，使每行、每列及每个不规则粗线宫内数字均不重复。被不规则宫线分隔的2个相邻格内数字一个为奇数，另一个为偶数。（75分）

例题和答案：

			7		6			
2						1		5
5	6	7	8	9			3	
					4			
8						3		
			4				2	
	9							1

3	2	1	7	5	6	8	9	4
2	7	6	3	4	9	1	8	5
1	4	9	6	3	2	7	5	8
5	6	7	8	9	1	4	3	2
4	3	8	1	2	7	5	6	9
9	8	5	2	7	4	6	1	3
8	1	2	9	6	5	3	4	7
7	5	3	4	1	8	9	2	6
6	9	4	5	8	3	2	7	1

真题：

5	1	2					9	
			6					7
								5
								3
2								
3								
4					7			
	9					6	5	8

9.10　X射线数独　在空格内填入数字1—9，使每行、每列及每宫内数字均不重复。盘面圆圈内数字在所延伸出的两条对角线上各出现1次。（85分）

例题和答案：

5		4		3		9		6
	9						8	
2		8	○			5		7
			4		9	○		
3				5				9
		○	3		6			
1		5			○	7		4
	2						3	
8		3		9		1		2

5	1	4	8	3	7	9	2	6
7	9	6	5	4	2	3	8	1
2	3	8	(9)	6	1	5	4	7
6	5	2	4	1	9	(8)	7	3
3	4	1	7	5	8	2	6	9
9	8	(7)	3	2	6	4	1	5
1	6	5	2	8	(3)	7	9	4
4	2	9	1	7	5	6	3	8
8	7	3	6	9	4	1	5	2

真题：

			4	5	6			
	7			2			6	
		8				1		
3								7
2		○	○	6	○	○		8
1								9
		9				2		
	3			1			5	
			2	7	4			

9.11 对角连续数独 在空格内填入数字1—9，使每行、每列及每宫内数字均不重复。盘面内灰线表示所连接的对角相邻的2格数字之差为1。所有符合条件的位置均已标出。（85分）

例题和答案：

	7		6		2		9	
8								3
3								5
				2				
2								6
6								4
	5		4		7		1	

4	7	3	6	5	2	8	9	1
8	2	6	1	4	9	5	7	3
5	1	9	8	7	3	6	4	2
3	9	4	7	8	6	1	2	5
7	6	5	3	2	1	4	8	9
2	8	1	5	9	4	7	3	6
1	4	8	9	3	5	2	6	7
6	3	7	2	1	8	9	5	4
9	5	2	4	6	7	3	1	8

真题：

	6						3	
2								8
			4		7			
		2				9		
				5				
		5				1		
			1		4			
5								9
	7						2	

9.12　三明治和数独　在空格内填入数字1—9，使每行、每列及每宫内数字均不重复。盘面外提示数字表示在该行/列内与提示数所在格子横/竖相邻的2格内数字之和为提示数。所有符合条件的数字均已标出（×表示所在行或列没有符合条件的数字）。（90分）

例题和答案：

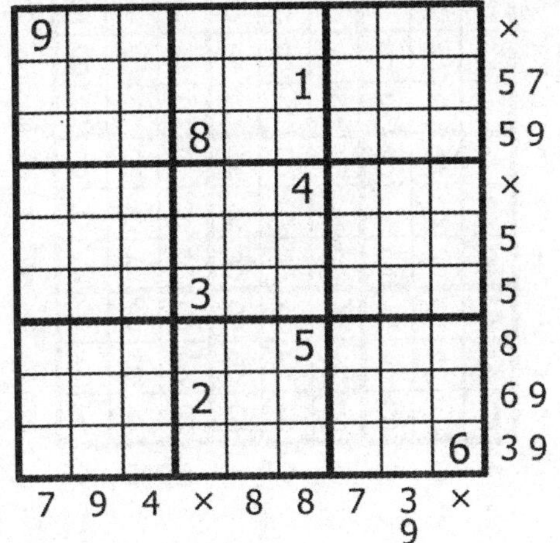

9	6	5	7	3	2	4	8	1	×
8	3	2	4	5	1	7	6	9	57
4	1	7	8	6	9	3	5	2	59
6	2	9	1	8	4	5	7	3	×
7	8	3	5	2	6	1	9	4	5
1	5	4	3	9	7	6	2	8	5
2	9	1	6	4	5	8	3	7	8
3	4	6	2	7	8	9	1	5	69
5	7	8	9	1	3	2	4	6	39
7	9	4	×	8	8	7	3 9	×	

真题：

									9
	2			9					9
		5			8			9	8
		2			9			5	8
	1			4			3		7
9			8			6			8
2			4			7			8
				8			5		9
									9
×	×	×	×	×	×	×	×	×	

9.13　**21点数独**　在空格内填入数字1—9，使每行、每列及每宫内数字均不重复。盘面外提示数表示从该方向观测，从该提示数格开始总和超过21。（110分）

例题和答案：

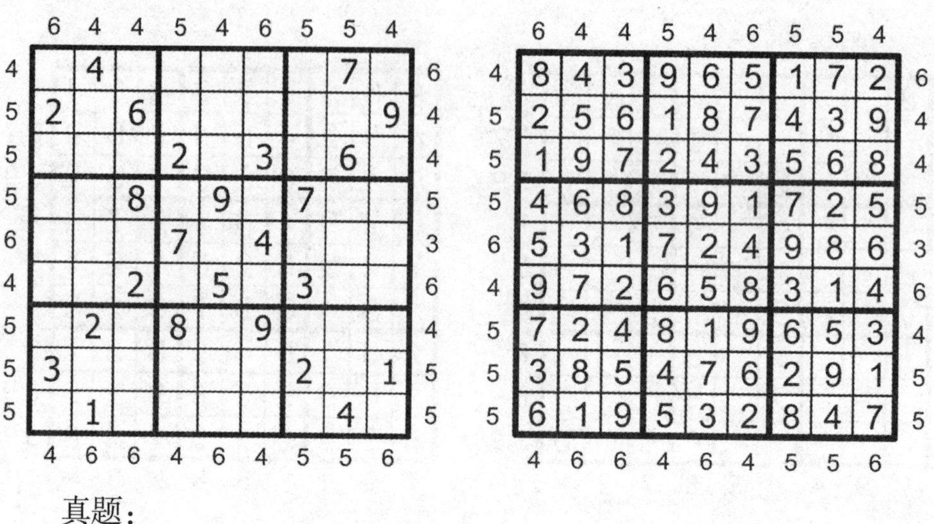

真题：

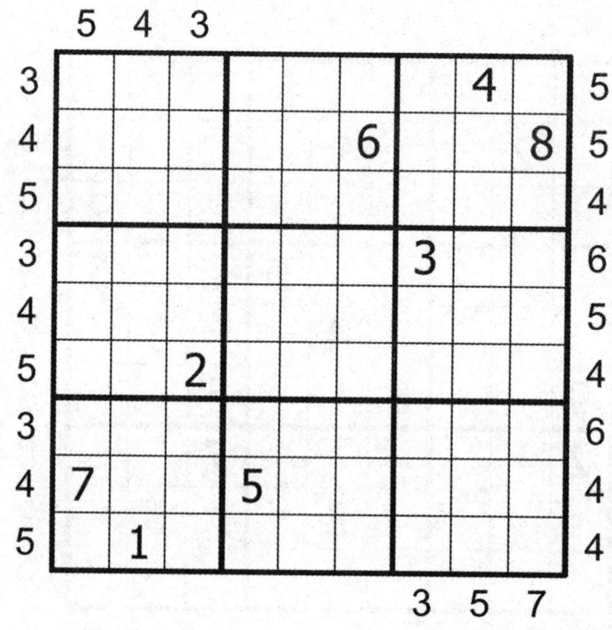

第10轮　个人赛：捷克大奖赛

限时：65分钟　总分：810分

10.1　A关联标准数独 ……………………………… 40分
10.1　B关联标准数独 ……………………………… 40分
10.2　连续不等号数独 ……………………………… 10分
10.3　半镶嵌数独 ………………………………… 20分
10.4　数和数独 …………………………………… 25分
10.5　四格提示数独 ……………………………… 35分
10.6　1–5–9数独 ………………………………… 40分
10.7　3D数独 …………………………………… 45分
10.8　匹诺曹数独 ………………………………… 50分
10.9　对角线小杀手数独 ………………………… 50分
10.10　六角数独 ………………………………… 55分
10.11　隐藏连续数独 …………………………… 80分
10.12　排序数独 ……………………………… 100分
10.13　反窗口数独 …………………………… 100分
10.14　12宫标准数独 ………………………… 120分

10.1 关联标准数独 本题由2道相互关联的标准数独组成，2道题目盘面内相同位置的灰格内的数字相同。

标准数独：在空格内填入数字1—9，使每行、每列及每宫内数字均不重复。（40分，40分）

例题和答案：

		6		1	
2					
				2	
	3				
					4
	6		3		

3	4	6	2	1	5
2	5	1	4	3	6
4	1	5	6	2	3
6	3	2	5	4	1
5	2	3	1	6	4
1	6	4	3	5	2

		3		5	
1					
				2	
	6				
					2
	4		3		

6	2	3	1	5	4
1	5	4	2	3	6
4	1	5	6	2	3
3	6	2	5	4	1
5	3	1	4	6	2
2	4	6	3	1	5

真题A：

	4						9	
3				4	1			8
			5					
		2						1
	8						5	
9						7		
5						2		
	6						3	
		3						4

真题B：

	9						4	
2				1	8			6
			7					
		3						8
	4						7	
5						1		
6						9		
	7						1	
		8						2

10.2　连续不等号数独　在空格内填入数字1—7，使每行、每列及每个不规则粗线宫内数字均不重复。盘面内不等号标记两侧格内数字之差为1。所有符合条件的标记均已标出。不等号标记同时表示两侧2格数字大小关系。（10分）

例题和答案：

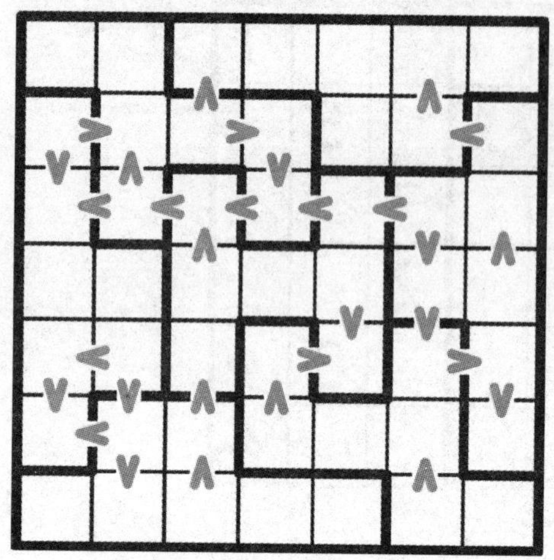

1	4	6	2	5	3	7
3	2	7	6	1	4	5
2	3	4	5	6	7	1
4	1	5	7	3	6	2
6	7	1	3	2	5	4
5	6	2	4	7	1	3
7	5	3	1	4	2	6

真题：

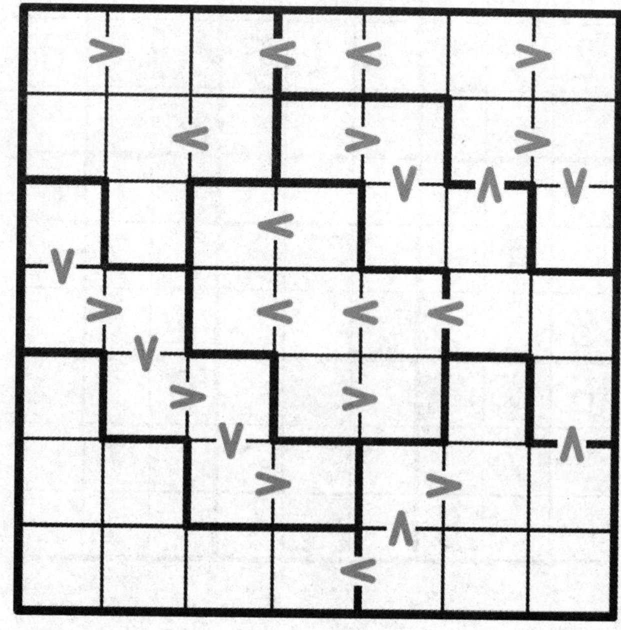

10.3　半镶嵌数独　在空格内填入数字1—9，使每行、每列及每宫内数字均不重复。盘面内一些格子中需填入2个数字，格子内较小的数字应填在较大数字的左方。（20分）

例题和答案：

/		/3		/	4
	/7		/	9	/
4/		/	3	/	
	/	9	/		6/
/	2	/		5/	
1	/		8/		/

5/6	9	1/3	7	2/8	4
8	4/7	2	1/6	9	3/5
2/4	8	5/6	3	1/7	9
7	1/3	9	2/5	4	6/8
3/9	2	7/8	4	5/6	1
1	5/6	4	8/9	3	2/7

真题：

/	1	/	2	/	3
8	/		/	5	/
/	5	/	7	/	
	/	6	/	3	/
/	4	/		/	6
2	/	7	/	9	/

10.4　数和数独　在空格内填入数字1—7，使每行、每列及每个不规则粗线宫内数字均不重复。盘面灰格内提示数字表示其对应方向到下一个灰格之前所有白格内数字之和。（25分）

例题和答案：

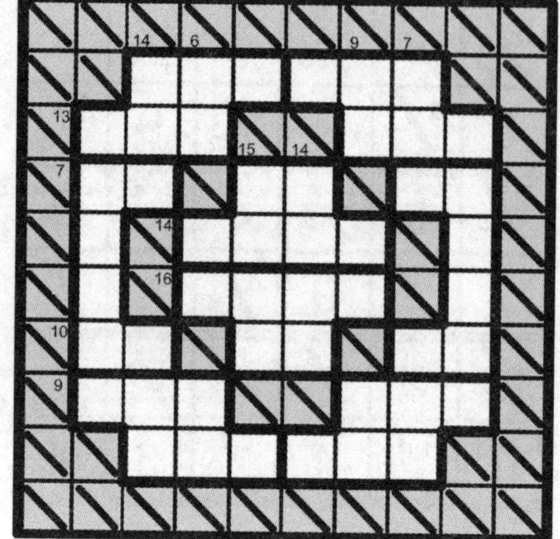

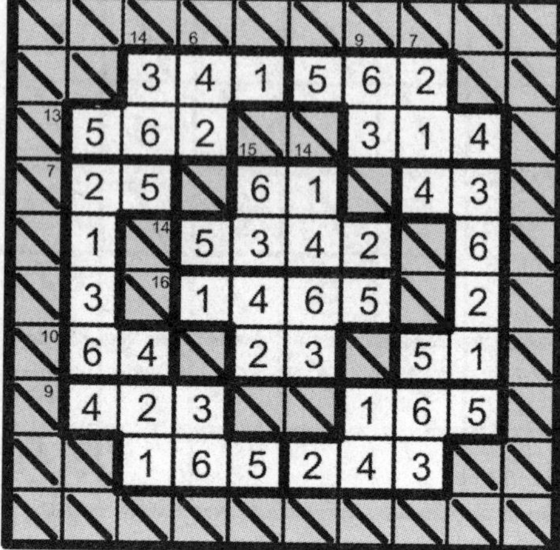

真题：

10.5　四格提示数独　在空格内填入数字1—9，使每行、每列及每宫内数字均不重复。盘面内每组在4格交接处的4个提示数字表示所在位置周围4格内数字，数字顺序不限。（35分）

例题和答案：

5			8		7			
		1				8		
					3		7	
	9					4		3
				6				
			3					5
							9	
8					6			
	2							7

5	3	2	8	1	7	6	4	9
9	7	1	6	4	5	8	3	2
6	8	4	9	2	3	5	7	1
2	9	7	1	5	8	4	6	3
1	5	3	4	6	9	7	2	8
4	6	8	3	7	2	9	1	5
7	4	5	2	8	1	3	9	6
8	1	9	7	3	6	2	5	4
3	2	6	5	9	4	1	8	7

真题：

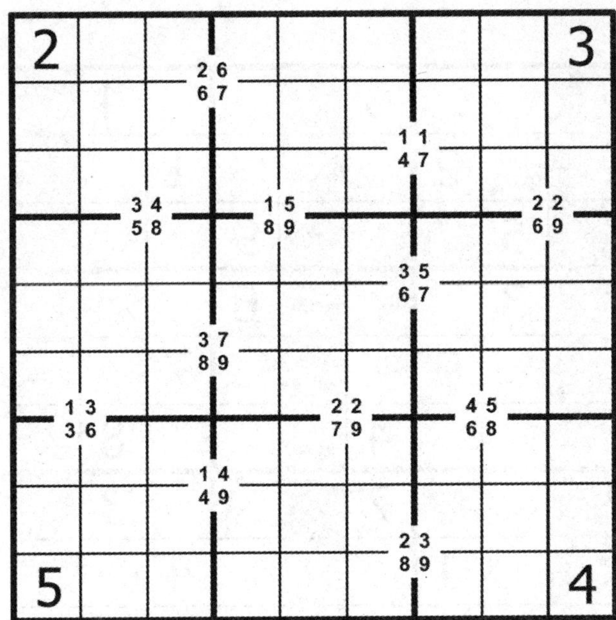

10.6 1–5–9数独 在空格内填入数字1—9，使每行、每列及每宫内数字均不重复。第1列灰格内的数字X表示所在的行内数字1在第X格。第5列灰格内的数字Y表示所在的行内数字5在第Y格。第9列灰格内的数字Z表示所在的行内数字9在第Z格。（40分）

例题和答案：

					3		5	
	4	9	7					
					5	1	2	
	2		6					
		7				8		
					8		6	
	6	3	8					
					9	5	3	
	7		2					

2	1	6	4	8	3	9	5	7
5	4	9	7	1	2	6	8	3
7	3	8	9	6	5	1	2	4
8	2	4	6	9	7	3	1	5
6	5	7	3	2	1	8	4	9
3	9	1	5	4	8	7	6	2
9	6	3	8	5	4	2	7	1
4	8	2	1	7	9	5	3	6
1	7	5	2	3	6	4	9	8

真题：

			6				4	
		2				1		
	5				9			
	3				6			
		9				7		
			4				8	
			7				3	
		1				4		
	8				4			

10.7　**3D数独**　在空格内填入数字1—8，使每个不规则粗线宫及3个主要方向（横向、左斜及右斜方向所有8格的完整行列）内数字均不重复。（45分）

例题和答案：

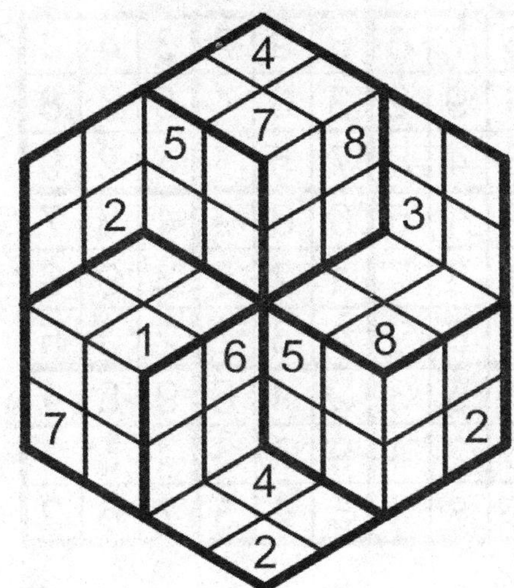

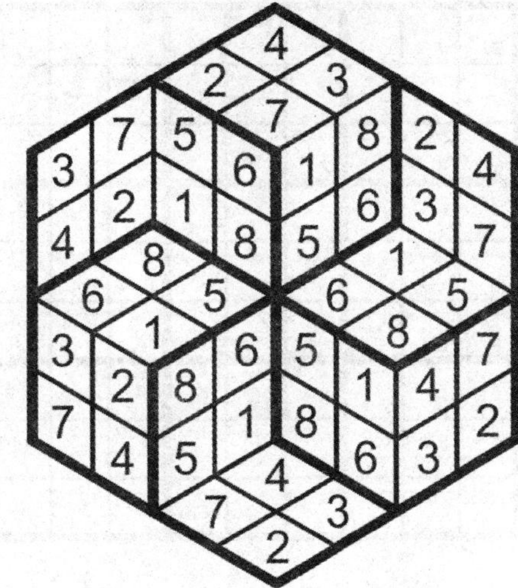

真题：

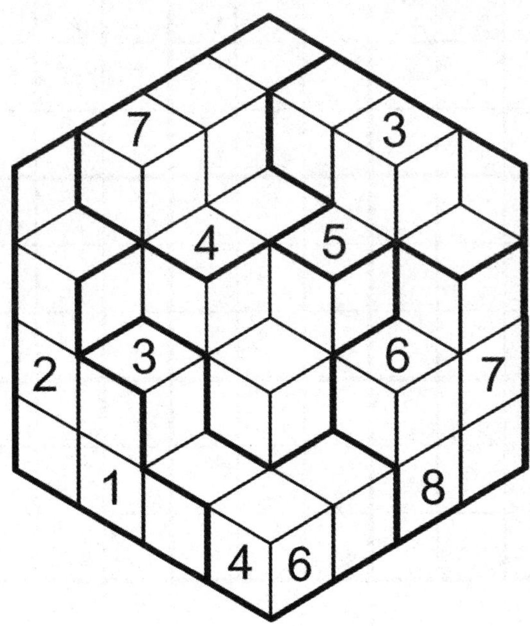

10.8 **匹诺曹数独** 在空格内填入数字1—9，使每行、每列及每宫内数字均不重复。盘面内每行、每列及每宫内所给的条件数字有且仅有1个是错误的。（50分）

例题和答案：

5	7		8			2		1
		2	3		1	5		8
6	4		7	5			2	
	2					4	3	7
		7		4		8		
8	6	9					9	
	5			1	6		8	3
6		4	7		8	1		
9		2			3		6	2

5	7	6	8	9	2	3	4	1
1	9	2	3	6	4	5	7	8
3	4	8	7	5	1	6	2	9
2	1	5	6	8	9	4	3	7
4	3	7	1	2	5	8	9	6
8	6	9	4	3	7	2	1	5
7	5	3	2	1	6	9	8	4
6	2	4	9	7	8	1	5	3
9	8	1	5	4	3	7	6	2

真题：

	9	4		7	5		8	1
1			6			9		2
	3	7		2	8		4	
2		2	7		3	8		4
	4			8			1	
8		9	2		6	3		5
	8		5	1		5	2	
4		1			7			3
5	2		5	3		7	6	

10.9 对角线小杀手数独 在空格内填入数字1—9，使每行、每列、每宫及每条对角线内数字均不重复。盘面外提示数表示其对应箭头所指方向上所有数字之和，箭头所指方向上数字可以重复。（50分）

例题和答案：

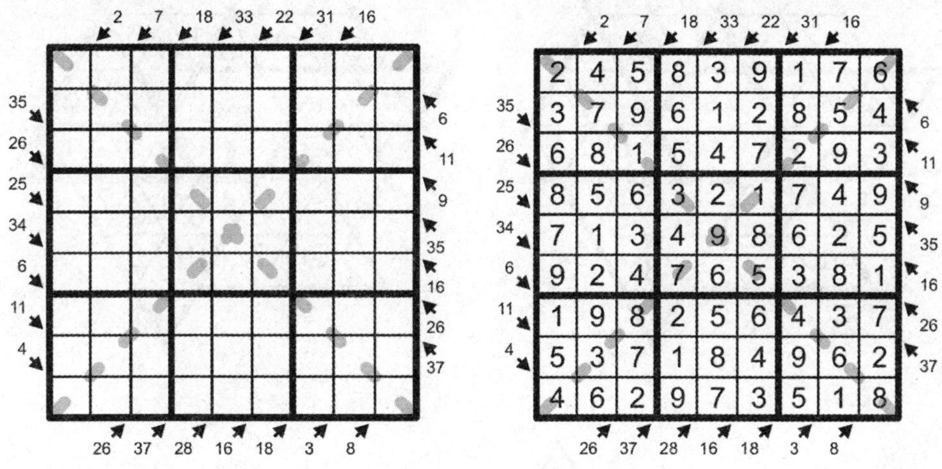

真题：

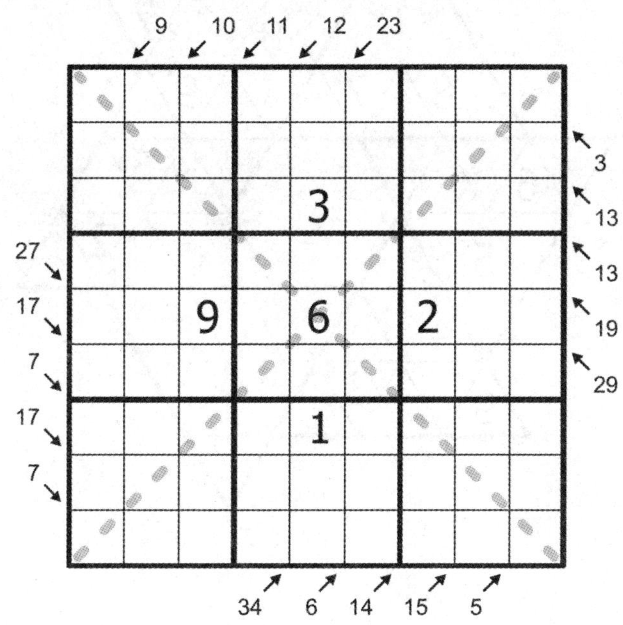

10.10　**六角数独**　在空格内填入数字1—9，使每行、每个左斜列、每个右斜列及每个三角形粗线宫内数字均不重复。（55分）

例题和答案：

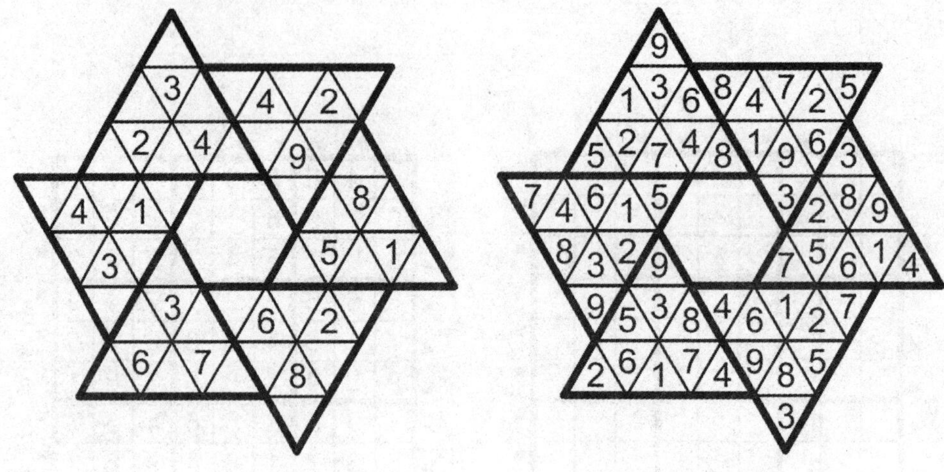

真题：

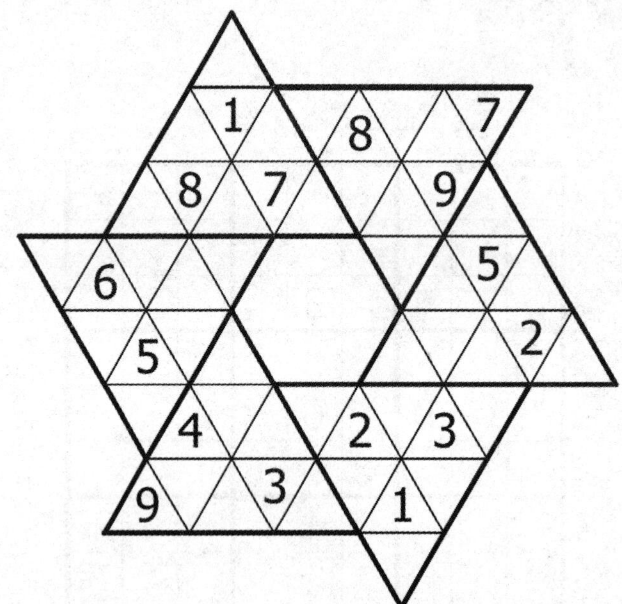

10.11 隐藏连续数独 在空格内填入数字1—9，使每行、每列及每宫内数字均不重复。盘面外提示数表示所在行或列内所有相邻2格格内数字之差为1的个数。（80分）

例题和答案：

	6	5				7	4		1
2					6			3	1
3				4				2	4
	1			6					3
		8	5		2	1			3
				1			9		1
8				2				6	4
6			3					1	5
	2	1				4	3		3
2	0	1	2	2	3	3	2	3	

1	6	5	2	8	3	7	4	9	1
2	4	7	1	9	6	5	8	3	1
3	8	9	7	4	5	6	1	2	4
5	1	2	9	6	4	3	7	8	3
7	9	8	5	3	2	1	6	4	3
4	3	6	8	1	7	2	9	5	1
8	7	3	4	2	1	9	5	6	4
6	5	4	3	7	9	8	2	1	5
9	2	1	6	5	8	4	3	7	3
2	0	1	2	2	3	3	2	3	

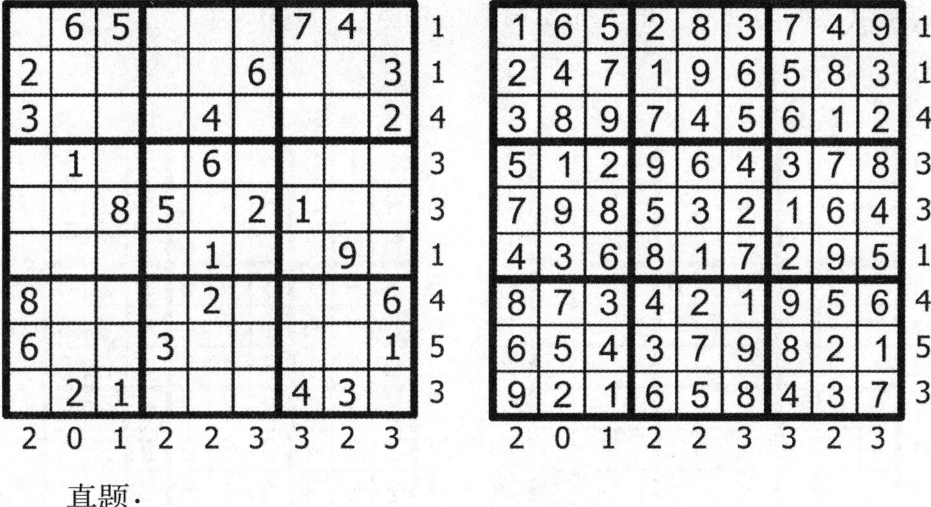

真题：

7						1			2
	4				3		9		0
		5						2	3
		1						7	2
	6						1		4
2						6			0
3						2			2
	9		8				7		0
		7						8	2
3	2	2	7	3	3	3	3	2	

10.12 **排序数独** 在空格内填入数字1—9，使每行、每列及每宫内数字均不重复。从盘面的四个方向观察所有完整的行和列（从左到右、从右到左、从上到下、从下到上）总共形成36个九位数。将36个9位数从小到大排列，标记为序号1—36。盘面外的提示数字表示从该方向观察到的九位数排列的序号。（100分）

例题和答案：

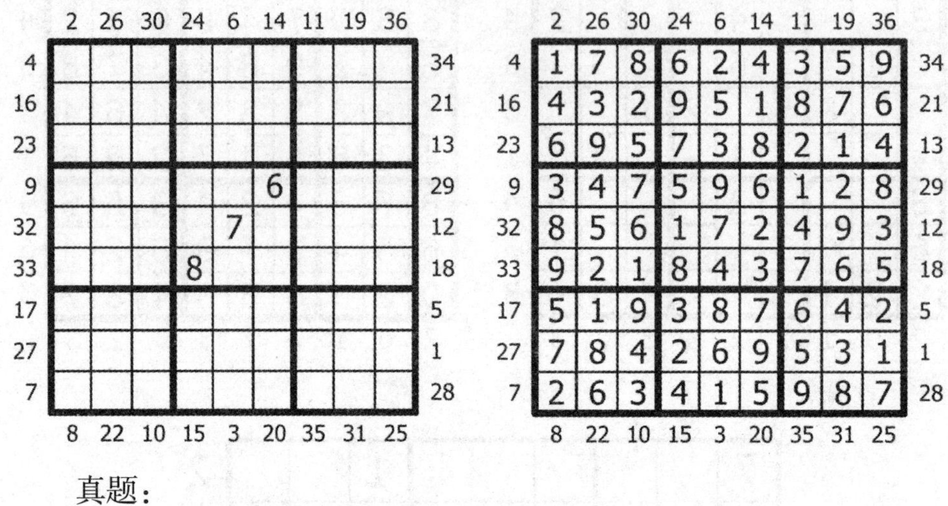

真题：

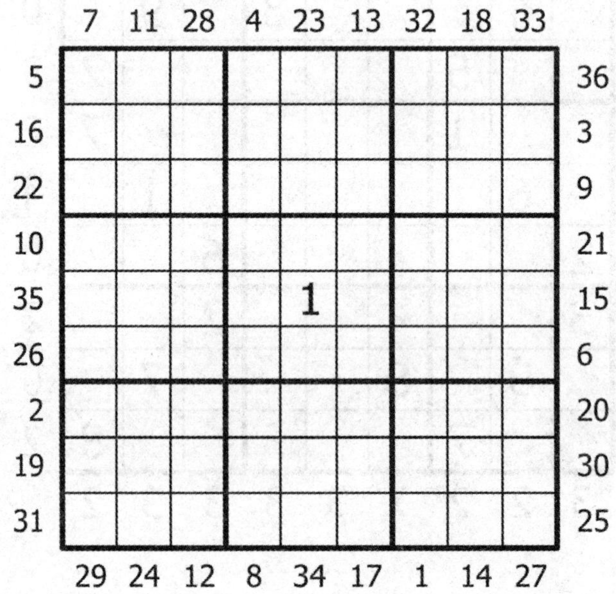

10.13 反窗口数独 在空格内填入数字1—9，使每行、每列及每宫内数字均不重复。盘面内每个9格灰色区域内必须包含且仅包含4个数字。（100分）

例题和答案：

9					1			8
		8				6		
	7						9	
4				1				
			7		8			
				6				9
	4						5	
		2				3		
7			6					4

9	6	4	2	7	1	5	3	8
1	5	8	3	9	4	6	2	7
2	7	3	8	5	6	4	9	1
4	8	7	5	1	9	2	6	3
3	9	6	7	2	8	1	4	5
5	2	1	4	6	3	7	8	9
6	4	9	1	3	7	8	5	2
8	1	2	9	4	5	3	7	6
7	3	5	6	8	2	9	1	4

真题：

	2	1					7	
3								9
			6					3
				3		1		
			9		2			
		4		6				
5					3			
6								8
	9					2	4	

10.14　12宫标准数独　在空格内填入数字1—12，使每行、每列及每宫内数字均不重复。（120分）

例题和答案：

5					7			6	8	12	
4	1				11				9	6	
			3		6		11	7			
11					4		3	1		2	
6	4	11									
			2	7	1						9
2						1	12	10			
									2	10	12
	11		6	3		2					10
			11	9		10		4			
	5	2				6				9	1
	3	9	10			5					6

5	9	3	1	2	7	4	10	6	8	12	11
4	1	7	12	10	11	8	5	2	9	6	3
12	2	10	3	8	6	9	11	7	4	1	5
11	6	8	9	5	4	12	3	1	10	2	7
6	4	11	5	12	10	3	2	9	1	7	8
3	10	12	2	7	1	11	4	8	6	5	9
2	7	5	8	6	9	1	12	10	3	11	4
9	8	1	4	11	3	7	6	5	2	10	12
1	11	4	6	3	5	2	9	12	7	8	10
7	12	6	11	9	8	10	1	4	5	3	2
10	5	2	7	4	12	6	8	3	11	9	1
8	3	9	10	1	2	5	7	11	12	4	6

真题：

9	6	2							1		5
				8	9		5				6
8			12				6	4			7
		6			11	7	2		8		
	8	5	2		4					1	
			10				8	6		11	
	11		3	7				2			
	10					8		3	4	12	
		8		9	10	12			6		
7			9	10				11			8
5				4		2	12				
1		10							2	3	4

第11轮　团体赛：两对

限时：60分钟　总分：1900分

11.1　计数数独 ……………………………………………100分

11.2　距离数独 ……………………………………………125分

11.3　唯一矩形数独 ………………………………………150分

11.4　首位奇偶数独 ………………………………………150分

11.5　奇偶扫雷数独 ………………………………………150分

11.6　超级连续数独 ………………………………………250分

11.7　X位和数独 …………………………………………100分

11.8　加减杀手数独 ………………………………………125分

11.9　星星数独 ……………………………………………150分

11.10　交叉和数独 ………………………………………150分

11.11　算数数独 …………………………………………200分

11.12　算数金字塔数独 …………………………………250分

本轮有两张团体桌，1号桌和2号桌。每张桌上有6道题（1—6和7—12）。每张桌上有2个选手同时解题，2个选手必须同时解答同一道题。选手可以在任意时间换题，但是必须保证2个选手只能同时解答一道题。本轮总时长60分钟，分成6组10分钟的轮次，选手每过10分钟按如下方式交换位置：AB+CD→DA+BC→CD+AB→BC+DA→AB+CD→DA+BC。每队可以自由决定选手初始位置的安排，但是选手必须按照交换位置的方式进行换位。两张桌上的选手可以交流解题策略，但不可以帮助对方桌解题。

11.1 计数数独 在空格内填入数字1—9，使每行、每列及每宫内数字均不重复。盘面外箭头上的数字表示该箭头所指向的所有格内不同数字的个数。（100分）

例题和答案：

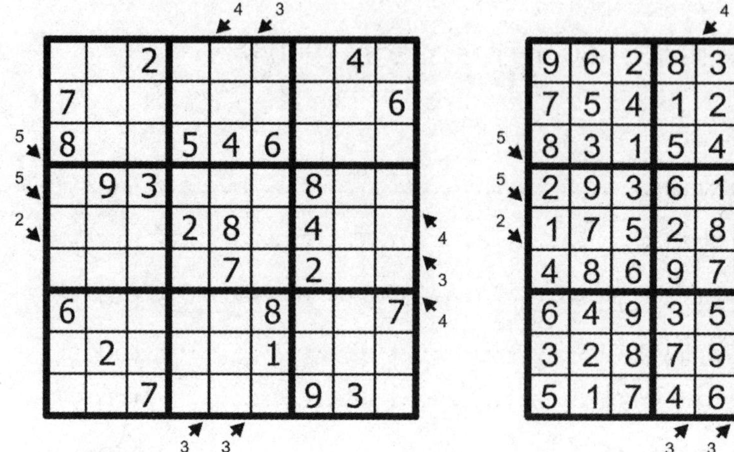

真题：

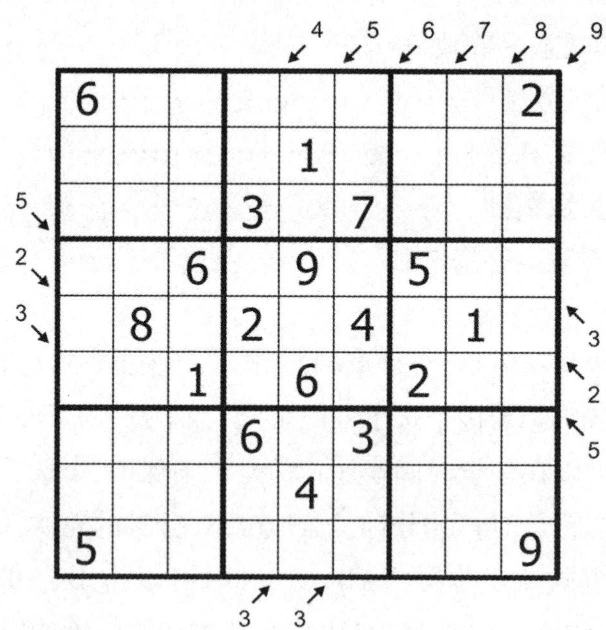

11.2　距离数独　在空格内填入数字1—9，使每行、每列及每宫内数字均不重复。盘面外提示线索AB=C表示在该方向上数字A和B在此方向上距离为C（相邻两格距离为1，以此类推）。（125分）

例题和答案：

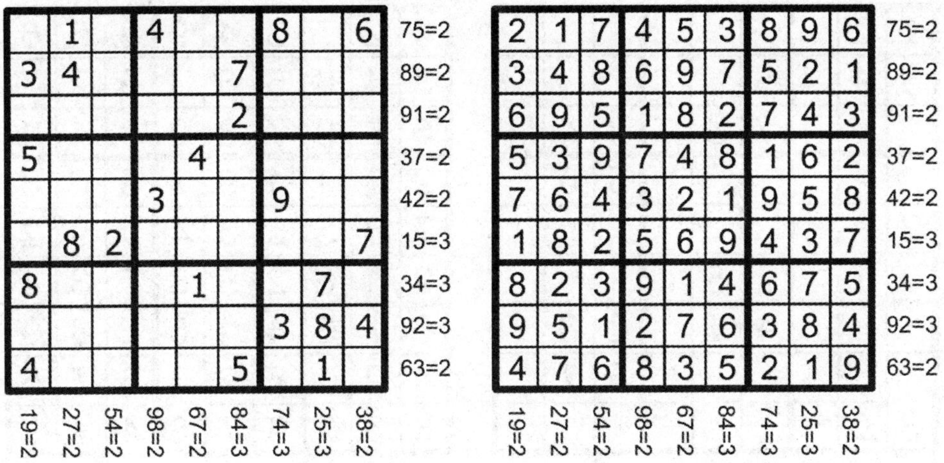

真题：

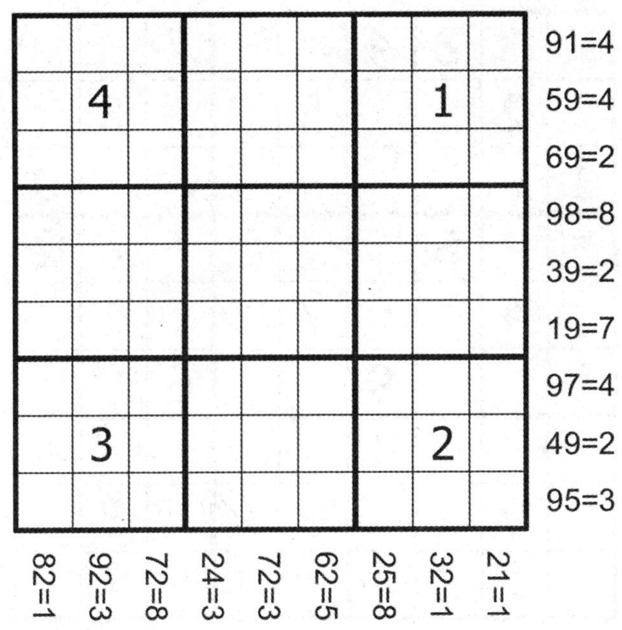

11.3 **唯一矩形数独** 在空格内填入数字1—9，使每行、每列及每宫内数字均不重复。任意出现在2行和2列内形成矩形的4格内不能只含2种数字。（150分）

例题和答案：

1	2							
3	4		5	6				
			7	8		3	4	
						5	6	
7	8							
9	1		2	5				
			4	1		2	8	
						6	7	
8	5							

1	2	7	3	4	9	8	5	6
3	4	8	5	6	1	9	2	7
5	6	9	7	8	2	3	4	1
2	3	4	1	9	7	5	6	8
7	8	5	6	3	4	1	9	2
9	1	6	2	5	8	7	3	4
6	7	3	4	1	5	2	8	9
4	9	1	8	2	3	6	7	5
8	5	2	9	7	6	4	1	3

真题：

		3	4			7		
	2			5			8	
1					6			9
		6			3			2
	4			7			1	
5			9			6		
7			1					4
	9			6			3	
		8			4	5		

11.4 首位奇偶数独 在空格内填入数字1—9，使每行、每列及每宫内数字均不重复。盘面外奇数提示数表示该方向第一个奇数，偶数提示数表示该方向第一个偶数。（150分）

例题和答案：

	8	8	6	4	6	2	2	8	2	
6										7
8					1					3
2				8		7				5
8			7		3			4		5
6		4		7		5				1
2			5		4				6	7
4							1	2		9
2				9			7			3
2						4				5
	3	7	9	1	5	9	7	5	9	

	8	8	6	4	6	2	2	8	2	
6	5	1	6	4	9	3	2	8	7	7
8	7	8	4	5	1	2	9	6	3	3
2	9	2	3	8	6	7	4	1	5	5
8	8	9	7	6	3	1	5	4	2	5
6	6	4	2	7	8	5	3	9	1	1
2	1	3	5	2	4	9	8	7	6	7
4	4	5	8	3	7	6	1	2	9	9
2	2	6	1	9	5	8	7	3	4	3
2	3	7	9	1	2	4	6	5	8	5
	3	7	9	1	5	9	7	5	9	

真题：

		1 2	3 2	3 4	5 4	5 6	7 6	7 8	9 8	
1										9
3				9						2
5				1		2	6			4
7										6
9					3					8
8										3
6			5	8		4				7
4						7				5
2										1
	9	8	7	5	2	3	4	1	6	

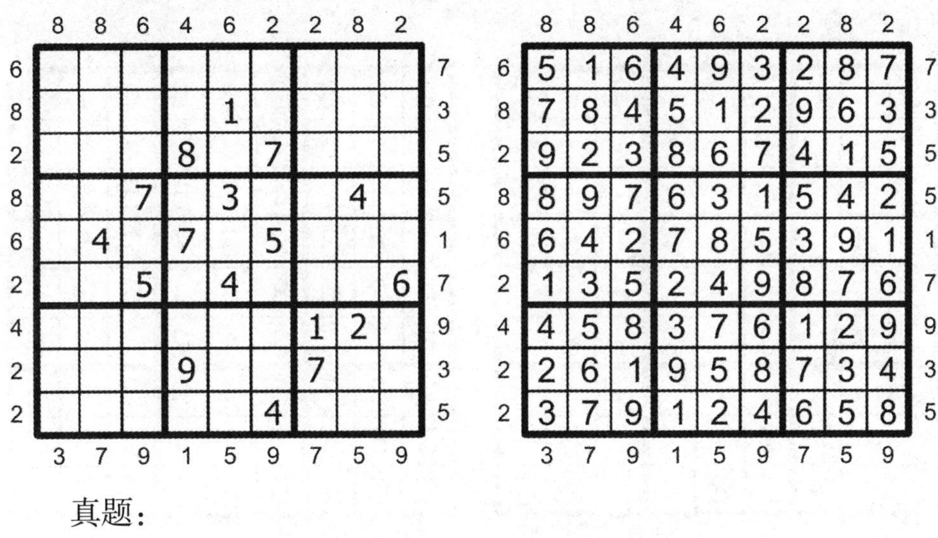

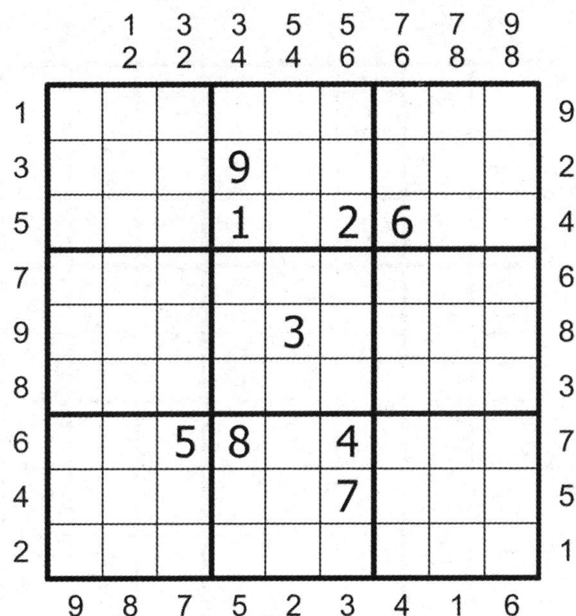

11.5 奇偶扫雷数独 在空格内填入数字1—9，使每行、每列及每宫内数字均不重复。盘面圆圈内偶数X表示横、竖、对角相邻的所有格内偶数的个数。盘面圆圈内奇数Y表示横、竖、对角相邻的所有格内奇数的个数。所有符合条件的圆圈均已标出。（150分）

例题和答案：

5			○	③		4		○
			1		⑤			
③						○		6
	8	○	9		7	○	5	
		9				6		
	7	○	3		2		8	
②		○						5
			7		4			
		4		8				2

5	9	8	②	③	6	4	7	①
7	4	6	1	9	⑤	3	2	8
③	1	2	4	7	8	⑤	9	6
1	8	③	9	6	7	②	5	4
4	2	9	8	5	1	6	3	7
6	7	⑤	3	4	2	1	8	9
②	3	⑦	6	1	9	8	4	5
8	5	1	7	2	4	9	6	3
9	6	4	5	8	3	7	1	2

真题：

○		4				9		○
	9				3		6	
5			○					7
	2			6		○		
			9		8			
		○		3			1	
1					○			4
	3		7				5	
○		9				6		○

11.6　超级连续数独　在空格内填入数字1—9，使每行、每列及每宫内数字均不重复。盘面每宫内有1个圆圈，圈内数字为X。如果该宫内相邻的两格内数字之差为X，则2格之间标记白点。如果由宫线分割的2格内数字之差为其对应2宫中任意圈内的数字，则2格之间也标记白点。所有符合条件的圆圈和白点均已标出。（250分）

例题和答案：

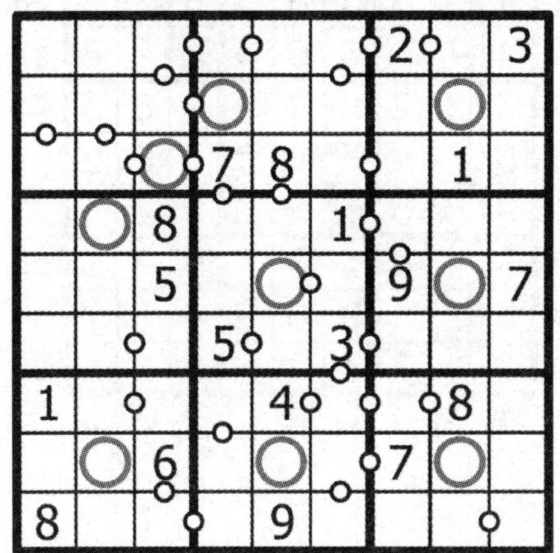

真题：

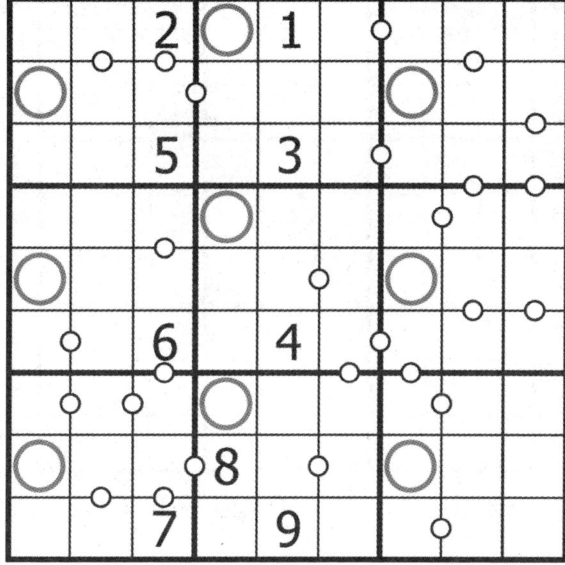

11.7 X位和数独 在空格内填入数字1—9，使每行、每列及每宫内数字均不重复。盘面外提示数字表示该方向前X格数字之和。X为该方向第一个灰格内数字。（100分）

例题和答案：

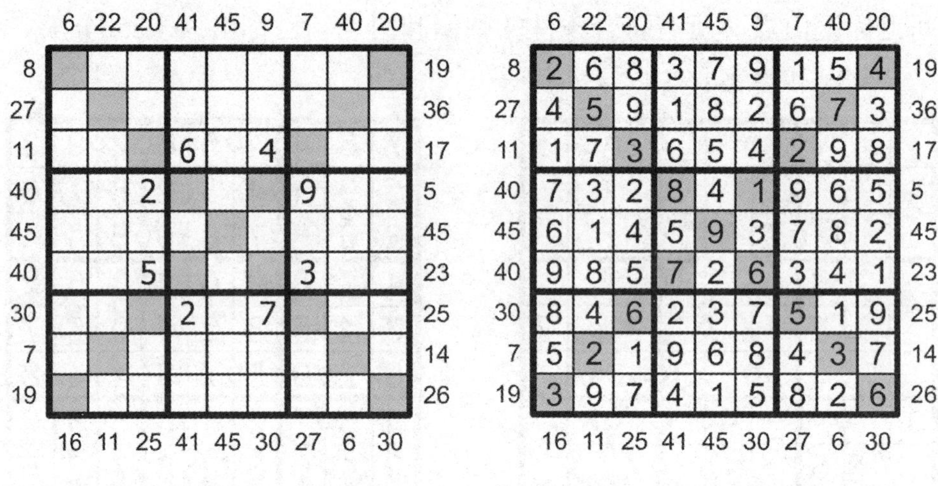

真题：

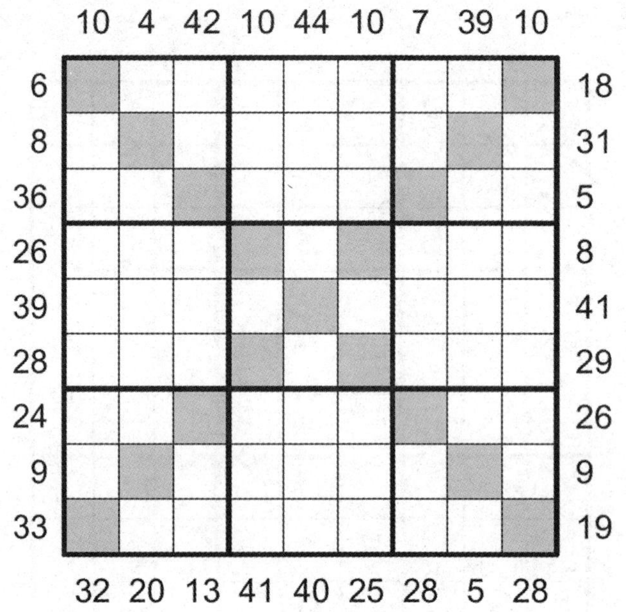

11.8 加减杀手数独 在空格内填入数字1—7，使每行、每列及每个不规则粗线宫内数字均不重复。盘面内虚线框左上角数字表示该虚线框内所有白格内数字之和减去所有灰格内数字之和。虚线框内数字不重复。（125分）

例题和答案：

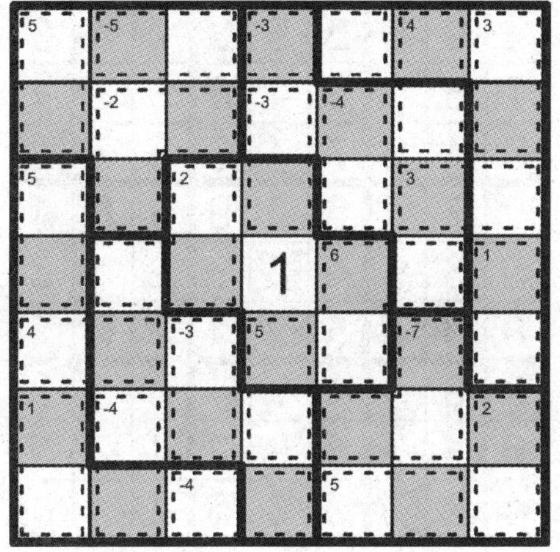

6	7	2	4	1	3	5
1	5	4	3	6	7	2
7	3	5	6	2	1	4
2	4	7	1	3	5	6
5	1	3	2	4	6	7
3	2	6	7	5	4	1
4	6	1	5	7	2	3

真题：

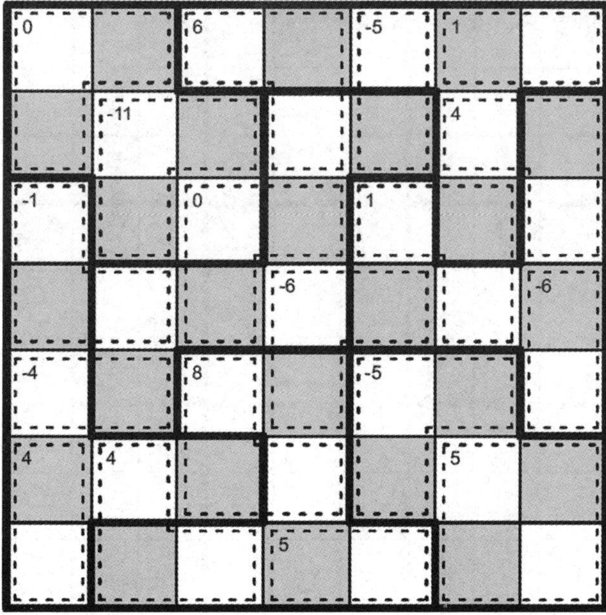

11.9 星星数独 在空格内填入数字1—9，使每行、每列及每宫内数字均不重复。盘面标有星星的格子向上、下、左、右4个方向分别延伸出一条线，直到线上所有数字之和大于星星格内之数的前一格停止。（150分）

例题和答案：

1				5		7		
			9		8	3		
		2		1		8		★
	7		6					
5		9		★				
	3				1		6	
9	8	5						2
					2			5
		★				1	9	

1	9	8	2	5	3	7	4	6
7	5	6	9	4	8	3	2	1
3	4	2	7	1	6	8	5	9
2	7	1	6	3	9	5	8	4
5	6	9	4	8	7	2	1	3
8	3	4	5	2	1	9	6	7
9	8	5	1	7	4	6	3	2
6	1	3	8	9	2	4	7	5
4	2	7	3	6	5	1	9	8

真题：

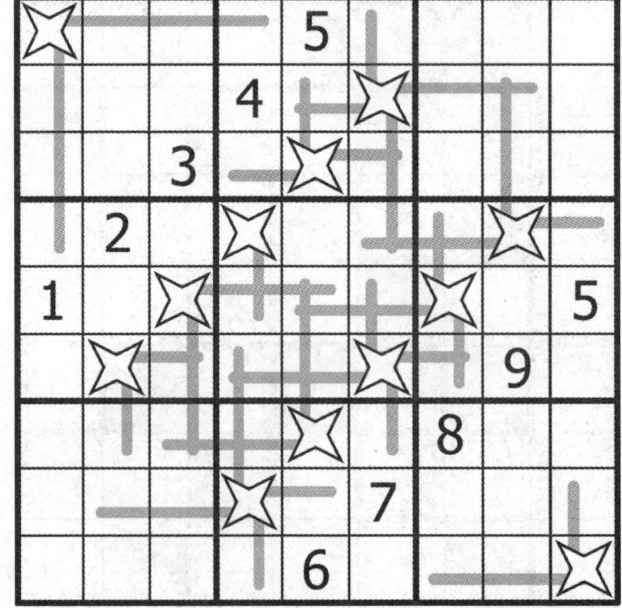

11.10　交叉和数独　在空格内填入数字1—9，使每行、每列及每宫内数字均不重复。盘面每个灰色×符号所标记的4格内，2组呈对角状态的2格内数字之和相等。（150分）

例题和答案：

	4						1	
	5	6				2		
	1		9	7				
8			4		6			
		4				9		
			2		8			1
				2	3		5	
		7				6	4	
	2						3	

9	4	8	5	6	2	7	1	3
7	5	6	8	3	1	2	9	4
2	1	3	9	7	4	5	8	6
8	9	2	4	1	6	3	7	5
1	6	4	3	5	7	9	2	8
3	7	5	2	9	8	4	6	1
4	8	9	6	2	3	1	5	7
5	3	7	1	8	9	6	4	2
6	2	1	7	4	5	8	3	9

真题：

1					6			5
	5			7			4	
			1					
8				9		5		
	2		6		7		3	
		6		5				4
					9			
	1			3			9	
3			7					1

11.11　**算数数独**　在空格内填入数字1—9，使每行、每列、每宫及每条对角线内数字均不重复。每行及每条对角线上的数字都被白格和灰格分成1个四位数、1个三位数及1个两位数。盘面外提示数字表示其所对应的行或对角线内3组数之和。（200分）

例题和答案：

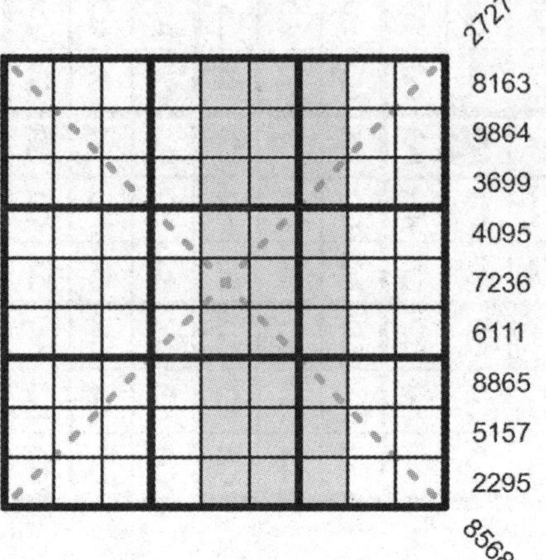

真题：

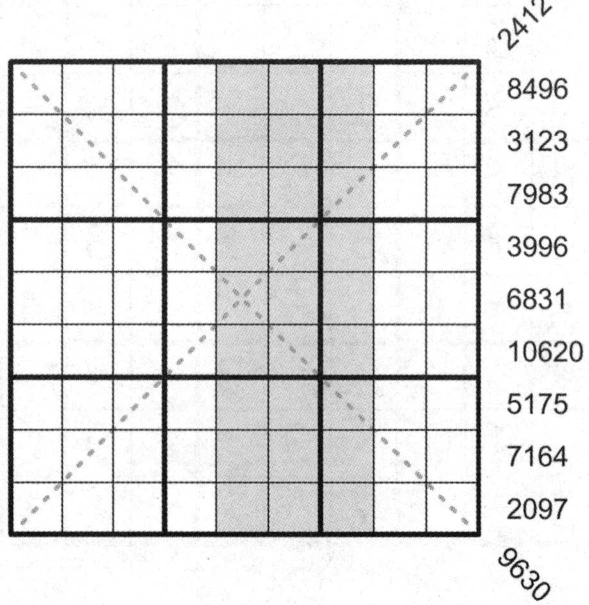

11.12 算数金字塔数独 在空格内填入数字1—9，使每行、每列及每宫内数字均不重复。盘面中灰格内的数字为其左下方与右下方灰格内数字的和或差。（250分）

例题和答案：

5		6				9		3
	2						8	
			3	8	2			
	9	8				1	4	
	5			2			3	
			1		8			
9								7
7			9		1			5

5	8	6	4	1	7	9	2	3
3	2	7	5	9	6	4	8	1
4	1	9	3	8	2	5	7	6
6	9	8	7	5	3	1	4	2
1	5	4	6	2	9	7	3	8
2	7	3	1	4	8	6	5	9
9	3	5	8	6	4	2	1	7
8	6	1	2	7	5	3	9	4
7	4	2	9	3	1	8	6	5

真题：

			2		5			
9				8				6
	1						4	
3		7				9		4
	2		8		3		1	
1		4				2		3
	3						5	
5								8

第12轮　团体赛：神秘五连体

限时：45分钟　总分：1625分

12.1　纯数五连体数独 ………………………… 5 × 75分

12.2　灰格五连体数独 ………………………… 5 × 75分

12.3　灰线五连体数独 ………………………… 5 × 100分

12.4　提示五连体数独 ………………………… 5 × 75分

本轮包含4道独立的大题。最多4个选手同时解答同一道大题。选手可以在任意时刻换题，但是必须保证4位选手只能同时解答同一道题目。所有题目均符合标准数独的规则：在空格内填入数字1—9，使每行、每列及每宫内数字均不重复。每道大题由5道相互连接的小题组成，每道题目都有其对应的变形规则，选手需要将5种变形规则分别对应到5道题目。每道完整解出且作答完全正确的小题将得到相应分值。

12.1　纯数五连体数独

12.1–A　无马数独：在空格内填入数字1—9，使每行、每列及每宫内数字均不重复。盘面内形成国际象棋中马步位置（二拐一）关系的2格内不能出现相同的数字。

例题和答案：

	9						8	
1		8				3		5
	7						9	
				8				
			9		6			
				5				
	2						7	
4		7				9		6
	5						2	

2	9	3	6	4	5	7	8	1
1	4	8	2	9	7	3	6	5
6	7	5	8	1	3	4	9	2
3	6	9	4	8	2	5	1	7
5	1	4	9	7	6	2	3	8
7	8	2	3	5	1	6	4	9
8	2	6	5	3	9	1	7	4
4	3	7	1	2	8	9	5	6
9	5	1	7	6	4	8	2	3

12.1–B　同位数独：在空格内填入数字1—9，使每行、每列及每宫内数字均不重复。每宫内相同位置的9格内数字不重复。

例题和答案：

			2		3		9	
						8		2
				6			3	
8			5					9
		7		8		1		
1					4			7
	8			3				
2		9						
	4		8		9			

4	7	8	2	5	3	6	9	1
5	6	3	4	9	1	8	7	2
9	1	2	7	6	8	4	3	5
8	2	4	5	1	7	3	6	9
3	5	7	9	8	6	1	2	4
1	9	6	3	2	4	5	8	7
7	8	5	1	3	2	9	4	6
2	3	9	6	4	5	7	1	8
6	4	1	8	7	9	2	5	3

12.1–C　不连续数独：在空格内填入数字1—9，使每行、每列及每宫内数字均不重复。盘面内任意横竖相邻2格内数字之差不为1。

例题和答案：

	9				4			
						8		2
	8							
2								
				2				
								4
							5	
4		1						
			7				6	

3	9	2	5	8	4	6	1	7
1	5	7	9	3	6	8	4	2
6	8	4	2	7	1	3	9	5
2	4	6	8	5	3	1	7	9
8	1	9	4	2	7	5	3	6
5	7	3	1	6	9	2	8	4
7	3	8	6	4	2	9	5	1
4	6	1	3	9	5	7	2	8
9	2	5	7	1	8	4	6	3

12.1–D　皇后数独：在空格内填入数字1—9，使每行、每列及每宫内数字均不重复。盘面内数字9为皇后，两个皇后不能同时出现在同一条对角线上。

例题和答案：

5			8				4	3
		6						1
	4		2					
2		3		6				
			5		7			
				8		6		7
					4		5	
7						3		
8	6				1			2

5	2	1	8	9	6	7	4	3
3	8	6	7	4	5	9	2	1
9	4	7	2	1	3	5	6	8
2	7	3	4	6	9	1	8	5
6	1	8	5	3	7	2	9	4
4	9	5	1	8	2	6	3	7
1	3	2	9	7	4	8	5	6
7	5	4	6	2	8	3	1	9
8	6	9	3	5	1	4	7	2

12.1–E　无缘数独：在空格内填入数字1—9，使每行、每列及每宫内数字均不重复。盘面任意对角相邻格不可以填入相同数字。

例题和答案：

	8		1		7		5	
7	4						9	3
				9				
2								9
		4				3		
8								6
				3				
6	2						3	1
	5		7		6		4	

9	8	3	1	6	7	2	5	4
7	4	6	8	2	5	1	9	3
5	1	2	4	9	3	8	6	7
2	6	7	3	8	4	5	1	9
1	9	4	6	5	2	3	7	8
8	3	5	9	7	1	4	2	6
4	7	1	2	3	9	6	8	5
6	2	9	5	4	8	7	3	1
3	5	8	7	1	6	9	4	2

真题：5个单独的数独分别为无马数独、同位数独、不连续数独、皇后数独和无缘数独。（5×75分）

	8			3												3			2	
7			2		9										5		4			3
								4				3								
3							5						7							1
	1			9		6								6		7			8	
8					2										6					9
				7						2						2				
	7		9						3		7						3		5	
		8						3				2						3		
						1				3				5						
							8		4		6		2							
						2				1				6						
		1						4				1						7		
	6		2						2		4						8		4	
				3						5						6				
1					5										5					7
	3			8		4								4		2			3	
7							6						3							1
								7				2								
9			1		6										1		7			5
	8			4												4			8	

12.2 灰格五连体数独

12.2–A 量5数独：在空格内填入数字1—9，使每行、每列及每宫内数字均不重复。盘面内有9个灰格，每个灰格都与盘面中一个不同的数字5配对。与灰格配对的数字5出现在该灰格的横、竖或对角线方向。灰格内数字表示该格与其所配对的数字5之间的距离（对角相邻的两格距离为1，以此类推），数字5不能出现在灰格内。

例题和答案：

	4				2			9
2							7	
	1		9			6		
		6			4			
				3				
			2			3		
		1			7		6	
	8							5
9								

6	4	8	3	7	2	5	1	9
2	9	5	1	6	8	4	7	3
7	1	3	9	4	5	6	8	2
5	3	6	7	1	4	9	2	8
8	2	9	5	3	6	7	4	1
1	7	4	2	8	9	3	5	6
3	5	1	8	9	7	2	6	4
4	8	7	6	2	3	1	9	5
9	6	2	4	5	1	8	3	7

12.2–B 偶数数独：在空格内填入数字1—9，使每行、每列及每宫内数字均不重复。盘面中灰格内必须填入偶数。

例题和答案：

					8		5	
	1	9			3			
		4					2	6
3			6	2				
4								2
				3	1			7
6	4					7		
			5			4	8	
	8		9					

7	2	6	4	9	8	3	5	1
5	1	9	2	6	3	8	7	4
8	3	4	1	7	5	9	2	6
3	7	1	6	2	4	5	9	8
4	6	8	7	5	9	1	3	2
9	5	2	8	3	1	6	4	7
6	4	5	3	8	2	7	1	9
2	9	7	5	1	6	4	8	3
1	8	3	9	4	7	2	6	5

12.2-C　额外区域数独：在空格内填入数字1—9，使每行、每列及每宫内数字均不重复。9个灰格内分别填入数字1—9各一次。

例题和答案：

6								8
						2		
	3		5	6	8			
		3	4		7	5		
		1				3		
		7	6		2	8		
			7	8	6		9	
		8						
4								5

6	7	9	2	4	3	1	5	8
5	8	4	1	7	9	2	3	6
1	3	2	5	6	8	9	7	4
8	6	3	4	1	7	5	2	9
2	4	1	8	9	5	3	6	7
9	5	7	6	3	2	8	4	1
3	1	5	7	8	6	4	9	2
7	2	8	9	5	4	6	1	3
4	9	6	3	2	1	7	8	5

12.2-D　堡垒数独：在空格内填入数字1—9，使每行、每列及每宫内数字均不重复。灰格内数字大于其横竖相邻的所有白格内数字。

例题和答案：

		4		1		3		
1				7				9
7		6				2		8
	8						9	
5								1
			7	3	9			
	3		8		6		7	
			4		3			
				9				

8	5	4	9	1	2	3	6	7
1	2	3	6	7	8	5	4	9
7	9	6	3	4	5	2	1	8
3	8	7	5	6	1	4	9	2
5	6	9	2	8	4	7	3	1
4	1	2	7	3	9	6	8	5
2	3	1	8	5	6	9	7	4
9	7	8	4	2	3	1	5	6
6	4	5	1	9	7	8	2	3

12.2-E　同和数独：在空格内填入数字1—9，使每行、每列及每宫内数字均不重复。每个灰格横竖相邻4格内数字之和都相等。

例题和答案：

			7	8				
8	9	1						
			4		3			
1				5		6		
7					6			3
2						9		1
	3						8	
		2					4	
			1	2	5		9	

3	2	4	7	8	1	5	6	9
8	9	1	5	6	2	4	3	7
5	6	7	4	9	3	2	1	8
1	8	3	9	5	7	6	2	4
7	4	9	2	1	6	8	5	3
2	5	6	3	4	8	9	7	1
9	3	5	6	7	4	1	8	2
6	1	2	8	3	9	7	4	5
4	7	8	1	2	5	3	9	6

真题：5个单独的数独分别为量5数独、偶数数独、额外区域数独、堡垒数独和同和数独。（5×75分）

7			4	6				8				9				6	8			2
		2					7						3					4		
	1																		3	
3				2				4				1				5				6
5			8	9				2				5				1	7			3
							9						8							
	6				1		8		7		4		1		7				2	
4			5	7						9						2	9			1
							1		4		2		9							
								2				7								
							7		3		6		8							
1			7	4						4						8	9			3
	4				2		9		1		5		3		5				6	
							3						9							
3			4	8				1				7				9	6			2
2				6				5				8				7				6
	8																		9	
		7					1						8					7		
5			6	2				7				5				4	8			1

12.3 灰线五连体数独

12.3-A 无头箭数独：在空格内填入数字1—9，使每行、每列及每宫内数字均不重复。在盘面内每条灰色粗线上放置1个圆圈，并在未使用的1个或2个粗线的端点位置放置箭头。圈内数字为其延伸出的每条箭头线上所有数字之和，箭头线上的数字可以重复。

例题和答案：

7		2						9
			7	1				
4		8						2
	9				6	5	7	
	8							
			2		5		3	
			3			6		7
			1		7			
3		6				9		

7	3	2	6	4	8	1	5	9
9	6	5	7	1	2	4	8	3
4	1	8	9	5	3	7	6	2
2	9	1	8	3	6	5	7	4
5	8	3	4	7	1	2	9	6
6	4	7	2	9	5	8	3	1
1	5	4	3	8	9	6	2	7
8	2	9	1	6	7	3	4	5
3	7	6	5	2	4	9	1	8

12.3-B 回文数独：在空格内填入数字1—9，使每行、每列及每宫内数字均不重复。盘面内每条灰色粗线上首尾对应的格内应填入相同的数字（例如：2–3–6–6–3–2或3–1–6–1–3）。

例题和答案：

				1			5	
	3						7	6
	6	2			5			
6			5			7		
		4				5		
2			3			4		
	1	9			8			
	2						4	3
				4			9	

9	4	7	6	1	3	2	5	8
1	3	5	4	8	2	9	7	6
8	6	2	9	7	5	3	1	4
6	9	8	5	2	4	7	3	1
3	7	4	8	9	1	5	6	2
2	5	1	3	6	7	4	8	9
4	1	9	7	3	8	6	2	5
7	2	6	1	5	9	8	4	3
5	8	3	2	4	6	1	9	7

12.3-C　奇偶线数独：在空格内填入数字1—9，使每行、每列及每宫内数字均不重复。盘面内每条灰色粗线上所有数字的奇偶属性相同。

例题和答案：

	3		8	9				
			2			7		3
		2					8	
					2			6
4		9				1		5
1			7					
	6					2		
7		8			5			
				3	8		9	

5	3	7	8	9	4	6	1	2
9	8	4	2	6	1	7	5	3
6	1	2	5	7	3	4	8	9
8	5	3	1	4	2	9	7	6
4	7	9	3	8	6	1	2	5
1	2	6	7	5	9	8	3	4
3	6	5	9	1	7	2	4	8
7	9	8	4	2	5	3	6	1
2	4	1	6	3	8	5	9	7

12.3-D　等差数列数独：在空格内填入数字1—9，使每行、每列及每宫内数字均不重复。盘面内每条灰色粗线上数字呈等差数列，即线上数字从其中一头到另一头从小到大排列，且所有线上连续的两格内数字之差相等。

例题和答案：

	2			1				
			8			6	5	
		1		6				
	3		2				4	9
5								7
7	1				8		3	
				5		4		
	5	9			2			
				8			7	

6	2	5	9	1	7	3	8	4
9	4	7	8	2	3	6	5	1
3	8	1	4	6	5	7	9	2
8	3	6	2	7	1	5	4	9
5	9	2	3	4	6	8	1	7
7	1	4	5	9	8	2	3	6
1	7	8	6	5	9	4	2	3
4	5	9	7	3	2	1	6	8
2	6	3	1	8	4	9	7	5

12.3–E　差4波浪数独：在空格内填入数字1—9，使每行、每列及每宫内数字均不重复。盘面内每条灰色粗线上的数字呈大小交替，且线上任意相邻2格内数字之差至少为4。

例题和答案：

						4		9
	3	1				8		
	9		6		8			
		6				3		4
				6	3			
		5		9				2
2	5		8				9	
						2		
1			4		5			

6	2	8	3	5	7	4	1	9
5	3	1	2	4	9	8	7	6
4	9	7	6	1	8	5	2	3
9	1	6	7	8	2	3	5	4
7	4	2	5	6	3	9	8	1
3	8	5	1	9	4	7	6	2
2	5	4	8	3	6	1	9	7
8	6	3	9	7	1	2	4	5
1	7	9	4	2	5	6	3	8

真题：5个单独的数独分别为无头箭数独、回文数独、奇偶线数独、等差数列数独和差4波浪数独。（5×100分）

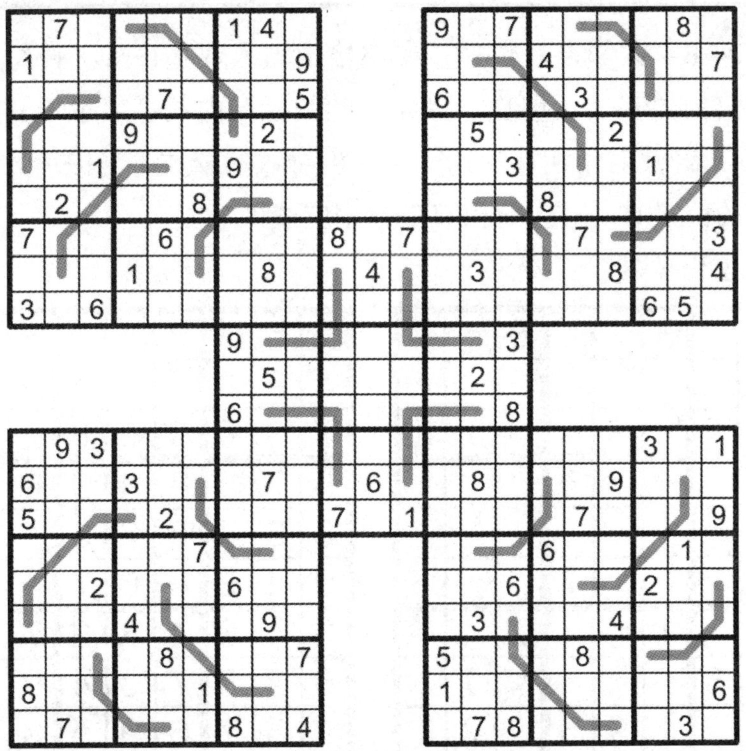

12.4 提示五连体数独

12.4-A　数邻计数数独：在空格内填入数字1—9，使每行、每列及每宫内数字均不重复。盘面中圆圈标记内数字表示与其所在位置2格横、竖及对角相邻的10个格子内不同数字的个数（当提示数在盘面边或角的位置时，对应的相邻格数相应减少）。

例题和答案：

5								4
			2		5			
		9				6		
	2	7				3	5	
	6			7			4	
	8		9		1		6	
8								2
			6	8	7			
		3				7		

5	1	2	7	9	6	8	3	4
6	3	8	2	4	5	1	7	9
7	4	9	3	1	8	6	2	5
9	2	7	8	6	4	3	5	1
3	6	1	5	7	2	9	4	8
4	8	5	9	3	1	2	6	7
8	7	6	1	5	3	4	9	2
2	9	4	6	8	7	5	1	3
1	5	3	4	2	9	7	8	6

12.4-B　数邻奇数数独：在空格内填入数字1—9，使每行、每列及每宫内数字均不重复。盘面中圆圈标记内数字表示于其所在位置2格横、竖及对角相邻的10个格子内奇数的个数（当提示数在盘面边或角的位置时，对应的相邻格数相应减少）。

例题和答案：

			3			8		7
4	9							
		6		5				1
5			4		9			
8						1		
		2			7			3
	4		1			7		
		5					1	
				9	5		2	

2	5	1	3	4	6	8	9	7
4	9	8	2	7	1	5	3	6
7	3	6	9	5	8	2	4	1
5	7	3	4	1	9	6	8	2
8	6	4	5	2	3	1	7	9
9	1	2	8	6	7	4	5	3
3	4	9	1	8	2	7	6	5
6	2	5	7	3	4	9	1	8
1	8	7	6	9	5	3	2	4

12.4-C　减法数独：在空格内填入数字1—9，使每行、每列及每宫内数字均不重复。盘面中圆圈标记内数字表示两侧格内数字之差。

例题和答案：

		8		4				
				1		9	6	
6							3	
				2				1
3	5						8	
			4		3		5	
	7							8
	8	4		6	5			
			1			7		5

7	9	8	3	4	6	5	1	2
5	2	3	8	1	7	9	6	4
6	4	1	2	5	9	8	3	7
4	6	9	5	8	2	3	7	1
3	5	2	6	7	1	4	8	9
8	1	7	4	9	3	2	5	6
1	7	5	9	3	4	6	2	8
2	8	4	7	6	5	1	9	3
9	3	6	1	2	8	7	4	5

12.4-D　大数数独：在空格内填入数字1—9，使每行、每列及每宫内数字均不重复。盘面中圆圈标记内数字表示两侧格内数字中较大的数字。

例题和答案：

1		9			6			8
			9		3			
8								4
	2		7		4		6	
		5				8		
	7	4				1	9	
5				4				9
			1	3	2			

1	3	9	4	7	5	6	2	8
4	6	2	9	8	3	7	5	1
8	5	7	2	6	1	9	3	4
9	2	8	7	1	4	5	6	3
6	1	5	3	2	9	8	4	7
3	7	4	8	5	6	1	9	2
5	8	3	6	4	7	2	1	9
2	4	1	5	9	8	3	7	6
7	9	6	1	3	2	4	8	5

12.4–E　乘积十位数独：在空格内填入数字1—9，使每行、每列及每宫内数字均不重复。盘面中圆圈标记内数字表示两侧格内数字之积的十位数字。

例题和答案：

	3	5				4		
			9	8				
		4				9		7
	9		1					
1	4						3	
			8		7		2	
6						2		5
				1	5			6
		1		6				

9	3	5	6	7	2	4	8	1
7	1	6	9	8	4	3	5	2
2	8	4	3	5	1	9	6	7
8	9	2	1	3	6	5	7	4
1	4	7	5	2	9	6	3	8
5	6	3	8	4	7	1	2	9
6	7	8	4	9	3	2	1	5
3	2	9	7	1	5	8	4	6
4	5	1	2	6	8	7	9	3

真题：五个单独的数独分别为数邻计数数独、数邻奇数数独、减法数独、大数数独和乘积十位数独。（5×75分）

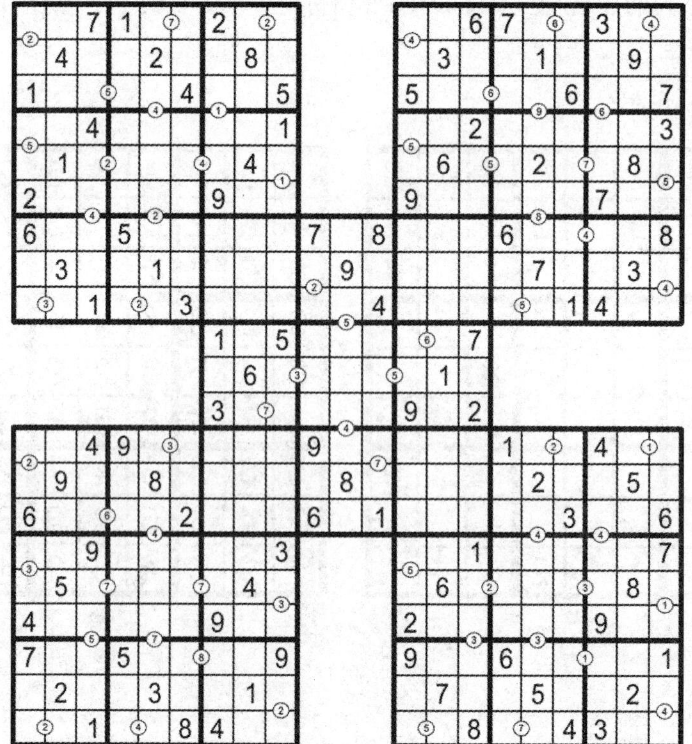

第13轮　团体赛：加密

限时：40分钟　总分：1600分

13.1　标准数独……………………………………… 4×50分

13.2　不规则数独…………………………………… 4×100分

13.3　减法数独……………………………………… 4×125分

13.4　摩天楼数独…………………………………… 4×125分

本轮包含4道独立的大题。最多4个选手同时解答同一道大题。选手可以在任意时刻换题，但是必须保证4位选手只能同时解答同一道大题。每道大题由4道相同题型的小题组成，4道小题之间通过字母关联。相同字母代表相同数字，不同字母代表不同数字。每道完整解出且作答完全正确的小题将得到相应分值。

13.1　标准数独　在空格内填入数字1—9，使每行、每列及每宫内数字均不重复。（4×50分）

	3		7				6	
9		5	G					3
			B		5		2	
		H				6	F	8
2	A	6				E		
	8		4		C			
5					D	7		6
	7				3		8	

6		3						
				3	B		D	
7				F		3	5	
			2	5				1
	3	H	8					
	G						4	C
		2						5
	E	5			9			
			7		A	2		

A		H		3		6		
			6		2	C	3	
B								
	7				5		8	
3							G	9
	8		9					
7	F							3
	5		1	D				
				2		5		E

	3		5		1		6	
6		2				A		8
			B		C			
1		3				9		7
		D				E		
2		9				3		6
			F		G			
3		H				6		4
	9		1		4		3	

13.2 不规则数独 在空格内填入数字1—9，使每行、每列及每个不规则粗线宫内数字均不重复。（4×100分）

	B							5
			2		1	5		
	8	A		9				1
	H							G
			3		6			
C							F	
5				7		D	4	
		9	6		7			
9							E	

				F	7	2		
		9	B					
A					1		6	
9		3					H	
6								9
	E					8		3
	7		3					D
					C	5		
		1	4	G				

					9		8	
6		A			1			
				G			1	4
C					D		9	
		7				1		
	1		H					E
7	5			B				
			1			F		7
	3		2					

	9				4			
		A		B				6
					5		6	
C		D		2				
	3		1		7		8	
				4		E		F
	2		5					
1				G		H		
			3				2	

13.3 **减法数独** 在空格内填入数字1—9，使每行、每列及每宫内数字均不重复。盘面中圆圈标记内数字表示两侧格内数字之差。（4×125分）

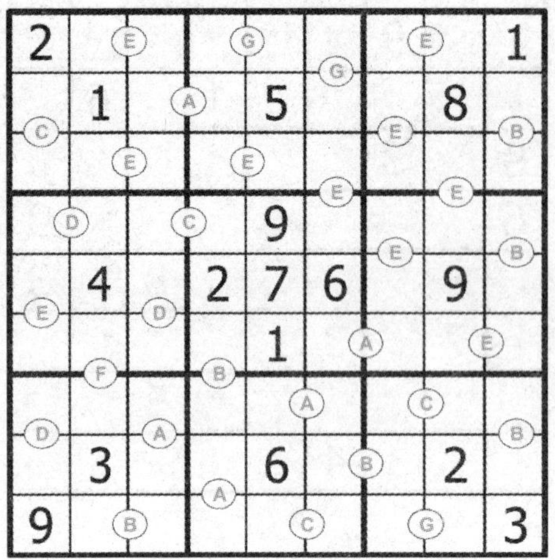

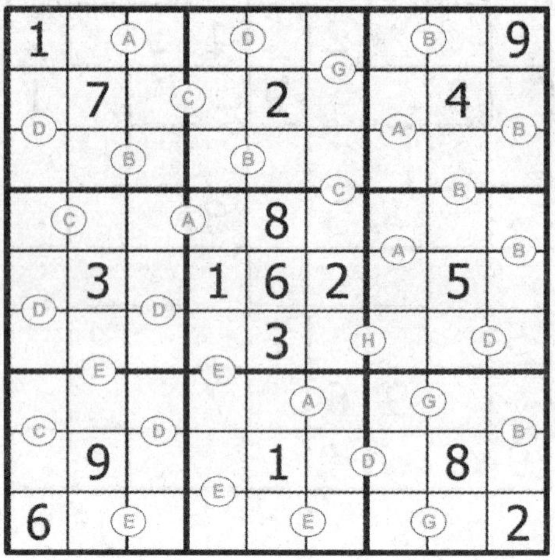

1								9
	7			2			4	
				8				
	3		1	6	2		5	
				3				
	9			1			8	
6								2

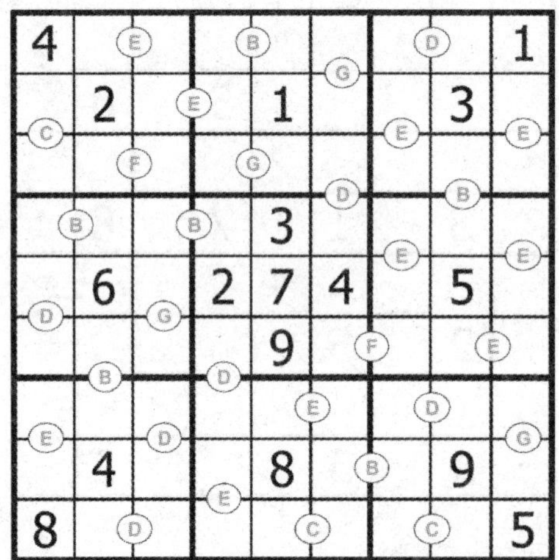

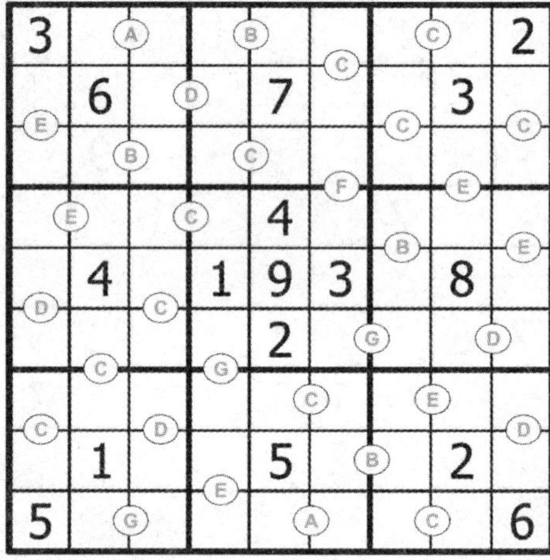

13.4　摩天楼数独　在空格内填入数字1—9，使每行、每列及每宫内数字均不重复。盘面内数字表示每个摩天楼的高度，较高的摩天楼会挡住后方所有比之低的摩天楼的视线。盘面外提示数字表示对应方向可以看见的摩天楼的个数。（4×125分）

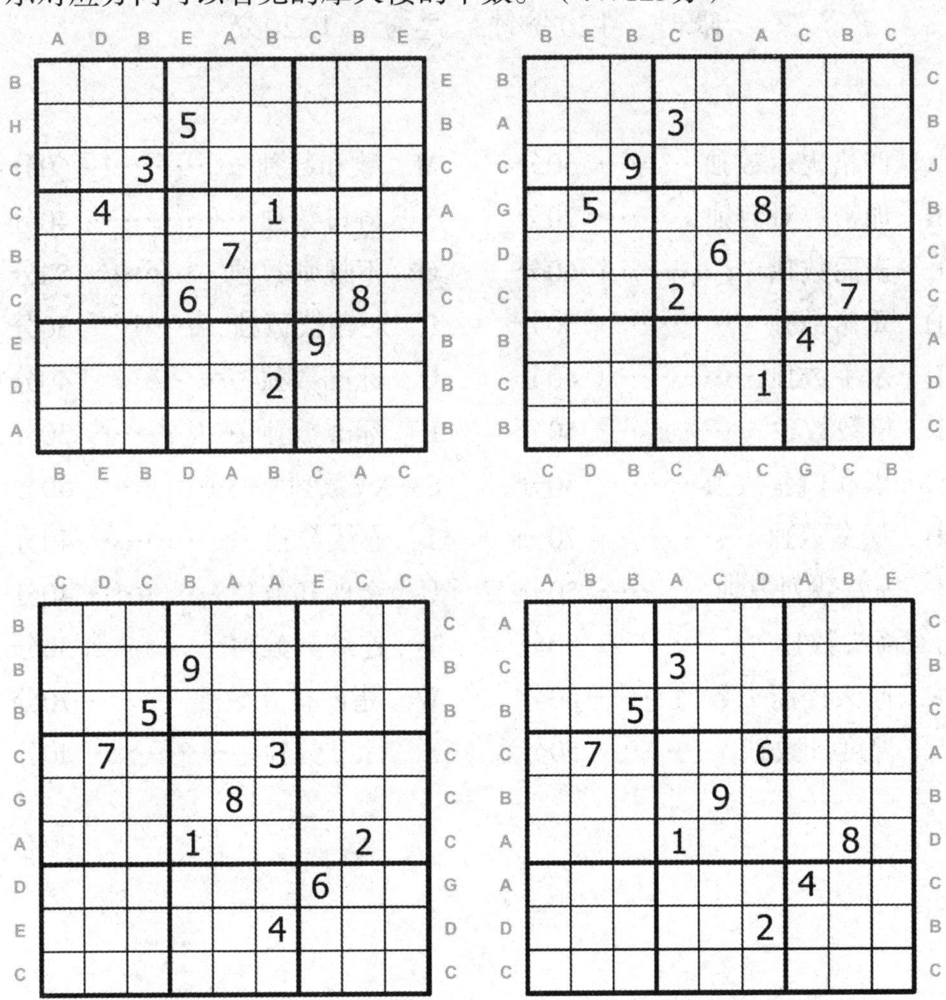

个人赛决赛

限时：120分钟　总分：1220分

A　四格提示数独 ……… 50分
B　加密数对数独 ……… 70分
C　表面数独 …………… 60分
D　重影数独 …………… 50分
E　杀手数独 …………… 40分
F　倍数数独 …………… 50分
G　黑和白差数独 ……… 50分
H　堡垒数独 …………… 70分
I　等差数列数独 ……… 50分
J　箭头数独 …………… 90分
K　摩天楼箭头数独 …… 60分
L　温度计数独 ………… 50分
M　数和数独 …………… 60分
N　窗口数独 …………… 40分
O　不规则数独 ………… 50分
P　对角线数独 ………… 30分
Q　标准数独 …………… 40分
R　标准数独 …………… 30分
S　XV数独 …………… 40分
T　连续数独 …………… 40分
U　奇偶和数独 ………… 40分
V　连续数数独 ………… 50分
W　指向排除数独 ……… 70分
X　标准数独 …………… 40分

A　四格提示数独　在空格内填入数字1—9，使每行、每列及每宫内数字均不重复。盘面内每组在4格交接处的4个提示数字表示其所在位置周围4格内数字，数字顺序不限。（50分）

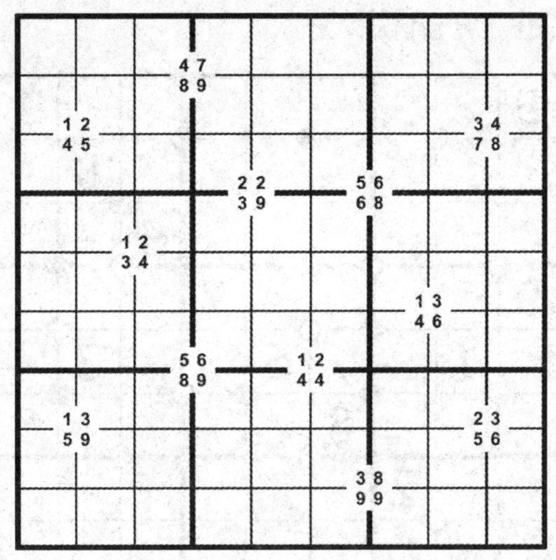

B　加密数对数独　在空格内填入数字1—9，使每行、每列及每宫内数字均不重复。盘面中虚线框内的数字组合被加密。如果2组虚线框内数字组合相同（顺序不限），则虚线框左上角的字母相同。如果2组虚线框内数字组合不相同，则虚线框左上角的字母不相同。（70分）

A				7			B	
	3	C			D		8	
8		E	4	B	2	A		6
6		9		1		3		5
		B		C		F		
9			1		4			2
	4	A			E		6	
F				8			D	

C **表面数独** 在空格内填入数字1—9，使每行、每列及每宫内数字均不重复。盘面内白点表示周围4格数字从小到大顺时针递增。盘面内黑点表示周围4格数字从小到大逆时针递增。所有符合条件的位置均已标出。（60分）

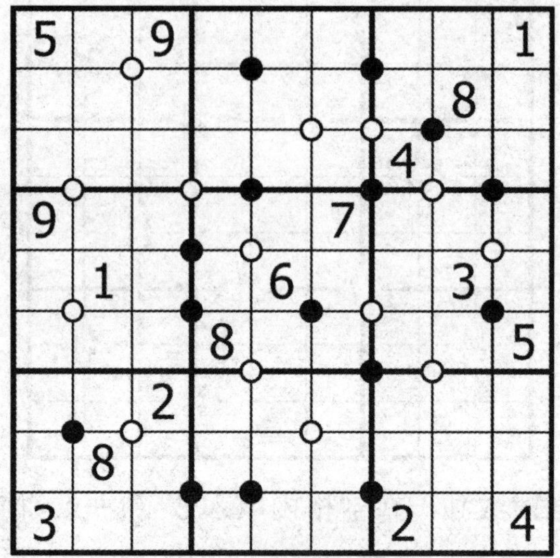

D **重影数独** 本题包含2个重叠的标准数独。在空格内填入数字1—9，使每行、每列及每宫内数字均不重复。（50分）

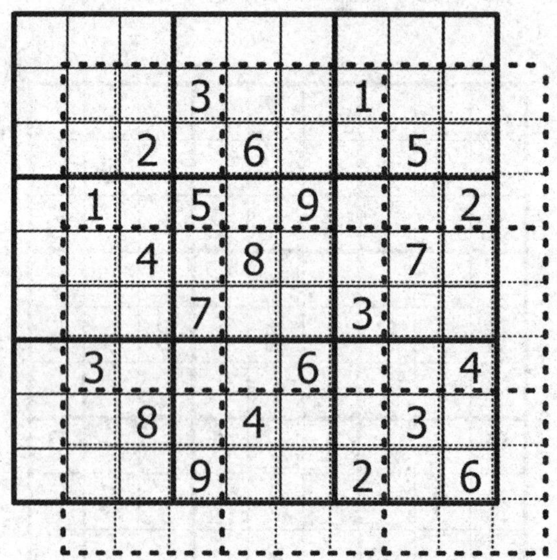

E　杀手数独　在空格内填入数字1—9，使每行、每列及每宫内数字均不重复。盘面内虚线框左上角数字表示该虚线框内所有数字之和。虚线框内数字不重复。（40分）

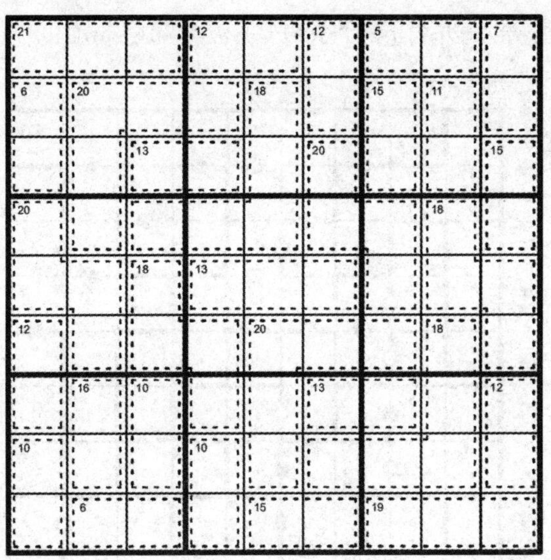

F　倍数数独　在空格内填入数字1—9，使每行、每列及每宫内数字均不重复。盘面中虚线框内形成的两位数为其左上角数字的整数倍。（50分）

			8	2				
				5	4			
					1	8		
2	3					5	7	
	4	6					2	1
		5	3					
			2	9				
				8	7			
5					3	4		

G　**黑和白差数独**　在空格内填入数字1—9，使每行、每列及每个不规则粗线宫内数字均不重复。盘面内白点表示两侧数字之差与它所在的行或列的序号相等。盘面内黑点表示两侧数字之和与它所在的行或列的序号相等。所有符合条件的位置均已标出。（50分）

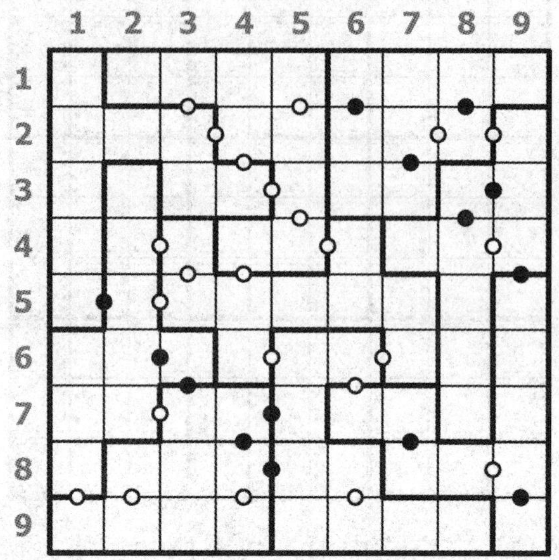

H　**堡垒数独**　在空格内填入数字1—9，使每行、每列及每宫内数字均不重复。盘面灰格内数字大于横竖相邻的所有白格内数字。（70分）

7	3						6	4
4								2
				5				
			9	6	4			
				1				
9								6
5	8						9	7

I　等差数列数独　在空格内填入数字1—9，使每行、每列及每宫内数字均不重复。盘面内每条灰色粗线上数字呈等差数列排列。即线上数字从其中一头到另一头从小到大排列，且所有线上连续的2格内数字之差相等。（50分）

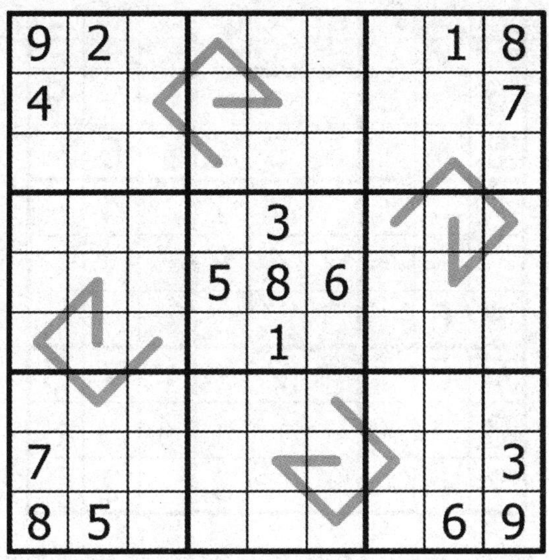

J　箭头数独　在空格内填入数字1—9，使每行、每列及每宫内数字均不重复。盘面中圆圈内数字为其延伸出的箭头线上的所有数字之和，箭头线上的数字可以重复。（90分）

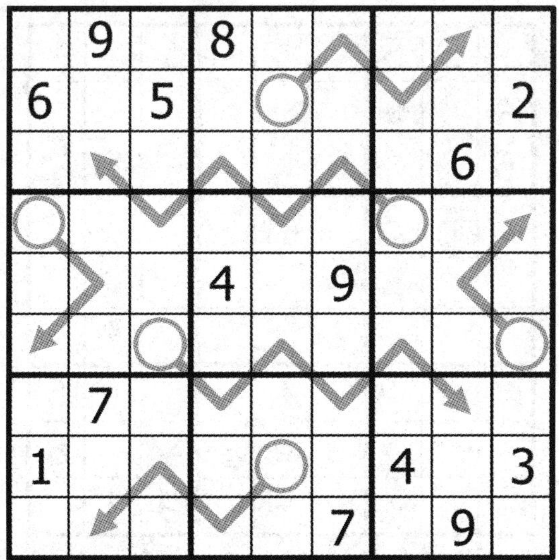

K　**摩天楼箭头数独**　在空格内填入数字1—9，使每行、每列及每宫内数字均不重复。盘面内数字表示每个摩天楼的高度。较高的摩天楼会挡住后方所有比它低的摩天楼的视线。盘面中圈内数字为延伸出的箭头线上可以看见的摩天楼的个数。（60分）

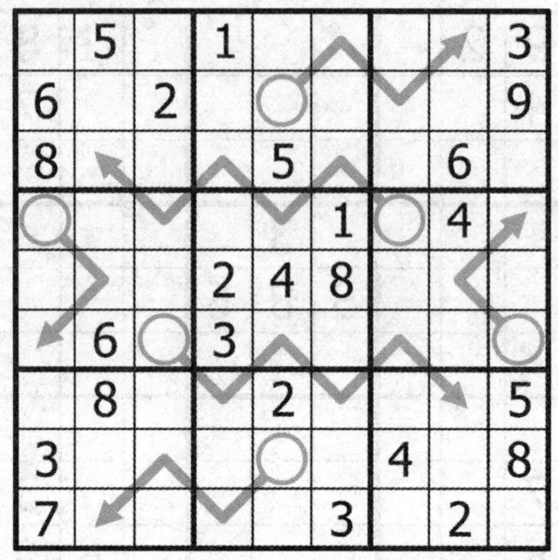

L　**温度计数独**　在空格内填入数字1—9，使每行、每列及每宫内数字均不重复。盘面内每个灰色形状表示一个温度计符号，圆圈格为该温度计内最小的数字，数字沿温度计方向另一头依次增大。（50分）

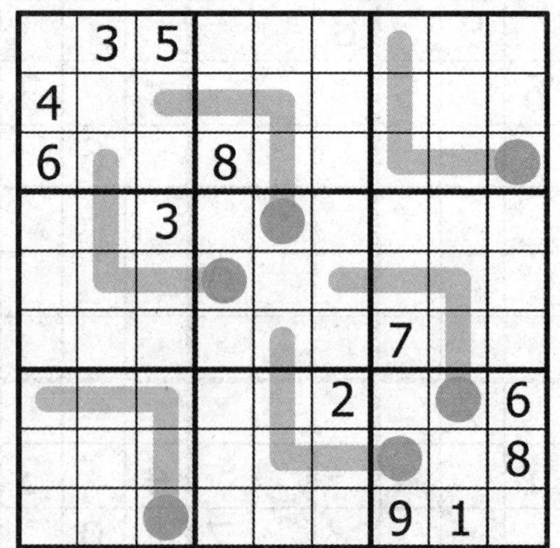

M　数和数独　在空格内填入数字1—9，使每行、每列及每个不规则粗线宫内数字均不重复。盘面中灰格内提示数字表示对应方向到下一个灰格之前所有白格内数字之和。（60分）

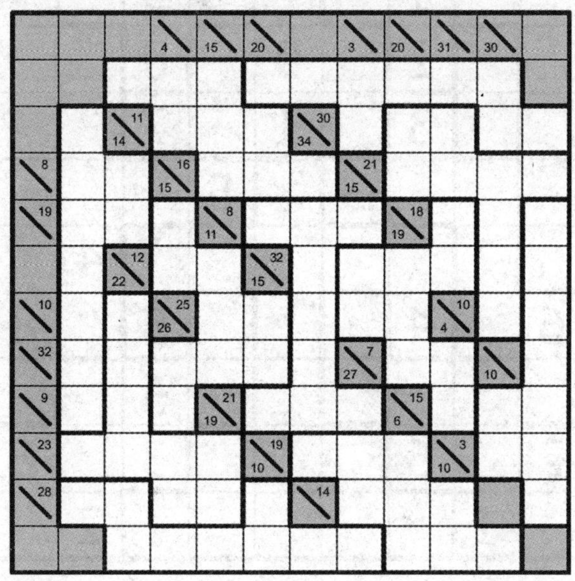

N　窗口数独　在空格内填入数字1—9，使每行、每列、每宫及4个9格灰色区域内数字均不重复。（40分）

		2				8		
		7		8		6		
		4		9		5		
	7		3		6		8	
3		8				2		9
	4					9		
1		3				4		6
	2						5	

O **不规则数独** 在空格内填入数字1—9，使每行、每列及每个不规则粗线宫内数字均不重复。（50分）

		1				9		
		2		9		8		
		3		1		7		
			3		5			
	7						4	
6		4				5		8
	3					4		
2		6				3		5
	1						2	

P **对角线数独** 在空格内填入数字1—9，使每行、每列、每宫及每条对角线内数字均不重复。（30分）

		1				4		
		2		6		5		
		3		2		6		
	8		6		1		4	
6		7				2		8
	4					8		
9		8				7		6
	3						2	

Q **标准数独** 在空格内填入数字1—9，使每行、每列及每宫内数字均不重复。（40分）

1			4			3		
	2			5			6	
		3			6			8
7			5			9		
	8			3			1	
		9			1			7
6			2			5		
	7			4			8	
		4			9			2

R **标准数独** 在空格内填入数字1—9，使每行、每列及每宫内数字均不重复。（30分）

		1				5		
		2		3		4		
		5		6		7		
			1		7			
		4				2		
	1		4		2		6	
		7			5			
	5		3		8		9	
		3				8		

S　XV数独　在空格内填入数字1—9，使每行、每列及每个不规则粗线宫内数字均不重复。盘面内X标记两侧格内数字之和为10，V标记两侧格内数字之和为5。所有符合条件的标记均已标出。（40分）

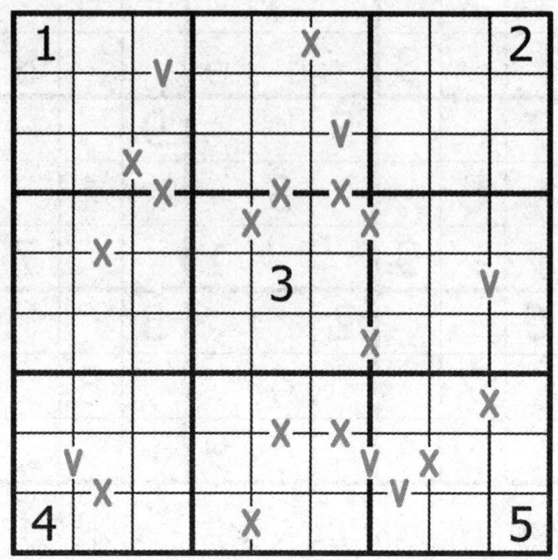

T　连续数独　在空格内填入数字1—9，使每行、每列及每宫内数字均不重复。盘面内白点两侧格内数字之差为1，所有符合条件的点均已标出。（40分）

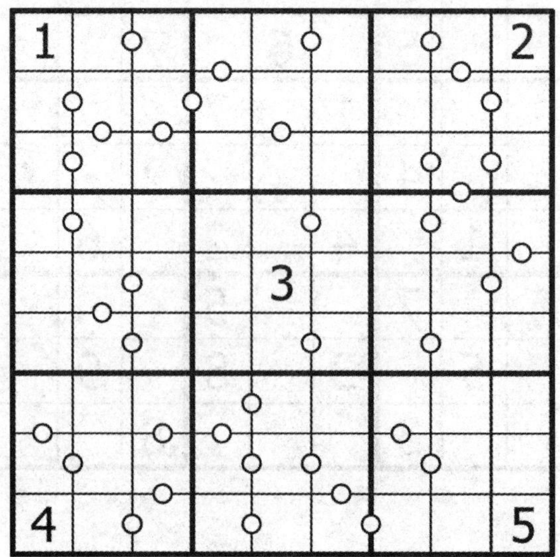

U　奇偶和数独　在空格内填入数字1—9，使每行、每列及每宫内数字均不重复。盘面内虚线框左上角字母O表示框内2个数字之和为奇数，字母E表示框内2个数字之和为偶数。（40分）

		9				6	8	
			8				7	5
1				6				2
	2				1			
		3		7		2		
			4				5	
3				5				1
2	9				6			
	5	1				7		

V　连续数数独　在空格内填入数字1—9，使每行、每列及每宫内数字均不重复。盘面内每个虚线框框出的灰色区域中都包含1组连续数字，数字的位置顺序没有限制。（50分）

		8					7	
			9					5
1				2				
	2				8			
		3				4		
			4				2	
				5				6
8					6			
	6					7		

W　指向排除数独　在空格内填入数字1—9，使每行、每列及每宫内数字均不重复。盘面内箭头格内数字不能出现在其所指方向的任何格内。（70分）

↘	↘	4	8		↙	5	2	
	↘	↘		7	↙	↙	3	4
5		↘	↘		4	↙	↙	9
1			↘	↘		9	↙	↙
↗	2						6	↙
↗	↗	3		↖	↖			8
7	↗	↗	4		↖	↖		3
8	3	↗	↗	5		↖	↖	
	5	2	↗		6	8	↖	↖

X　标准数独　在空格内填入数字1—9，使每行、每列及每宫内数字均不重复。（40分）

			4					
					2	1	7	8
	1	9						2
6			8				3	
1						4		
4					5			
3			5		6	7	8	9
	4	7						
					1			

真题答案

微信关注公众号“漫漫读”并回复“数独世锦赛”查看答案电子版。

第1轮　题目答案

1.1

5	3	1	8	7	9	2	4	6
2	6	4	5	1	3	9	8	7
9	7	8	6	2	4	3	5	1
8	2	6	1	9	5	4	7	3
3	4	7	2	8	6	5	1	9
1	9	5	4	3	7	6	2	8
7	5	2	3	6	8	1	9	4
4	8	3	9	5	1	7	6	2
6	1	9	7	4	2	8	3	5

1.2

4	1	9	2	7	8	6	3	5
7	2	5	1	6	3	9	8	4
3	8	6	5	4	9	7	1	2
2	5	4	8	9	1	3	7	6
9	7	1	6	3	4	2	5	8
6	3	8	7	2	5	1	4	9
5	4	7	9	1	6	8	2	3
1	9	3	4	8	2	5	6	7
8	6	2	3	5	7	4	9	1

1.3

2	6	3	5	7	1	9	8	4
8	7	9	4	6	3	2	1	5
4	1	5	2	9	8	6	3	7
3	4	2	8	1	6	7	5	9
7	5	8	9	4	2	3	6	1
6	9	1	7	3	5	4	2	8
5	8	7	6	2	9	1	4	3
9	3	6	1	5	4	8	7	2
1	2	4	3	8	7	5	9	6

1.4

4	8	5	7	3	2	9	1	6
9	3	2	1	4	6	8	7	5
6	1	7	9	8	5	4	3	2
8	5	3	4	9	1	2	6	7
1	9	6	2	7	3	5	8	4
7	2	4	5	6	8	1	9	3
2	4	8	3	1	7	6	5	9
5	7	1	6	2	9	3	4	8
3	6	9	8	5	4	7	2	1

1.5

4	1	2	9	7	3	5	8	6
6	7	8	5	4	2	9	3	1
3	9	5	1	8	6	2	4	7
9	3	1	6	5	8	7	2	4
2	4	7	3	9	1	6	5	8
5	8	6	4	2	7	1	9	3
8	2	4	7	1	5	3	6	9
1	5	3	8	6	9	4	7	2
7	6	9	2	3	4	8	1	5

1.6

8	1	9	4	2	7	3	6	5
4	3	2	6	5	8	9	1	7
5	7	6	1	9	3	2	4	8
3	5	7	9	1	4	6	8	2
9	4	8	2	3	6	7	5	1
2	6	1	8	7	5	4	3	9
1	9	4	5	6	2	8	7	3
7	8	5	3	4	9	1	2	6
6	2	3	7	8	1	5	9	4

1.7

2	5	1	3	6	4	7	9	8
9	8	6	7	5	2	4	3	1
4	7	3	1	9	8	2	5	6
8	1	9	2	7	3	6	4	5
6	3	7	9	4	5	8	1	2
5	4	2	6	8	1	3	7	9
3	9	4	8	1	6	5	2	7
1	2	8	5	3	7	9	6	4
7	6	5	4	2	9	1	8	3

1.8

9	8	6	1	3	2	5	7	4
4	7	1	8	6	5	3	9	2
3	5	2	7	9	4	8	6	1
6	1	8	5	4	3	7	2	9
2	3	4	9	7	8	1	5	6
7	9	5	6	2	1	4	8	3
1	6	7	3	5	9	2	4	8
5	4	3	2	8	6	9	1	7
8	2	9	4	1	7	6	3	5

1.9

3	7	8	2	1	9	5	4	6
2	5	9	4	3	6	1	7	8
1	6	4	7	5	8	2	9	3
5	3	2	1	6	7	9	8	4
8	4	6	3	9	5	7	2	1
9	1	7	8	2	4	3	6	5
7	9	5	6	8	1	4	3	2
6	2	1	9	4	3	8	5	7
4	8	3	5	7	2	6	1	9

1.10

3	9	7	1	8	2	6	5	4
6	5	8	4	3	7	1	9	2
2	1	4	5	6	9	7	8	3
1	4	5	3	2	6	8	7	9
7	2	6	8	9	5	3	4	1
8	3	9	7	1	4	5	2	6
9	8	1	2	7	3	4	6	5
4	6	3	9	5	8	2	1	7
5	7	2	6	4	1	9	3	8

1.11

3	4	6	2	7	1	9	5	8
8	2	7	9	5	6	1	4	3
1	9	5	3	8	4	6	7	2
6	8	2	4	9	3	7	1	5
7	1	4	5	2	8	3	6	9
9	5	3	6	1	7	2	8	4
2	6	9	7	4	5	8	3	1
5	3	1	8	6	9	4	2	7
4	7	8	1	3	2	5	9	6

1.12

5	7	6	4	3	1	9	2	8
3	9	2	5	8	6	7	4	1
4	1	8	2	7	9	5	6	3
8	6	1	3	9	4	2	5	7
9	2	3	7	6	5	1	8	4
7	4	5	8	1	2	6	3	9
2	5	7	1	4	3	8	9	6
1	3	9	6	5	8	4	7	2
6	8	4	9	2	7	3	1	5

1.13

7	6	9	2	1	8	3	4	5
3	1	2	5	4	7	9	6	8
8	5	4	6	3	9	7	2	1
6	3	5	9	7	2	1	8	4
9	7	1	8	5	4	2	3	6
2	4	8	1	6	3	5	9	7
4	8	7	3	2	5	6	1	9
5	2	6	4	9	1	8	7	3
1	9	3	7	8	6	4	5	2

第2轮 题目答案

2.1

7	6	5	4	1	3	8	2	9
8	1	3	2	9	7	6	4	5
4	2	9	8	6	5	3	7	1
6	9	1	7	3	2	4	5	8
3	5	8	9	4	1	2	6	7
2	4	7	6	5	8	9	1	3
9	3	6	5	7	4	1	8	2
5	8	4	1	2	9	7	3	6
1	7	2	3	8	6	5	9	4

2.2

4	8	5	1	2	7	9	6	3
6	2	7	3	9	4	1	8	5
1	9	3	5	8	6	7	4	2
3	5	2	8	6	9	4	1	7
9	7	6	4	1	5	2	3	8
8	1	4	2	7	3	5	9	6
5	3	8	7	4	1	6	2	9
2	6	1	9	5	8	3	7	4
7	4	9	6	3	2	8	5	1

2.3

1	6	9	7	4	5	3	8	2
8	5	2	9	3	1	4	6	7
7	3	4	2	6	8	5	9	1
5	9	7	3	2	4	6	1	8
4	8	3	1	9	6	2	7	5
2	1	6	8	5	7	9	3	4
9	4	1	6	7	2	8	5	3
6	7	5	4	8	3	1	2	9
3	2	8	5	1	9	7	4	6

2.4

6	3	7	2	4	9	8	5	1
5	8	1	7	3	6	4	2	9
4	9	2	8	1	5	3	6	7
1	7	6	9	2	4	5	3	8
8	4	9	3	5	1	2	7	6
2	5	3	6	8	7	9	1	4
3	6	8	1	9	2	7	4	5
9	1	5	4	7	3	6	8	2
7	2	4	5	6	8	1	9	3

2.5

5	6	7	1	2	8	9	4	3
9	8	2	6	3	4	5	7	1
4	3	1	7	5	9	6	8	2
7	9	4	5	6	2	3	1	8
1	5	8	3	9	7	2	6	4
6	2	3	4	8	1	7	9	5
3	7	6	8	1	5	4	2	9
2	1	5	9	4	6	8	3	7
8	4	9	2	7	3	1	5	6

2.6

1	7	9	2	5	3	6	8	4
2	8	5	6	7	4	3	1	9
6	4	3	9	8	1	7	2	5
7	9	1	4	2	5	8	3	6
8	5	6	7	3	9	1	4	2
4	3	2	8	1	6	5	9	7
3	6	7	1	9	2	4	5	8
9	1	4	5	6	8	2	7	3
5	2	8	3	4	7	9	6	1

2.7

2	6	8	7	3	4	9	5	1
5	7	4	6	1	9	3	2	8
9	3	1	5	8	2	6	4	7
4	9	6	3	2	7	8	1	5
7	8	5	9	4	1	2	6	3
1	2	3	8	6	5	7	9	4
6	4	2	1	7	3	5	8	9
8	5	7	4	9	6	1	3	2
3	1	9	2	5	8	4	7	6

2.8

1	2	3	4	7	6	5	8	9
6	9	5	8	3	7	1	2	4
5	6	8	7	4	2	9	1	3
3	8	7	9	2	1	6	4	5
2	5	6	3	1	9	4	7	8
9	7	4	1	5	8	3	6	2
8	4	1	2	9	5	7	3	6
4	1	2	5	6	3	8	9	7
7	3	9	6	8	4	2	5	1

2.9

2	5	3	8	7	6	9	1	4
6	4	9	1	5	8	3	7	2
7	1	6	3	2	9	4	5	8
9	8	2	4	1	5	6	3	7
5	3	4	9	8	7	2	6	1
1	6	5	7	3	2	8	4	9
8	2	7	6	4	1	5	9	3
4	9	1	2	6	3	7	8	5
3	7	8	5	9	4	1	2	6

2.10

8	7	3	9	5	1	2	6	4
1	5	6	2	3	4	7	9	8
2	4	9	8	7	6	1	5	3
3	8	1	6	9	2	5	4	7
5	9	7	1	4	3	8	2	6
4	6	2	7	8	5	3	1	9
6	3	4	5	1	7	9	8	2
9	2	5	3	6	8	4	7	1
7	1	8	4	2	9	6	3	5

第3轮　题目答案

3.1

7	9	4	5	2	6	3	8	1
5	2	3	1	8	4	6	9	7
1	8	6	3	7	9	4	2	5
4	1	8	7	5	3	9	6	2
6	3	9	4	1	2	5	7	8
2	7	5	6	9	8	1	3	4
3	6	1	8	4	7	2	5	9
9	4	7	2	6	5	8	1	3
8	5	2	9	3	1	7	4	6

3.2

1	9	3	4	7	5	2	6	8
5	6	2	8	9	1	4	3	7
8	4	7	3	6	2	5	1	9
3	7	4	6	8	9	1	5	2
6	5	9	1	2	7	8	4	3
2	1	8	5	3	4	7	9	6
9	2	5	7	1	6	3	8	4
4	8	6	2	5	3	9	7	1
7	3	1	9	4	8	6	2	5

3.3

4	2	3	6	1	7	5
7	1	5	2	6	4	3
6	3	1	7	5	2	4
5	4	2	1	3	6	7
2	7	6	3	4	5	1
1	5	7	4	2	3	6
3	6	4	5	7	1	2

3.4

2	7	4	5	3	9	6	8	1
3	6	5	8	1	2	7	4	9
8	9	1	7	4	6	5	3	2
7	8	9	6	5	3	2	1	4
6	1	2	4	9	8	3	7	5
4	5	3	2	7	1	9	6	8
5	2	8	3	6	4	1	9	7
1	3	7	9	8	5	4	2	6
9	4	6	1	2	7	8	5	3

3.5

8	1	6	9	5	2	7	4	3
7	6	2	8	1	4	3	5	9
1	9	3	5	4	7	6	2	8
5	7	9	4	3	1	8	6	2
6	5	1	7	2	8	9	3	4
2	8	7	6	9	3	4	1	5
3	4	8	1	6	5	2	9	7
4	2	5	3	8	9	1	7	6
9	3	4	2	7	6	5	8	1

3.6

9	1	8	6	2	5	4	7	3
7	5	3	1	4	9	6	8	2
2	6	4	8	3	7	5	9	1
6	9	2	5	8	3	7	1	4
4	8	7	2	9	1	3	6	5
5	3	1	7	6	4	8	2	9
1	2	6	4	5	8	9	3	7
3	7	5	9	1	6	2	4	8
8	4	9	3	7	2	1	5	6

3.7

7	6	8	3	9	2	1	5	4
2	5	9	7	4	1	3	6	8
1	3	4	8	5	6	7	2	9
5	9	3	2	7	4	8	1	6
6	1	2	9	8	5	4	3	7
4	8	7	1	6	3	5	9	2
9	2	5	4	3	7	6	8	1
8	7	6	5	1	9	2	4	3
3	4	1	6	2	8	9	7	5

3.8

5	7	6	8	3	9	2	1	4
1	2	8	7	6	4	5	3	9
9	3	4	1	5	2	8	7	6
6	1	2	5	4	7	9	8	3
8	5	9	3	1	6	4	2	7
3	4	7	2	9	8	6	5	1
7	6	5	4	2	3	1	9	8
2	9	3	6	8	1	7	4	5
4	8	1	9	7	5	3	6	2

3.9

5	9	1	4	3	8	7	2	6
4	3	7	2	9	6	1	5	8
6	8	2	5	1	7	4	3	9
9	2	6	3	8	1	5	7	4
1	7	3	9	4	5	6	8	2
8	5	4	7	6	2	9	1	3
7	6	5	8	2	4	3	9	1
2	1	9	6	7	3	8	4	5
3	4	8	1	5	9	2	6	7

3.10

3	8	9	2	4	7	5	1	6
4	1	2	9	6	5	7	8	3
7	6	5	3	1	8	4	9	2
2	5	7	1	8	6	3	4	9
8	3	4	5	7	9	2	6	1
1	9	6	4	2	3	8	5	7
6	7	3	8	9	4	1	2	5
9	2	8	7	5	1	6	3	4
5	4	1	6	3	2	9	7	8

3.11

5	8	9	4	3	2	1	7	6
3	6	4	1	7	8	2	5	9
1	7	2	6	5	9	4	3	8
6	9	3	8	4	5	7	2	1
2	1	5	3	9	7	6	8	4
7	4	8	2	1	6	3	9	5
9	2	7	5	6	1	8	4	3
4	5	1	7	8	3	9	6	2
8	3	6	9	2	4	5	1	7

3.12

9	1	7	8	3	4	2	6	5
2	3	8	6	1	5	4	9	7
4	5	6	2	7	9	3	1	8
1	6	3	7	4	8	5	2	9
7	4	9	5	2	3	6	8	1
5	8	2	9	6	1	7	3	4
3	7	1	4	9	6	8	5	2
8	9	4	3	5	2	1	7	6
6	2	5	1	8	7	9	4	3

3.13

3	1	7	2	6	9	4	8	5
4	2	5	3	8	1	9	6	7
8	9	6	4	7	5	1	2	3
2	6	4	9	5	8	3	7	1
7	8	9	1	3	2	5	4	6
5	3	1	6	4	7	2	9	8
1	7	8	5	9	4	6	3	2
9	5	3	7	2	6	8	1	4
6	4	2	8	1	3	7	5	9

3.14

1	8	2	5	4	6	7	9	3
9	7	5	2	3	8	4	1	6
4	3	6	7	1	9	8	5	2
8	1	7	3	6	5	9	2	4
5	6	4	9	7	2	1	3	8
2	9	3	1	8	4	5	6	7
3	5	9	8	2	7	6	4	1
7	4	1	6	5	3	2	8	9
6	2	8	4	9	1	3	7	5

3.15

5	1	8	2	3	9	7	4	6
7	6	3	1	5	4	2	9	8
4	2	9	8	7	6	5	1	3
3	7	1	6	8	5	4	2	9
6	8	2	4	9	1	3	7	5
9	4	5	3	2	7	6	8	1
2	3	6	7	1	8	9	5	4
1	9	7	5	4	3	8	6	2
8	5	4	9	6	2	1	3	7

3.16

5	4	7	3	1	0	2	6	0
0	6	3	2	7	4	1	0	5
2	0	1	0	6	5	7	4	3
4	3	0	7	0	2	6	5	1
0	1	2	5	3	6	0	7	4
6	7	5	1	4	0	3	0	2
7	5	0	6	2	3	4	1	0
3	0	6	4	0	1	5	2	7
1	2	4	0	5	7	0	3	6

3.17

6	1	5	7	2	4	8	9	3
7	9	8	6	5	3	2	4	1
4	2	3	8	1	9	7	6	5
9	6	1	4	7	5	3	8	2
8	4	7	3	9	2	5	1	6
5	3	2	1	6	8	4	7	9
3	7	9	2	8	6	1	5	4
2	8	6	5	4	1	9	3	7
1	5	4	9	3	7	6	2	8

3.18

6	4	3	7	8	2	1	5	9
8	5	7	3	1	9	4	6	2
9	1	2	5	4	6	8	7	3
2	8	4	6	7	3	9	1	5
5	3	6	9	2	1	7	4	8
7	9	1	4	5	8	3	2	6
4	6	8	1	3	5	2	9	7
3	7	9	2	6	4	5	8	1
1	2	5	8	9	7	6	3	4

第4轮　题目答案

4.1

4	7	8	9	6	1	5	2	3
1	6	5	2	8	3	9	7	4
3	9	2	4	7	5	1	8	6
2	4	9	3	1	8	6	5	7
6	8	1	7	5	4	3	9	2
5	3	7	6	2	9	4	1	8
9	5	4	8	3	7	2	6	1
8	2	3	1	9	6	7	4	5
7	1	6	5	4	2	8	3	9

4.2

9	1	3	7	2	6	4	5	8
5	7	8	1	9	4	2	3	6
2	4	6	5	8	3	1	7	9
1	2	9	6	3	8	7	4	5
7	8	4	2	5	1	6	9	3
6	3	5	4	7	9	8	1	2
8	5	2	9	1	7	3	6	4
4	9	7	3	6	2	5	8	1
3	6	1	8	4	5	9	2	7

4.3

5	4	6	8	7	1	3	9	2
9	1	3	6	2	4	8	5	7
2	8	7	3	9	5	4	6	1
7	6	9	5	1	3	2	4	8
8	3	2	9	4	7	6	1	5
1	5	4	2	8	6	7	3	9
3	2	8	4	5	9	1	7	6
6	7	5	1	3	2	9	8	4
4	9	1	7	6	8	5	2	3

4.4

3	2	9	5	1	8	7	4	6
4	5	1	9	6	7	2	8	3
7	6	8	4	3	2	5	1	9
8	1	5	7	4	6	3	9	2
2	3	6	8	9	1	4	7	5
9	4	7	3	2	5	1	6	8
6	8	3	1	5	4	9	2	7
5	7	4	2	8	9	6	3	1
1	9	2	6	7	3	8	5	4

4.5

1	3	2	4	8	6	5	9	7
6	7	5	1	3	9	8	4	2
8	9	4	2	5	7	3	1	6
4	5	7	3	6	8	9	2	1
9	1	6	5	7	2	4	3	8
2	8	3	9	4	1	6	7	5
5	2	1	6	9	3	7	8	4
7	6	9	8	2	4	1	5	3
3	4	8	7	1	5	2	6	9

4.6

4	3	9	7	5	1	8	6	2
2	1	8	9	4	6	7	5	3
5	7	6	8	3	2	9	4	1
9	6	5	3	2	8	1	7	4
1	4	3	6	9	7	2	8	5
8	2	7	4	1	5	3	9	6
3	8	1	5	6	9	4	2	7
7	5	4	2	8	3	6	1	9
6	9	2	1	7	4	5	3	8

4.7

7	3	4	8	1	9	5	6	2
1	6	9	4	2	5	3	8	7
8	2	5	7	3	6	4	9	1
4	7	8	6	9	1	2	3	5
6	5	1	2	7	3	8	4	9
2	9	3	5	4	8	1	7	6
3	8	2	1	6	7	9	5	4
9	4	6	3	5	2	7	1	8
5	1	7	9	8	4	6	2	3

4.8

6	1	3	9	4	7	8	5	2
7	8	4	5	3	2	9	6	1
9	2	5	6	1	8	3	4	7
4	9	6	7	5	1	2	8	3
8	3	2	4	9	6	7	1	5
1	5	7	2	8	3	4	9	6
3	7	1	8	6	9	5	2	4
5	6	9	3	2	4	1	7	8
2	4	8	1	7	5	6	3	9

第5轮　题目答案

5.1

5	6	1	2	4	3
4	1	3	5	2	6
2	3	6	4	5	1
3	5	2	1	6	4
1	4	5	6	3	2
6	2	4	3	1	5

5.2

3	4	1	5	2	7	6
6	1	3	4	5	2	7
4	2	5	7	6	1	3
7	6	2	3	4	5	1
2	5	7	6	1	3	4
1	3	6	2	7	4	5
5	7	4	1	3	6	2

5.3

5	2	8	4	7	1	3	6
6	1	7	3	5	8	2	4
3	6	4	1	8	7	5	2
4	7	3	6	1	2	8	5
8	5	1	2	6	4	7	3
2	8	5	7	4	3	6	1
1	3	6	8	2	5	4	7
7	4	2	5	3	6	1	8

5.4

6	4	1	5	2	3
3	5	6	2	4	1
5	2	4	1	3	6
1	6	2	3	5	4
2	1	3	4	6	5
4	3	5	6	1	2

5.5

7	4	6	2	5	1	3
1	6	5	4	3	2	7
3	2	1	5	6	7	4
5	7	3	1	4	6	2
4	3	2	6	7	5	1
2	5	4	7	1	3	6
6	1	7	3	2	4	5

5.6

5	1	6	8	3	4	2	7
3	6	2	4	8	5	7	1
7	8	4	3	5	2	1	6
2	5	7	1	4	6	3	8
4	7	1	5	2	8	6	3
1	4	8	7	6	3	5	2
8	2	3	6	1	7	4	5
6	3	5	2	7	1	8	4

5.7

1	4	5	6	2	3
5	2	4	3	6	1
2	6	3	5	1	4
6	1	2	4	3	5
4	3	6	1	5	2
3	5	1	2	4	6

5.8

3	1	4	6	7	2	5
2	6	3	1	5	4	7
4	7	5	3	2	6	1
6	5	7	4	1	3	2
7	2	6	5	3	1	4
1	4	2	7	6	5	3
5	3	1	2	4	7	6

5.9

4	1	6	7	5	3	2	8
5	6	8	4	3	1	7	2
2	7	3	8	4	6	1	5
6	2	7	3	1	5	8	4
1	4	2	5	8	7	6	3
7	5	4	2	6	8	3	1
8	3	5	1	7	2	4	6
3	8	1	6	2	4	5	7

第6轮　题目答案

6.1

8	6	2	5	4	7	1	9	3
7	9	4	1	3	2	6	5	8
5	1	3	8	6	9	7	2	4
4	5	1	2	7	8	9	3	6
6	8	9	4	5	3	2	7	1
2	3	7	9	1	6	4	8	5
9	2	5	6	8	1	3	4	7
3	4	6	7	2	5	8	1	9
1	7	8	3	9	4	5	6	2

6.2

7	9	2	5	6	1	4	3	8
4	3	5	2	9	8	6	1	7
6	8	1	7	4	3	5	2	9
1	7	6	9	3	4	2	8	5
5	4	8	1	2	7	3	9	6
3	2	9	8	5	6	1	7	4
8	6	3	4	1	9	7	5	2
9	5	4	3	7	2	8	6	1
2	1	7	6	8	5	9	4	3

6.3

2	3	1	6	7	9	5	4	8
6	5	8	2	1	4	9	3	7
9	4	7	8	3	5	2	1	6
4	2	3	5	9	8	6	7	1
7	6	9	4	2	1	8	5	3
8	1	5	3	6	7	4	9	2
5	9	2	1	8	3	7	6	4
1	8	4	7	5	6	3	2	9
3	7	6	9	4	2	1	8	5

6.4

9	2	4	7	3	5	1	6	8
1	8	5	9	2	6	3	4	7
7	3	6	1	8	4	2	9	5
3	6	2	4	1	7	5	8	9
4	9	7	3	5	8	6	1	2
5	1	8	2	6	9	4	7	3
6	4	3	8	9	2	7	5	1
2	5	9	6	7	1	8	3	4
8	7	1	5	4	3	9	2	6

6.5

5	2	1	4	7	8	6	9	3
7	3	9	6	2	1	5	8	4
8	4	6	9	5	3	1	2	7
4	6	2	5	1	7	9	3	8
3	9	5	2	8	4	7	1	6
1	7	8	3	9	6	4	5	2
6	1	3	8	4	5	2	7	9
2	8	7	1	6	9	3	4	5
9	5	4	7	3	2	8	6	1

6.6

5	4	1	7	6	3	9	8	2
7	3	2	1	8	9	6	5	4
8	6	9	2	5	4	7	1	3
6	1	5	9	2	7	4	3	8
3	7	4	8	1	6	5	2	9
2	9	8	3	4	5	1	7	6
9	5	3	4	7	2	8	6	1
4	8	6	5	3	1	2	9	7
1	2	7	6	9	8	3	4	5

6.7

8	6	5	7	1	2	4	3	9
9	1	4	8	6	3	7	5	2
3	7	2	5	4	9	8	1	6
4	9	8	6	5	7	1	2	3
1	3	6	2	9	8	5	4	7
5	2	7	1	3	4	9	6	8
6	4	9	3	8	5	2	7	1
7	5	1	9	2	6	3	8	4
2	8	3	4	7	1	6	9	5

6.8

7	5	4	6	1	9	8	2	3
3	9	6	2	4	8	7	5	1
1	2	8	5	3	7	4	9	6
9	7	3	4	5	6	2	1	8
5	4	2	8	7	1	3	6	9
6	8	1	3	9	2	5	4	7
8	6	5	1	2	3	9	7	4
2	3	9	7	6	4	1	8	5
4	1	7	9	8	5	6	3	2

第7轮　题目答案

7.1

5	9	4	8	3	7	6	1	2
6	2	7	5	1	4	9	3	8
1	3	8	6	2	9	5	7	4
8	1	6	7	5	2	3	4	9
3	5	2	4	9	6	7	8	1
4	7	9	1	8	3	2	5	6
7	6	3	9	4	8	1	2	5
2	8	6	3	6	1	4	9	7
9	4	1	2	7	5	8	6	3

7.2

7	3	5	9	2	6	8	4	1
2	4	6	5	8	1	3	7	9
1	8	9	3	4	7	5	2	6
5	7	8	6	9	2	4	1	3
9	6	1	4	3	5	7	8	2
3	2	4	1	7	8	9	6	5
6	1	3	7	5	4	2	9	8
8	9	7	2	1	3	6	5	4
4	5	2	8	6	9	1	3	7

第8轮　题目答案

8.1

3	1	2	6	8	7	5	4	9
8	4	6	3	5	9	2	1	7
7	5	9	4	1	2	3	8	6
1	6	5	9	3	4	7	2	8
4	9	7	1	2	8	6	5	3
2	3	8	5	7	6	4	9	1
9	2	3	7	4	1	8	6	5
5	8	1	2	6	3	9	7	4
6	7	4	8	9	5	1	3	2

8.2

7	1	9	4	5	2	3	8	6
8	5	4	6	1	3	7	2	9
3	6	2	7	8	9	1	4	5
9	4	8	1	3	5	6	7	2
5	3	6	2	4	7	8	9	1
1	2	7	8	9	6	5	3	4
6	7	1	9	2	8	4	5	3
4	9	5	3	7	1	2	6	8
2	8	3	5	6	4	9	1	7

8.3

5	1	3	6	7	8	2	9	4
6	2	9	1	4	5	7	3	8
4	7	8	3	2	9	6	1	5
7	3	6	2	5	4	9	8	1
8	5	2	9	1	3	4	6	7
9	4	1	8	6	7	5	2	3
2	9	5	7	3	1	8	4	6
3	6	7	4	8	2	1	5	9
1	8	4	5	9	6	3	7	2

8.4

6	3	1	2	7	5	4	9	8
9	2	4	1	8	6	7	3	5
7	5	8	3	4	9	6	1	2
3	7	2	4	5	1	9	8	6
8	1	6	9	2	3	5	4	7
5	4	9	7	6	8	3	2	1
2	9	5	6	1	4	8	7	3
4	6	7	8	3	2	1	5	9
1	8	3	5	9	7	2	6	4

8.5

3	2	6	4	5	9	7	8	1
9	8	4	1	7	2	3	6	5
1	5	7	3	8	6	9	4	2
2	3	9	7	1	4	6	5	8
8	4	1	6	3	5	2	9	7
7	6	5	9	2	8	1	3	4
6	9	2	5	4	1	8	7	3
5	7	8	2	6	3	4	1	9
4	1	3	8	9	7	5	2	6

8.6

3	4	8	2	5	9	6	7	1
6	2	9	1	7	3	5	8	4
1	5	7	4	8	6	3	2	9
2	6	3	7	1	4	9	5	8
8	9	4	6	3	5	2	1	7
7	1	5	9	2	8	4	6	3
5	7	6	3	4	1	8	9	2
9	3	2	8	6	7	1	4	5
4	8	1	5	9	2	7	3	6

8.7

1	5	4	9	3	2	8	6	7
7	2	9	6	8	5	1	3	4
8	6	3	1	4	7	9	5	2
2	3	6	4	9	1	5	7	8
4	9	8	7	5	3	6	2	1
5	1	7	8	2	6	4	9	3
9	8	2	3	6	4	7	1	5
3	4	1	5	7	9	2	8	6
6	7	5	2	1	8	3	4	9

8.8

1	5	4	2	3	9	8	6	7
9	2	6	1	8	7	5	3	4
7	8	3	6	4	5	9	1	2
2	6	5	4	9	1	3	7	8
8	9	1	7	5	3	4	2	6
4	3	7	8	2	6	1	9	5
5	1	2	9	6	8	7	4	3
3	4	9	5	7	2	6	8	1
6	7	8	3	1	4	2	5	9

第9轮　题目答案

9.1

3	9	8	1	6	2	4	7	5
6	1	5	4	7	9	3	2	8
2	7	4	5	3	8	6	1	9
7	2	6	8	5	3	1	9	4
4	8	3	2	9	1	5	6	7
9	5	1	6	4	7	8	3	2
8	6	7	9	1	4	2	5	3
5	3	2	7	8	6	9	4	1
1	4	9	3	2	5	7	8	6

9.2

5	6	7	1	2	8	4	9	3
3	4	8	9	5	7	1	2	6
2	9	1	4	3	6	7	8	5
7	8	9	2	6	5	3	1	4
6	3	2	8	1	4	5	7	9
1	5	4	7	9	3	2	6	8
9	1	5	3	8	2	6	4	7
8	7	6	5	4	1	9	3	2
4	2	3	6	7	9	8	5	1

9.3

8	1	3	9	2	4	6	7	5
7	4	9	1	6	5	2	3	8
2	5	6	7	8	3	1	9	4
6	3	8	4	1	9	5	2	7
5	2	1	3	7	6	4	8	9
4	9	7	8	5	2	3	6	1
3	8	5	2	9	1	7	4	6
1	7	2	6	4	8	9	5	3
9	6	4	5	3	7	8	1	2

9.4

4	5	9	7	1	2	6	8	3
8	1	2	6	4	3	5	7	9
7	6	3	5	8	9	1	2	4
1	3	5	4	7	8	9	6	2
2	8	4	1	9	6	3	5	7
9	7	6	3	2	5	4	1	8
3	4	1	2	5	7	8	9	6
5	9	7	8	6	4	2	3	1
6	2	8	9	3	1	7	4	5

9.5

7	2	6	3	9	5	4	8	1
1	5	3	6	8	4	7	9	2
4	9	1	2	5	8	6	7	3
5	8	7	9	4	3	1	2	6
3	4	8	5	1	9	2	6	7
8	6	2	1	3	7	5	4	9
2	3	9	7	6	1	8	5	4
6	1	4	8	7	2	9	3	5
9	7	5	4	2	6	3	1	8

9.6

2	5	6	7	3	8	1	9	4
3	8	9	5	4	1	6	7	2
1	4	7	2	9	6	5	8	3
9	7	5	3	8	2	4	1	6
4	3	2	1	6	7	8	5	9
6	1	8	4	5	9	3	2	7
8	6	4	9	7	5	2	3	1
5	9	1	6	2	3	7	4	8
7	2	3	8	1	4	9	6	5

9.7

4	8	5	9	6	3	2	7	1
6	3	1	5	2	7	4	9	8
7	2	9	8	1	4	5	3	6
9	6	7	3	8	2	1	4	5
5	4	8	7	9	1	6	2	3
2	1	3	4	5	6	7	8	9
3	5	4	6	7	9	8	1	2
8	7	2	1	3	5	9	6	4
1	9	6	2	4	8	3	5	7

9.8

3	9	4	2	1	7	8	6	5
8	7	6	9	5	4	1	2	3
1	5	2	8	3	6	7	9	4
5	4	1	3	2	8	9	7	6
7	2	8	5	6	9	4	3	1
6	3	9	4	7	1	2	5	8
2	6	7	1	8	5	3	4	9
4	1	5	7	9	3	6	8	2
9	8	3	6	4	2	5	1	7

9.9

5	1	2	7	6	3	8	9	4
8	4	3	6	9	5	1	2	7
1	3	4	9	2	8	7	6	5
6	2	5	8	7	9	4	1	3
9	7	8	3	1	2	5	4	6
2	8	9	4	5	6	3	7	1
3	6	7	5	4	1	2	8	9
4	5	6	1	8	7	9	3	2
7	9	1	2	3	4	6	5	8

9.10

9	1	3	4	5	6	7	8	2
5	7	4	8	2	1	9	6	3
6	2	8	3	9	7	1	4	5
3	9	6	1	8	5	4	2	7
2	4	7	9	6	3	5	1	8
1	8	5	7	4	2	6	3	9
4	6	9	5	3	8	2	7	1
7	3	2	6	1	9	8	5	4
8	5	1	2	7	4	3	9	6

9.11

7	6	1	8	2	9	4	3	5
2	3	4	5	1	6	7	9	8
8	5	9	4	3	7	2	6	1
3	1	2	7	4	8	9	5	6
6	8	7	9	5	1	3	4	2
4	9	5	2	6	3	1	8	7
9	2	6	1	8	4	5	7	3
5	4	3	6	7	2	8	1	9
1	7	8	3	9	5	6	2	4

9.12

1	9	8	7	2	3	5	6	4
7	2	6	5	9	4	8	1	3
4	3	5	1	6	8	2	7	9
6	8	2	3	7	9	1	4	5
5	1	7	6	4	2	9	3	8
9	4	3	8	5	1	6	2	7
2	6	9	4	3	5	7	8	1
3	7	1	9	8	6	4	5	2
8	5	4	2	1	7	3	9	6

9.13

5	8	9	1	2	3	6	4	7
4	2	7	9	5	6	1	3	8
1	3	6	4	8	7	2	5	9
8	9	5	2	4	1	3	7	6
6	7	1	8	3	5	4	9	2
3	4	2	6	7	9	5	8	1
9	5	8	3	6	2	7	1	4
7	6	4	5	1	8	9	2	3
2	1	3	7	9	4	8	6	5

第10轮　题目答案

10.1A

8	4	5	3	2	6	1	9	7
3	2	7	9	4	1	5	6	8
6	1	9	5	8	7	3	4	2
4	3	2	7	5	9	6	8	1
7	8	1	2	6	3	4	5	9
9	5	6	8	1	4	7	2	3
5	9	4	1	3	8	2	7	6
1	6	8	4	7	2	9	3	5
2	7	3	6	9	5	8	1	4

10.1B

1	9	5	3	2	6	8	4	7
2	3	7	4	1	8	5	9	6
4	8	6	7	5	9	3	2	1
7	2	3	9	4	1	6	5	8
8	4	1	5	6	3	2	7	9
5	6	9	8	7	2	1	3	4
6	1	4	2	3	7	9	8	5
9	7	2	6	8	5	4	1	3
3	5	8	1	9	4	7	6	2

10.2

4	3	5	6	7	2	1
1	6	7	3	2	5	4
7	2	4	5	1	6	3
6	5	1	2	3	4	7
2	4	3	7	6	1	5
5	7	2	1	4	3	6
3	1	6	4	5	7	2

10.3

6/7	1	5/9	2	4/8	3
8	2/3	4	6/9	5	1/7
3/4	5	2/8	7	1/6	9
1	7/9	6	4/5	3	2/8
5/9	4	1/3	8	2/7	6
2	6/8	7	1/3	9	4/5

10.4

		10\		13\	13\		14\	5\	
		1	3	6	7	4	5	2	
\7	2	5	11\11	7	4	14\10	6	3	1
\13	3	4	6	10\8	2	5	1	9\	7
	7	10\8	5	3	\13	1	2	4	6
\13	6	7	14\7	4	1	2	10\8	5	3
\11	5	3	2	1	14\13	6	7	14\	4
	4	9\15	7	2	6	10\9	3	1	5
\11	1	6	4	\8	5	3	\9	7	2
		2	1	5	3	7	4	6	

10.5

2	1	7	6	8	4	5	9	3
9	5	6	2	3	1	4	8	7
4	8	3	5	9	7	1	6	2
7	4	5	8	1	6	3	2	9
6	2	9	3	4	5	7	1	8
1	3	8	7	2	9	6	4	5
3	6	4	9	7	2	8	5	1
8	9	1	4	5	3	2	7	6
5	7	2	1	6	8	9	3	4

10.6

1	9	3	6	7	8	5	4	2
7	6	2	5	4	3	1	9	8
4	5	8	1	2	9	3	7	6
8	3	7	9	5	6	2	1	4
6	4	9	2	8	1	7	5	3
2	1	5	4	3	7	6	8	9
9	2	4	7	6	5	8	3	1
3	7	1	8	9	2	4	6	5
5	8	6	3	1	4	9	2	7

10.7

10.8

9	6	4	3	7	5	2	8	1
1	5	8	6	4	2	9	3	7
2	3	7	1	9	8	5	4	6
6	1	2	7	5	3	8	9	4
3	4	5	9	8	1	6	7	2
8	7	9	2	6	4	3	1	5
7	8	3	5	1	6	4	2	9
4	9	6	8	2	7	1	5	3
5	2	1	4	3	9	7	6	8

10.9

9	8	4	1	2	6	7	5	3
2	1	3	9	5	7	6	4	8
6	5	7	4	3	8	9	1	2
3	4	8	2	9	1	5	7	6
1	7	9	5	6	3	2	8	4
5	6	2	8	7	4	3	9	1
4	3	5	6	1	9	8	2	7
8	2	6	7	4	5	1	3	9
7	9	1	3	8	2	4	6	5

10.10

10.11

7	3	9	6	8	2	1	4	5
8	4	2	5	1	3	7	9	6
6	1	5	4	9	7	8	3	2
9	8	1	3	6	4	5	2	7
5	6	3	2	7	8	9	1	4
2	7	4	1	5	9	6	8	3
3	5	8	7	4	1	2	6	9
4	9	6	8	2	5	3	7	1
1	2	7	9	3	6	4	5	8

10.12

2	3	7	1	6	4	8	5	9
4	9	8	5	7	3	6	2	1
6	1	5	8	2	9	4	7	3
3	8	2	9	4	7	5	1	6
9	5	6	3	1	2	7	8	4
7	4	1	6	5	8	9	3	2
1	2	4	7	8	6	3	9	5
5	7	9	4	3	1	2	6	8
8	6	3	2	9	5	1	4	7

10.13

8	2	1	3	4	9	6	7	5
3	7	6	5	2	8	4	1	9
4	5	9	6	7	1	8	2	3
9	6	5	7	3	4	1	8	2
1	3	7	9	8	2	5	6	4
2	8	4	1	6	5	9	3	7
5	4	8	2	1	3	7	9	6
6	1	2	4	9	7	3	5	8
7	9	3	8	5	6	2	4	1

10.14

9	6	2	11	3	12	4	7	8	1	10	5
10	4	3	7	8	9	1	5	12	11	2	6
8	5	1	12	11	2	10	6	4	3	9	7
3	9	6	1	5	11	7	2	10	8	4	12
11	8	5	2	12	4	6	10	9	7	1	3
4	7	12	10	1	3	9	8	6	5	11	2
12	11	9	3	7	6	5	4	2	10	8	1
6	10	7	5	2	1	8	11	3	4	12	9
2	1	8	4	9	10	12	3	7	6	5	11
7	2	4	9	10	5	3	1	11	12	6	8
5	3	11	6	4	8	2	12	1	9	7	10
1	12	10	8	6	7	11	9	5	2	3	4

第11轮　题目答案

11.1

6	1	7	4	8	9	3	5	2
9	2	3	5	1	6	8	4	7
8	5	4	3	2	7	6	9	1
2	3	6	7	9	1	5	8	4
7	8	5	2	3	4	9	1	6
4	9	1	8	6	5	2	7	3
1	4	9	6	5	3	7	2	8
3	7	2	9	4	8	1	6	5
5	6	8	1	7	2	4	3	9

11.2

8	9	7	5	3	1	2	6	4
2	4	5	8	7	6	9	1	3
3	1	6	2	9	4	8	5	7
9	2	4	1	6	5	3	7	8
7	6	8	3	2	9	1	4	5
1	5	3	4	8	7	6	9	2
5	8	9	6	4	2	7	3	1
6	3	1	7	5	8	4	2	9
4	7	2	9	1	3	5	8	6

11.3

9	5	3	4	8	1	7	2	6
6	2	4	7	5	9	1	8	3
1	8	7	3	2	6	4	5	9
8	7	6	5	1	3	9	4	2
2	4	9	6	7	8	3	1	5
5	3	1	9	4	2	6	7	8
7	6	2	1	3	5	8	9	4
4	9	5	8	6	7	2	3	1
3	1	8	2	9	4	5	6	7

11.4

4	1	2	3	5	6	7	8	9
3	7	6	9	4	8	1	2	5
5	9	8	1	7	2	6	4	3
7	2	3	4	8	5	9	6	1
6	4	9	2	3	1	5	7	8
8	5	1	7	6	9	2	3	4
1	6	5	8	2	4	3	9	7
9	3	4	6	1	7	8	5	2
2	8	7	5	9	3	4	1	6

11.5

3	1	4	6	7	5	9	8	2
7	9	8	2	4	3	1	6	5
5	6	2	1	8	9	3	4	7
9	2	1	4	6	7	5	3	8
4	5	3	9	1	8	7	2	6
6	8	7	5	3	2	4	1	9
1	7	5	3	2	6	8	9	4
8	3	6	7	9	4	2	5	1
2	4	9	8	5	1	6	7	3

11.6

4	8	2	6	1	5	7	3	9
1	7	3	4	8	9	2	5	6
6	9	5	2	3	7	1	8	4
3	4	1	5	2	8	9	6	7
7	5	8	9	6	1	3	4	2
9	2	6	7	4	3	8	1	5
8	6	4	1	7	2	5	9	3
2	3	9	8	5	6	4	7	1
5	1	7	3	9	4	6	2	8

11.7

2	4	9	1	5	6	7	8	3
8	1	5	3	7	4	9	6	2
3	6	7	2	9	8	1	4	5
9	5	8	4	6	2	3	7	1
4	7	3	9	8	1	2	5	6
1	2	6	7	3	5	4	9	8
7	8	4	5	2	3	6	1	9
5	3	1	6	4	9	8	2	7
6	9	2	8	1	7	5	3	4

11.8

5	1	7	6	2	3	4
4	2	6	5	7	1	3
1	7	3	2	4	5	6
6	4	1	3	5	2	7
2	6	5	4	3	7	1
3	5	4	7	1	6	2
7	3	2	1	6	4	5

11.9

9	6	1	2	5	3	7	4	8
2	8	5	4	7	9	3	1	6
4	7	3	6	8	1	9	5	2
3	2	8	5	9	6	1	7	4
1	9	7	3	2	4	6	8	5
6	5	4	7	1	8	2	9	3
7	4	2	1	3	5	8	6	9
8	3	6	9	4	7	5	2	1
5	1	9	8	6	2	4	3	7

11.10

1	9	3	4	8	6	7	2	5
2	5	8	9	7	3	1	4	6
4	6	7	1	2	5	3	8	9
8	3	4	2	9	1	5	6	7
5	2	1	6	4	7	9	3	8
9	7	6	3	5	8	2	1	4
6	4	2	5	1	9	8	7	3
7	1	5	8	3	4	6	9	2
3	8	9	7	6	2	4	5	1

11.11

8	1	9	7	2	6	5	3	4
2	6	5	4	3	9	1	7	8
7	4	3	8	5	1	6	2	9
3	2	4	1	6	5	8	9	7
5	8	1	3	9	7	2	4	6
9	7	6	2	8	4	3	1	5
4	9	8	5	1	2	7	6	3
6	3	2	9	7	8	4	5	1
1	5	7	6	4	3	9	8	2

11.12

8	4	6	2	3	5	7	9	1
9	7	5	4	8	1	3	2	6
2	1	3	9	7	6	8	4	5
3	8	7	5	1	2	9	6	4
6	2	9	8	4	3	5	1	7
1	5	4	6	9	7	2	8	3
7	3	2	1	6	8	4	5	9
5	9	1	3	2	4	6	7	8
4	6	8	7	5	9	1	3	2

第12轮　题目答案

12.1

4	8	2	6	3	7	9	1	5				4	6	1	9	3	7	5	2	8
7	5	1	2	4	9	8	3	6				7	2	8	5	1	4	9	6	3
6	3	9	8	5	1	2	7	4				3	9	5	2	8	6	4	1	7
3	2	4	7	8	6	1	5	9				9	7	3	8	5	2	6	4	1
5	1	7	4	9	3	6	8	2				1	4	6	3	7	9	2	8	5
8	9	6	5	1	2	3	4	7				5	8	2	6	4	1	7	3	9
2	6	5	3	7	8	4	9	1	6	2	5	8	3	7	4	2	5	1	9	6
1	7	3	9	6	4	5	2	8	3	9	7	6	1	4	7	9	3	8	5	2
9	4	8	1	2	5	7	6	3	8	4	1	2	5	9	1	6	8	3	7	4
						1	4	6	9	3	2	7	8	5						
						9	8	5	4	7	6	3	2	1						
						2	3	7	5	1	8	4	9	6						
2	7	1	8	6	9	3	5	4	7	8	9	1	6	2	4	5	3	7	9	8
3	6	4	2	5	7	8	1	9	2	6	4	5	7	3	9	1	8	6	4	2
8	5	9	4	3	1	6	7	2	1	5	3	9	4	8	7	6	2	5	1	3
1	4	2	6	9	5	7	8	3				8	2	1	5	3	9	4	6	7
6	3	5	7	8	2	4	9	1				7	5	4	6	2	1	8	3	9
7	9	8	3	1	4	2	6	5				6	3	9	8	7	4	2	5	1
4	1	6	5	2	8	9	3	7				2	8	5	3	9	6	1	7	4
9	2	3	1	7	6	5	4	8				4	9	6	1	8	7	3	2	5
5	8	7	9	4	3	1	2	6				3	1	7	2	4	5	9	8	6

12. 2

7	9	3	4	6	5	2	1	8				9	4	1	3	6	8	7	5	2
6	4	2	9	1	8	3	7	5				6	3	7	5	9	2	4	1	8
8	1	5	2	3	7	9	4	6				2	5	8	1	7	4	6	3	9
3	8	9	1	2	6	7	5	4				1	9	4	8	5	3	2	7	6
5	7	4	8	9	3	1	6	2				5	6	2	9	1	7	8	4	3
1	2	6	7	5	4	8	9	3				7	8	3	2	4	6	1	9	5
9	5	1	6	8	2	4	3	7	6	5	1	8	2	9	4	3	1	5	6	7
2	6	7	3	4	1	5	8	9	7	2	4	3	1	6	7	8	5	9	2	4
4	3	8	5	7	9	6	2	1	8	9	3	4	7	5	6	2	9	3	8	1
						8	1	5	4	7	2	6	9	3						
						3	6	2	5	8	9	7	4	1						
						9	7	4	3	1	6	5	8	2						
1	9	8	7	4	6	2	5	3	9	4	8	1	6	7	4	8	9	5	2	3
6	4	5	1	3	2	7	9	8	1	6	5	2	3	4	5	1	7	8	6	9
7	2	3	8	5	9	1	4	6	2	3	7	9	5	8	2	6	3	1	7	4
8	7	6	2	1	5	4	3	9				6	9	3	8	5	2	4	1	7
3	5	9	4	8	7	6	2	1				7	4	5	1	9	6	3	8	2
2	1	4	9	6	3	8	7	5				8	2	1	3	7	4	9	5	6
9	8	2	5	7	1	3	6	4				4	1	6	7	3	5	2	9	8
4	6	7	3	9	8	5	1	2				3	8	9	6	2	1	7	4	5
5	3	1	6	2	4	9	8	7				5	7	2	9	4	8	6	3	1

12.3

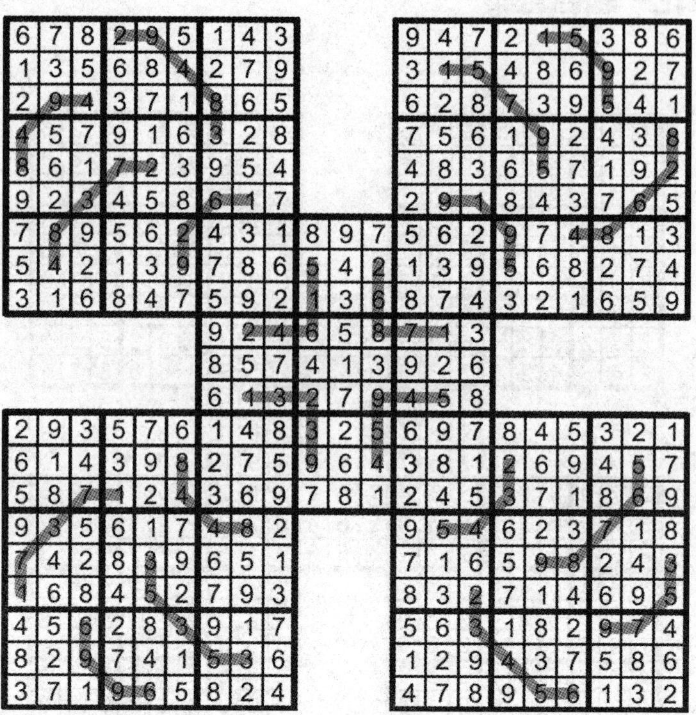

12.4

3	5	7	1	9	8	2	6	4				1	2	6	7	9	8	3	4	5
9	4	6	3	2	5	1	8	7				7	3	4	2	1	5	8	9	6
1	2	8	7	6	4	3	9	5				5	8	9	3	4	6	2	1	7
7	9	4	2	8	6	5	3	1				4	1	2	8	5	7	9	6	3
8	1	3	9	5	7	6	4	2				3	6	7	4	2	9	5	8	1
2	6	5	4	3	1	9	7	8				9	5	8	1	6	3	7	2	4
6	8	9	5	7	2	4	1	3	7	6	8	2	9	5	6	3	4	1	7	8
4	3	2	8	1	9	7	5	6	2	9	3	8	4	1	5	7	2	6	3	9
5	7	1	6	4	3	8	2	9	1	5	4	6	7	3	9	8	1	4	5	2
						1	8	5	4	2	9	3	6	7						
						9	6	2	3	7	5	4	1	8						
						3	4	7	8	1	6	9	5	2						
5	8	4	9	6	7	2	3	1	9	4	7	5	8	6	1	7	9	4	3	2
3	9	2	1	8	5	6	7	4	5	8	2	1	3	9	4	2	6	7	5	8
6	1	7	3	4	2	5	9	8	6	3	1	7	2	4	5	8	3	1	9	6
2	7	9	8	5	4	1	6	3				8	9	1	3	4	2	5	6	7
1	5	3	2	9	6	8	4	7				3	6	7	9	1	5	2	8	4
4	6	8	7	1	3	9	5	2				2	4	5	7	6	8	9	1	3
7	4	6	5	2	1	3	8	9				9	5	2	6	3	7	8	4	1
8	2	5	4	3	9	7	1	6				4	7	3	8	5	1	6	2	9
9	3	1	6	7	8	4	2	5				6	1	8	2	9	4	3	7	5

第13轮　题目答案

13.1A

8	3	2	7	9	1	5	6	4
9	6	5	2	8	4	1	7	3
4	1	7	6	3	5	8	2	9
7	4	1	3	5	2	6	9	8
3	9	8	1	4	6	2	5	7
2	5	6	8	7	9	4	3	1
6	8	9	4	2	7	3	1	5
5	2	3	9	1	8	7	4	6
1	7	4	5	6	3	9	8	2

13.1B

6	5	3	4	7	8	9	1	2
2	1	9	5	3	6	7	8	4
7	8	4	1	9	2	3	5	6
8	9	7	2	5	4	6	3	1
4	3	1	8	6	7	5	2	9
5	2	6	9	1	3	8	4	7
9	7	2	3	8	1	4	6	5
3	4	5	6	2	9	1	7	8
1	6	8	7	4	5	2	9	3

13.1C

5	2	1	7	3	4	6	9	8
9	4	8	6	1	2	7	3	5
6	3	7	5	9	8	2	4	1
1	7	9	2	4	5	3	8	6
3	6	5	8	7	1	4	2	9
2	8	4	9	6	3	1	5	7
7	9	2	4	5	6	8	1	3
4	5	3	1	8	7	9	6	2
8	1	6	3	2	9	5	7	4

13.1D

8	3	4	5	2	1	7	6	9
6	7	2	4	9	3	5	1	8
9	1	5	6	8	7	2	4	3
1	5	3	2	4	6	9	8	7
7	6	8	3	5	9	4	2	1
2	4	9	7	1	8	3	5	6
4	8	6	9	3	2	1	7	5
3	2	1	8	7	5	6	9	4
5	9	7	1	6	4	8	3	2

13.2A

2	1	7	9	6	8	4	3	5
8	3	6	2	4	1	5	7	9
7	8	2	5	9	4	3	6	1
6	4	3	1	5	2	9	8	7
4	9	5	3	8	6	7	1	2
3	6	4	7	1	5	2	9	8
5	2	1	8	7	9	6	4	3
1	5	9	6	3	7	8	2	4
9	7	8	4	2	3	1	5	6

13.2B

4	6	5	8	9	7	2	3	1
7	2	9	1	4	6	3	5	8
2	3	8	7	5	1	9	6	4
9	8	3	6	1	2	7	4	5
6	4	7	5	3	8	1	2	9
1	5	6	9	2	4	8	7	3
5	7	2	3	8	9	4	1	6
8	1	4	2	6	3	5	9	7
3	9	1	4	7	5	6	8	2

13.2C

1	4	3	7	2	9	5	8	6
6	9	2	8	5	1	4	7	3
5	8	9	6	7	2	3	1	4
3	7	1	5	4	6	8	9	2
4	2	7	3	8	5	1	6	9
9	1	8	4	6	3	7	2	5
7	5	6	9	1	4	2	3	8
2	6	5	1	3	8	9	4	7
8	3	4	2	9	7	6	5	1

13.2D

5	9	3	7	6	4	2	1	8
7	5	2	4	1	8	3	9	6
8	4	9	2	3	5	1	6	7
3	1	6	8	2	9	7	4	5
6	3	4	1	5	7	9	8	2
2	8	1	6	4	3	5	7	9
4	2	7	5	9	6	8	3	1
1	6	8	9	7	2	4	5	3
9	7	5	3	8	1	6	2	4

13.3A

2	6	8	9	4	7	5	3	1
4	1	9	3	5	2	7	8	6
7	5	3	6	8	1	9	4	2
8	7	2	5	9	3	1	6	4
1	4	5	2	7	6	3	9	8
3	9	6	4	1	8	2	5	7
6	2	1	8	3	9	4	7	5
5	3	7	1	6	4	8	2	9
9	8	4	7	2	5	6	1	3

13.3B

1	8	2	5	4	6	7	3	9
3	7	6	9	2	1	8	4	5
4	5	9	3	7	8	2	6	1
9	6	1	7	8	5	3	2	4
7	3	4	1	6	2	9	5	8
8	2	5	4	3	9	1	7	6
5	4	8	2	9	3	6	1	7
2	9	7	6	1	4	5	8	3
6	1	3	8	5	7	4	9	2

13.3C

4	5	7	6	2	3	9	8	1
6	2	9	7	1	8	5	3	4
3	8	1	9	4	5	7	6	2
5	9	4	8	3	6	1	2	7
1	6	8	2	7	4	3	5	9
2	7	3	5	9	1	8	4	6
9	3	6	4	5	7	2	1	8
7	4	5	1	8	2	6	9	3
8	1	2	3	6	9	4	7	5

13.3D

3	7	1	4	8	5	9	6	2
4	6	8	9	7	2	5	3	1
2	9	5	3	6	1	8	7	4
1	3	2	5	4	8	6	9	7
7	4	6	1	9	3	2	8	5
8	5	9	7	2	6	1	4	3
6	8	3	2	1	4	7	5	9
9	1	4	6	5	7	3	2	8
5	2	7	8	3	9	4	1	6

13.4A

6	9	5	1	3	8	7	4	2
1	2	4	5	6	7	8	9	3
7	8	3	4	2	9	1	6	5
3	4	9	2	8	1	5	7	6
8	1	6	3	7	5	4	2	9
5	7	2	6	9	4	3	8	1
2	6	7	8	5	3	9	1	4
9	3	1	7	4	2	6	5	8
4	5	8	9	1	6	2	3	7

13.4B

8	2	7	5	9	4	3	6	1
4	6	5	3	1	2	7	9	8
1	3	9	8	7	6	5	4	2
2	5	6	7	3	8	9	1	4
9	7	4	1	6	5	8	2	3
3	8	1	2	4	9	6	7	5
5	1	2	9	8	7	4	3	6
7	4	3	6	5	1	2	8	9
6	9	8	4	2	3	1	5	7

13.4C

7	9	3	8	4	1	2	5	6
4	1	2	9	5	6	3	7	8
8	6	5	7	3	2	4	9	1
6	7	9	4	2	3	8	1	5
1	2	4	5	8	7	9	6	3
3	5	8	1	6	9	7	2	4
9	8	1	3	7	5	6	4	2
2	3	7	6	1	4	5	8	9
5	4	6	2	9	8	1	3	7

13.4D

3	6	8	4	2	9	5	7	1
7	1	2	3	5	8	6	9	4
4	9	5	6	1	7	8	2	3
2	7	9	8	3	6	1	4	5
8	4	1	2	9	5	3	6	7
6	5	3	1	7	4	2	8	9
1	2	7	9	8	3	4	5	6
9	3	4	5	6	2	7	1	8
5	8	6	7	4	1	9	3	2

个人赛决赛　题目答案

A

7	6	8	4	3	1	2	9	5
4	2	9	7	6	5	1	3	8
5	1	3	2	9	8	6	7	4
9	4	1	3	2	6	5	8	7
6	3	2	5	8	7	4	1	9
8	7	5	9	1	4	3	6	2
1	9	6	8	4	2	7	5	3
3	5	4	1	7	9	8	2	6
2	8	7	6	5	3	9	4	1

B

1	5	6	8	7	9	2	3	4
4	3	2	6	5	1	9	8	7
8	9	7	4	3	2	5	1	6
5	7	8	3	4	6	1	2	9
6	2	9	7	1	8	3	4	5
3	1	4	9	2	5	6	7	8
9	8	3	1	6	4	7	5	2
2	4	1	5	9	7	8	6	3
7	6	5	2	8	3	4	9	1

C

5	7	9	4	3	8	6	2	1
4	6	1	5	9	2	3	8	7
2	3	8	1	7	6	4	5	9
9	4	3	2	5	7	1	6	8
8	1	5	9	6	4	7	3	2
6	2	7	8	1	3	9	4	5
1	9	2	6	4	5	8	7	3
7	8	4	3	2	9	5	1	6
3	5	6	7	8	1	2	9	4

D

5	4	3	1	9	8	6	2	7	
7	8	6	3	5	2	1	4	9	7
1	9	2	4	6	7	8	5	3	1
8	1	7	5	3	9	4	6	2	8
3	2	4	6	8	1	9	7	5	3
6	5	9	7	2	4	3	1	8	6
2	3	1	8	7	6	5	9	4	2
9	6	8	2	4	5	7	3	1	9
4	7	5	9	1	3	2	8	6	4
	4	3	1	9	8	6	2	7	5

E

7	6	8	9	3	5	1	4	2
1	4	2	6	8	7	9	3	5
5	3	9	4	2	1	6	8	7
6	5	3	1	4	9	7	2	8
4	8	7	5	6	2	3	9	1
9	2	1	8	7	3	4	5	6
3	7	4	2	1	8	5	6	9
8	9	6	7	5	4	2	1	3
2	1	5	3	9	6	8	7	4

F

6	5	4	8	2	9	7	1	3
8	1	3	7	5	4	2	6	9
7	9	2	6	3	1	8	4	5
2	3	8	9	1	6	5	7	4
9	4	6	5	7	8	3	2	1
1	7	5	3	4	2	6	9	8
4	8	7	2	9	5	1	3	6
3	6	1	4	8	7	9	5	2
5	2	9	1	6	3	4	8	7

G

8	1	3	6	4	2	7	5	9
2	7	6	8	9	4	1	3	5
9	3	5	4	7	8	6	1	2
1	8	4	5	2	6	9	7	3
3	2	7	9	1	5	8	4	6
7	5	1	2	8	9	3	6	4
4	9	2	1	6	3	5	8	7
6	4	8	3	5	7	2	9	1
5	6	9	7	3	1	4	2	8

H

7	3	1	5	2	8	9	6	4
4	5	6	7	9	3	8	1	2
8	9	2	6	4	1	5	7	3
6	1	8	3	5	2	7	4	9
2	7	5	9	6	4	3	8	1
3	4	9	8	1	7	6	2	5
1	6	3	4	7	9	2	5	8
9	2	7	1	8	5	4	3	6
5	8	4	2	3	6	1	9	7

I

9	2	5	4	7	3	6	1	8
4	1	3	6	5	8	9	2	7
6	7	8	2	9	1	5	3	4
2	8	6	7	3	4	1	9	5
1	4	9	5	8	6	3	7	2
5	3	7	9	1	2	4	8	6
3	6	4	8	2	9	7	5	1
7	9	2	1	6	5	8	4	3
8	5	1	3	4	7	2	6	9

J

2	9	7	8	6	1	3	5	4
6	3	5	9	7	4	1	8	2
8	1	4	3	5	2	7	6	9
5	4	1	6	2	8	9	3	7
7	2	8	4	3	9	5	1	6
3	6	9	7	1	5	2	4	8
9	7	6	1	4	3	8	2	5
1	8	2	5	9	6	4	7	3
4	5	3	2	8	7	6	9	1

K

4	5	7	1	9	6	2	8	3
6	1	2	8	3	4	7	5	9
8	9	3	7	5	2	1	6	4
2	3	8	9	6	1	5	4	7
5	7	1	2	4	8	9	3	6
9	6	4	3	7	5	8	1	2
1	8	6	4	2	7	3	9	5
3	2	5	6	1	9	4	7	8
7	4	9	5	8	3	6	2	1

L

1	3	5	2	9	4	6	8	7
4	2	8	7	6	1	5	3	9
6	7	9	8	3	5	4	2	1
8	6	3	5	2	7	1	9	4
7	5	4	3	1	9	8	6	2
2	9	1	4	8	6	7	5	3
9	8	7	1	5	2	3	4	6
5	1	6	9	4	3	2	7	8
3	4	2	6	7	8	9	1	5

M

		9	1	8	4	3	2	6	5	7	
	4		3	2	6		1	5	7	8	9
	2	6		5	7	4		9	8	3	1
	5	8	6		3	1	4		9	2	7
	1		9	3		5	6	7	2	4	8
	7	3		1	2	9	5	8		6	4
	9	1	8	7	5	2		4	3		6
	3	2	4		8	6	7		1	9	5
	8	4	5	6		7	9	3		1	2
	6	5	7	9	1		8	2	4		3
		7	2	4	9	8	3	1	6	5	

N

9	8	1	5	6	4	7	2	3
6	5	2	9	3	7	8	4	1
4	3	7	1	8	2	6	9	5
2	6	4	8	9	1	5	3	7
5	7	9	3	2	6	1	8	4
3	1	8	7	4	5	2	6	9
8	4	5	6	7	3	9	1	2
1	9	3	2	5	8	4	7	6
7	2	6	4	1	9	3	5	8

O

3	6	1	4	8	7	9	5	2
7	5	2	6	9	4	8	3	1
8	9	3	5	1	2	7	6	4
9	4	8	3	7	5	2	1	6
5	7	9	2	6	8	1	4	3
6	2	4	7	3	1	5	9	8
1	3	5	9	2	6	4	8	7
2	8	6	1	4	9	3	7	5
4	1	7	8	5	3	6	2	9

P

5	7	4	8	3	2	1	6	9
8	6	1	5	9	7	4	3	2
3	9	2	1	6	4	5	8	7
4	5	3	9	2	8	6	7	1
2	8	9	6	7	1	3	4	5
6	1	7	4	5	3	2	9	8
7	4	6	2	1	9	8	5	3
9	2	8	3	4	5	7	1	6
1	3	5	7	8	6	9	2	4

Q

1	6	8	4	9	2	3	7	5
4	2	7	8	5	3	1	6	9
5	9	3	7	1	6	2	4	8
7	1	6	5	8	4	9	2	3
2	8	5	9	3	7	4	1	6
3	4	9	6	2	1	8	5	7
6	3	1	2	7	8	5	9	4
9	7	2	3	4	5	6	8	1
8	5	4	1	6	9	7	3	2

R

8	4	1	7	2	9	5	3	6
7	6	2	5	3	1	4	8	9
9	3	5	8	6	4	7	2	1
6	2	9	1	8	7	3	5	4
5	7	4	6	9	3	2	1	8
3	1	8	4	5	2	9	6	7
2	8	7	9	1	5	6	4	3
4	5	6	3	7	8	1	9	2
1	9	3	2	4	6	8	7	5

S

1	5	3	8	6	4	7	9	2
7	9	2	1	5	3	6	8	4
8	4	6	7	9	2	5	1	3
5	3	4	9	1	8	2	7	6
2	7	8	6	3	5	9	4	1
9	6	1	2	4	7	3	5	8
6	1	5	4	2	9	8	3	7
3	2	7	5	8	1	4	6	9
4	8	9	3	7	6	1	2	5

T

1	4	5	3	6	7	9	8	2
9	8	3	4	2	5	1	7	6
6	7	2	8	1	9	5	4	3
8	9	6	1	5	4	2	3	7
5	2	1	7	3	6	4	9	8
7	3	4	2	9	8	6	5	1
3	5	9	6	7	1	8	2	4
2	1	8	5	4	3	7	6	9
4	6	7	9	8	2	3	1	5

U

5	4	9	1	2	7	6	8	3
6	3	2	8	9	4	1	7	5
1	7	8	5	6	3	4	9	2
7	2	5	9	8	1	3	6	4
4	8	3	6	7	5	2	1	9
9	1	6	4	3	2	8	5	7
3	6	4	7	5	8	9	2	1
2	9	7	3	1	6	5	4	8
8	5	1	2	4	9	7	3	6

V

2	5	8	6	3	4	9	7	1
3	4	6	9	7	1	2	8	5
1	9	7	8	2	5	3	6	4
4	2	1	3	9	8	6	5	7
6	7	3	5	1	2	4	9	8
5	8	9	4	6	7	1	2	3
7	3	4	2	5	9	8	1	6
8	1	2	7	4	6	5	3	9
9	6	5	1	8	3	7	4	2

W

3	1	4	8	6	9	5	2	7
2	8	9	5	7	1	6	3	4
5	6	7	3	2	4	1	8	9
1	7	5	6	8	3	9	4	2
9	2	8	1	4	7	3	6	5
6	4	3	2	9	5	7	1	8
7	9	6	4	1	8	2	5	3
8	3	1	7	5	2	4	9	6
4	5	2	9	3	6	8	7	1

X

2	6	8	4	1	7	9	5	3
5	3	4	9	6	2	1	7	8
7	1	9	3	5	8	6	4	2
6	7	5	8	9	4	2	3	1
1	8	2	6	7	3	4	9	5
4	9	3	1	2	5	8	6	7
3	2	1	5	4	6	7	8	9
8	4	7	2	3	9	5	1	6
9	5	6	7	8	1	3	2	4

世界数独锦标赛真题集
第14届真题

北京市数独运动协会　编

科学普及出版社
·北　京·

图书在版编目（CIP）数据

世界数独锦标赛真题集. 第14届真题 / 北京市数独运动协会编. —北京：科学普及出版社，2020.11
ISBN 978-7-110-10204-6

Ⅰ. ①世… Ⅱ. ①北… Ⅲ. ①智力游戏 Ⅳ. ①G898.2

中国版本图书馆CIP数据核字（2020）第202688号

目 录
CONTENTS

第1轮　个人赛：标准数独 ……………………………… 1
第2轮　个人赛：世界杯1 ……………………………… 7
第3轮　个人赛：难易相成 ……………………………… 17
第4轮　个人赛：81空格 ……………………………… 23
第5轮　个人赛：箭头、线段与圆环 ……………………… 34
第6轮　个人赛：二合一 ……………………………… 48
第7轮　个人赛：世界杯2 ……………………………… 59
第8轮　团体赛：连体 ……………………………… 69
第9轮　团体赛：圆桌 ……………………………… 78
第11轮　个人赛：世界杯3 ……………………………… 87
第12轮　个人赛：7×7接力 ……………………………… 97
第13轮　个人赛：关联 ……………………………… 104
世界杯　四分之一决赛 ……………………………… 113
世界杯　半决赛 ……………………………… 117
世界杯　决赛 ……………………………… 121
真题答案 ……………………………… 125

第1轮　个人赛：标准数独

限时：25分钟　总分：250分

1.1　标准数独 ………………………………………… 25分
1.2　标准数独 ………………………………………… 20分
1.3　标准数独 ………………………………………… 20分
1.4　标准数独 ………………………………………… 25分
1.5　标准数独 ………………………………………… 35分
1.6　标准数独 ………………………………………… 30分
1.7　标准数独 ………………………………………… 30分
1.8　标准数独 ………………………………………… 30分
1.9　标准数独 ………………………………………… 35分

标准数独例题和答案：将数字1—9填入空格内，使每行、每列和每宫内的数字均不重复。

1	2							
3	4		5		7	9		
			6				5	
	9	8	7				4	
	6				3	2	1	
	8				4			
		4	8		5		6	7
							8	9

1	2	5	3	4	9	8	7	6
3	4	6	5	8	7	9	2	1
8	7	9	6	1	2	3	5	4
2	9	8	7	5	1	6	4	3
4	1	3	2	6	8	7	9	5
5	6	7	4	9	3	2	1	8
6	8	1	9	7	4	5	3	2
9	3	4	8	2	5	1	6	7
7	5	2	1	3	6	4	8	9

1.1　标准数独　将数字1—9填入空格内，使每行、每列和每宫内的数字均不重复。（25分）

					7	1		
8		4	1					3
	6			2			8	
	2			8			6	
					9	8		
					3	5		
					8	7		
3		9	4					2
	5			6			9	

1.2　标准数独　将数字1—9填入空格内，使每行、每列和每宫内的数字均不重复。（20分）

	1			3				
	3						9	
				6			5	3
			5			3		9
		6	3	9		5		
		3				1		2
		5						
		8					4	
				2	3	7		5

1.3　标准数独　将数字1—9填入空格内，使每行、每列和每宫内的数字均不重复。（20分）

9	4			6	5			
				4				7
							4	
	3							
2			8	7		5		1
	8	4		2				
6						7		4
4								
			4		3		8	

1.4　**标准数独**　将数字1—9填入空格内，使每行、每列和每宫内的数字均不重复。（25分）

		6				5	3	
5								
			8			4	7	
		1			2			5
			4					
						3		4
4	7			3				
				6	4		1	3
							4	2

1.5　**标准数独**　将数字1—9填入空格内，使每行、每列和每宫内的数字均不重复。（35分）

	5		1					
		3		9		4	6	
9	2							
				8	2			
				6	9	7	3	2
	1		2		5			9
		4						
			9					

1.6　**标准数独**　将数字1—9填入空格内，使每行、每列和每宫内的数字均不重复。（30分）

7							2	
1			6					
3				9				
	6							5
							7	
	9	3		4				
						9		3
	3				2			
4	8		9		1			

1.7　**标准数独**　将数字1—9填入空格内，使每行、每列和每宫内的数字均不重复。（30分）

	7	4		1	2	5		
						6		
	1					3		4
					7			
		2						
4		6				9		
	2	5						
			3					
			4			8		

1.8 标准数独 将数字1—9填入空格内，使每行、每列和每宫内的数字均不重复。（30分）

			4			8		9
	1							6
2				3				
				2			3	
		9				1		
		4		9				
3							7	
					9			
5					6			

1.9 标准数独 将数字1—9填入空格内，使每行、每列和每宫内的数字均不重复。（35分）

4					6	3		
				1			2	
								1
9		7		6	3			
3					5			
	8							
	1	2						
						6		9

第2轮　个人赛：世界杯1

限时：45分钟　总分：450分

2.1　标准数独 ………………………………………… 20分
2.2　标准数独 ………………………………………… 30分
2.3　0—9黑白点数独 ………………………………… 70分
2.4　反克隆数独 ……………………………………… 65分
2.5　连续数独 ………………………………………… 30分
2.6　额外区域数独 …………………………………… 40分
2.7　邻居数独 ………………………………………… 45分
2.8　奇偶星数独 ……………………………………… 60分
2.9　分散不规则数独 ………………………………… 50分
2.10　窗口数独 ………………………………………… 40分

2.1　**标准数独**　将数字1—9填入空格内，使每行、每列和每宫内的数字均不重复。（20分）

			5			9	6	
		3	4			8		
	1	2			6	5		
4				7	9			1
	4			6			2	
9				4	2			5
	7						3	

2.2　**标准数独**　将数字1—9填入空格内，使每行、每列和每宫内的数字均不重复。（30分）

	6	8		1				
	9					5		
			2				4	
5			3			7		
	8			4			6	
		6			5			1
	1				6			
		9					7	
				7		4	2	

2.3 0—9黑白点数独 在空格内填入数字0—9，使每行、每列及每宫内数字均不重复。盘面内黑点两侧格内数字为2倍关系，白点两侧格内数字之差为1。没有标记点的相邻两格内数字不存在上述两种关系。（70分）

例题和答案：

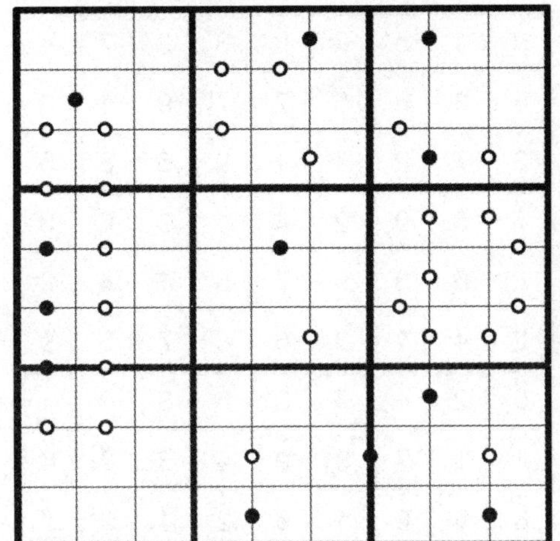

9	1	5	0	6	3	8	4	7
6	3	8	1	7	5	2	0	9
7	4	0	2	9	8	3	6	5
8	5	3	7	4	6	0	1	2
4	6	1	5	2	9	7	8	3
2	7	9	3	0	1	6	5	4
1	8	6	9	3	7	4	2	0
0	9	4	6	5	2	1	7	8
5	2	7	4	8	0	9	3	6

真题：

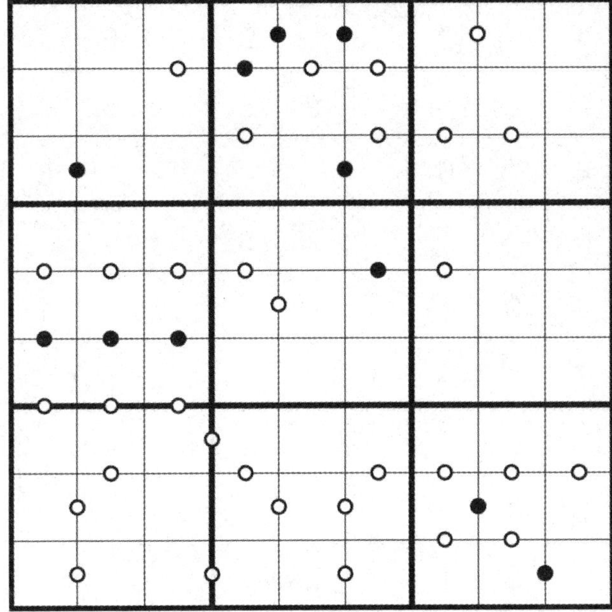

2.4　**反克隆数独**　在空格内填入数字1—9，使每行、每列及每宫内数字均不重复。盘面内每个虚线框内数字不重复，且相同形状的虚线框内数字不重复。旋转、翻转后相同的虚线框看作相同形状的虚线框。（65分）

例题和答案：

9			6					
								3
	7			1				5
			2				6	
		3				1		
	4				8			
5				3			9	
1								
					2			7

9	1	5	6	8	3	2	7	4
4	8	6	5	2	7	9	1	3
3	7	2	4	1	9	6	8	5
7	5	9	2	4	1	3	6	8
8	6	3	9	7	5	1	4	2
2	4	1	3	6	8	7	5	9
5	2	4	7	3	6	8	9	1
1	3	7	8	9	4	5	2	6
6	9	8	1	5	2	4	3	7

真题：

1		2			9		5	
	3			2			6	7
4		5						8
					8			
	9							1
7			9					
3	4							
	5	1		7				

2.5　连续数独　在空格内填入数字1—9，使每行、每列及每宫内数字均不重复。盘面内灰色粗线两侧格内数字之差为1，没有标记灰色粗线的相邻两格内数字之差不能为1。（30分）

例题和答案：

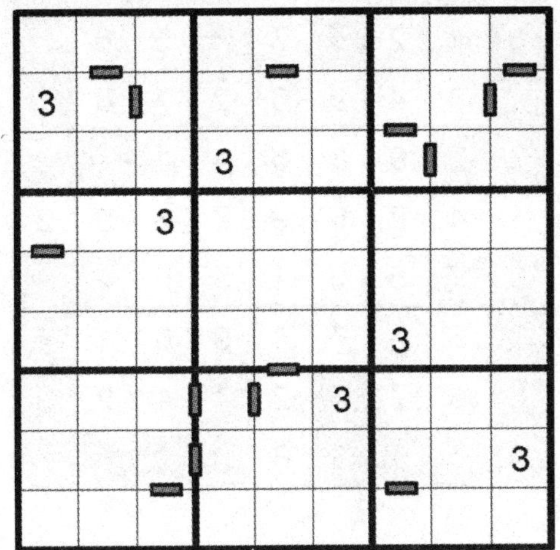

真题：

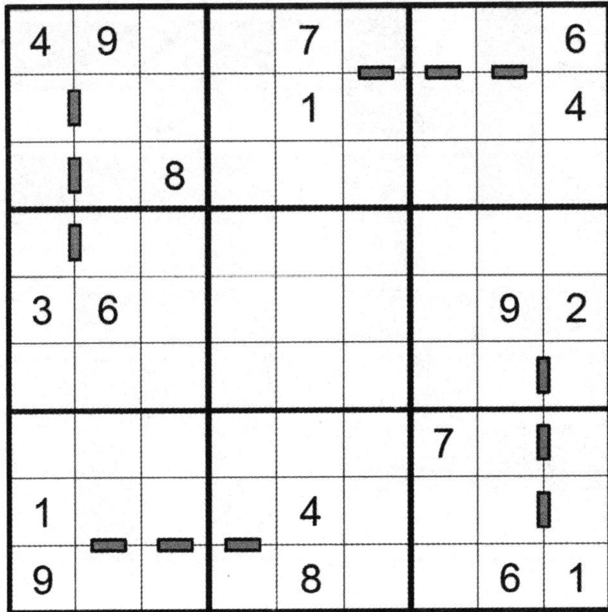

2.6 额外区域数独 在空格内填入数字1—9，使每行、每列、每宫及每组9格灰色区域内数字均不重复。（40分）

例题和答案：

	1	2		7		5	6	
	3	4				7	8	
1				9				2
	5	3				6	1	
	6	7		2		4	9	

7	8	6	1	3	5	9	2	4
9	1	2	4	7	8	5	6	3
5	3	4	9	6	2	7	8	1
3	2	9	8	5	4	1	7	6
1	4	8	6	9	7	3	5	2
6	7	5	2	1	3	8	4	9
2	5	3	7	4	9	6	1	8
8	6	7	3	2	1	4	9	5
4	9	1	5	8	6	2	3	7

真题：

					2		6	
3		1						
					9		4	
8		6		3				
			8		5			
				2		8		6
	9		2					
						5		3
	1		5					

2.7 邻居数独 在空格内填入数字1—9，使每行、每列及每宫内数字均不重复。盘面外提示数字在其所在行或列内必须按照提示顺序连续出现。（45分）

例题和答案：

			3		6		8		3	
			1		4		3		1	
4	7	3								9
			7						8	
1	6			4				2		
						1				
3	4				8		6			
						5				
9	5			2				3		
			6						5	
8	2	5								1

			3		6		8		3	
			1		4		3		1	
4	7	3	2	8	5	4	7	1	6	9
		1	7	6	3	2	9	4	8	5
1	6	9	5	4	1	6	8	2	7	3
		4	8	5	9	1	3	7	2	6
3	4	2	9	1	8	7	6	5	3	4
		6	3	7	2	5	4	9	1	8
9	5	8	1	2	6	9	5	3	4	7
		7	6	9	4	3	1	8	5	2
8	2	5	4	3	7	8	2	6	9	1

真题：

		1	8	2	4	2	2	1	3	3
		8	2	6	3	6	5	8	4	4
8	1									
7	8									
6	4				2		3			
2	3			1				4		
6	5									
4	9			8				5		
1	4				7		6			
6	4									
1	4									

2.8 奇偶星数独 在空格内填入数字1—9，使每行、每列及每宫内数字均不重复。盘面奇数格内星星表示其横竖相邻格内数字均为偶数，盘面偶数格内星星表示其横竖相邻格内数字均为奇数。没有星星的格不存在上述条件。（60分）

例题和答案：

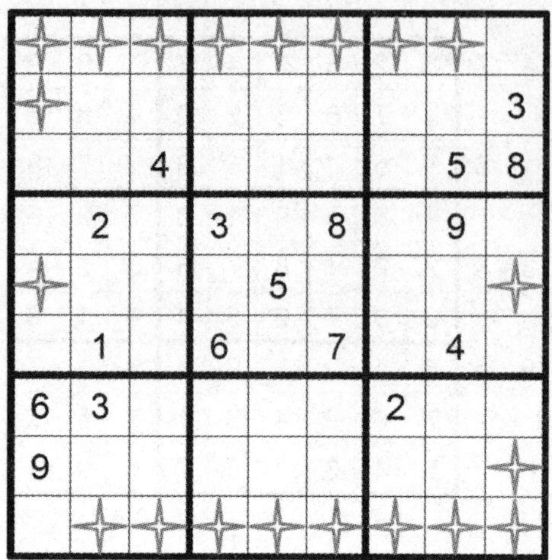

真题：

		1				2		
	3						7	
8		✦				6		3
							6	7
			✦	✦	✦			
	6	3						
7		2				✦		4
	9						1	
		6				5		

2.9　分散不规则数独　在空格内填入数字1—9，使每行、每列及每个不规则粗线宫内数字均不重复。盘面分散的9个灰格内也填入1组数字1—9。（50分）

例题和答案：

		1	2	3	4	5		
	4						1	
	3						2	
	5						3	
	7						6	
	9						7	
		5	6	7	8	9		

5	8	7	3	1	2	6	9	4
9	6	1	2	3	4	5	8	7
2	4	9	8	6	5	7	1	3
8	3	6	4	5	7	1	2	9
7	5	2	1	4	9	8	3	6
1	7	4	9	8	3	2	6	5
6	9	3	5	2	1	4	7	8
3	2	5	6	7	8	9	4	1
4	1	8	7	9	6	3	5	2

真题：

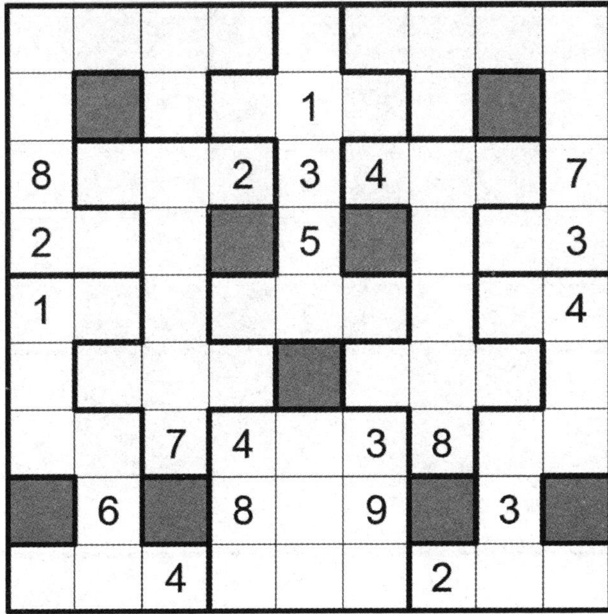

2.10 窗口数独 在空格内填入数字1—9，使每行、每列、每宫及四个9格灰色区域内数字均不重复。（40分）

例题和答案：

			2			6	1	
		9	4			3		
	8	1				7	4	
	4	6				8		
	2	7				4		
	3				6	5		
					5			

4	1	3	6	5	7	2	8	9
8	7	5	2	3	9	6	1	4
2	6	9	4	1	8	3	5	7
9	8	1	3	6	2	7	4	5
3	5	2	8	7	4	9	6	1
7	4	6	5	9	1	8	2	3
5	2	7	1	8	3	4	9	6
1	3	8	9	4	6	5	7	2
6	9	4	7	2	5	1	3	8

真题：

	5		3		9			
6				8				4
								9
				3				
1			4		6			2
				2				
3								
5				9				7
			2		5		1	

第3轮　个人赛：难易相成

限时：40分钟　总分：500分

3.1	标准数独	15分
3.2	标准数独	30分
3.3	偶数数独	15分
3.4	偶数数独	40分
3.5	温度计数独	30分
3.6	温度计数独	75分
3.7	距离数独	40分
3.8	距离数独	80分
3.9	最大邻居数独	65分
3.10	最大邻居数独	110分

3.1 标准数独 在空格内填入数字1—9，使每行、每列及每宫内数字均不重复。（15分）

4	7						1	8
5	8						3	2
		2	8		4	7		
		5	3		1	8		
		8	6		2	5		
		7	2		6	1		
8	6						2	9
3	2						5	7

3.2 标准数独 在空格内填入数字1—9，使每行、每列及每宫内数字均不重复。（30分）

			3	9	8			
5		2				8		3
8	3						7	2
1								8
			1		4			
		6		7		4		
	9						1	
			2		5			

3.3 偶数数独 在空格内填入数字1—9，使每行、每列及每宫内数字均不重复。盘面灰格内只能填入偶数。（15分）

							3	
	4				5			
	3					8		
		8		1				
						7		
9							4	
			9					5
6								
	7				2			

3.4 偶数数独 在空格内填入数字1—9，使每行、每列及每宫内数字均不重复。盘面灰格内只能填入偶数。（40分）

	4							
1		2						
	5							
6		5			2			
	9						5	
			3			2		6
							7	
						1		3
							4	

3.5 **温度计数独** 在空格内填入数字1—9，使每行、每列及每宫内数字均不重复。盘面每个灰色形状表示一个温度计符号，圆圈格为该温度计内最小的数字，数字从温度计圆圈向另一头依次增大。（30分）

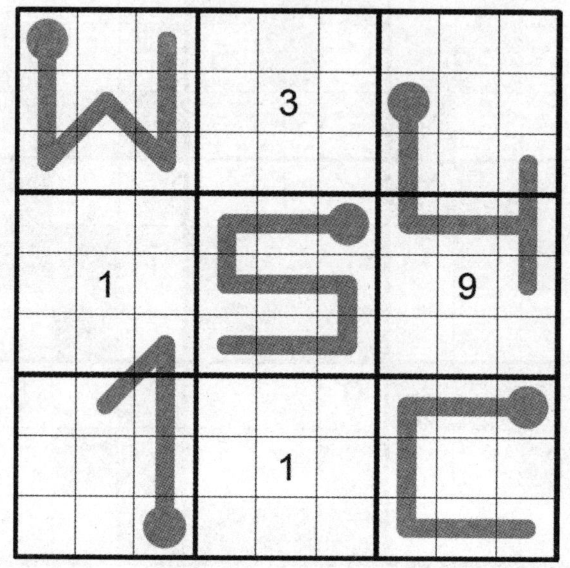

3.6 **温度计数独** 在空格内填入数字1—9，使每行、每列及每宫内数字均不重复。盘面每个灰色形状表示一个温度计符号，圆圈格为该温度计内最小的数字，数字从温度计圆圈向另一头依次增大。（75分）

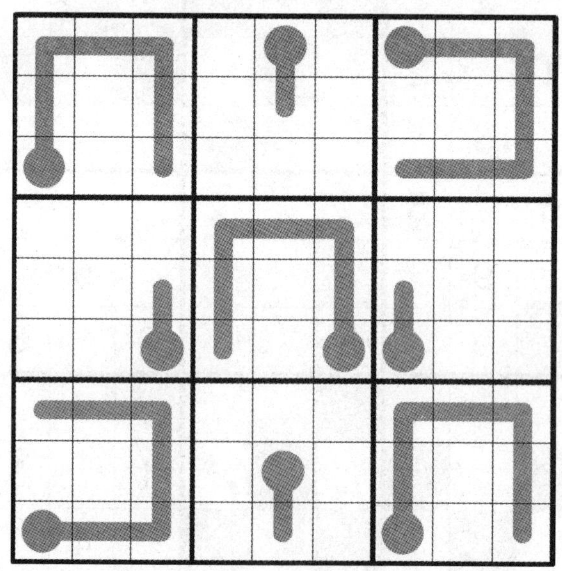

3.7 距离数独 在空格内填入数字1—9，使每行、每列及每宫内数字均不重复。盘面外提示线索A-B:C表示在该方向数字A和B距离为C（相邻两格距离为1，以此类推）。（40分）

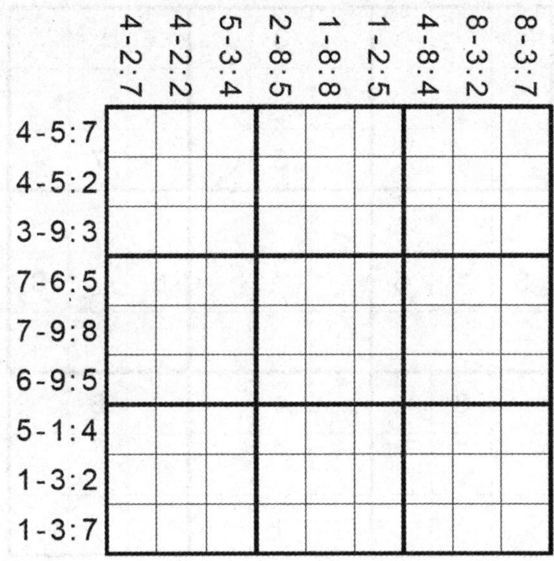

3.8 距离数独 在空格内填入数字1—9，使每行、每列及每宫内数字均不重复。盘面外提示线索A-B:C表示在该方向数字A和B距离为C（相邻两格距离为1，以此类推）。（80分）

1-9:2
9-4:4
2-4:3
3-7:5
3-6:5
5-1:2
8-3:7

6-9:2
1-8:6
4-8:3
2-4:3
3-9:3
5-2:6
5-3:4
6-8:3
2-7:6

3.9 **最大邻居数独** 在空格内填入数字1—9，使每行、每列及每宫内数字均不重复。格内箭头指向其横竖相邻格内最大的数字，如果有相同的最大数字则格内有多个箭头。（65分）

				3				
	4			5			7	
3		5				6		9
	8			4			6	
				1				

3.10 **最大邻居数独** 在空格内填入数字1—9，使每行、每列及每宫内数字均不重复。格内箭头指向其横竖相邻格内最大的数字，如果有相同的最大数字则格内有多个箭头。（110分）

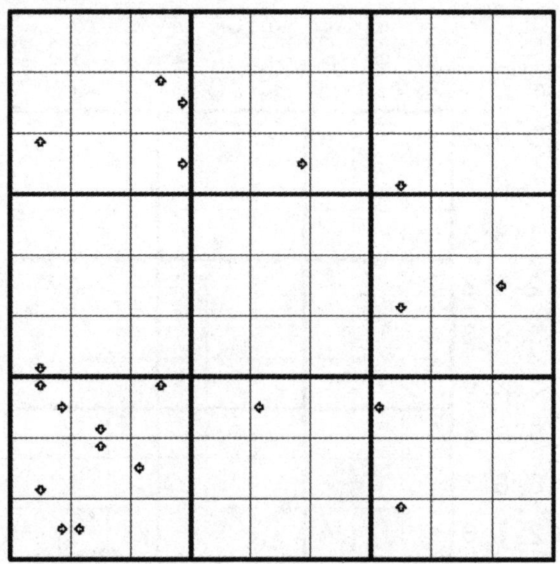

第4轮 个人赛：81空格

限时：50分钟 总分：550分

4.1 圆环数独 …… 30分

4.2 双倍黑白点数独 …… 45分

4.3 不等号黑白点数独 …… 40分

4.4 盘内摩天楼数独 …… 80分

4.5 杀手数独 …… 70分

4.6 不重复小杀手数独 …… 85分

4.7 4数+不等号数独 …… 25分

4.8 星积数独 …… 55分

4.9 X位和数独 …… 55分

4.10 3选2外提示数独 …… 65分

4.1 圆环数独 在空格内填入数字1—9，使每行、每列及每宫内数字均不重复。盘面圆环上数字必须按照数字在圆环上的顺序出现在圆环所在的4格内。圆环可以旋转，不可以翻转。（30分）

例题和答案：

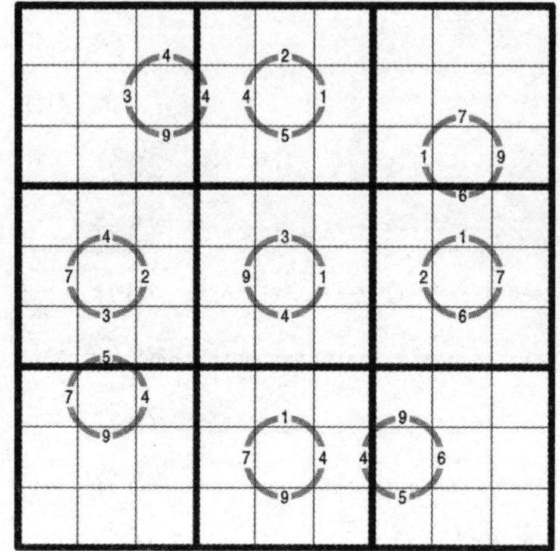

1	8	3	9	2	6	7	4	5
7	9	5	4	3	1	2	6	8
6	2	4	7	5	8	9	3	1
9	3	6	5	1	2	8	7	4
2	5	7	3	8	4	1	9	6
8	4	1	6	9	7	5	2	3
5	1	9	2	4	3	6	8	7
4	7	8	1	6	9	3	5	2
3	6	2	8	7	5	4	1	9

真题：

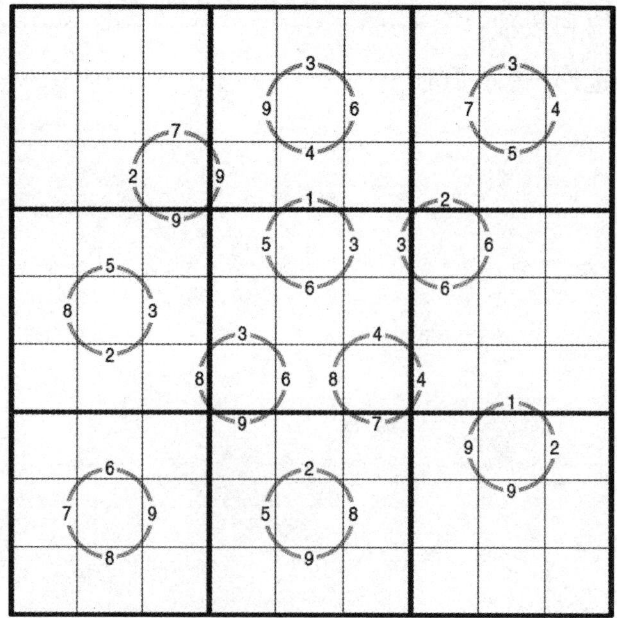

4.2 **双倍黑白点数独** 在空格内填入数字1—9，使每行、每列及每宫内数字均不重复。盘面黑点两侧格内数字为4倍关系，白点两侧格内数字之差为2，没有标记点的相邻两格内数字不存在上述两种关系。（45分）

例题和答案：

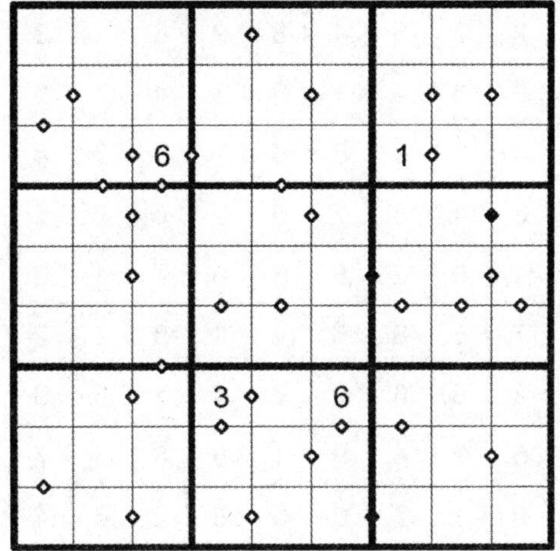

9	8	1	6	4	3	7	2	5
5	3	2	1	9	7	8	6	4
7	4	6	8	5	2	1	3	9
1	6	4	7	3	5	9	8	2
8	7	9	2	6	1	4	5	3
3	2	5	4	8	9	6	7	1
2	9	7	3	1	6	5	4	8
6	1	8	5	2	4	3	9	7
4	5	3	9	7	8	2	1	6

真题：

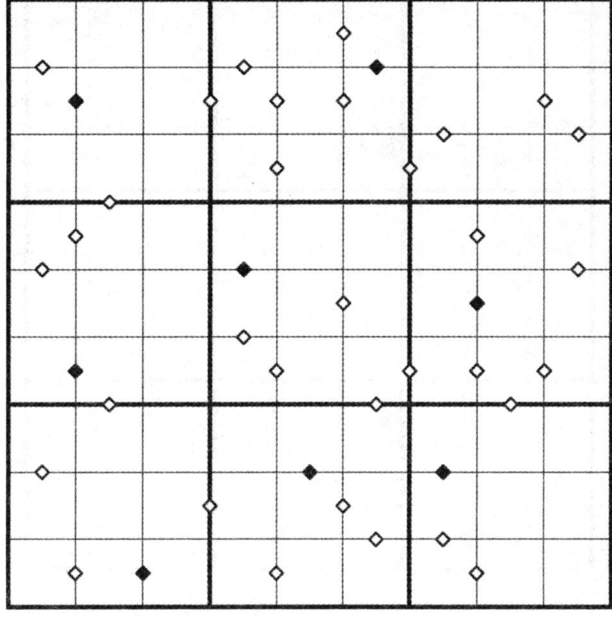

4.3　**不等号黑白点数独**　在空格内填入数字1—9，使每行、每列及每宫内数字均不重复。不等号两侧格内数字为2倍关系或数字之差为1（或同时符合两种条件）。没有标记不等号的相邻2格内数字不存在上述关系。不等号还表示两侧格内数字大小关系。（40分）

例题和答案：

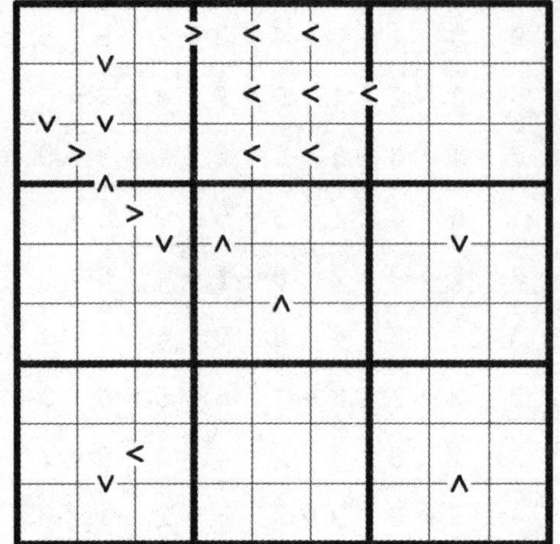

真题：

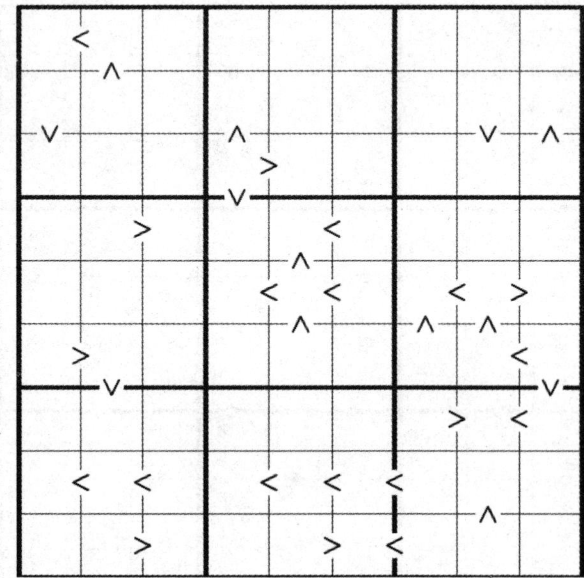

4.4 **盘内摩天楼数独** 在空格内填入数字1—9，使每行、每列及每宫内数字均不重复。盘面数字表示每个摩天楼的高度。较高的摩天楼会挡住它后方所有比它低的摩天楼的视线。盘面内箭头指向方向可以看见的摩天楼个数与该格内数字相等。所有符合条件的箭头均已标出。（80分）

例题和答案：

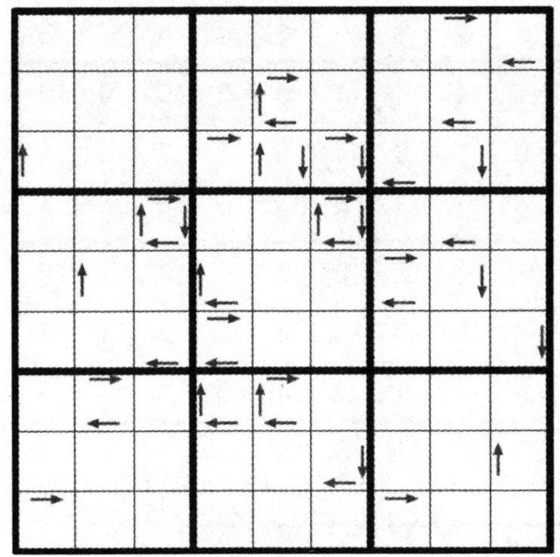

2	9	5	4	6	7	8	1	3
6	4	3	8	1	9	7	2	5
1	8	7	5	2	3	4	6	9
4	5	1	9	7	2	6	3	8
8	3	9	1	5	6	2	4	7
7	6	2	3	4	8	9	5	1
9	1	8	2	3	4	5	7	6
5	2	6	7	9	1	3	8	4
3	7	4	6	8	5	1	9	2

真题：

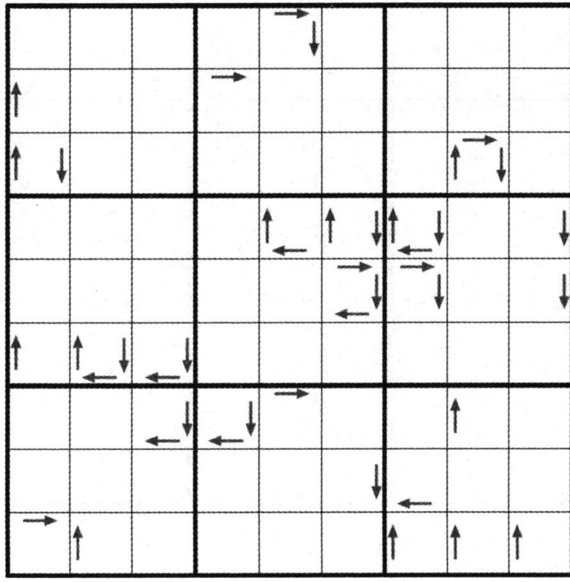

4.5 **杀手数独** 在空格内填入数字1—9，使每行、每列及每宫内数字均不重复。盘面虚线框左上角数字表示该虚线框内所有数字之和，每个虚线框内数字不重复。（70分）

例题和答案：

16				12				17
		29						
23						27		
								2
			4		2			10
2	12							
					10			
9								
		7					14	

7	9	4	3	5	6	1	2	8
1	3	5	7	2	8	6	4	9
6	2	8	9	1	4	5	7	3
8	4	7	1	3	5	9	6	2
9	5	6	4	8	2	7	3	1
2	1	3	6	9	7	8	5	4
3	6	2	8	7	1	4	9	5
4	8	9	5	6	3	2	1	7
5	7	1	2	4	9	3	8	6

真题：

22		11	10		14		22	
			11		19			14
8		21						
			22	7		17	8	
17				15				
	14				19	12		18
13			16					
	14	12			14	22	13	

4.6　**不重复小杀手数独**　在空格内填入数字1—9，使每行、每列及每宫内数字均不重复。盘面外提示数表示提示数对应箭头所指方向数字之和。每个箭头所指方向数字不重复。（85分）

例题和答案：

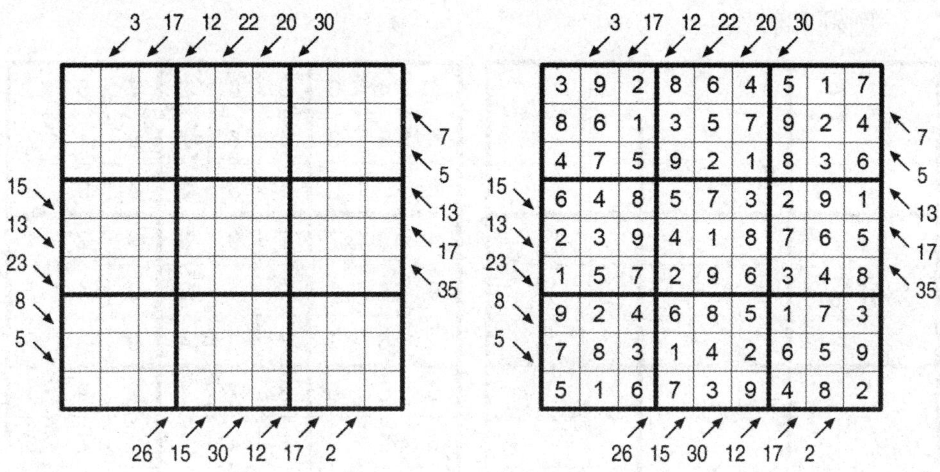

真题：

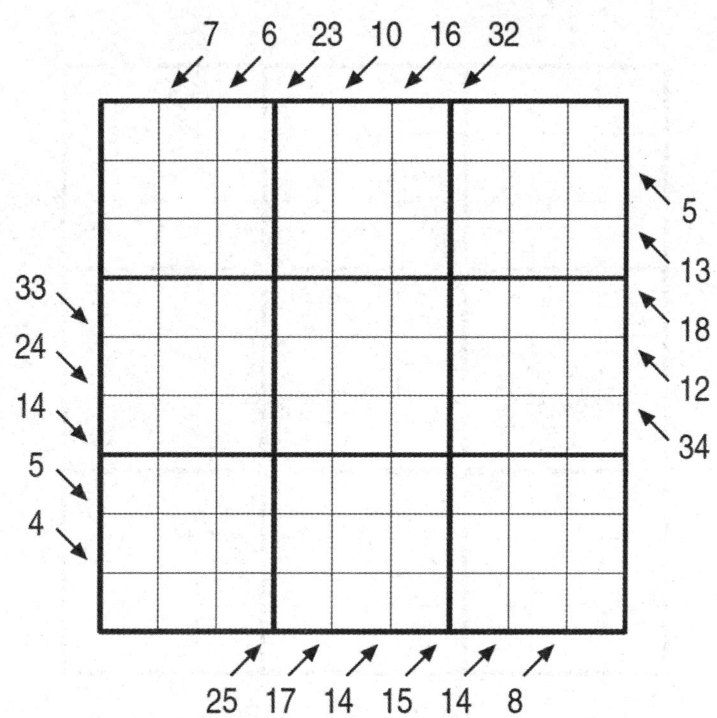

4.7 **4数+不等号数独** 在空格内填入数字1—9，使每行、每列及每宫内数字均不重复。盘面内每组在4格交接处的4个提示数字表示提示数所在位置周围4格内数字，数字顺序不限。不等号表示不等号两侧格内数字大小关系。（25分）

例题和答案：

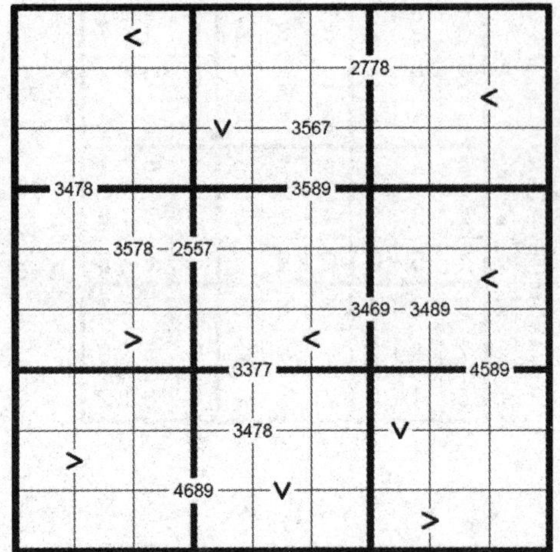

真题：

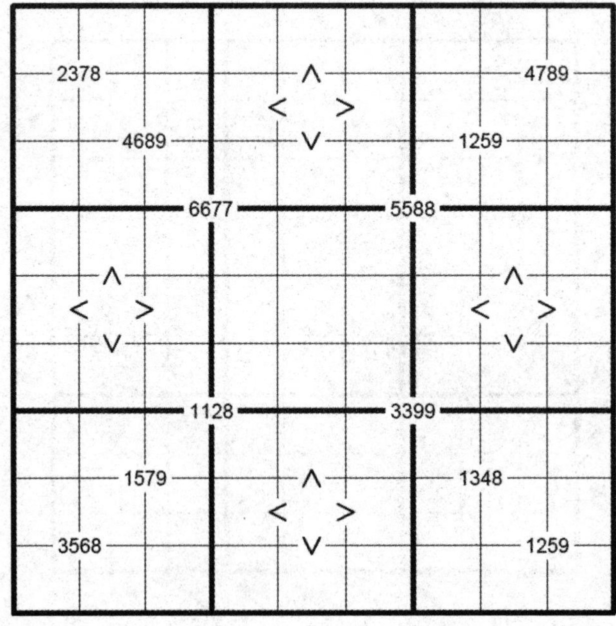

4.8 星积数独 在空格内填入数字1—9，使每行、每列及每宫内数字均不重复。盘面外提示数表示该行或列所有“*”标记的格内数字之积。（55分）

例题和答案：

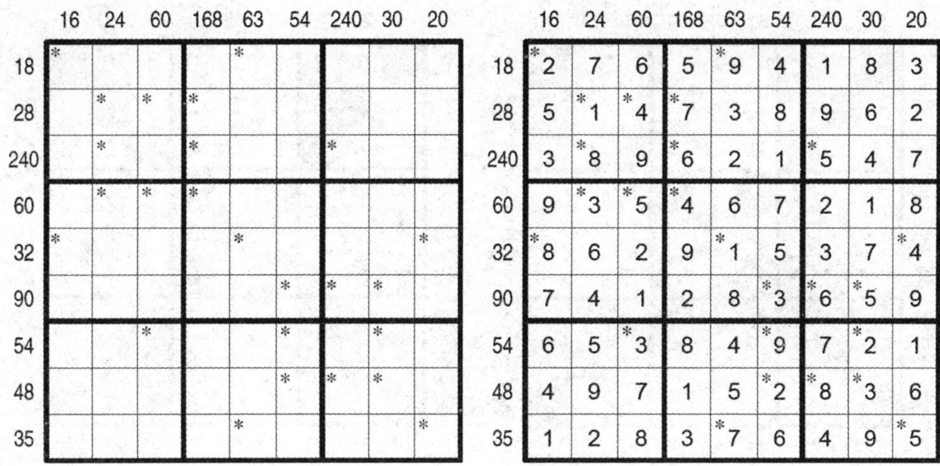

真题：

	64	54	4	6	756	60	36	14	504
30					*	*		*	*
63			*		*				*
8		*	*						
4				*	*				
216	*	*		*			*		
72	*						*	*	
42					*	*			
64	*					*			*
378	*	*						*	*

4.9 **X位和数独** 在空格内填入数字1—9，使每行、每列及每宫内数字均不重复。盘面外提示数字表示该方向前X格数字之和。X为该方向第一个灰格内数字。（55分）

例题和答案：

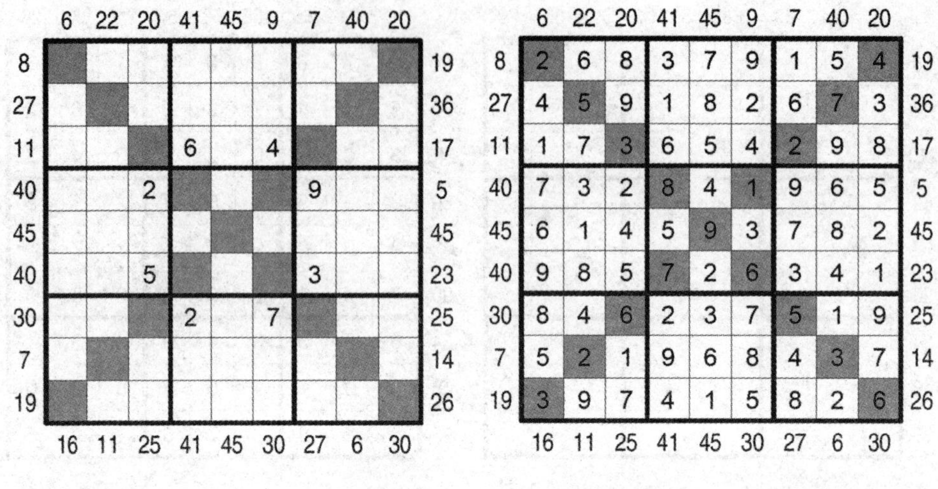

真题：

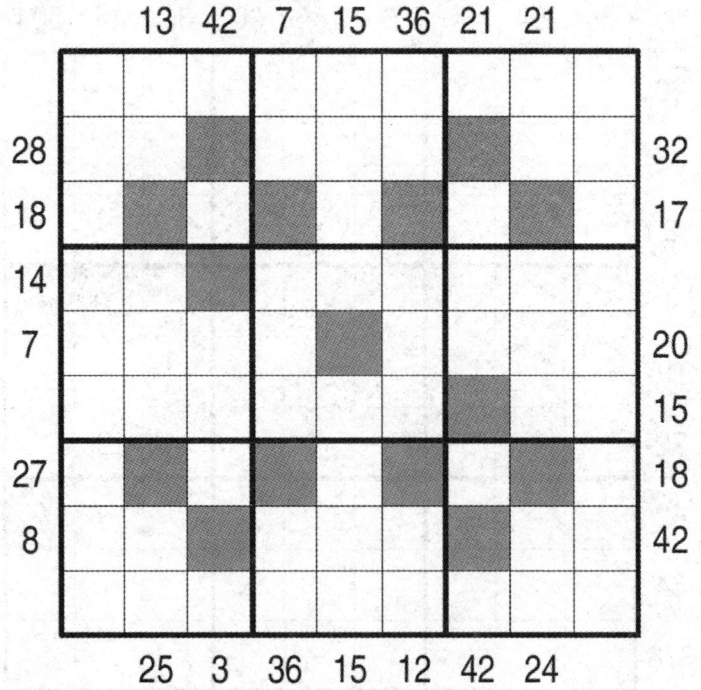

4.10　3选2外提示数独　在空格内填入数字1—9，使每行、每列及每宫内数字均不重复。盘面外提示数表示该方向前3格内包含的3个数字。每组3个数字都有且仅有1个数字条件是错的。盘面外每个方向（上、下、左、右）9组提示数中错误的提示数都不相同。（65分）

例题和答案：

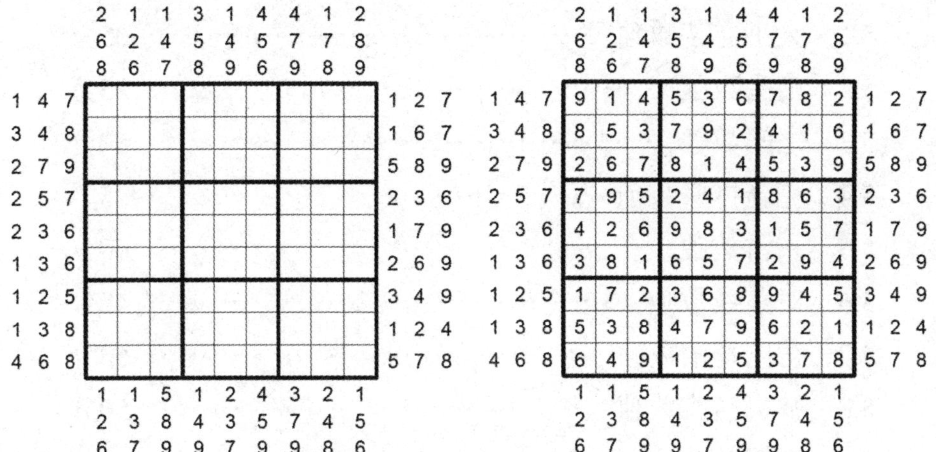

真题：

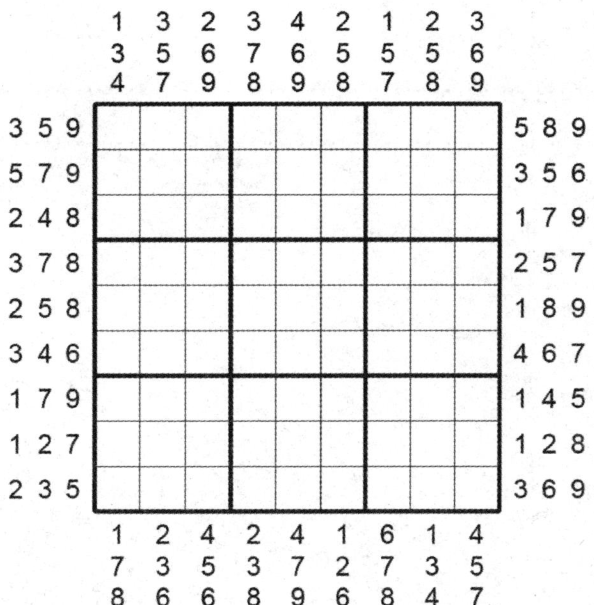

第5轮　个人赛：箭头、线段与圆环

限时：60分钟　总分：600分

5.1　大小交替数独 …………………………… 35分
5.2　箭头数独 ………………………………… 35分
5.3　之间数独 ………………………………… 80分
5.4　克隆排序数独 …………………………… 25分
5.5　扫雷数独 ………………………………… 60分
5.6　对角线数独 ……………………………… 40分
5.7　德国耳语数独 …………………………… 60分
5.8　缺失箭头数独 …………………………… 50分
5.9　运算数独 ………………………………… 60分
5.10　奇偶桥数独 …………………………… 50分
5.11　回文数独 ……………………………… 35分
5.12　接触连续数独 ………………………… 35分
5.13　寻9数独 ……………………………… 35分

5.1 大小交替数独 在空格内填入数字1—9，使每行、每列及每宫内数字均不重复。在盘面灰色粗线上、大数、小数交替。大数比线上相邻的格内数字都大，小数比线上相邻的格内数字都小。（35分）

例题和答案：

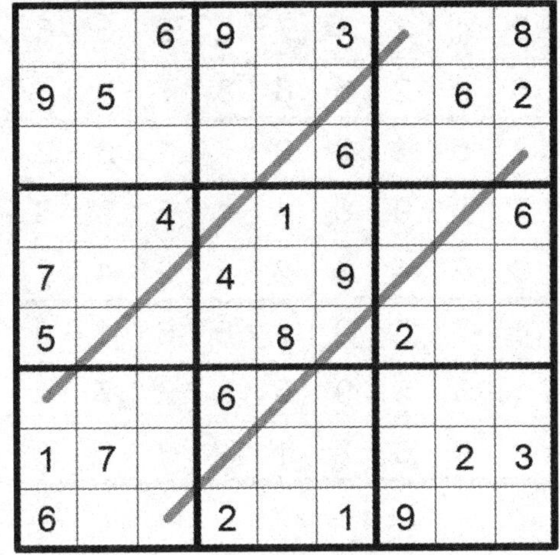

2	1	6	9	5	3	4	7	8
9	5	7	1	4	8	3	6	2
3	4	8	7	2	6	5	9	1
8	9	4	5	1	2	7	3	6
7	3	2	4	6	9	1	8	5
5	6	1	3	8	7	2	4	9
4	2	9	6	3	5	8	1	7
1	7	5	8	9	4	6	2	3
6	8	3	2	7	1	9	5	4

真题：

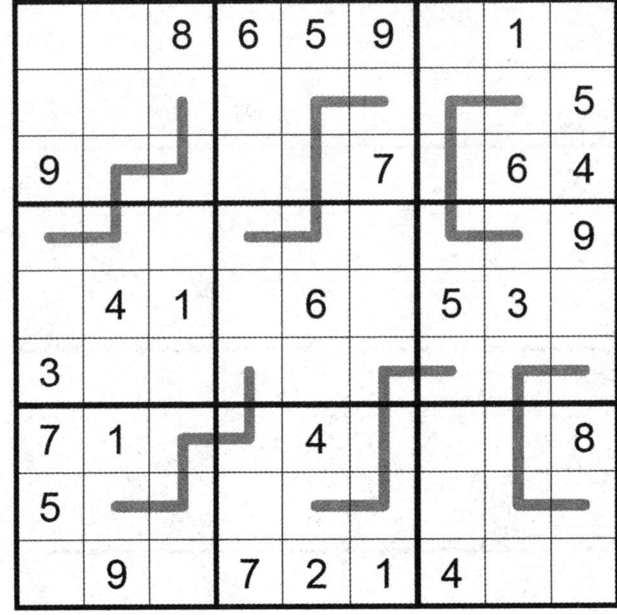

5.2 **箭头数独** 在空格内填入数字1—9，使每行、每列及每宫内数字均不重复。盘面圆圈内数字为圆圈延伸出的箭头线上的所有数字之和。箭头线上的数字可以重复。（35分）

例题和答案：

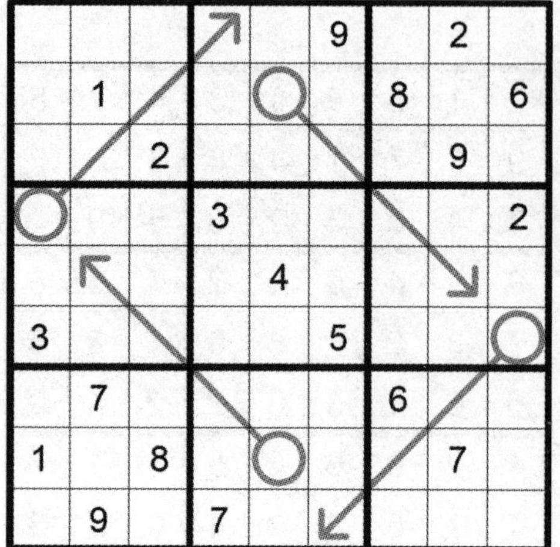

真题：

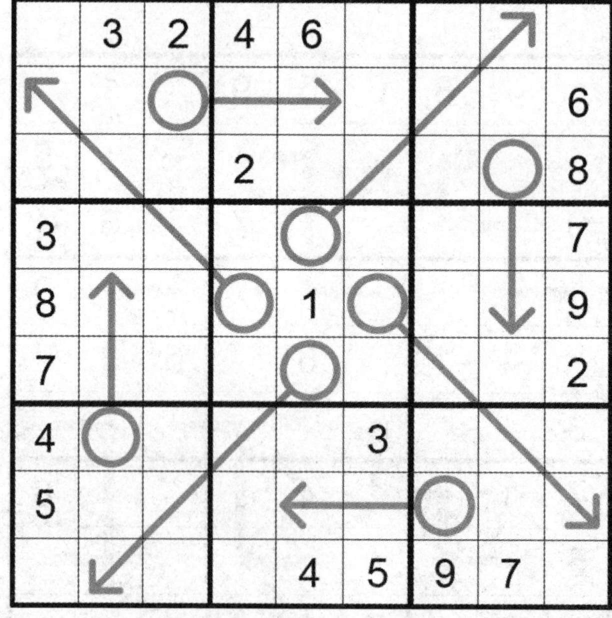

5.3　之间数独　在空格内填入数字1—9，使每行、每列及每宫内数字均不重复。盘面灰色粗线上数字大小在粗线两端圆圈格内数字大小之间。即线上数字均大于两端圆圈格内较小的数字，且小于两端圆圈格内较大的数字。（80分）

例题和答案：

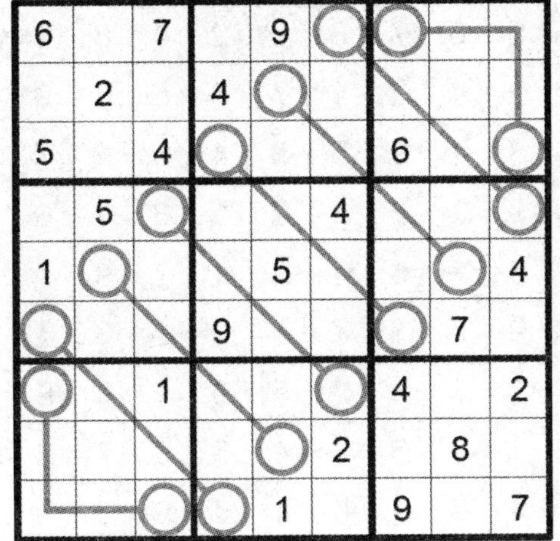

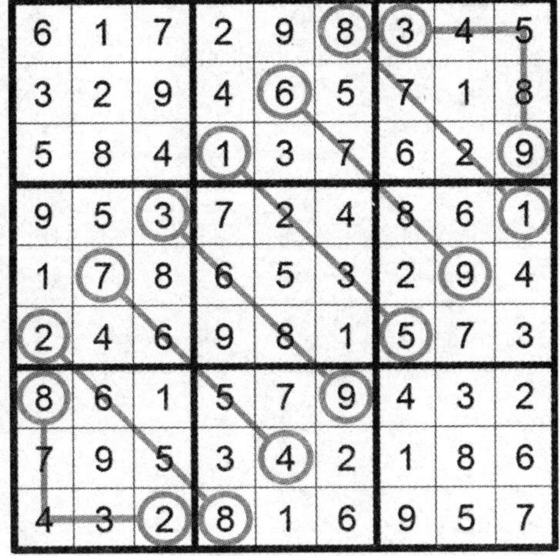

真题：

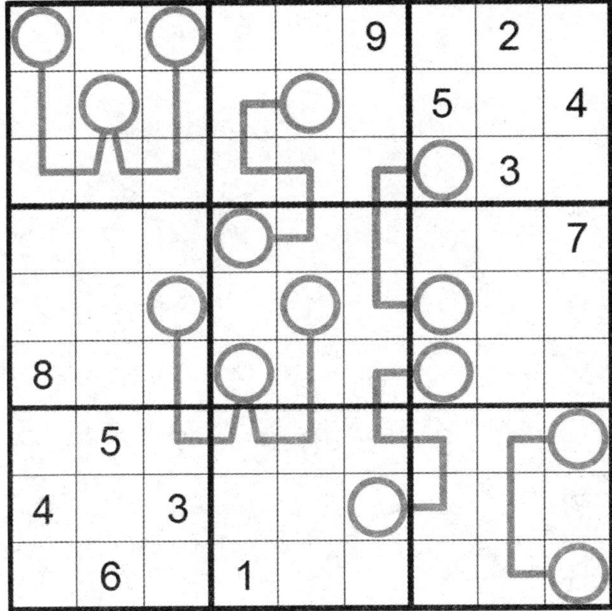

5.4 克隆排序数独 在空格内填入数字1—9，使每行、每列及每宫内数字均不重复。盘面内每条灰色粗线上的数字顺序都相同。选手需自行判断线上数字方向。同一条灰色粗线上数字可以重复出现。（25分）

例题和答案：

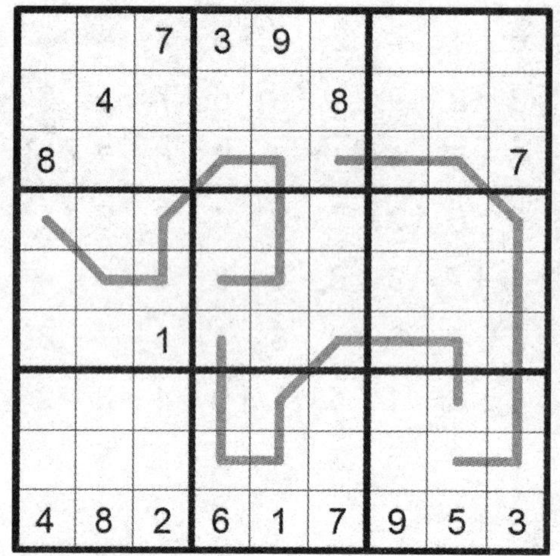

真题：

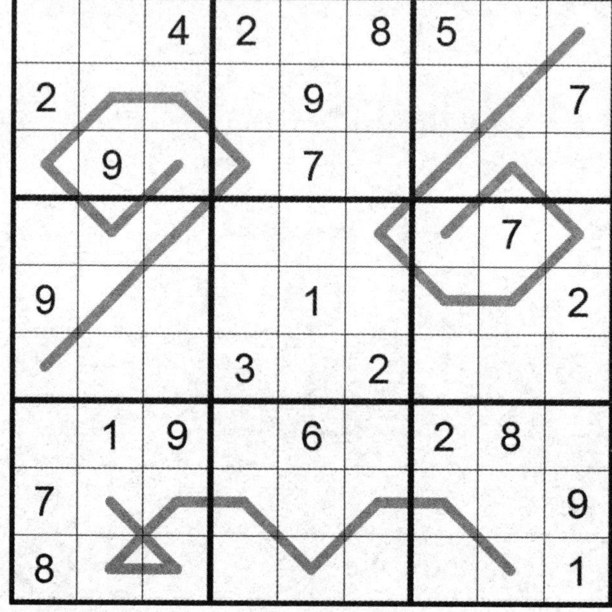

5.5　**扫雷数独**　在空格内填入数字1—9，使每行、每列及每宫内数字均不重复。盘面内圆圈标记格内数字表示其周围横、竖、对角相邻的8格内不同数字的个数。盘面内叉标记格内数字表示其周围对角相邻的4格内不同数字的个数。所有符合条件的位置均已标出。（当盘面内圆圈或叉标记格在盘面边或角的位置时，对应的相邻格数相应减少）（60分）

例题和答案：

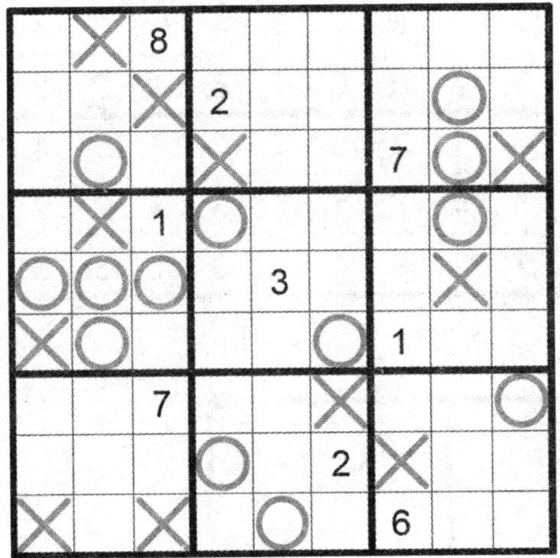

真题：

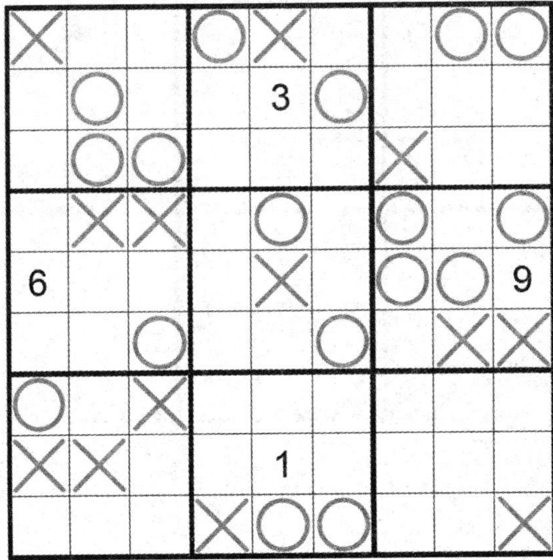

5.6 对角线数独 在空格内填入数字1—9，使每行、每列、每宫及每条对角线内数字均不重复。（40分）

例题和答案：

			2	4	9			
			8	3	1			
	9	1				8	6	
	8	6				5	3	
	7	5				4	9	
			9	8	2			
			1	7	6			

1	3	2	5	6	7	9	4	8
8	5	7	2	4	9	6	1	3
9	6	4	8	3	1	2	7	5
4	9	1	3	2	5	8	6	7
2	8	6	7	9	4	5	3	1
3	7	5	6	1	8	4	9	2
6	1	3	9	8	2	7	5	4
5	4	8	1	7	6	3	2	9
7	2	9	4	5	3	1	8	6

真题：

				1				
			9		6			
			3		2			
	3	9		5		7	6	
4			2		7			1
	7	1		6		3	5	
			8		3			
			6		1			
				7				

5.7 德国耳语数独 在空格内填入数字1—9，使每行、每列及每宫内数字均不重复。盘面内每条灰色粗线上相邻2格内数字之差至少为5。（60分）

例题和答案：

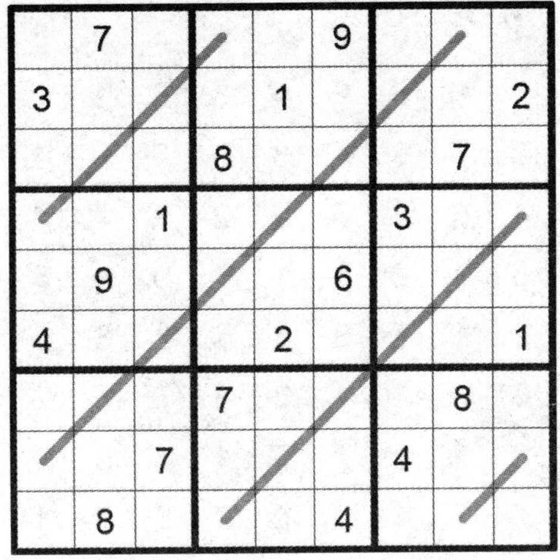

8	7	2	4	5	9	1	3	6
3	4	9	6	1	7	8	5	2
5	1	6	8	3	2	9	7	4
6	2	1	5	7	8	3	4	9
7	9	3	1	4	6	5	2	8
4	5	8	9	2	3	7	6	1
2	3	4	7	9	1	6	8	5
9	6	7	2	8	5	4	1	3
1	8	5	3	6	4	2	9	7

真题：

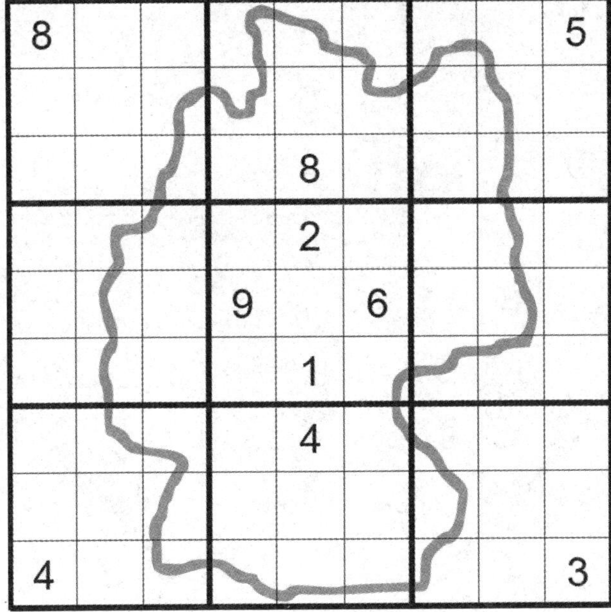

5.8 **缺失箭头数独** 在空格内填入数字1—9，使每行、每列及每宫内数字均不重复。盘面内每条灰色粗线的其中一个端点格内数字为线上其余格内数字之和。（50分）

例题和答案：

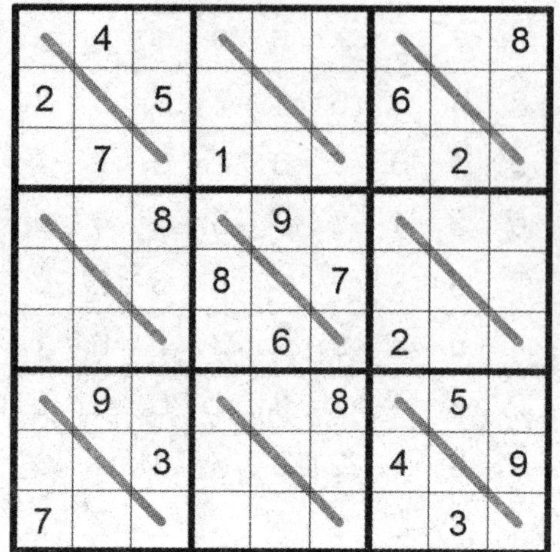

1	4	6	2	7	5	3	9	8
2	8	5	9	4	3	6	1	7
3	7	9	1	8	6	5	2	4
4	6	8	5	9	2	1	7	3
5	3	2	8	1	7	9	4	6
9	1	7	3	6	4	2	8	5
6	9	1	4	3	8	7	5	2
8	2	3	7	5	1	4	6	9
7	5	4	6	2	9	8	3	1

真题：

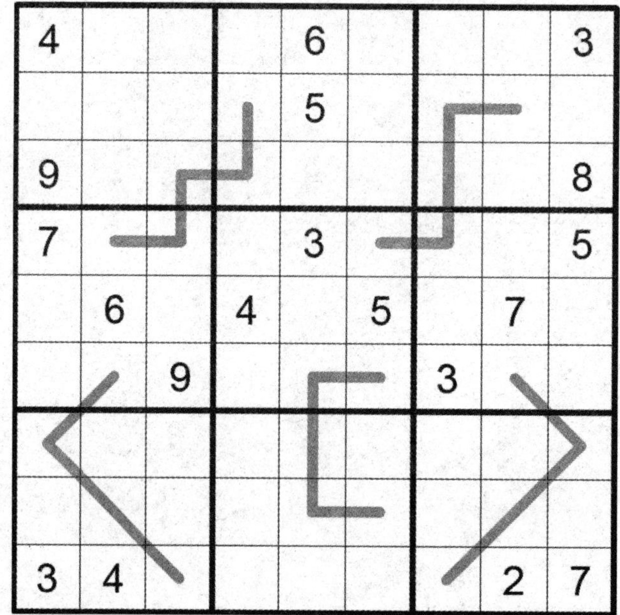

5.9 运算数独 在空格内填入数字1—9，使每行、每列及每宫内数字均不重复。盘面圆圈内运算符号（+、−、×、÷）及数字X表示该圆圈两组角相邻的2格内数字经过相应的运算符号计算所得为X。字母“E”表示圆圈周围4格内数字全部为偶数。字母“O”表示圆圈周围4格内数字全部为奇数。（60分）

例题和答案：

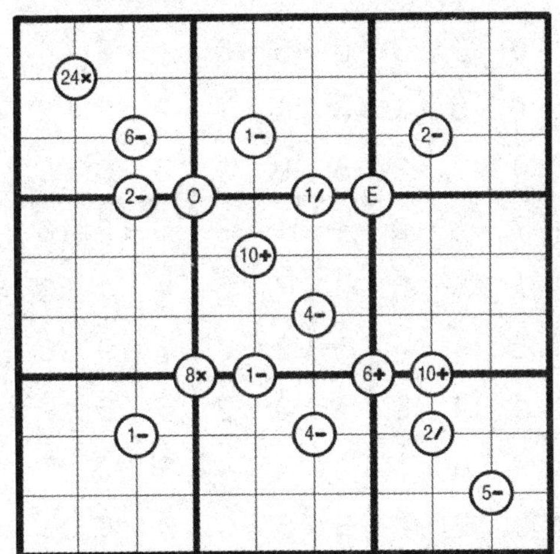

8	6	2	7	5	1	9	3	4
4	3	7	9	2	6	5	8	1
5	1	9	3	8	4	6	7	2
9	7	3	1	4	8	2	5	6
2	4	5	6	9	3	7	1	8
6	8	1	2	7	5	4	9	3
7	9	4	8	3	2	1	6	5
1	5	8	4	6	7	3	2	9
3	2	6	5	1	9	8	4	7

真题：

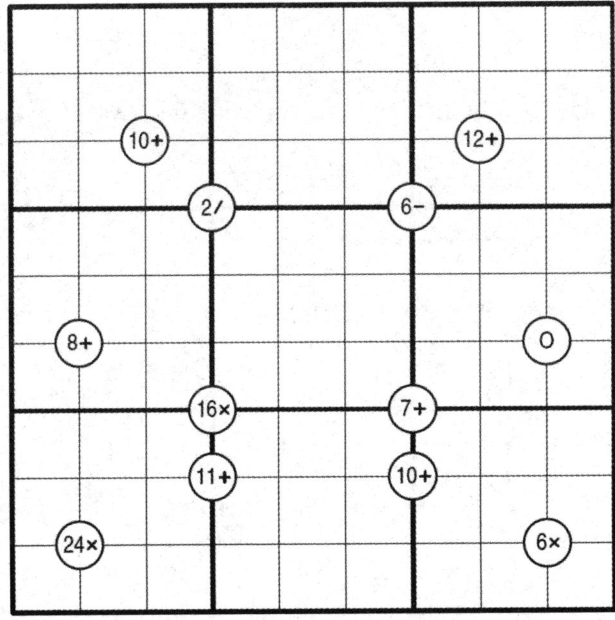

5.10 **奇偶桥数独** 在空格内填入数字1—9，使每行、每列及每宫内数字均不重复。每组相互连接的2个圆圈内数字一个为奇数，另一个为偶数，偶数表示粗线上偶数的个数，奇数表示粗线上奇数的个数。圆圈中的数不算在粗线上的数字个数中，每条粗线上的数字可重复。（50分）

例题和答案：

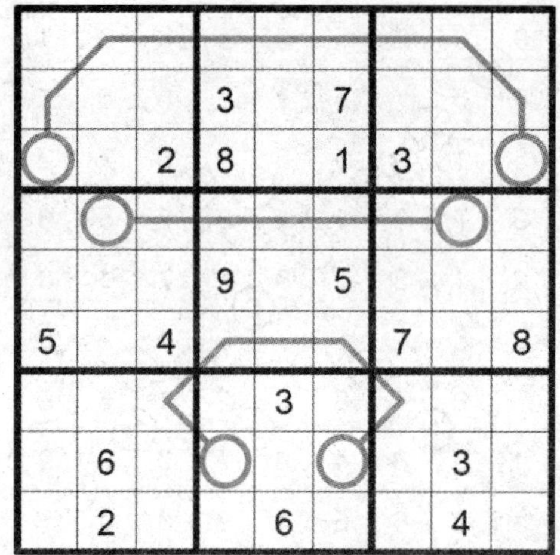

真题：

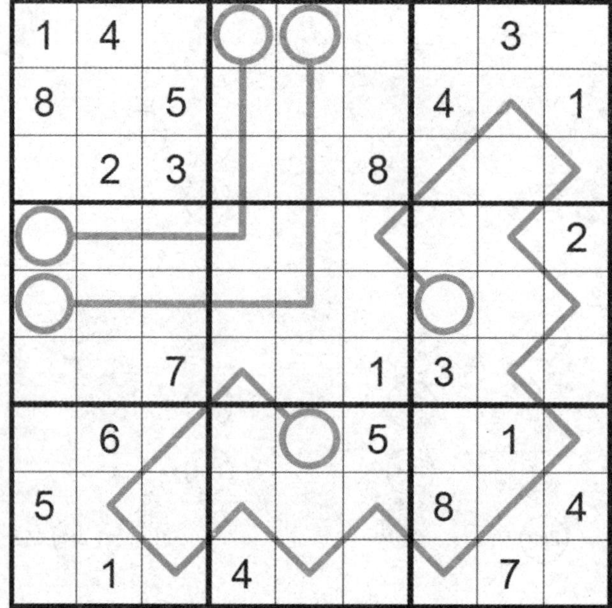

5.11 回文数独 在空格内填入数字1—9，使每行、每列及每宫内数字均不重复。盘面内每条灰色粗线上首尾对应的格内应填入相同的数字。（例如：2-3-6-6-3-2或3-1-6-1-3）（35分）

例题和答案：

			1					4
		3		2			6	
	5				3			
6						4		
	2						5	
		8						6
			4				7	
	9			3		8		
1					9			

7	6	9	1	8	5	3	2	4
8	1	3	9	2	4	5	6	7
2	5	4	6	7	3	9	8	1
6	7	5	8	9	1	4	3	2
9	2	1	3	4	6	7	5	8
3	4	8	7	5	2	1	9	6
5	3	2	4	1	8	6	7	9
4	9	6	2	3	7	8	1	5
1	8	7	5	6	9	2	4	3

真题：

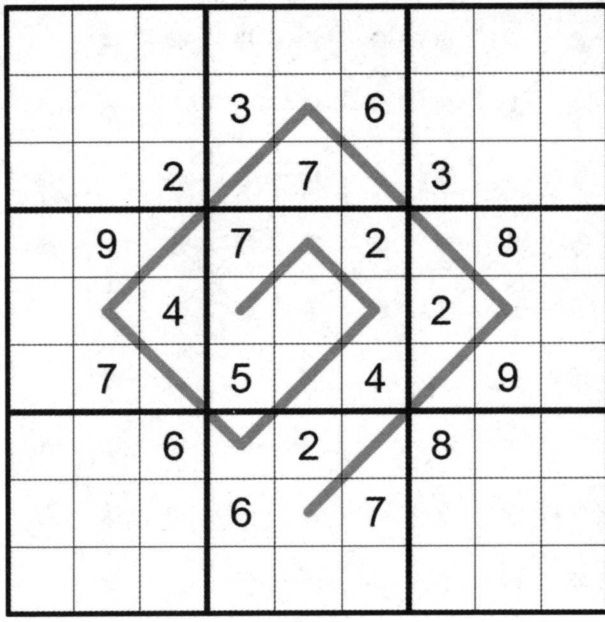

5.12　**接触连续数独**　在空格内填入数字1—9，使每行、每列及每宫内数字均不重复。盘面内由灰线连接的2个灰点所在格内数字相差为1。所有符合条件的灰点和灰线均已标出。（35分）

例题和答案：

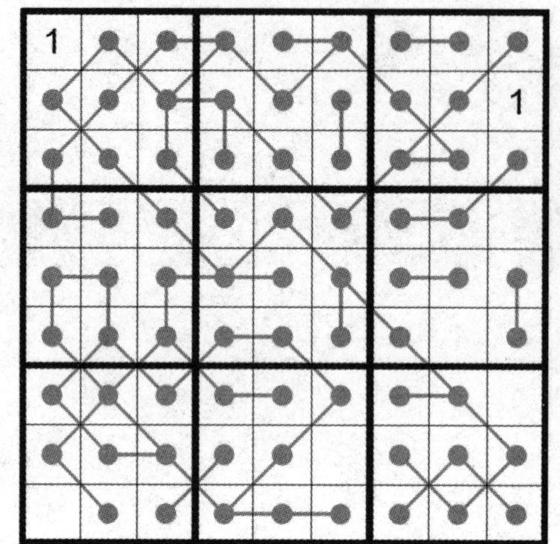

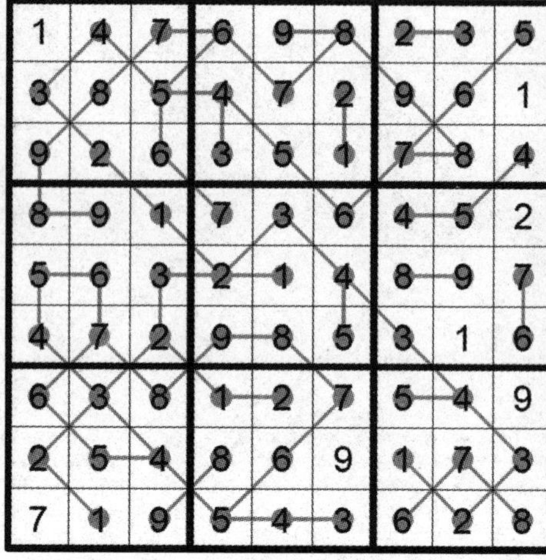

真题：

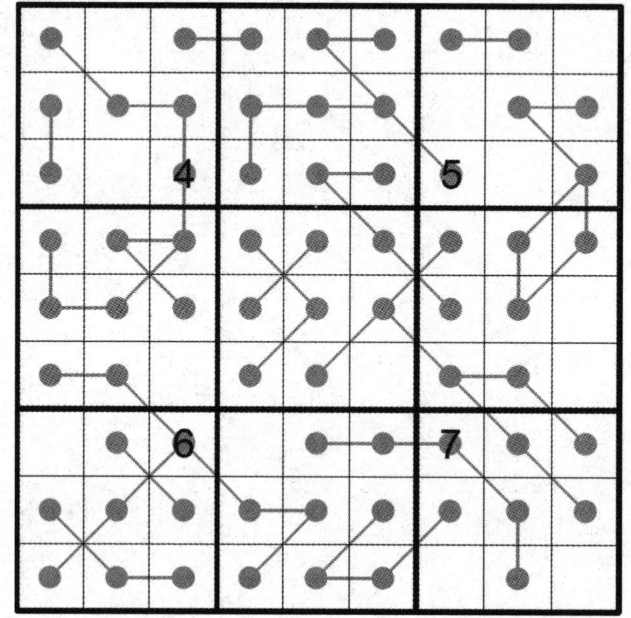

5.13　寻9数独　在空格内填入数字1—9，使每行、每列及每宫内数字均不重复。盘面内箭头表示箭头所在格与箭头所指方向上数字9所在格之间的距离（相邻两格距离为1，以此类推）。（35分）

例题和答案：

2					↓			
	6			→		→		
			↑			7	↓	
		→			5			←
	→			8			↓	
↓			6			↑		
	↑	1			→			
		→		→			7	
			↑					6

2	3	4	9	5	7	6	8	1
5	6	7	1	4	8	2	3	9
1	9	8	2	3	6	7	4	5
8	1	2	7	9	5	3	6	4
4	5	6	3	8	1	9	2	7
3	7	9	6	2	4	1	5	8
7	4	1	5	6	2	8	9	3
6	8	3	4	1	9	5	7	2
9	2	5	8	7	3	4	1	6

真题：

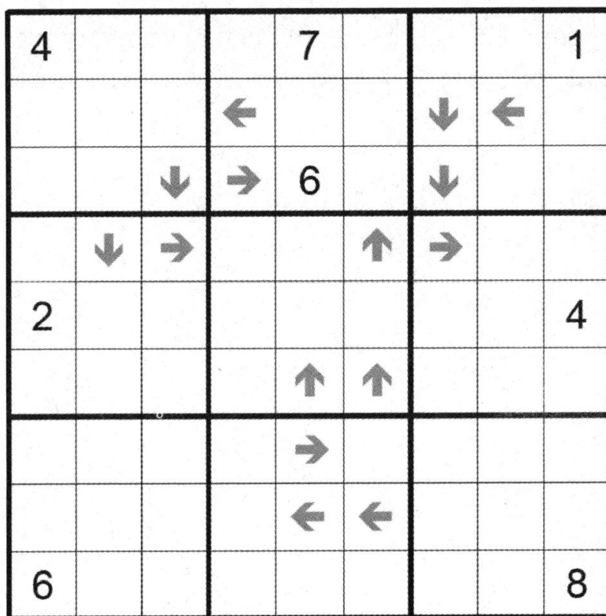

第6轮　个人赛：二合一

限时：50分钟　总分：500分

6.1　连续不等号数独+最大递增数独 ………………… 45分

6.2　最大递增数独+四舍五入数独 ………………… 60分

6.3　四舍五入数独+排序数独 ………………… 45分

6.4　排序数独+XIVI数独 ………………… 50分

6.5　XIVI数独+互描数独 ………………… 50分

6.6　互描数独+运算数独 ………………… 60分

6.7　运算数独+指偶数独 ………………… 60分

6.8　指偶数独+指大数独 ………………… 45分

6.9　指大数独+邻9数独 ………………… 50分

6.10　邻9数独+连续不等号数独 ………………… 35分

6A规则　不等号连续数独：在空格内填入数字1—9，使每行、每列及每宫内数字均不重复。盘面内不等号标记两侧格内数字之差为1，没有标记不等号的相邻两格内数字之差不为1，不等号标记同时表示其两侧格内数字大小关系。

单规则例题和答案：

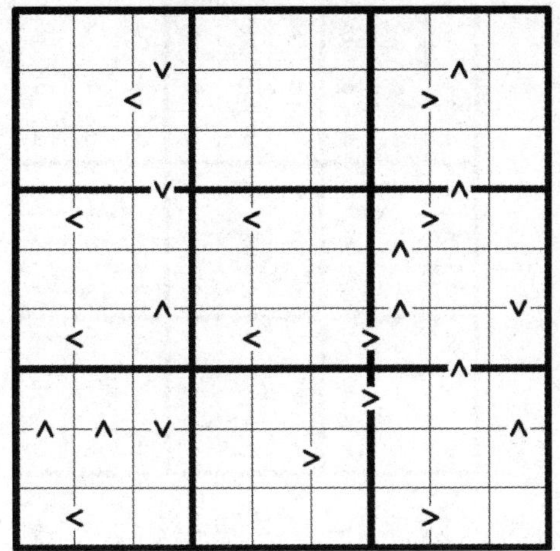

9	2	6	4	1	8	3	7	5
7	4	5	2	6	3	9	8	1
3	1	8	5	9	7	2	4	6
8	9	7	3	4	1	6	5	2
6	3	1	8	2	5	7	9	4
4	5	2	6	7	9	8	1	3
1	7	4	9	3	6	5	2	8
2	8	3	7	5	4	1	6	9
5	6	9	1	8	2	4	3	7

6B规则　最大递增数独：在空格内填入数字1—9，使每行、每列及每宫内数字均不重复。盘面外提示数字表示该方向最长连续递增数字个数。

单规则例题和答案：

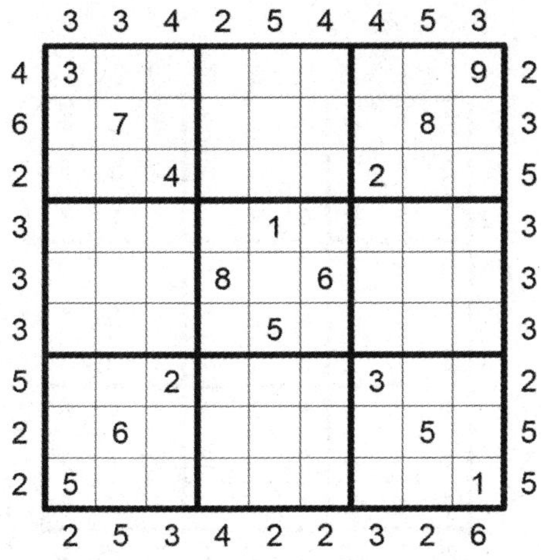

	3	3	4	2	5	4	4	5	3	
4	3	2	5	6	8	1	4	7	9	2
6	9	7	1	2	4	5	6	8	3	3
2	6	8	4	9	7	3	2	1	5	5
3	7	5	6	3	1	4	9	2	8	3
3	1	4	9	8	2	6	5	3	7	3
3	2	3	8	7	5	9	1	4	6	3
5	8	1	2	5	6	7	3	9	4	2
2	4	6	3	1	9	8	7	5	2	5
2	5	9	7	4	3	2	8	6	1	5
	2	5	3	4	2	2	3	2	6	

6C规则　四舍五入数独：在空格内填入数字1—9，使每行、每列及每宫内数字均不重复。盘面虚线框内数表示虚线框两格内数字组成两位数四舍五入为10的倍数后的数值（例如，21—24四舍五入后为20，25—29四舍五入后为30）。

单规则例题和答案：

	9	5				2	7	
(70)							(20)	
4	(30)		1		5	(40)		9
6		(30)			(100)			1
		4				7		
2		(100)			(80)			6
8	(60)		9		3	(60)		4
(30)							(60)	
	6	2				1	8	

1	9	5	4	3	6	2	7	8
(70) 7	3	6	8	9	2	4	(20) 1	5
4	(30) 2	8	1	7	5	(40) 3	6	9
6	7	(30) 3	2	8	(100) 9	5	4	1
5	8	4	3	6	1	7	9	2
2	1	(100) 9	5	4	(80) 7	8	3	6
8	(60) 5	7	9	1	3	(60) 6	2	4
(30) 3	4	1	6	2	8	9	(60) 5	7
9	6	2	7	5	4	1	8	3

6D规则　排序数独：在空格内填入数字1—9，使每行、每列及每宫内数字均不重复。从盘面的四格方向观察所有完整的行和列（从左到右、从右到左、从上到下、从下到上）总共形成36个9位数。将36个9位数从小到大排列，标记为序号1—36。盘面外的提示数字表示从该方向观察到的9位数排列的序号。

单规则例题和答案：

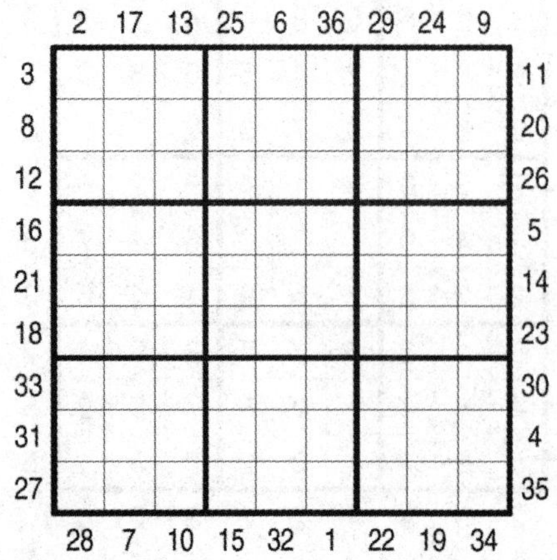

	2	17	13	25	6	36	29	24	9	
3	1	5	4	7	2	9	8	6	3	11
8	2	6	7	1	3	8	4	9	5	20
12	3	8	9	5	4	6	1	2	7	26
16	4	9	8	3	6	7	5	1	2	5
21	6	3	1	2	9	5	7	8	4	14
18	5	7	2	8	1	4	9	3	6	23
33	9	1	5	6	7	3	2	4	8	30
31	8	4	6	9	5	2	3	7	1	4
27	7	2	3	4	8	1	6	5	9	35
	28	7	10	15	32	1	22	19	34	

6E规则　XIVI数独：在空格内填入数字1—9，使每行、每列及每宫内数字均不重复。盘面内XI标记两侧格内数字之和为11，VI标记两侧格内数字之和为6，没有XI或VI标记的相邻两格内数字不存在上述两种关系。

单规则例题和答案：

		4				8		
	2	3	4		9	7	6	
		1				3		
		5				4		
	1	6	8		7	9	3	
		9				6		

9	6	7	2	5	8	1	4	3
1	5	4	3	7	6	8	9	2
8	2	3	4	1	9	7	6	5
2	9	1	7	4	5	3	8	6
6	4	8	1	9	3	2	5	7
3	7	5	6	8	2	4	1	9
5	1	6	8	2	7	9	3	4
7	8	9	5	3	4	6	2	1
4	3	2	9	6	1	5	7	8

6F规则　互描数独：盘面外每组外提示数字X和Y符合如下规则：数字X在该方向第Y格内或数字Y在该方向第X格内。

单规则例题和答案：

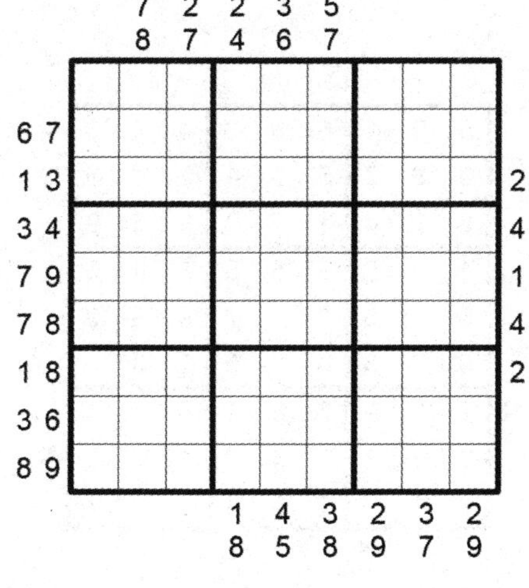

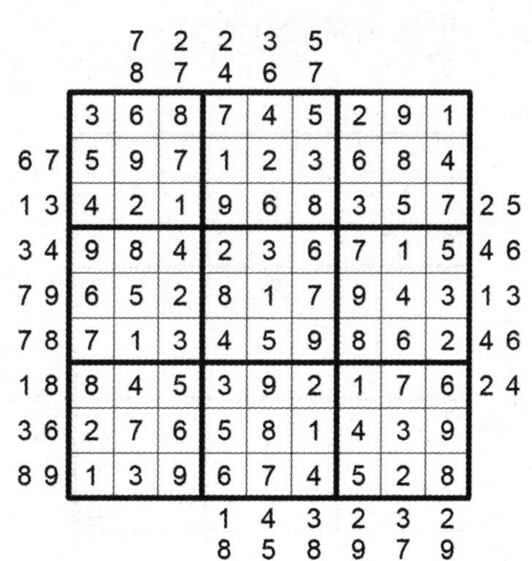

6G规则 运算数独：在空格内填入数字1—9，使每行、每列及每宫内数字均不重复。盘面中圆圈内运算符号（+、−、×、÷）及数字X表示其周围4格中两组角相邻的2格内数字经过该运算符号计算所得为X。圆圈内字母“E”表示其周围4格内数字全部为偶数。圆圈内字母“O”表示其周围4格内数字全部为奇数。

单规则例题和答案：

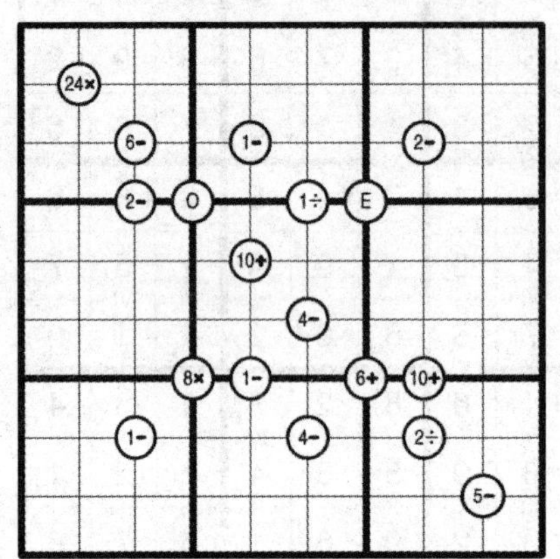

8	6	2	7	5	1	9	3	4
4	3	7	9	2	6	5	8	1
5	1	9	3	8	4	6	7	2
9	7	3	1	4	8	2	5	6
2	4	5	6	9	3	7	1	8
6	8	1	2	7	5	4	9	3
7	9	4	8	3	2	1	6	5
1	5	8	4	6	7	3	2	9
3	2	6	5	1	9	8	4	7

6H规则 指偶数独：在空格内填入数字1—9，使每行、每列及每宫内数字均不重复。盘面外提示数表示其对应箭头所指方向上偶数的个数。

单规则例题和答案：

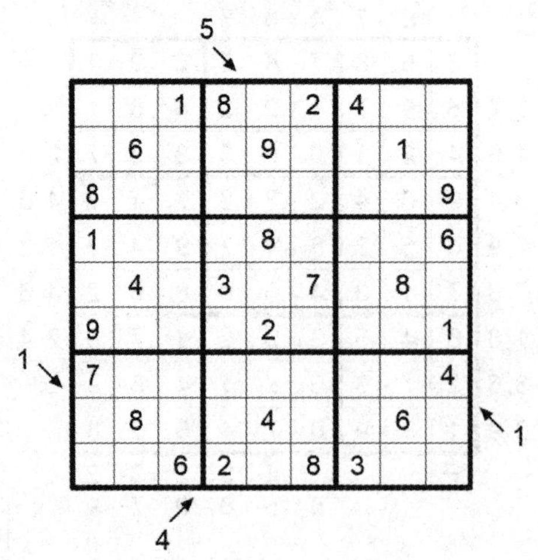

		1	8		2	4		
	6			9			1	
8								9
1				8				6
	4		3		7		8	
9				2				1
7								4
	8			4			6	
		6	2		8	3		

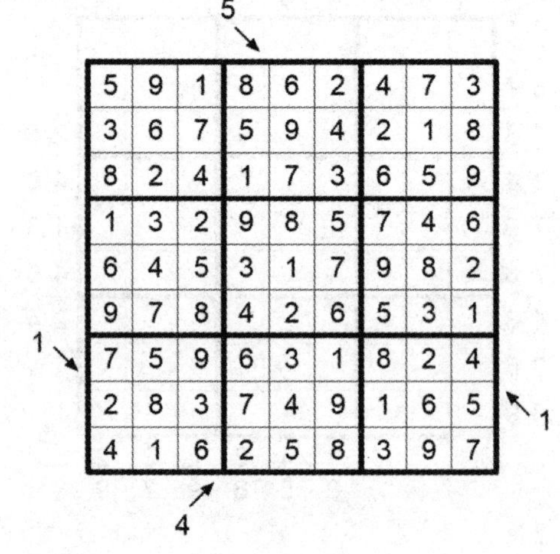

5	9	1	8	6	2	4	7	3
3	6	7	5	9	4	2	1	8
8	2	4	1	7	3	6	5	9
1	3	2	9	8	5	7	4	6
6	4	5	3	1	7	9	8	2
9	7	8	4	2	6	5	3	1
7	5	9	6	3	1	8	2	4
2	8	3	7	4	9	1	6	5
4	1	6	2	5	8	3	9	7

6I规则　指大数独：在空格内填入数字1—9，使每行、每列及每宫内数字均不重复。盘面箭头所在格的数字X所指向的方向必须包含数字X+1。

单规则例题和答案：

	↑		→	↑		←	↑	
		1	2	3	6	9	←	
	↓	8				3	↓	
	←	5				2	→	
	↑	6				5	↓	
	↓	2	4	7	1	8		
	→	←		↓	↓		→	

6	8	3	1	9	7	4	2	5
2	7	9	5	8	4	6	1	3
5	4	1	2	3	6	9	8	7
9	2	8	7	4	5	3	6	1
4	3	5	6	1	9	2	7	8
7	1	6	3	2	8	5	4	9
3	5	2	4	7	1	8	9	6
8	6	7	9	5	2	1	3	4
1	9	4	8	6	3	7	5	2

6J规则　邻9数独：在空格内填入数字1—9，使每行、每列及每宫内数字均不重复。盘面外提示数字表示提示数所在行或列的所有与数字9所在格相邻的格内数字。

单规则例题和答案：

		4	3	3	1	1	1		2	
		7	6	5	8	4	3	8	4	6
7	8	1								
2	3		2							
1	5			3						
1	5				4					
6	8					5				
	5						6			
1	8							7		
5	7								8	
	5									9

		4	3	3	1	1	1		2	
		7	6	5	8	4	3	8	4	6
7	8	1	4	5	6	2	8	9	7	3
2	3	6	2	9	3	4	7	8	1	5
1	5	8	7	3	5	9	1	2	6	4
1	5	3	8	6	4	1	9	5	2	7
6	8	7	1	4	2	5	3	6	9	8
	5	9	5	2	8	7	6	3	4	1
1	8	4	6	1	9	8	5	7	3	2
5	7	5	9	7	1	3	2	4	8	6
	5	2	3	8	7	6	4	1	5	9

6.1 连续不等号数独+最大递增数独（45分）

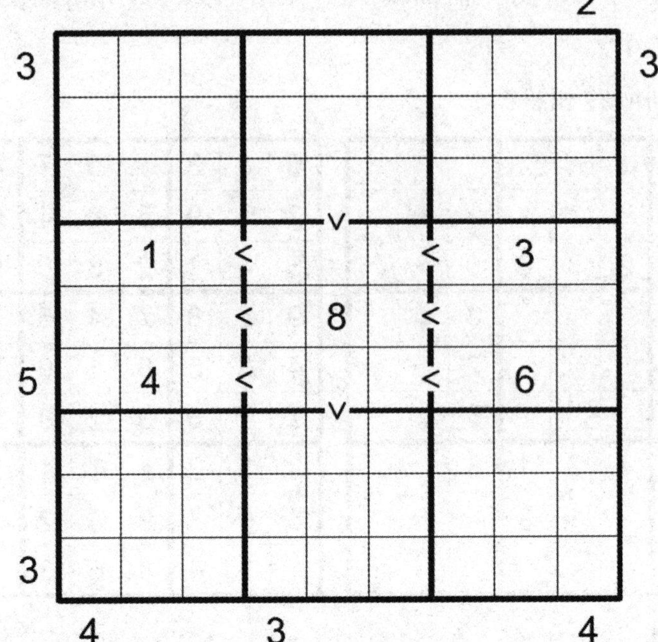

6.2 最大递增数独+四舍五入数独（60分）

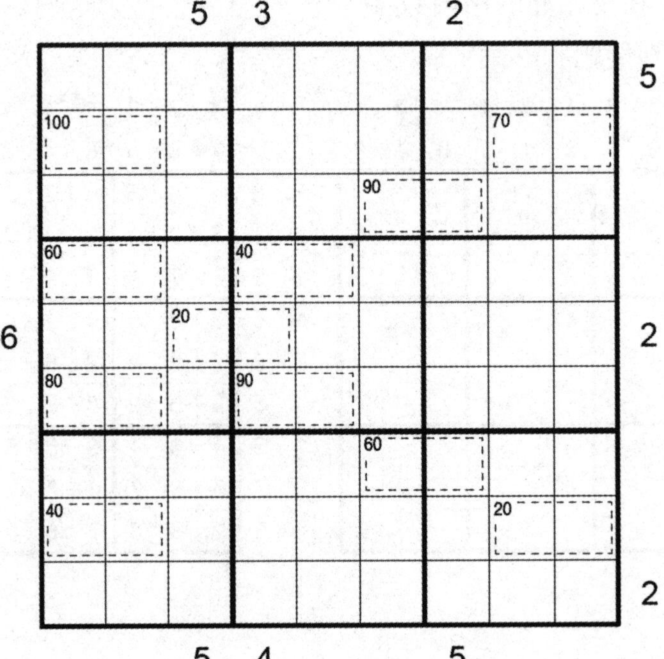

6.3 四舍五入数独+排序数独（45分）

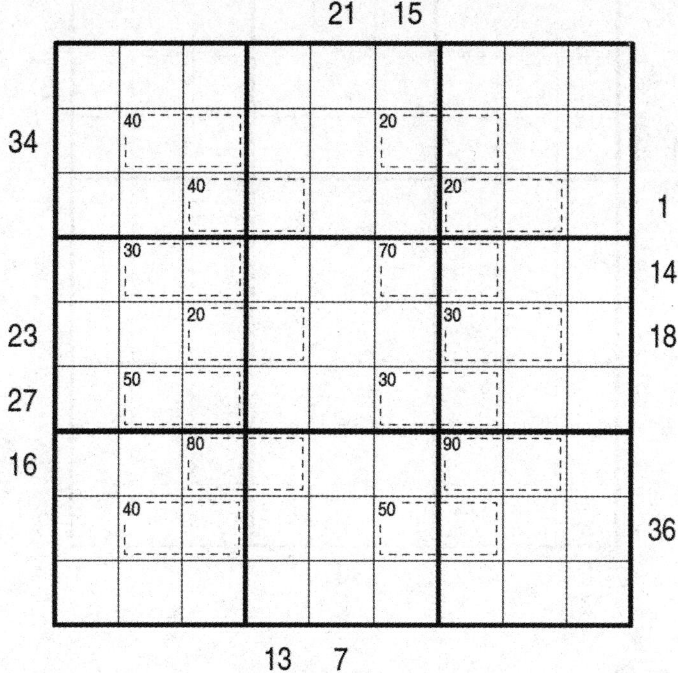

6.4 排序数独+XIVI数独（50分）

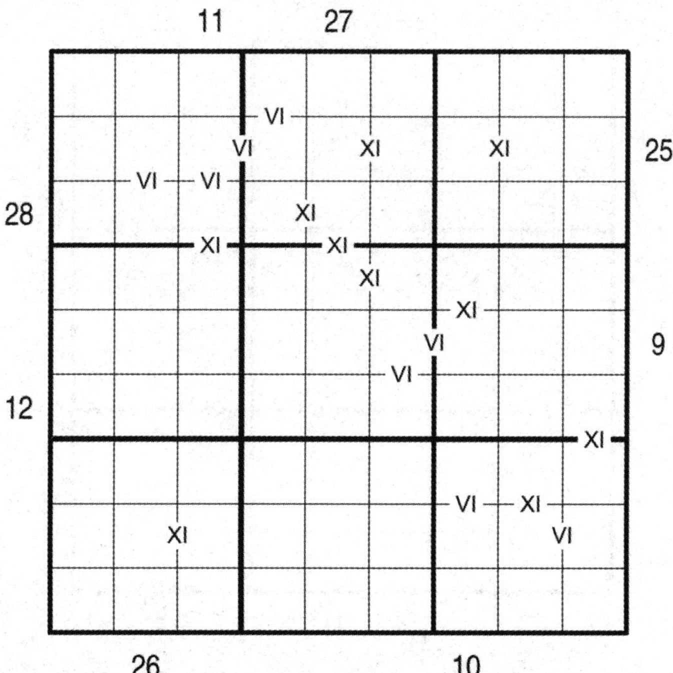

6.5 XIVI数独+互描数独（50分）

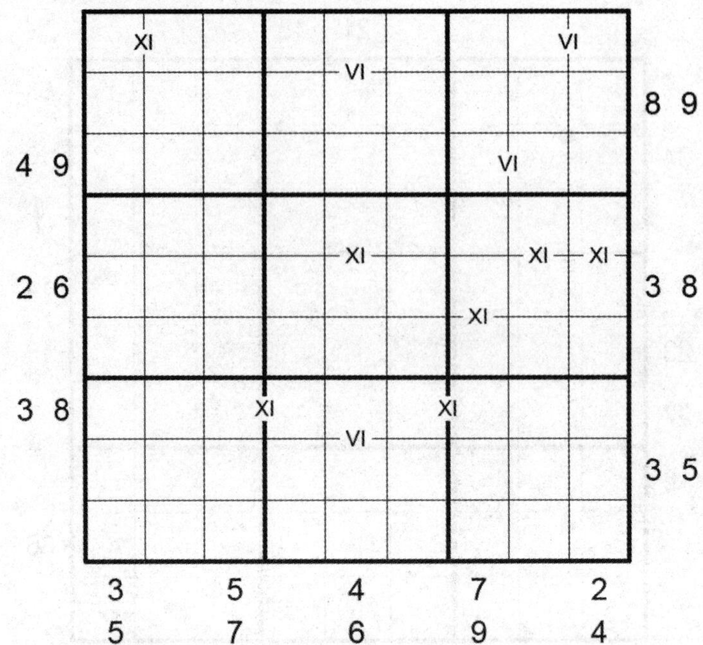

6.6 互描数独+运算数独（60分）

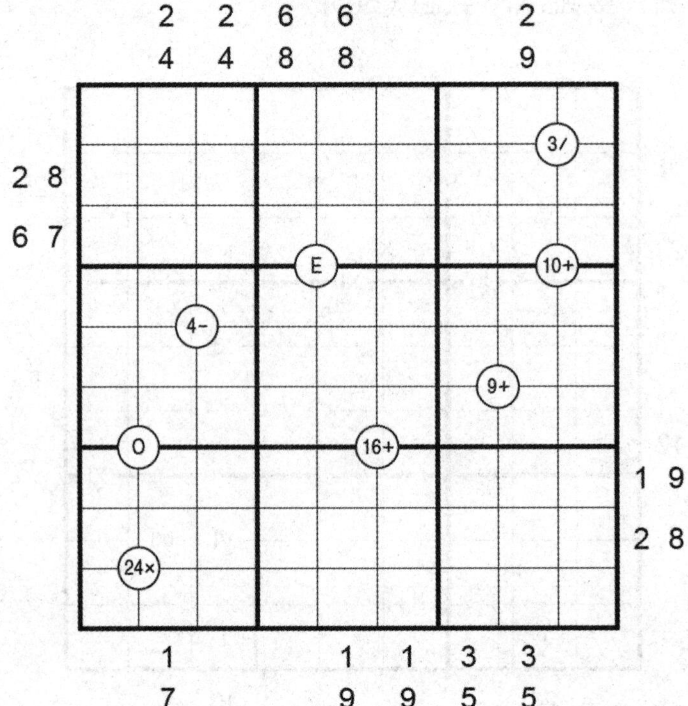

6.7 运算数独+指偶数独（60分）

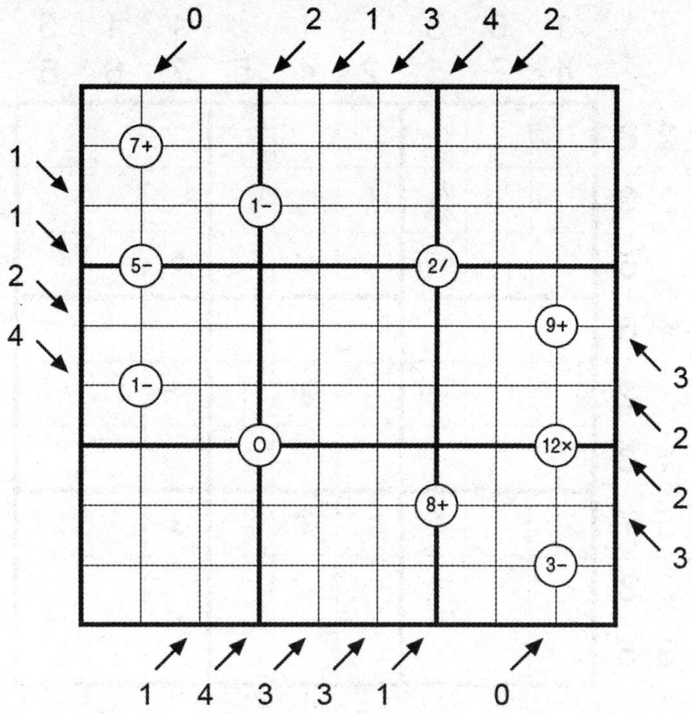

6.8 指偶数独+指大数独（45分）

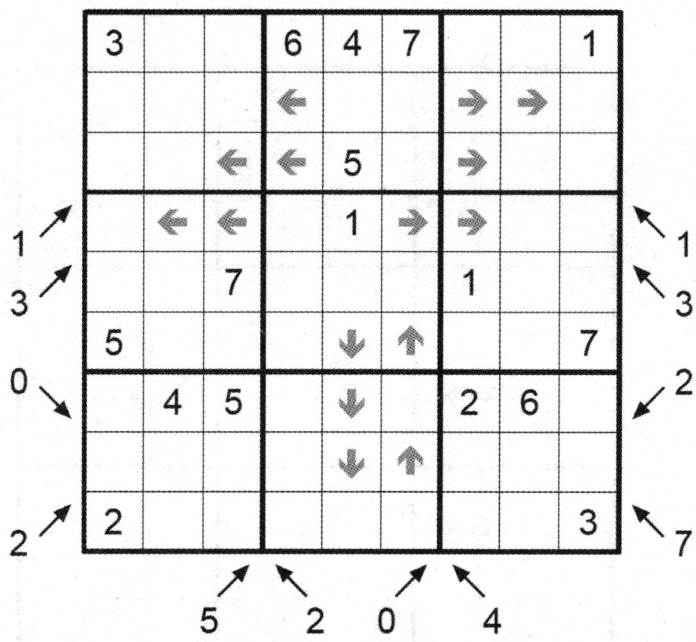

6.9 指大数独+邻9数独（50分）

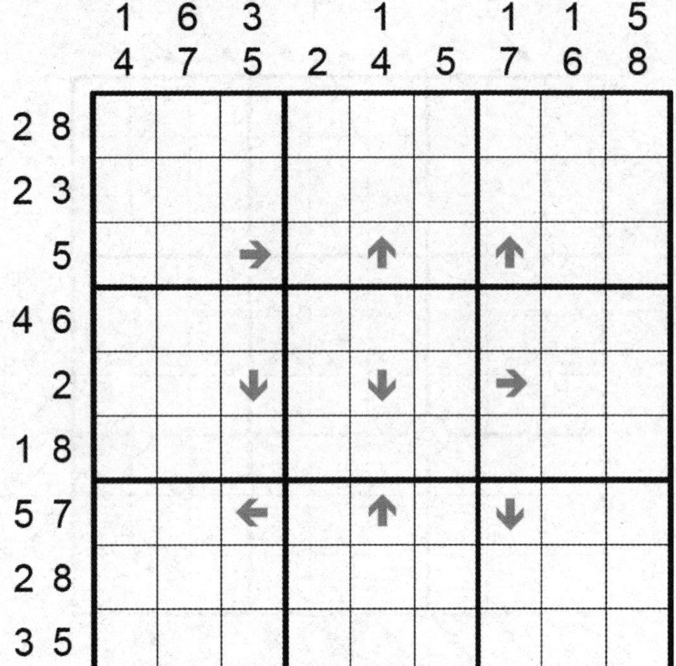

6.10 邻9数独+连续不等号数独（35分）

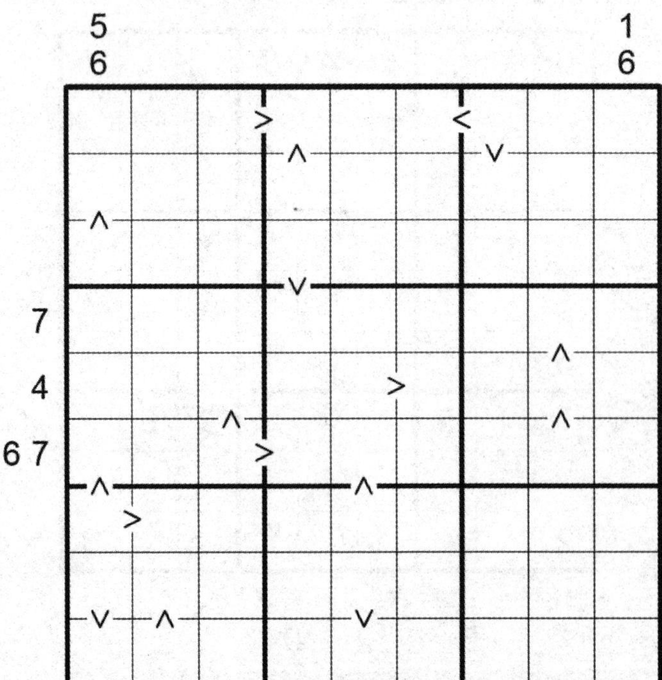

第7轮　个人赛：世界杯2

限时：45分钟　总分：450分

7.1　标准数独 …………………………………………… 35分
7.2　标准数独 …………………………………………… 30分
7.3　1—9黑白点数独 ……………………………… 40分
7.4　同位数独 …………………………………………… 30分
7.5　最大邻居数独 ………………………………… 65分
7.6　双宫分散不规则数独 ……………………… 80分
7.7　不连续数独 …………………………………… 45分
7.8　奇偶等和数独 ………………………………… 55分
7.9　外提示数独 …………………………………… 30分
7.10　三角和数独 …………………………………… 40分

7.1 **标准数独** 将数字1—9填入空格内，使每行、每列和每宫内的数字均不重复。（35分）

8			6				5	2
2								
		7		1		3		
				2				5
		3	4		6	7		
9				8				
		2		9		8		
								6
5	1				4			9

7.2 **标准数独** 将数字1—9填入空格内，使每行、每列和每宫内的数字均不重复。（30分）

		3	4					
		2	5			6		
	1			6			3	2
							8	6
		8				5		
9	4							
6	5			7			2	
		9			1	3		
					5	8		

7.3 0—9黑白点数独 在空格内填入数字1—9，使每行、每列及每宫内数字均不重复。第1列灰格内的数字X表示所在的行内数字1在第X格。第5列灰格内的数字Y表示所在的行内数字5在第Y格。第9列灰格内的数字Z表示所在的行内数字9在第Z格。（40分）

例题和答案：

					3		5	
	4	9	7					
					5	1	2	
	2		6					
		7				8		
					8		6	
	6	3	8					
					9	5	3	
	7		2					

2	1	6	4	8	3	9	5	7
5	4	9	7	1	2	6	8	3
7	3	8	9	6	5	1	2	4
8	2	4	6	9	7	3	1	5
6	5	7	3	2	1	8	4	9
3	9	1	5	4	8	7	6	2
9	6	3	8	5	4	2	7	1
4	8	2	1	7	9	5	3	6
1	7	5	2	3	6	4	9	8

真题：

			6		8			
		8	2					
	2				9			
		4				6		
	8						2	
		2				7		
			7				8	
					3	2		
			8		2			

7.4　同位数独　在空格内填入数字1—9，使每行、每列及每宫内数字均不重复，每宫内相同位置的9格内数字也不重复。（30分）

例题和答案：

	7	6	4		3	8	9	
	9		2		7		1	
	6	3	1		2	5	4	
	8	2	5		6	9	3	
	1		6		5		2	
	2	7	9		4	6	8	

2	3	4	8	9	1	7	5	6
1	7	6	4	5	3	8	9	2
8	9	5	2	6	7	4	1	3
9	6	3	1	8	2	5	4	7
5	4	1	7	3	9	2	6	8
7	8	2	5	4	6	9	3	1
4	1	8	6	7	5	3	2	9
3	2	7	9	1	4	6	8	5
6	5	9	3	2	8	1	7	4

真题：

		3	4				1	
	7	2			3	5	4	
	4			8			7	
			3	4	5			
	2			9			6	
	6	1	5				9	
			9		6	1	2	

7.5 最大邻居数独 在空格内填入数字1—9，使每行、每列及每宫内数字均不重复。格内箭头指向其横竖相邻格内最大的数字，如果有相同的最大数字则格内有多个箭头。（65分）

例题和答案：

		8			5			
	4			1				
2			6					
		5						6
	3						7	
8						3		
					9			5
				7			4	
			8			7		

1	7	8	9	2	5	6	3	4
9	4	6	7	1	3	5	8	2
2	5	3	6	8	4	9	1	7
7	1	5	3	9	8	4	2	6
6	3	9	4	5	2	8	7	1
8	2	4	1	6	7	3	5	9
4	8	7	2	3	9	1	6	5
3	9	1	5	7	6	2	4	8
5	6	2	8	4	1	7	9	3

真题：

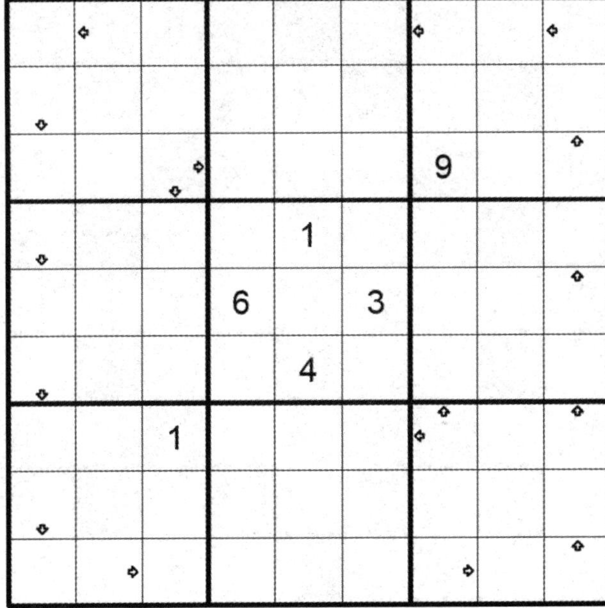

7.6　双宫分散不规则数独　在空格内填入数字1—9，使每行、每列及每个不规则粗线宫内数字均不重复。盘面内分散的18个灰格内也填入2组数字1—9。（80分）

例题和答案：

		7		8		1		
	6						3	
5		1		7		4		2
1		4		5		9		6
			8		2			
2								5
	7		9		5		4	

4	2	7	6	8	3	1	5	9
7	6	9	5	1	4	2	3	8
3	5	8	1	6	9	7	2	4
5	8	1	3	7	6	4	9	2
6	9	2	4	3	8	5	1	7
1	3	4	2	5	7	9	8	6
9	1	5	8	4	2	6	7	3
2	4	3	7	9	1	8	6	5
8	7	6	9	2	5	3	4	1

真题：

2		9				8		3
				2				
8					5			6
			5			9		
9				6				7
		6			2			
1			8					4
				8				
4		2				6		9

7.7 不连续数独 在空格内填入数字1—9，使每行、每列及每宫内数字均不重复。此外，盘面内任意横竖相邻2格内数字之差不为1。（45分）

例题和答案：

	2		3		8		1	
8				1				4
7								3
	8						2	
6								1
9				5				7
	5		4		7		6	

4	2	7	3	6	8	5	1	9
8	6	3	9	1	5	2	7	4
5	9	1	7	4	2	6	3	8
7	1	9	5	2	6	4	8	3
3	8	5	1	7	4	9	2	6
6	4	2	8	3	9	7	5	1
2	7	4	6	8	3	1	9	5
9	3	6	2	5	1	8	4	7
1	5	8	4	9	7	3	6	2

真题：

			5			9	1	
		5	2			6		
	5	1			8	3		
				9	1			
				5				
				1	7			

7.8 奇偶等和数独 在空格内填入数字1—9，使每行、每列及每宫内数字均不重复。每个粗线框内数字不重复，且框内奇数之和等于框内偶数之和。（55分）

例题和答案：

	3							
4								
					6	1	8	
					8			3
3			9					
	6	5	2					
								8
							5	

1	3	8	5	9	4	2	7	6
4	2	6	1	8	7	3	9	5
5	9	7	3	2	6	1	8	4
6	4	2	7	5	8	9	1	3
7	8	9	4	3	1	5	6	2
3	5	1	9	6	2	8	4	7
8	6	5	2	4	9	7	3	1
9	7	3	6	1	5	4	2	8
2	1	4	8	7	3	6	5	9

真题：

				7				
			6		8	7		
				2			6	
	3						7	
8		9				1		5
	1						3	
	9			6				
		7	8		5			
				9				

7.9　外提示数独　在空格内填入数字1—9，使每行、每列及每宫内数字均不重复。盘面外提示数字必须出现在该方向的前3格内，数字顺序没有限制。（30分）

例题和答案：

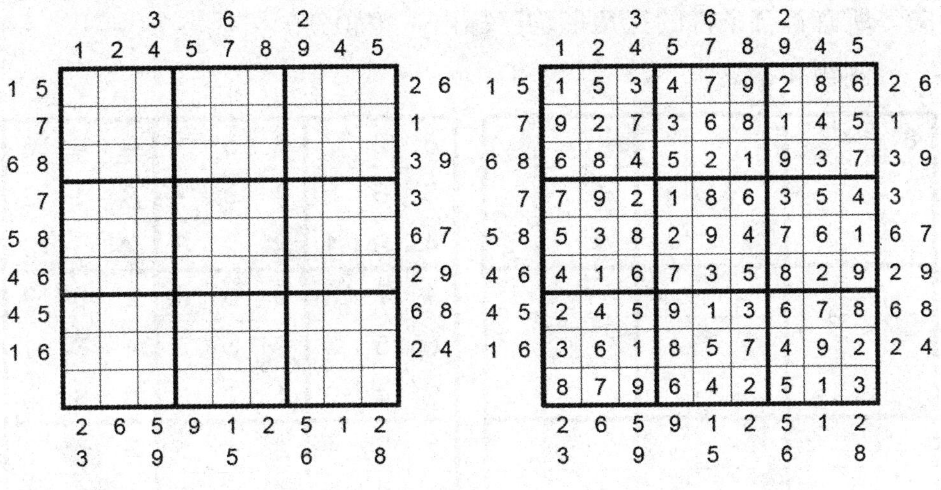

真题：

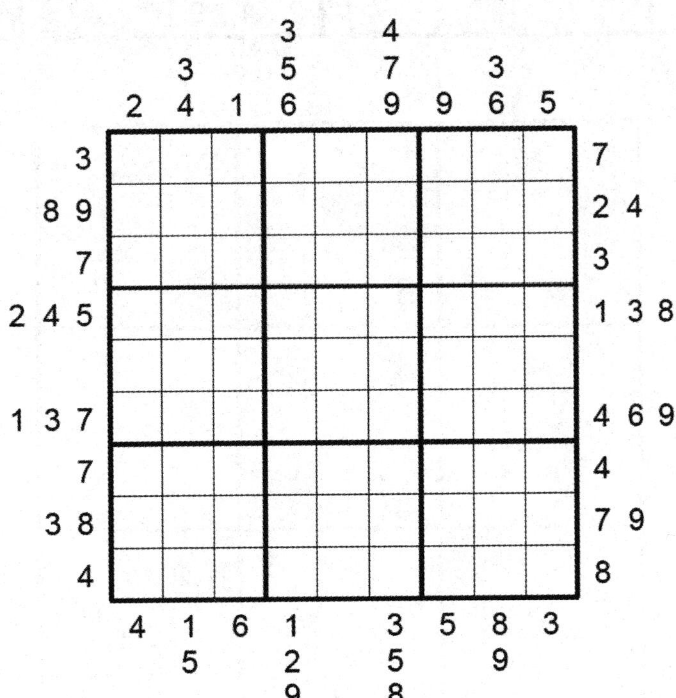

7.10 **三角和数独** 在空格内填入数字1—9，使每行、每列及每宫内数字均不重复。盘面内灰色三角形所在格内数字为其2条短边相邻2个格子里的数字之和，盘面内灰色正方形包含内包含2个符合该条件的灰色三角形，选手需自行判断组成正方形的2个三角形的方向。所有符合条件的三角形均已标出。（40分）

例题和答案：

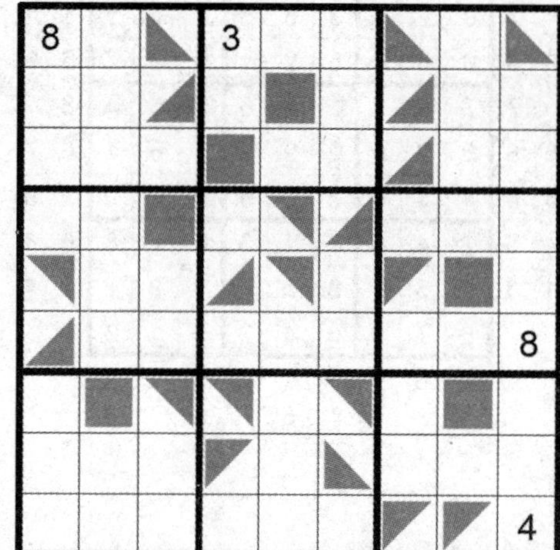

8	2	7	3	5	1	9	4	6
3	6	5	4	9	7	8	1	2
4	9	1	6	2	8	7	5	3
1	7	8	5	6	4	2	3	9
6	5	3	9	8	2	4	7	1
9	4	2	1	7	3	5	6	8
5	8	4	2	1	6	3	9	7
7	3	6	8	4	9	1	2	5
2	1	9	7	3	5	6	8	4

真题：

2				1				
								9
			6					
5				2				8
					1			
1								
				3				5

第8轮　团体赛：连体

限时：45分钟　总分：1800分

8.1　五连体数独　…………………………　5 × 135分=675分

8.2　隐藏的标准数独　……………………9 × 125分=1125分

8.1 五连体数独

本题包含5道变型数独。五连体中心的数独盘面内不包含任何已知数字。赛题中给出5道变型题目规则及所对应的位置。下面5道变型数独将会在本轮出现。（每题135分，共675分）

8.1A 反对角线数独：在空格内填入数字1—9，使每行、每列及每宫内数字均不重复。盘面内每条对角线上必须包含且仅包含3个数字。

8.1B 无马数独：在空格内填入数字1—9，使每行、每列及每宫内数字均不重复。盘面内形成国际象棋中马步位置（二拐一）关系的两格内不能出现相同的数字。

8.1C 反窗口数独：在空格内填入数字1—9，使每行、每列及每宫内数字均不重复。盘面内每个9格灰色区域内必须包含且仅包含4个数字。

8.1D 不连续数独：在空格内填入数字1—9，使每行、每列及每宫内数字均不重复。盘面内任意横竖相邻2格内数字之差不为1。

8.1E 无VX数独：在空格内填入数字1—9，使每行、每列及每宫内数字均不重复。盘面内任意横竖相邻2格的数字之和不为5或10。

真题：

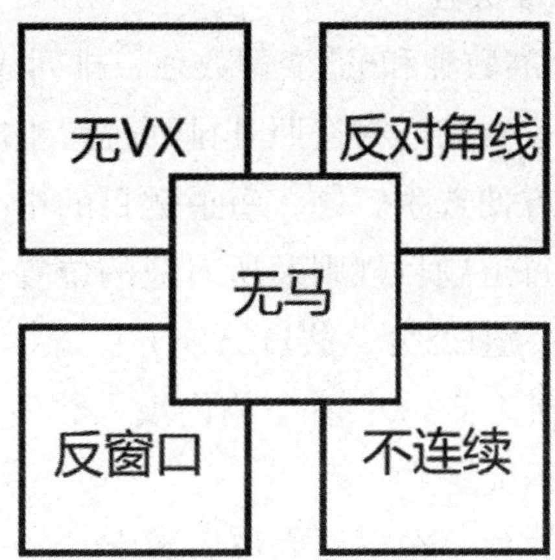

			2		8			
		4		7		9		
	3		9		7			
		8		2		6		
	2		8				4	
		6		8				
					2			

			8					
		8		9		7		
			4		6		1	
5		9		2		8		
					5		6	
						9		2
					3		8	
					9			

			9		8			
					4			
	6							
2		7					8	1
	9		3					
		5		4				2
			5		3			
7				1		2		
	2				6			

						8		
					6		7	
				2		6		
			3		1		2	
		6		3		1		
			6		4			

8.2 隐藏的标准数独

本题包含3道标准数独和6道变型数独，排列成3×3的正方形。9道题目每一道中心位置的宫将按照其排列位置组成第10道题（隐藏的标准数独）。为方便选手解题，每道题目的中心宫将会被标记成灰色。赛题中给出每道题目规则及所对应的位置。以下变型题型将会在本轮出现。（每题125分，共1125分）

8.2A 标准数独（×3）：在空格内填入数字1—9，使每行、每列及每宫内数字均不重复。

8.2B 19之间数独：在空格内填入数字1—9，使每行、每列及每宫内数字均不重复。盘面外提示数表示该行或该列内在数字1和9所在的两格之间所有格内数字之和。

8.2C 连续数独：在空格内填入数字1—9，使每行、每列及每宫内数字均不重复。盘面内灰色粗线两侧格内数字之差为1，没有标记灰色粗线的相邻2格内数字之差不能为1。

8.2D 连续圆环数独：在空格内填入数字1—9，使每行、每列及每宫内数字均不重复。盘面内每个灰色圆圈上都包含1组连续数字，即每个数字比前一个数字大1。每个灰色圆环上的连续数字可按顺时针或逆时针顺序排列。选手需自行判断每组数字及其起止位置。

8.2E 邻9数独：在空格内填入数字1—9，使每行、每列及每宫内数字均不重复。盘面外提示数字表示该行或列中所有与9相邻的数字。

8.2F 回文数独：在空格内填入数字1—9，使每行、每列及每宫内数字均不重复。盘面内每条灰色粗线上首尾对应的格内应填入相同的数字（例如：2-3-6-6-3-2或3-1-6-1-3）。

8.2G 完全平方数数独：在空格内填入数字1—9，使每行、每列及每宫内数字均不重复。盘面内相邻从左到右或从上到下形成完全平方数的两格之间标记黑色方块。所有符合条件的位置均已标出。

（注：本书大小有限，无法将9道题目印到同一页，请读者将9道题目按位置自行拼在一起作答。）

19之间	标准	连续
标准	回文	完全平方
邻9	连续圆环	标准

（左上位置）19之间数独：

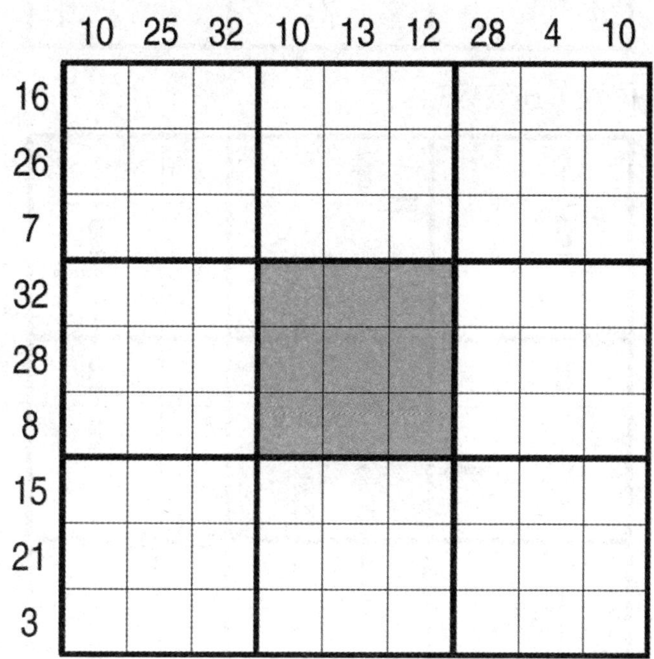

（中上位置）标准数独：

6				2	9			3
		7				9		
	1						7	
								4
3								7
1								
	9						3	
		6				8		
4			2	7				1

（右上位置）连续数独：

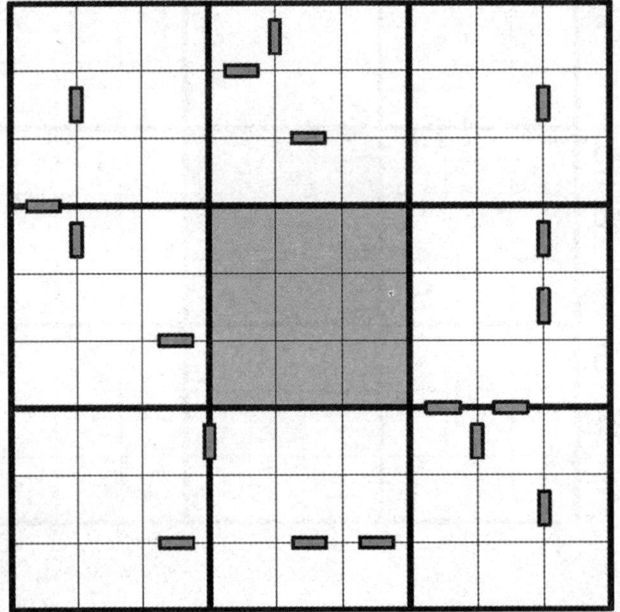

（左中位置）标准数独：

1				3	5			2
		2				4		
	4						3	
								4
5								1
2								
	2						9	
		9				7		
8			2	9				3

（中中位置）回文数独：

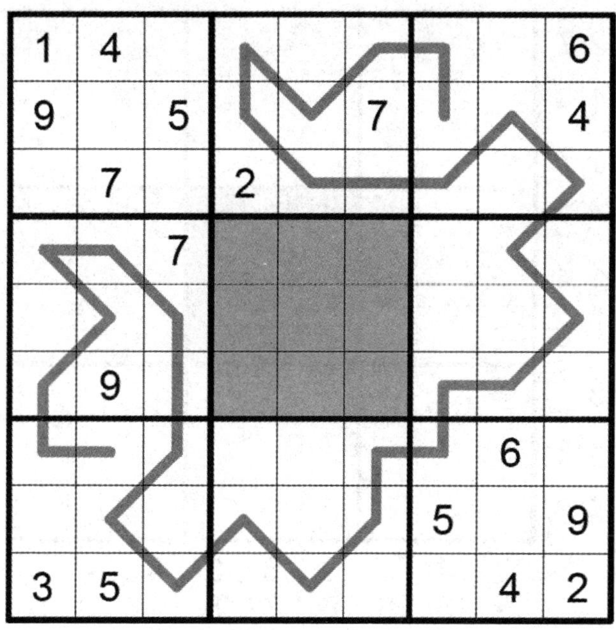

1	4							6
9		5			7			4
	7		2					
		7						
	9							
							6	
						5		9
3	5						4	2

（右中位置）完全平方数数独：

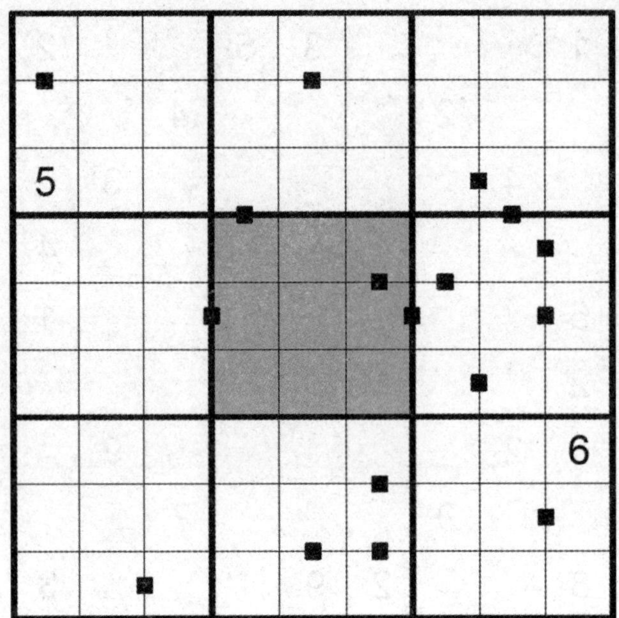

（左下位置）邻9数独：

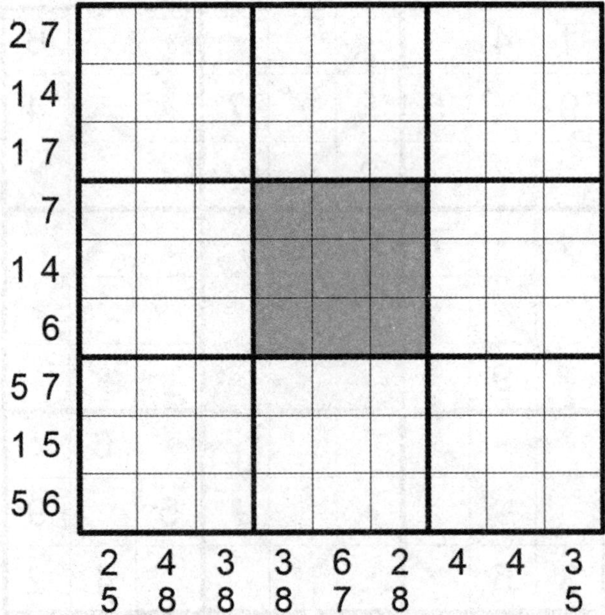

（中下位置）连续圆环数独：

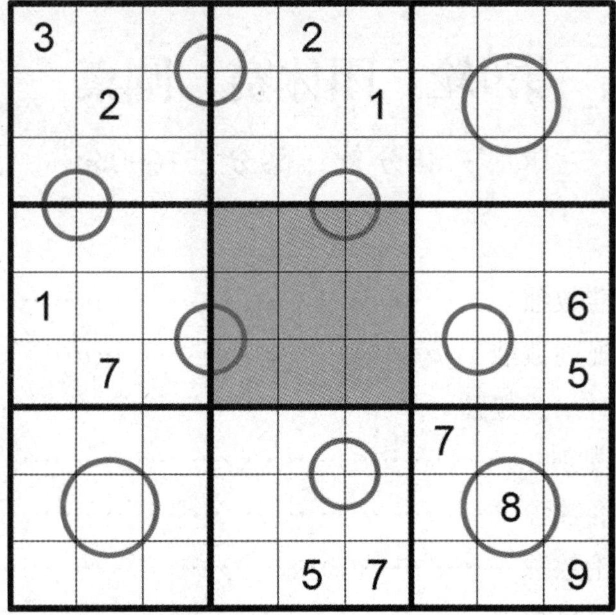

（右下位置）标准数独：

	5		6		2			9
6				1		2		
					8		6	
1						4		3
	4						1	
3		8						6
	3		8					
		6		3				1
7			5		4		8	

第9轮　团体赛：圆桌

限时：45分钟　总分：1600分

9.1　标准数独 ……………………………………100分

9.2　不规则数独 …………………………………100分

9.3　反对角线数独 ………………………………100分

9.4　XV数独 ………………………………………100分

9.5　标准数独 ……………………………………100分

9.6　转轮数独 ……………………………………100分

9.7　不等号数独 …………………………………100分

9.8　黑白点数独 …………………………………100分

9.9　标准数独 ……………………………………100分

9.10　箭头数独……………………………………100分

9.11　双色蛋糕数独………………………………100分

9.12　杀手数独……………………………………100分

9.13　标准数独……………………………………100分

9.14　四格提示数独………………………………100分

9.15　温度计数独…………………………………100分

9.16　X和数独 ……………………………………100分

本轮包含16道通过灰格相互关联的数独题目。16道题目呈圆形状布局。两道在圆上相邻的数独题目所对应的灰格内相同位置数字相等。每个盘面左侧灰格与其左边邻居盘面右侧灰格相对应，盘面右侧灰格与其右边邻居盘面左侧灰格相对应。

9.1 标准数独 在空格内填入数字1—9，使每行、每列及每宫内数字均不重复。（100分）

		2				7		
	5						2	
4								5
				3				
			6		4			
				5				
			1		2			
		8				4		

9.2 不规则数独 在空格内填入数字1—9，使每行、每列及每个不规则粗线宫内数字均不重复。（100分）

9.3 **反对角线数独** 在空格内填入数字1—9，使每行、每列及每宫内数字均不重复。盘面每条对角线上必须包含且仅包含3个数字。（100分）

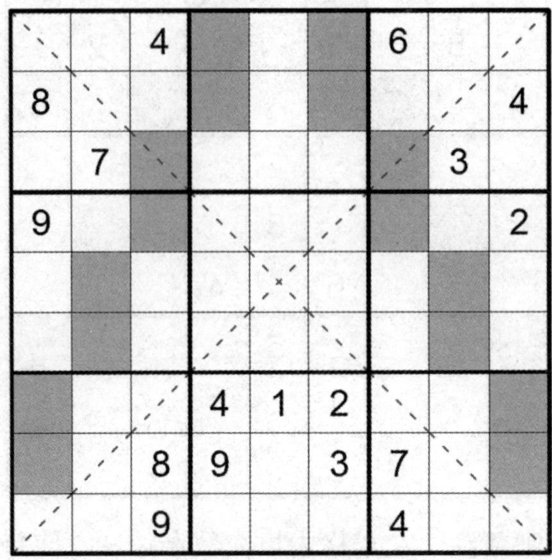

9.4 **XV数独** 在空格内填入数字1—9，使每行、每列及每宫内数字均不重复。盘面X标记两侧格内数字之和为10，V标记两侧格内数字之和为5。没有X或V标记的相邻两格内数字不存在上述2种关系。（100分）

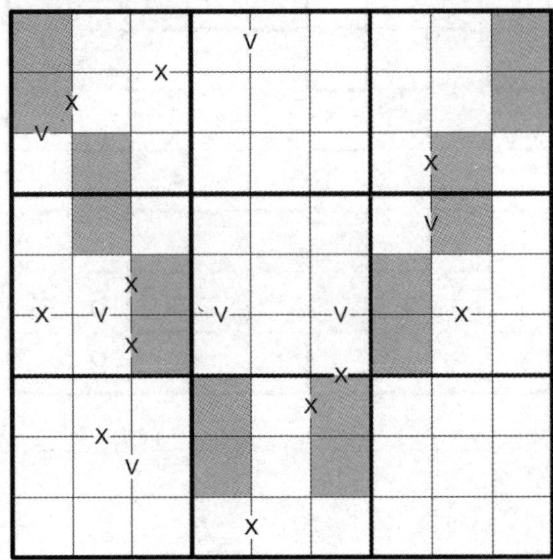

9.5　标准数独　在空格内填入数字1—9，使每行、每列及每宫内数字均不重复。（100分）

	5						3	
	3						6	
9								1
4				7				3
				6				
			3		8			
			6		4			
		3				8		
		2				4		

9.6　转轮数独　在空格内填入数字1—9，使每行、每列及每宫内数字均不重复。圆环上数字必须按照其顺序出现在圆盘所在的4格内。圆环可以旋转，不可以翻转。（100分）

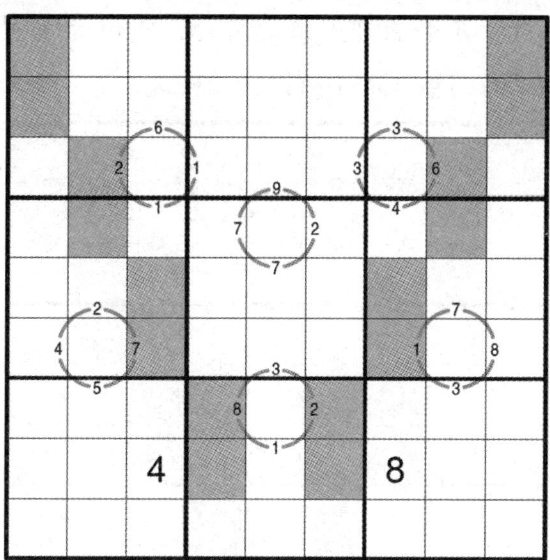

9.7　**不等号数独**　在空格内填入数字1—9，使每行、每列及每宫内数字均不重复。数字需满足格子间不等号的大小条件限制。（100分）

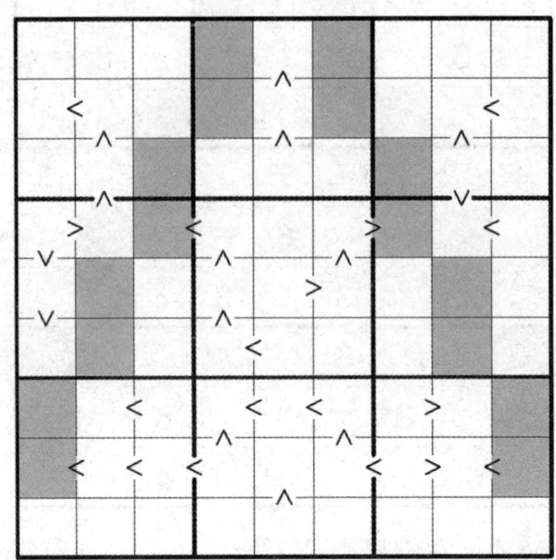

9.8　**黑白点数独**　在空格内填入数字1—9，使每行、每列及每宫内数字均不重复。盘面内黑点两侧格内数字为2倍关系，白点两侧格内数字之差为1。如果两种关系都符合，则可能是黑点或白点。没有标记点的相邻2格内数字不存在上述2种关系。（100分）

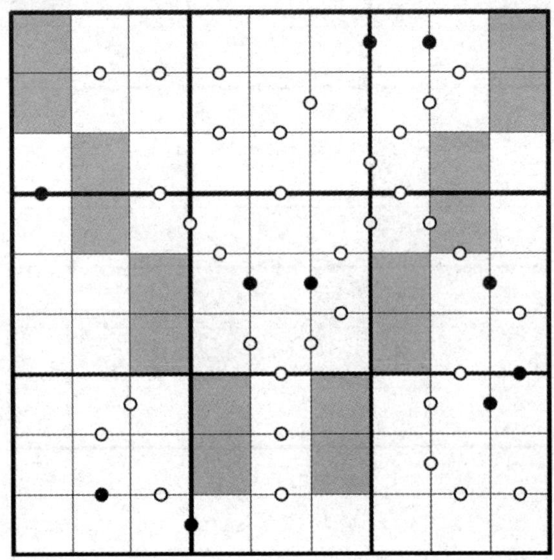

9.9 **标准数独** 在空格内填入数字1—9，使每行、每列及每宫内数字均不重复。（100分）

	5						3	
4								2
				4				
6				2				3
			7		5			
			5		3			
		9				3		
	3	6				9	2	

9.10 **箭头数独** 在空格内填入数字1—9，使每行、每列及每宫内数字均不重复。盘面中圈内数字为其延伸出的箭头线上的所有数字之和，箭头线上的数字可以重复。（100分）

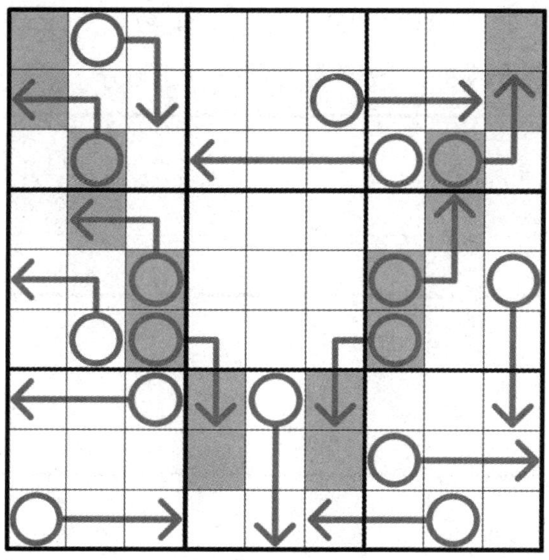

9.11 双色蛋糕数独 在空格内填入数字1—9，使每行、每列及每宫内数字均不重复。盘面内蛋糕标记表示其周围4格包含2个奇数和2个偶数，且2个奇数和2个偶数分别呈对角状态。所有符合条件的位置已经全部标出。（100分）

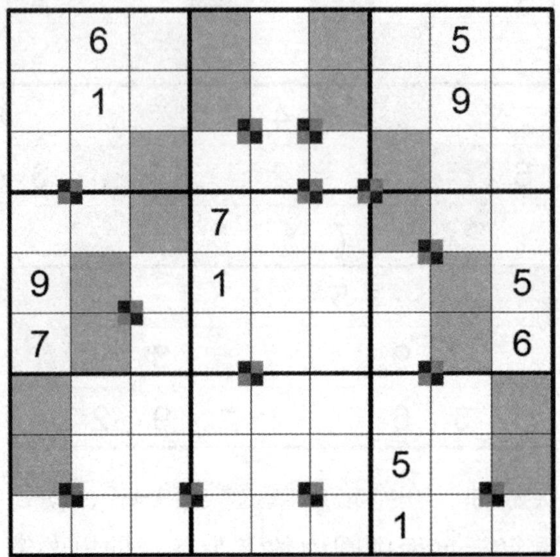

9.12 杀手数独 在空格内填入数字1—9，使每行、每列及每宫内数字均不重复。盘面内虚线框左上角数字表示该虚线框内所有数字之和。每个虚线框内数字不重复。（100分）

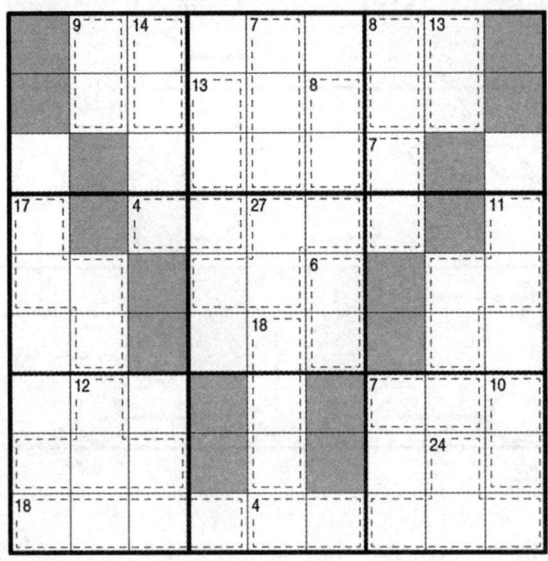

9.13 标准数独 在空格内填入数字1—9，使每行、每列及每宫内数字均不重复。（100分）

		3				2		
	2						3	
1	5						6	4
				7				
3			2		8			5
		5		9		7		
		8				1		
			6		3			

9.14 四格提示数独 在空格内填入数字1—9，使每行、每列及每宫内数字均不重复。盘面内每组在4格交接处的4个提示数字表示其所在位置周围4格内数字，数字顺序不限。（100分）

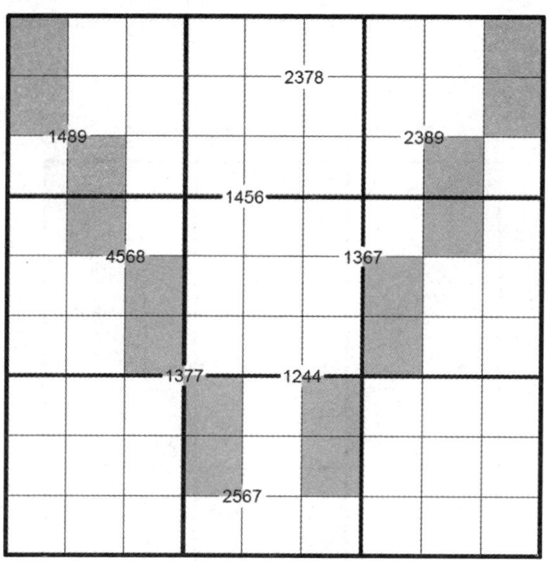

9.15 **温度计数独** 在空格内填入数字1—9，使每行、每列及每宫内数字均不重复。每个灰色形状表示一个温度计符号，圆圈格为该温度计内最小的数字，数字从温度计圆圈向另一头依次增大。（100分）

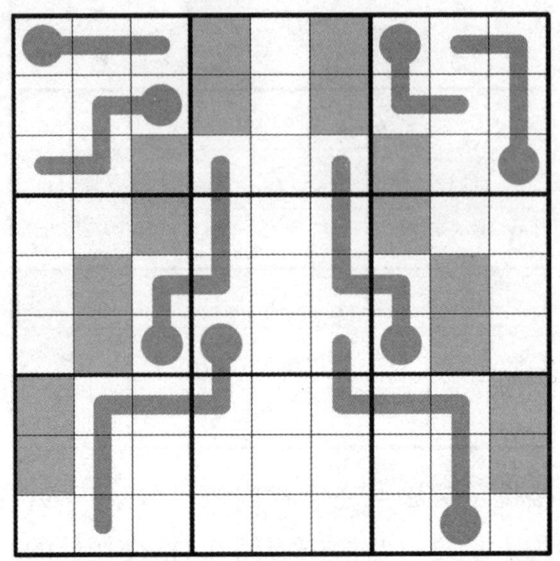

9.16 **X和数独** 在空格内填入数字1—9，使每行、每列及每宫内数字均不重复。盘面外提示数表示该方向前X个数字之和，X为该方向第一个数字。（100分）

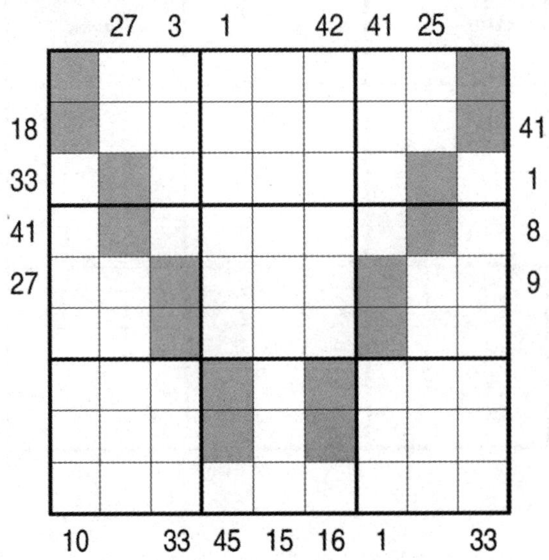

第11轮　个人赛：世界杯3

限时：45分钟　总分：450分

11.1　标准数独 …………………………………………… 25分

11.2　标准数独 …………………………………………… 25分

11.3　0—9外提示和数独 ……………………………… 95分

11.4　双色蛋糕数独 ……………………………………… 30分

11.5　不规则数独 ………………………………………… 45分

11.6　边框乘积数独 ……………………………………… 30分

11.7　首位奇偶数独 ……………………………………… 70分

11.8　幻方数独 …………………………………………… 30分

11.9　小对角线数独 ……………………………………… 35分

11.10　塞尔维亚边框和数独 ……………………………… 65分

11.1 标准数独 将数字1—9填入空格内，使每行、每列和每宫内的数字均不重复。（25分）

		2	3	4	5	6		
		1				2		
				6				
	2						4	
7	1			9			2	5
	9						1	
				3				
		3				1		
		8	5	1	2	3		

11.2 标准数独 将数字1—9填入空格内，使每行、每列和每宫内的数字均不重复。（25分）

2	1			5				
3							9	7
							6	
4			6		8			
				2				
			9		3			1
	5							
7	6							4
				1			8	2

11.3　0—9外提示和数独　在空格内填入数字0—9，使每行、每列及每宫内数字均不重复。盘面外提示数表示该方向前3格内数字之和。（95分）

例题和答案：

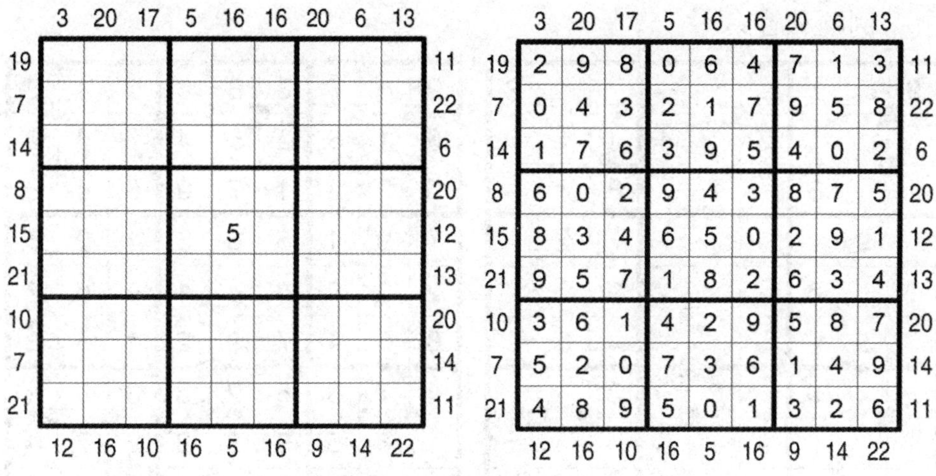

真题：

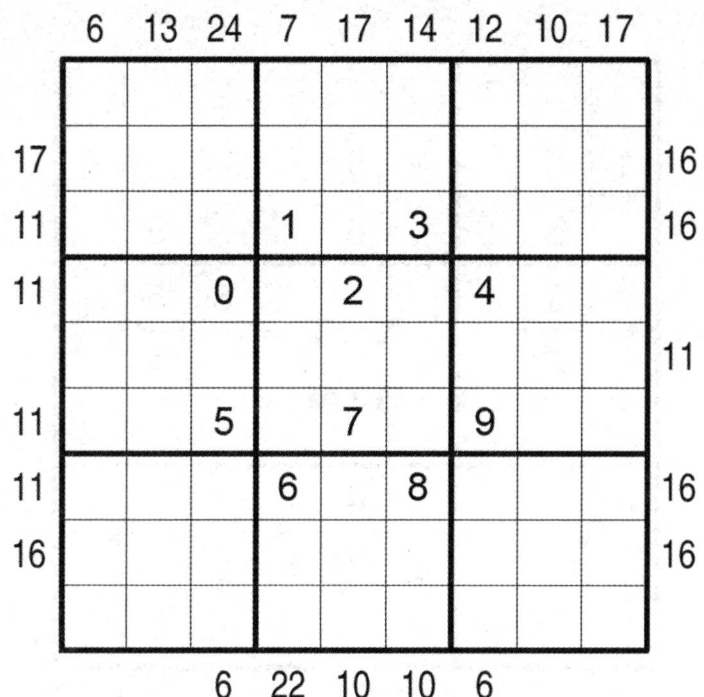

11.4 **双色蛋糕数独** 在空格内填入数字1—9，使每行、每列及每宫内数字均不重复。盘面内蛋糕标记表示其周围4格包含2个奇数和2个偶数，且2个奇数和2个偶数分别呈对角状态。所有符合条件的位置已经全部标出。（30分）

例题和答案：

9								2
			2		4			
		3		7		8		
	9						2	
		6				9		
	5						6	
		9		2		3		
			9		8			
3								5

9	4	7	3	8	6	5	1	2
6	1	8	2	5	4	7	3	9
5	2	3	1	7	9	8	4	6
7	9	1	5	6	3	4	2	8
2	3	6	8	4	1	9	5	7
8	5	4	7	9	2	1	6	3
4	7	9	6	2	5	3	8	1
1	6	5	9	3	8	2	7	4
3	8	2	4	1	7	6	9	5

真题：

		7				2		
1			4	9	5			6
	6			8			9	
	3	1				8	5	
	5						1	
8								2
				4				
			3	7	8			
		8				4		

11.5　不规则数独　在空格内填入数字1—9，使每行、每列及每个不规则粗线宫内数字均不重复。（45分）

例题和答案：

2			9		1			8
	7			3			5	
		3				2		
9			7		3			2
	3						7	
5			4		8			9
		4				8		
	8			6			4	
3			8		9			5

2	4	5	9	7	1	6	3	8
8	7	9	2	3	4	1	5	6
6	5	3	1	8	7	2	9	4
9	1	6	7	5	3	4	8	2
4	3	8	6	9	2	5	7	1
5	2	7	4	1	8	3	6	9
7	9	4	5	2	6	8	1	3
1	8	2	3	6	5	9	4	7
3	6	1	8	4	9	7	2	5

真题：

	8		9		4		5	
		2		5		8		
	7						1	
		3				2		
	9						3	
		6		1		5		
	2		1		7		8	

11.6　**边框乘积数独**　在空格内填入数字1—9，使每行、每列及每宫内数字均不重复。盘面外提示数表示该方向前2格内数字之积。（30分）

例题和答案：

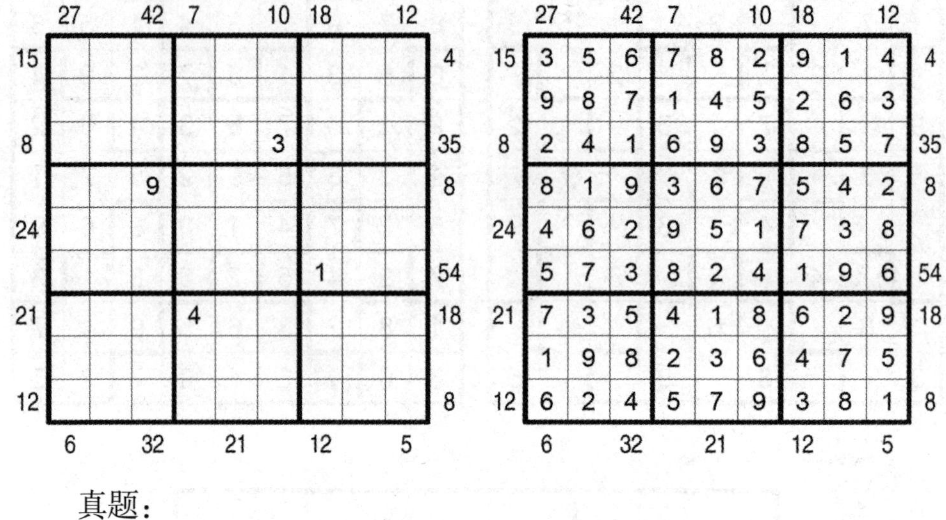

27 42 7 10 18 12
15 4
8 3 35
9 8
24
1 54
21 4 18
12 8
6 32 21 12 5
27 42 7 10 18 12
15 3 5 6 7 8 2 9 1 4 4
9 8 7 1 4 5 2 6 3
8 2 4 1 6 9 3 8 5 7 35
8 1 9 3 6 7 5 4 2 8
24 4 6 2 9 5 1 7 3 8
5 7 3 8 2 4 1 9 6 54
21 7 3 5 4 1 8 6 2 9 18
1 9 8 2 3 6 4 7 5
12 6 2 4 5 7 9 3 8 1 8
6 32 21 12 5

真题：

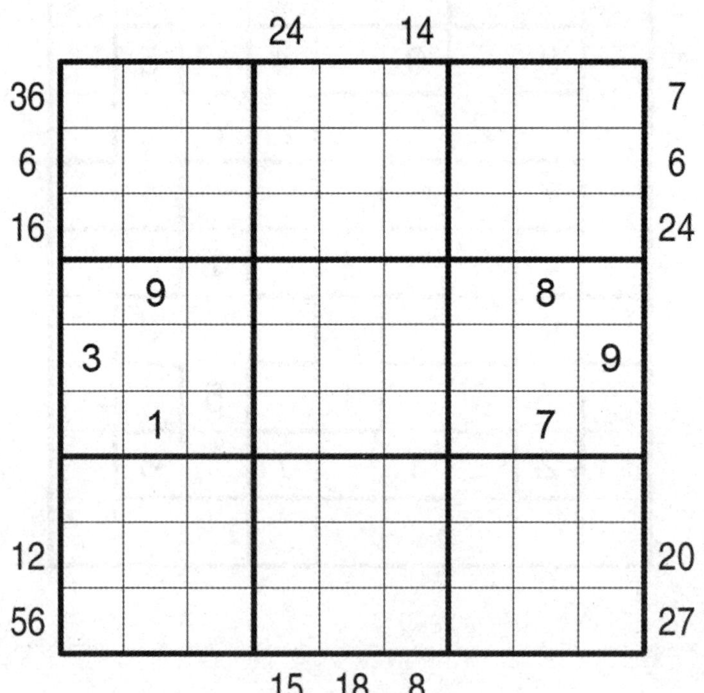

11.7　首位奇偶数独　在空格内填入数字1—9，使每行、每列及每宫内数字均不重复。盘面外奇数提示数表示该方向第一个奇数，偶数提示数表示该方向第一个偶数。（70分）

例题和答案：

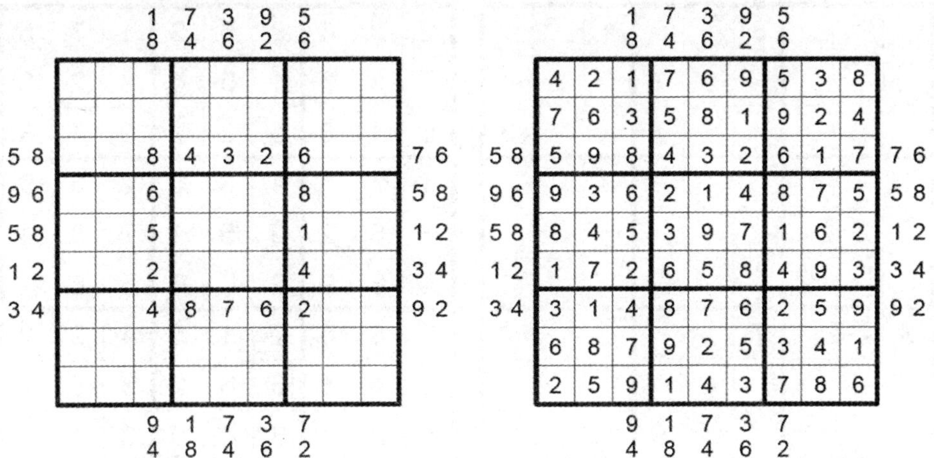

真题：

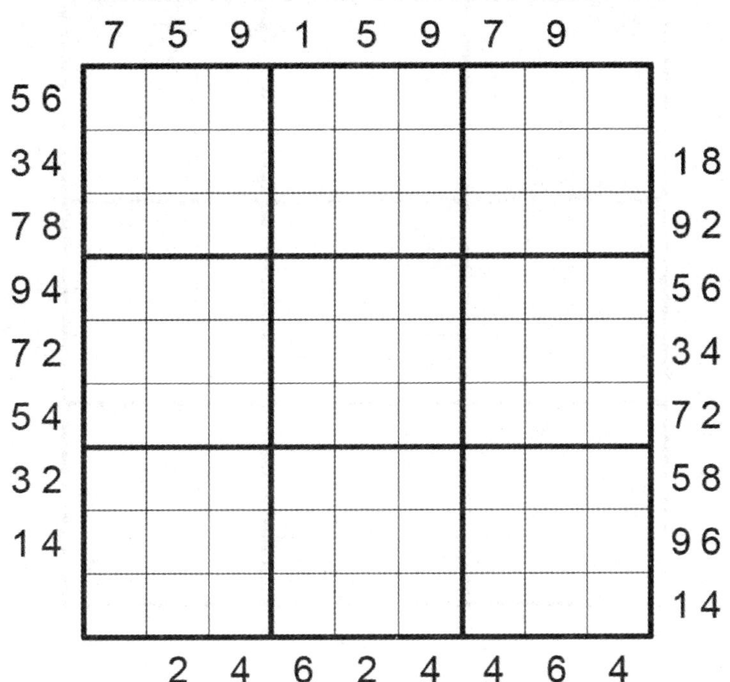

11.8　**幻方数独**　在空格内填入数字1—9，使每行、每列及每宫内数字均不重复。盘面中有3个宫满足幻方条件，即该宫内每行、每列及每条对角线上数字和均相等。（30分）

例题和答案：

			8			1		
				9			2	
					7			3
1						2		
	6						3	
		9						1
3			7					
	4			8				
		7			9			

2	9	4	8	6	3	1	7	5
7	5	3	1	9	4	6	2	8
6	1	8	5	2	7	9	4	3
1	7	5	4	3	8	2	6	9
8	6	2	9	5	1	7	3	4
4	3	9	2	7	6	5	8	1
3	8	6	7	1	5	4	9	2
9	4	1	6	8	2	3	5	7
5	2	7	3	4	9	8	1	6

真题：

2							1	
		4						
	3							
					6			
			5		7			2
						8		
9								
					8			9

11.9　**小对角线数独**　在空格内填入数字1—9，使每行、每列及每宫内数字均不重复。一些宫内有3格对角线，对角线顶部数字表示线上3个数之和。（35分）

例题和答案：

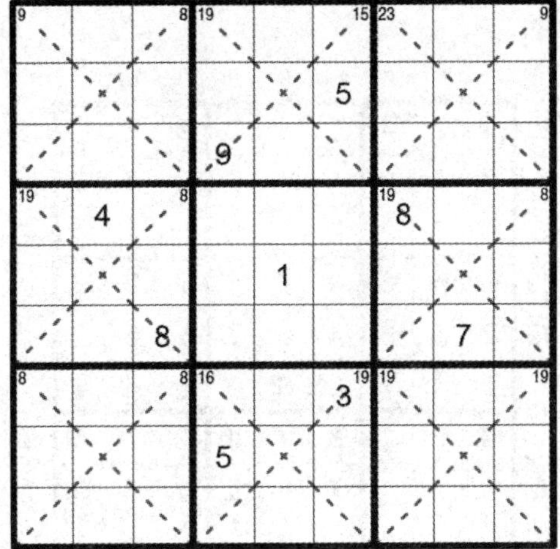

真题：

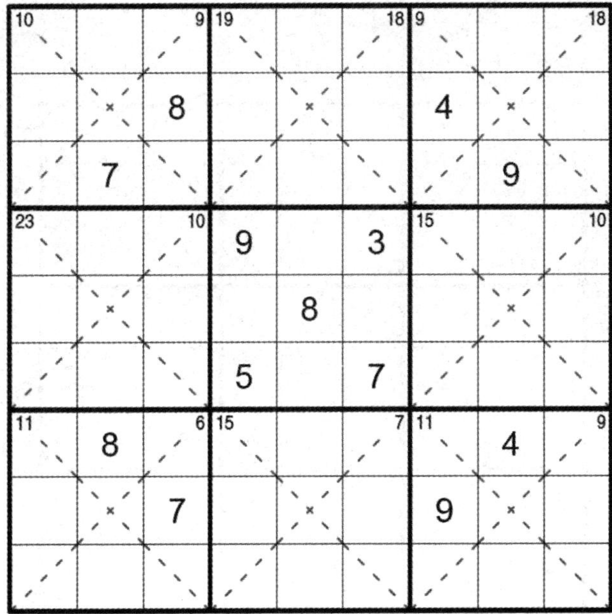

11.10　塞尔维亚边框和数独　在空格内填入数字1—9，使每行、每列及每宫内数字均不重复。盘面左方和右方提示数表示该方向第2格和第3格内数字之和。盘面上方和下方提示数表示该方向第3格和第4格内数字之和。（65分）

例题和答案：

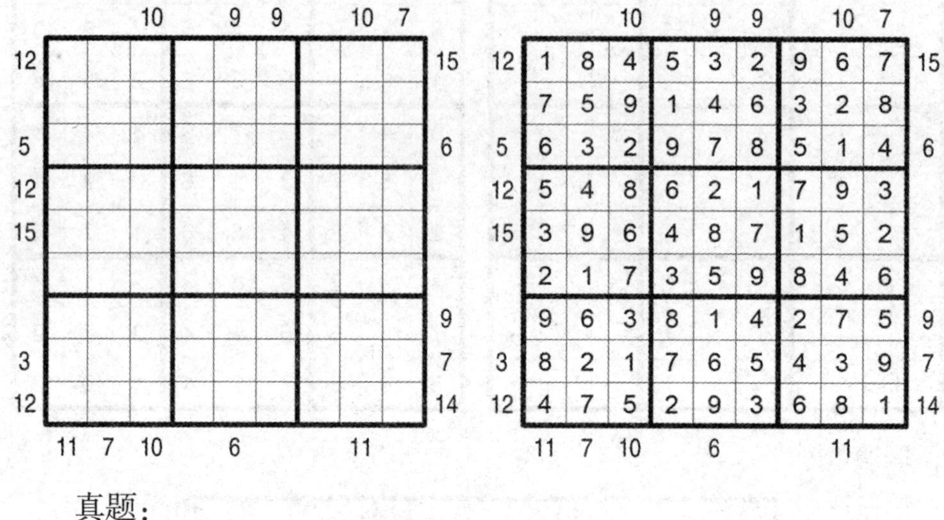

真题：

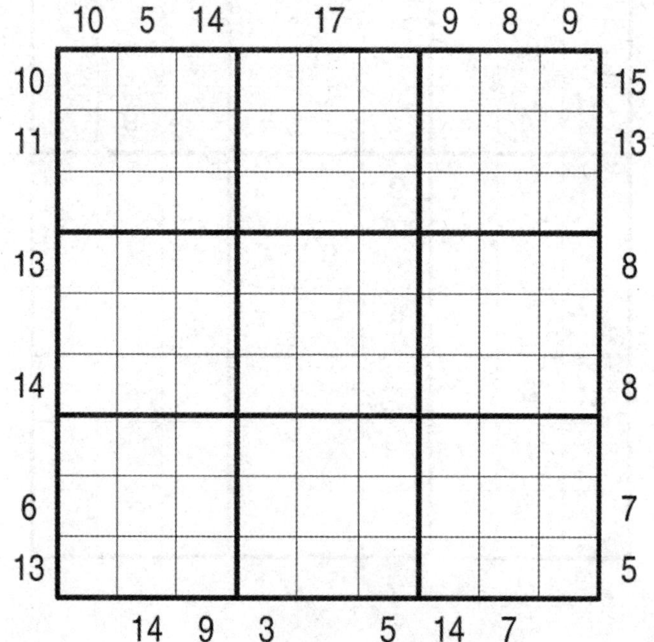

第12轮　个人赛：7×7接力

限时：25分钟　总分：250分

12.1A　不规则边框和数独 …………………… 35分

12.1B　联通不规则连续数独 ………………… 35分

12.1C　分散不规则排位数独 ………………… 45分

12.2A　不规则偶数三明治数独 ……………… 40分

12.2B　联通不规则奇数数独 ………………… 55分

12.2C　分散不规则内排序数独 ……………… 40分

本轮包含两组独立的数独题目。每组包含通过字母相互关联3道小题，选手需按顺序解出题目，并将字母相对应的数字填入下一题中并继续解答。

12.1A **不规则边框和数独** 在空格内填入数字1—7，使每行、每列及每个不规则粗线宫内数字均不重复。盘面外提示数表示该方向前2格内数字之和。选手应将该题中字母A和B所对应的数字填入 12.1B的相应格中。（35分）

例题和答案：

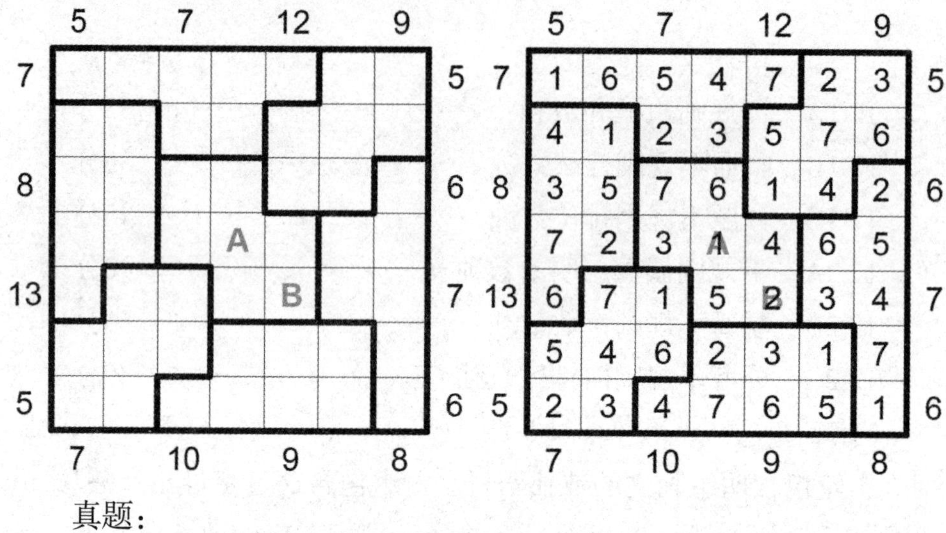

真题：

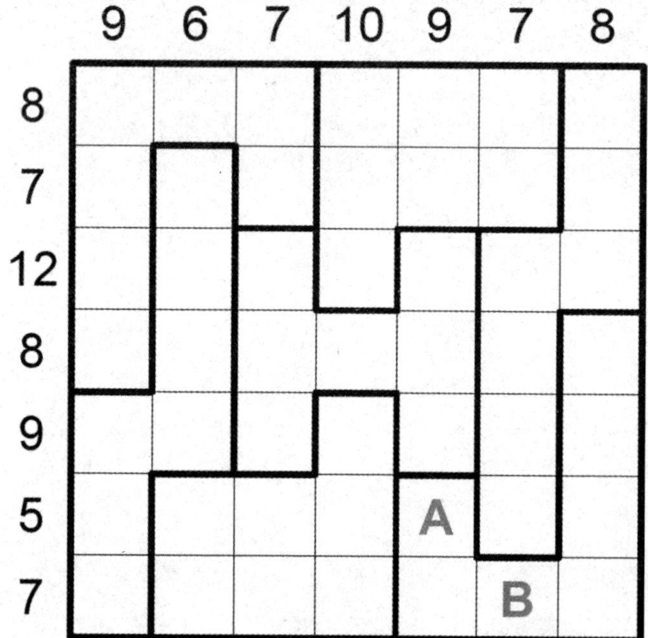

12.1B **联通不规则连续数独** 在空格内填入数字1—7，使每行、每列及每个不规则粗线宫内数字均不重复。盘面边界处没有粗线的区域上下或左右与盘面另一端联通，形成完整的宫。盘面内粗线两侧格内数字之差为1，没有标记粗线的相邻2格内数字之差不能为1。选手应将该题中字母C和D所对应的数字填入12.1C的相应格中。（35分）

例题和答案：

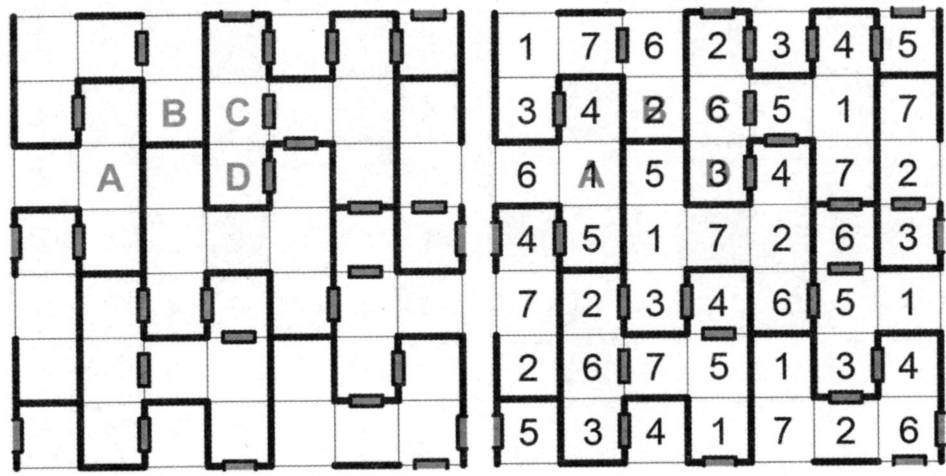

真题：

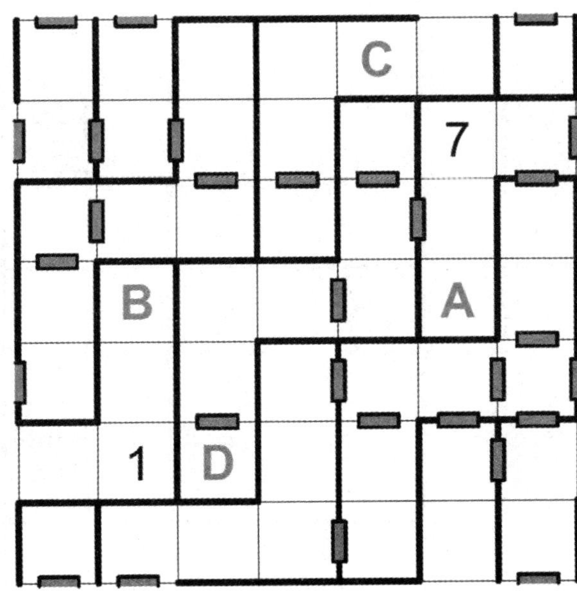

12.1C **分散不规则排位数独** 在空格内填入数字1—7，使每行、每列及每个不规则粗线宫内数字均不重复。分散的7个灰格内也填入1组数字1—7。盘面中虚线框内数字不重复。将每组虚线框内数字由小到大排序。每组虚线框内圆圈中的数字N表示其所在格内数字在该虚线框内为第N小的数字 。（45分）

例题和答案：

真题：

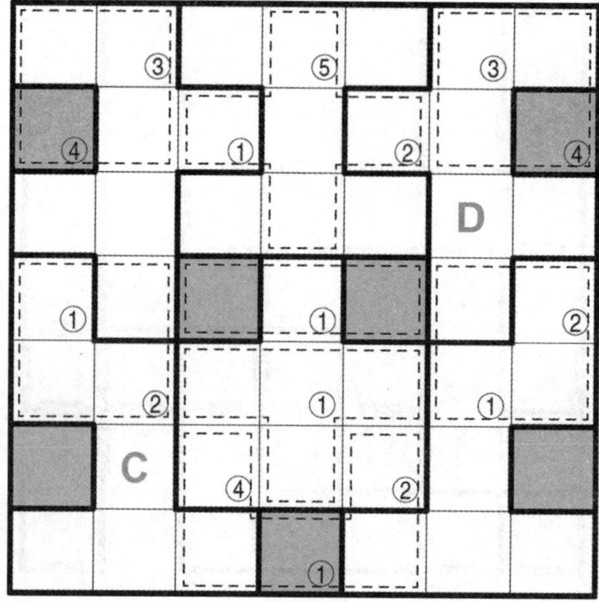

12.2A　不规则偶数三明治数独　在空格内填入数字1—7，使每行、每列及每个不规则粗线宫内数字均不重复。盘面外提示数字N表示在该行/列内与数字N所在格子横/竖相邻的2格内数字均为偶数。所有符合条件的数字均已标出（-符号表示所在行或列内没有符合上述条件的数字）。选手应将该题中字母E和F所对应的数字填入 12.2B的相应格中。（40分）

例题和答案：

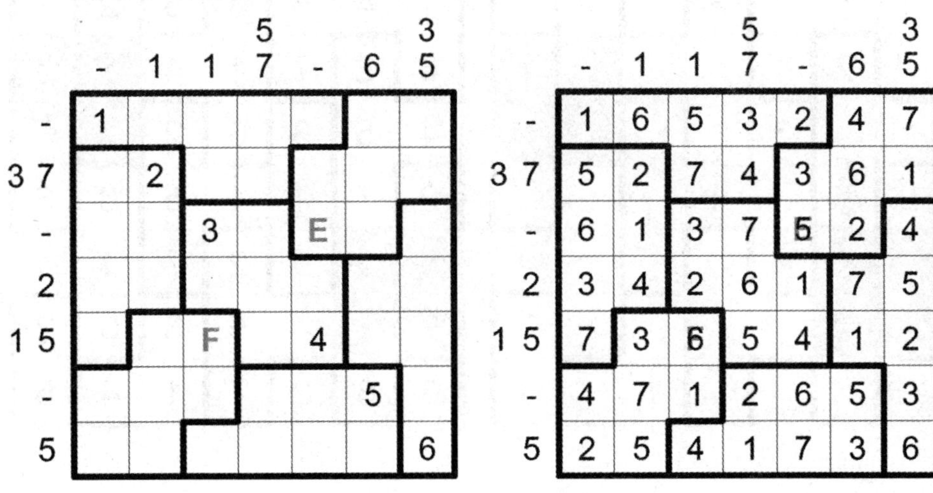

真题：

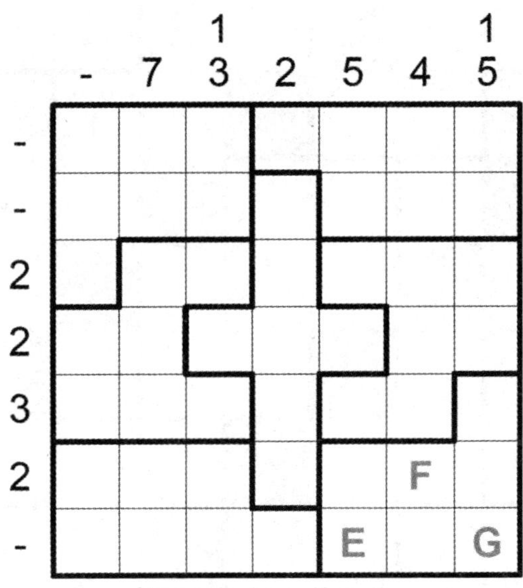

12.2B 联通不规则奇数数独 在空格内填入数字1—7，使每行、每列及每个不规则粗线宫内数字均不重复。盘面边界处没有粗线的区域上下或左右与盘面另一端联通，形成完整的宫。盘面中灰格内必须填入奇数。选手应将该题中字母G和H所对应的数字填入12.2C的相应格中。（55分）

例题和答案：

1			3			
	2					
		3				
2			4			
		H				4
					F	
G				1		E

1	4	5	3	6	2	7
6	2	7	1	4	5	3
4	5	3	6	2	7	1
2	7	1	4	5	3	6
5	3	6	2	7	1	4
7	1	4	5	3	6	2
3	6	2	7	1	4	5

真题：

				2	G	E
					1	F
						4
H						
	I					

12.2C 分散不规则内排序数独 在空格内填入数字1—7，使每行、每列及每个不规则粗线宫内数字均不重复。分散的7个灰格内也填入1组数字1—7。盘面内有12组虚线框形成的两位数。将12组两位数从小到大排列，标记为序号1—12。虚线框左上角的数字表示这个两位数排列的序号。（40分）

例题和答案：

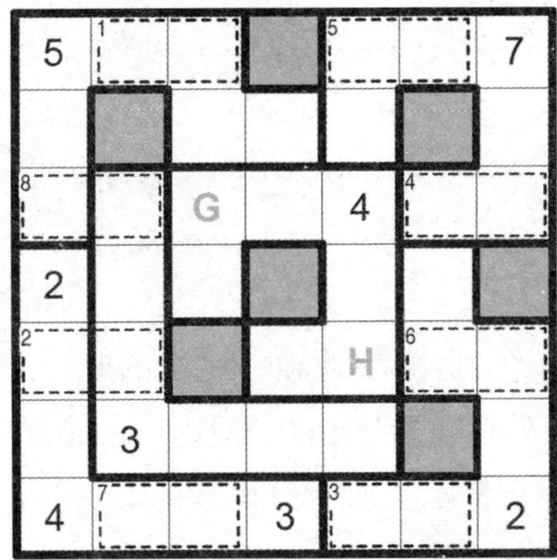

真题：

第13轮　个人赛：关联

限时：30分钟　总分：300分

13.1　房间&摩天楼数独 ………………………………… 90分

13.2　X和&小杀手数独 ………………………………… 70分

13.3　奇偶边框&位置数独 ……………………………… 60分

13.4　边框积&边框和数独 ……………………………… 80分

本轮包含4组题目，每组题目包含2道变型数独。每组的题目A题在上，B题在下，2道题目之间由外提示数字相互关联。在2道题目之间的1行外提示数字中，圆圈标记标示其所对应位置的2道题目的外提示数字相同。选手需自行判断圈内数字。

13.1 房间&摩天楼数独（90分）

13.1A 房间数独：在空格内填入数字1—9，使每行、每列及每宫内数字均不重复。盘面外提示数为该方向第X格内的数字。X为该方向第一个数字。

例题和答案：

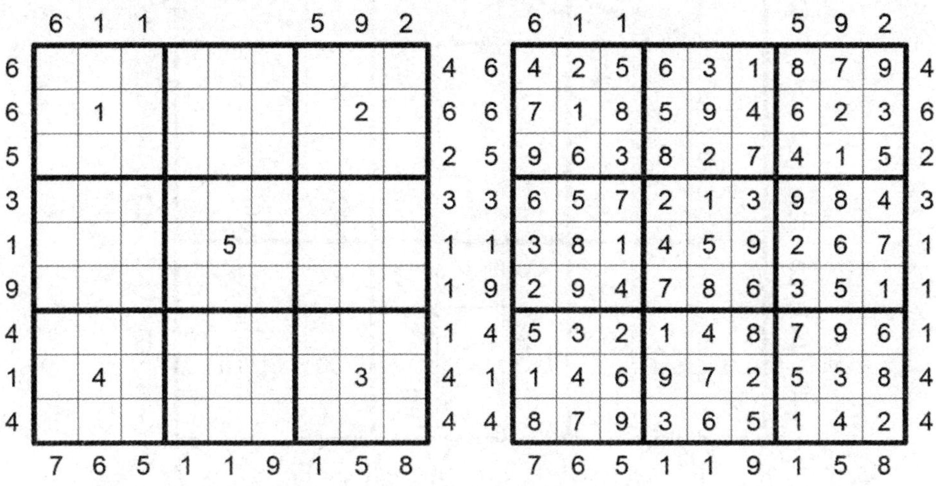

	6	1	1				5	9	2	
6										4
6		1						2		6
5										2
3										3
1					5					1
9										1
4										1
1		4						3		4
4										4
	7	6	5	1	1	9	1	5	8	

	6	1	1				5	9	2	
6	4	2	5	6	3	1	8	7	9	4
6	7	1	8	5	9	4	6	2	3	6
5	9	6	3	8	2	7	4	1	5	2
3	6	5	7	2	1	3	9	8	4	3
1	3	8	1	4	5	9	2	6	7	1
9	2	9	4	7	8	6	3	5	1	1
4	5	3	2	1	4	8	7	9	6	1
1	1	4	6	9	7	2	5	3	8	4
4	8	7	9	3	6	5	1	4	2	4
	7	6	5	1	1	9	1	5	8	

13.1B 摩天楼数独：在空格内填入数字1—9，使每行、每列及每宫内数字均不重复。盘面内数字表示每个摩天楼的高度。较高的摩天楼会挡住其后方所有比其低的摩天楼的视线。盘面外提示数字表示其对应方向可以看见的摩天楼的个数。

例题和答案：

				1		6				
	2								7	
		9			4			2		
			8				5			
2				6		3				2
		6			1			7		
3				4		7				6
			6				4			
		8			5			3		
	9								5	
				9		2				

				1		6				
	2	4	5	9	3	1	8	6	7	
	6	9	7	8	4	5	3	2	1	
	3	1	8	7	2	6	5	9	4	
2	7	5	2	6	9	3	1	4	8	2
	8	6	4	5	1	2	9	7	3	
3	1	3	9	4	8	7	6	5	2	6
	5	2	6	3	7	8	4	1	9	
	4	8	1	2	5	9	7	3	6	
	9	7	3	1	6	4	2	8	5	
				9		2				

真题：

	9	3	1	1	3	7	8	5	9	
3										3
1										1
3				3		9				3
7			8				5			5
3										1
3			4				9			3
8				9		3				2
4										8
1										1
	○	○	○	○	○	○	○	○	○	
2										5
4										4
4				7		2				2
3			1				9			3
2										4
2			2				1			3
1				4		3				3
2										2
3										1
	3	2	5	2	3	2	2	5	1	

13.2 X和＆小杀手数独（70分）

13.2A X和数独：在空格内填入数字1—9，使每行、每列及每宫内数字均不重复。盘面外提示数表示该方向前X个数字之和。X为该方向第一个数字。

例题和答案：

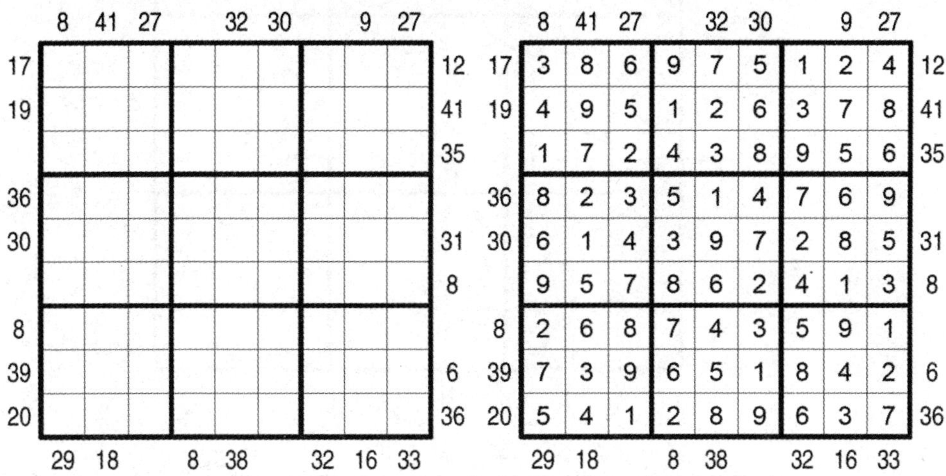

13.2B 小杀手数独：在空格内填入数字1—9，使每行、每列及每宫内数字均不重复。盘面外提示数表示其对应箭头所指方向上所有数字之和。

例题和答案：

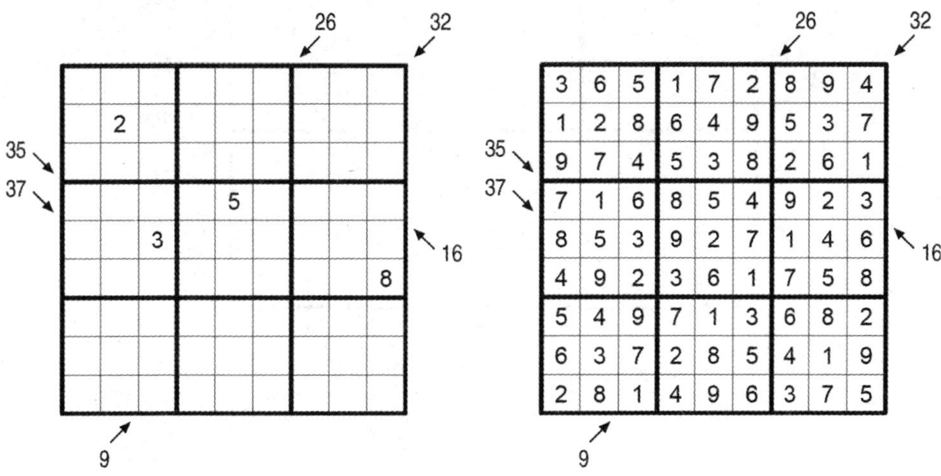

真题：

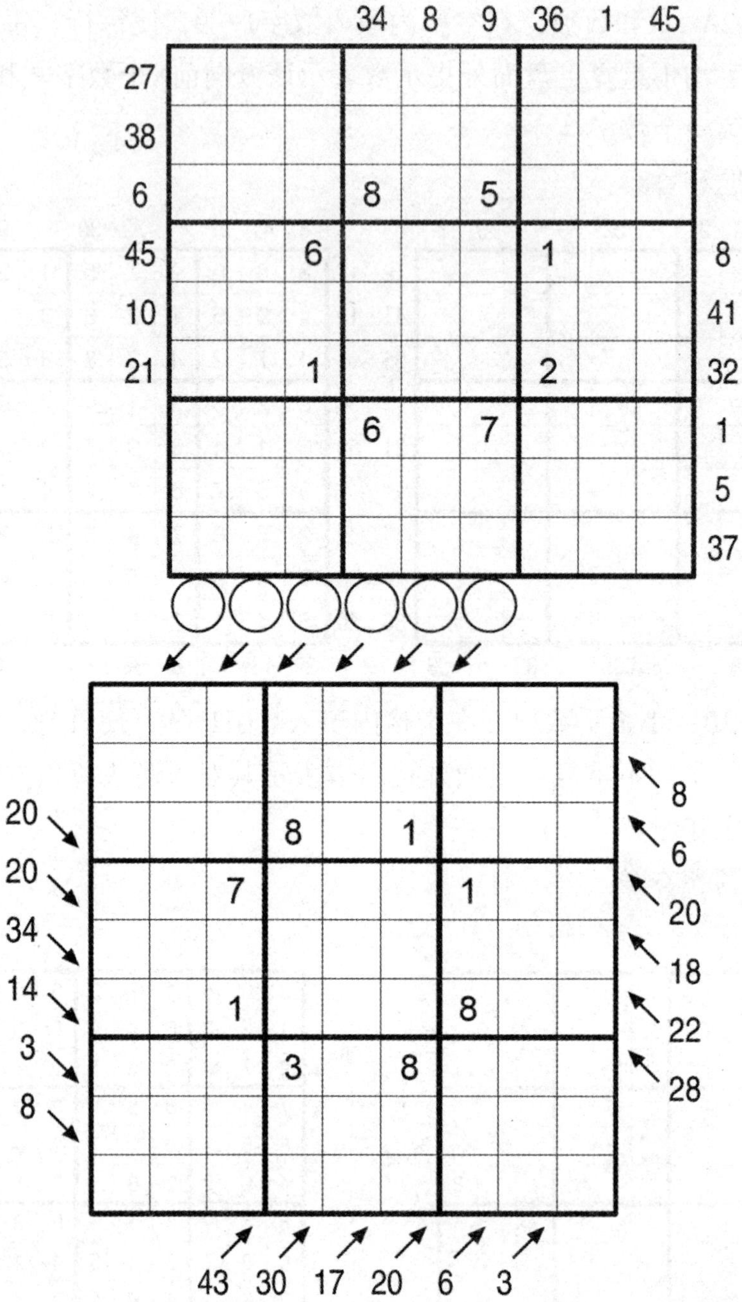

				34	8	9	36	1	45	
27										
38										
6				8		5				
45			6				1			8
10										41
21			1				2			32
				6		7				1
										5
										37

										8
20				8		1				6
20			7				1			20
34										18
14			1				8			22
3				3		8				28
8										
			43	30	17	20	6	3		

13.3 奇偶边框&位置数独（60分）

13.3A 奇偶边框数独：在空格内填入数字1—9，使每行、每列及每宫内数字均不重复。盘面外提示数N表示该方向前N格内数字奇偶属性相同，第N+1格内数字与前N格内数字奇偶属性不同。

例题和答案：

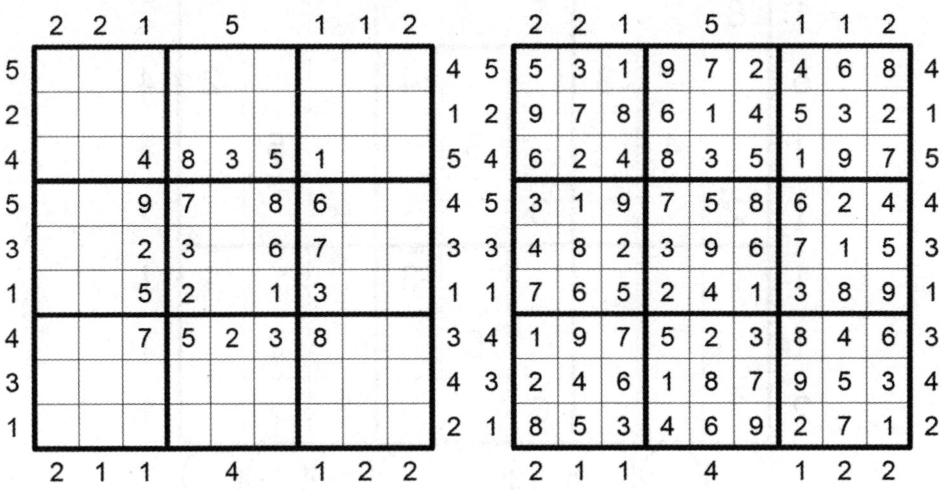

13.3B 位置数独：在空格内填入数字1—9，使每行、每列及每宫内数字均不重复。盘面外提示数表示所对应前3格内最大的数字在第几个位置。

例题和答案：

	3	3	3	3	2	1	1	3	3	
3										3
3				5		4				3
1			8				5			1
1		2			5			9		2
2				9		1				1
3		6			7			4		1
2			5				7			2
2				7		9				2
2										1
	2	3	3	1	2	2	3	3	1	

	3	3	3	3	2	1	1	3	3	
3	5	1	6	3	8	7	9	2	4	3
3	2	3	7	5	9	4	8	1	6	3
1	9	4	8	6	1	2	5	3	7	1
1	7	2	1	4	5	8	6	9	3	2
2	3	5	4	9	6	1	2	7	8	1
3	8	6	9	2	7	3	1	4	5	1
2	4	9	5	1	3	6	7	8	2	2
2	6	8	2	7	4	9	3	5	1	2
2	1	7	3	8	2	5	4	6	9	1
	2	3	3	1	2	2	3	3	1	

真题：

	2	1	1	1	2	2	1	3	2	
1			2			7				1
3		5			2					1
1	8			5						2
5			3			4			2	4
1		4			8			5		3
1	2			3			9			1
1						3			1	1
1					5			2		1
2				6			3			1
	○	○	○	○	○	○	○	○	○	
1			1			9				1
1		3			1					3
2	2			7						1
3			3			6			4	3
3		5			9			7		2
3	7			8			2			2
2						7			3	3
2					4			5		3
3				3			7			2
	3	2	2	3	3	2	1	1	1	

13.4 边框积＆边框和数独（80分）

13.4A 边框积数独：在空格内填入数字1—9，使每行、每列及每宫内数字均不重复。盘面外提示数表示该方向前2格内数字之积。

例题和答案：

	27		42	7		10	18		12	
15										4
8						3				35
			9							8
24										
							1			54
21				4						18
12										8
	6		32		21		12		5	

	27		42	7		10	18		12	
15	3	5	6	7	8	2	9	1	4	4
	9	8	7	1	4	5	2	6	3	
8	2	4	1	6	9	3	8	5	7	35
	8	1	9	3	6	7	5	4	2	8
24	4	6	2	9	5	1	7	3	8	
	5	7	3	8	2	4	1	9	6	54
21	7	3	5	4	1	8	6	2	9	18
	1	9	8	2	3	6	4	7	5	
12	6	2	4	5	7	9	3	8	1	8
	6		32		21		12		5	

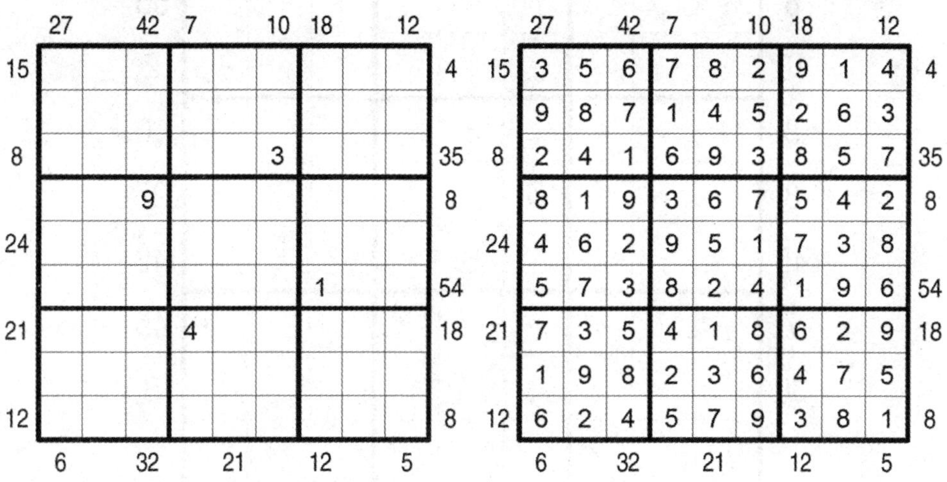

13.4B 边框和数独：在空格内填入数字1—9，使每行、每列及每宫内数字均不重复。盘面外提示数表示该方向前3格内数字之和。

例题和答案：

	22	8			10			13	13	
8										13
20										14
				7		6				
19										14
				8		5				
12										14
20										8
	11	16			19			15	13	

	22	8			10			13	13	
8	5	1	2	9	7	8	4	3	6	13
20	9	4	7	6	2	3	8	1	5	14
	8	3	6	5	1	4	7	9	2	
	2	5	3	7	4	6	1	8	9	
19	4	7	8	1	9	2	6	5	3	14
	6	9	1	8	3	5	2	4	7	
	7	2	4	3	5	1	9	6	8	
12	1	6	5	2	8	9	3	7	4	14
20	3	8	9	4	6	7	5	2	1	8
	11	16			19			15	13	

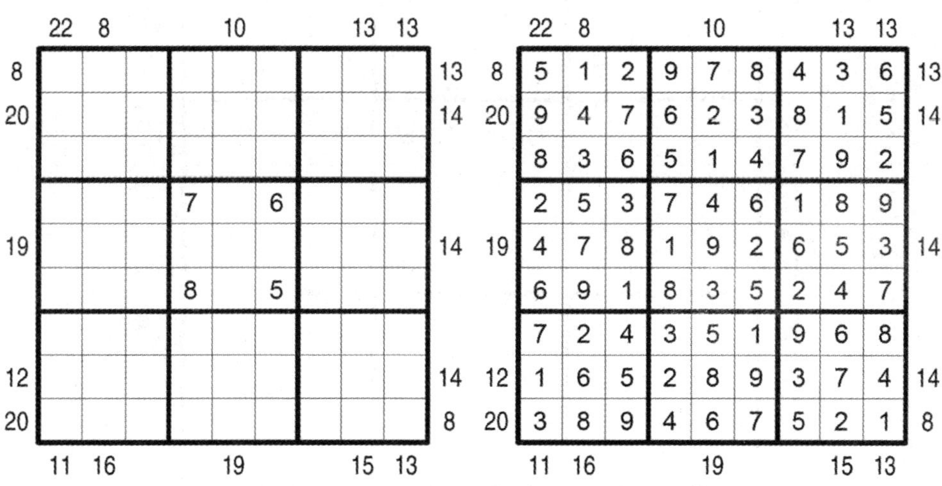

真题：

		32	5	3	18	30	54	32		
8										56
18										2
8					3					10
8				6		1				27
45					8					42
7										45
30										8

17										12
9			5				9			17
13				6		9				12
18					7					17
14				4		8				16
12			1				7			18
17										11
		16	16	14	23	8	18	21		

世界杯　四分之一决赛

现场比拼，快者胜出

1. 标准数独
2. 不连续数独
3. 堡垒数独
4. X和数独
5. 黑白点数独

1．**标准数独** 在空格内填入数字1—9，使每行、每列及每宫内数字均不重复。

1		3		5		7		9
	2		4		6		8	
		2	6		1	9		
7				2				3
2				9				5
		1	3		8	4		
	8						6	

2．**不连续数独** 在空格内填入数字1—9，使每行、每列及每宫内数字均不重复，盘面内任意横竖相邻2格内数字之差不为1。

9								
5		6						
3								
			5					
			9					
				7	2			
4	6						8	
		5						
		3				5	2	9

3. **堡垒数独** 在空格内填入数字1—9，使每行、每列及每宫内数字均不重复，盘面灰格内数字大于其横竖相邻的所有白格内数字。

5		2						1
							4	
1						5		3
				6			1	9
			2					
		3						
	2		3				8	7
8		4	1				3	6

4. **X和数独** 在空格内填入数字1—9，使每行、每列及每宫内数字均不重复，盘面外提示数表示该方向前X个数字之和，X为该方向第一个数字。

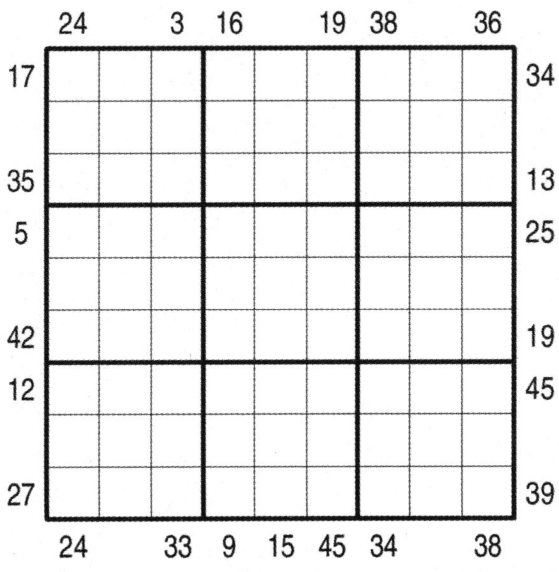

5. 黑白点数独 在空格内填入数字1—9，使每行、每列及每宫内数字均不重复。盘面内黑点两侧格内数字为2倍关系，白点两侧格内数字之差为1。如果两种关系都符合，则可能是黑点或白点。没有标记点的相邻2格内数字不存在上述两种关系。

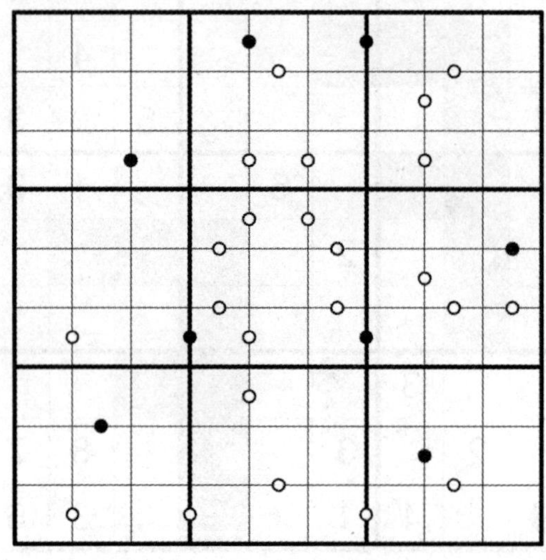

世界杯　半决赛

现场比拼，快者胜出

1. 标准数独
2. 无缘数独
3. 反对角线数独
4. XV数独
5. 方向数独

1. **标准数独** 在空格内填入数字1—9，使每行、每列及每宫内数字均不重复。

	9		1		2			
5		6		3				
	8		4					
8		7						9
	4						7	
3						5		1
					7		8	
				6		7		3
			9		8		2	

2. **无缘数独** 在空格内填入数字1—9，使每行、每列及每宫内数字均不重复，任意对角相邻的格内不可以填入相同数字。

	5		6		1	9	3	
	1		4					
	2		5		9	8	4	
	4		2		7	5	6	
	7		9					
	9		3		6	7	1	

3．**反对角线数独** 在空格内填入数字1—9，使每行、每列及每宫内数字均不重复，每条对角线上必须包含且仅包含3个数字。

		9		3		1		
5								9
1				2				5
	7						5	
		3				7		
	4						1	
7				8				3
2								1
		1		6		5		

4．**XV数独** 在空格内填入数字1—9，使每行、每列及每宫内数字均不重复。盘面内X标记两侧格内数字之和为10，V标记两侧格内数字之和为5，没有X或V标记的相邻2格内数字不存在上述两种关系。

			1			3	4	
		4	2			1		
				X				
	4	5			7	2		
				5	2			
X	X						X	X
				6				
				7	8			
V								V

5. 方向数独　在空格内填入数字1—9，使每行、每列及每宫内数字均不重复。盘面外箭头表示其对应方向的前3格内数字的大小关系，数字沿箭头所指向的方向递增。没有箭头标记的位置标示其对应的3个数字不是依次递增或递减关系。

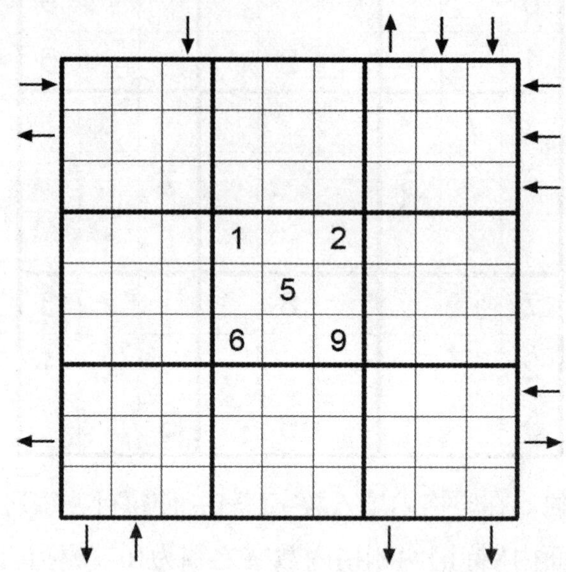

世界杯　决赛

现场比拼，快者胜出

1. 标准数独
2. 无马数独
3. 温度计数独
4. 双色蛋糕数独
5. 小杀手数独

1. **标准数独** 在空格内填入数字1—9，使每行、每列及每宫内数字均不重复。

	5			7		8		
3			8					2
					2		7	
		9	7				1	
8								6
	6				4	5		
	4		9					
2					3			1
		3		6			4	

2. **无马数独** 在空格内填入数字1—9，使每行、每列及每宫内数字均不重复。盘面内形成国际象棋中马步位置（二拐一）关系的2格内不能出现相同的数字。

		3						
	7	9	8				2	
		5				3	8	7
				9			7	
			3	8	1			
	1			4				
7	5	8				2		
	3				8	7	6	
						8		

3. **温度计数独** 在空格内填入数字1—9，使每行、每列及每宫内数字均不重复。盘面内每个灰色形状表示一个温度计符号，圆圈格为该温度计内最小的数字，数字从温度计圆圈向另一头依次增大。

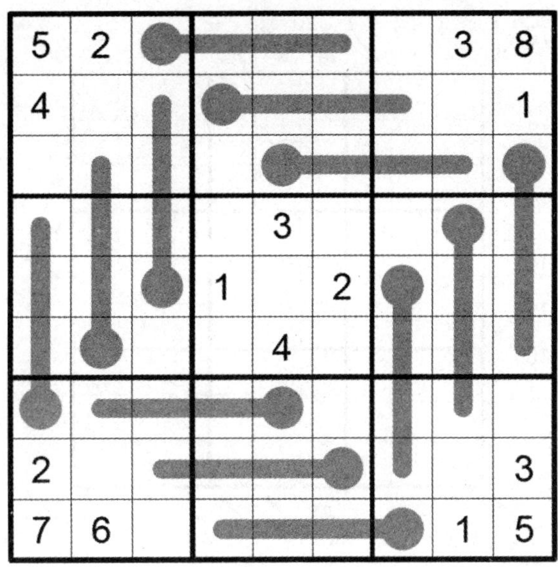

4. **双色蛋糕数独** 在空格内填入数字1—9，使每行、每列及每宫内数字均不重复。盘面内蛋糕标记表示其周围4格包含2个奇数和2个偶数，且2个奇数和2个偶数分别呈对角状态。所有符合条件的位置已经全部标出。

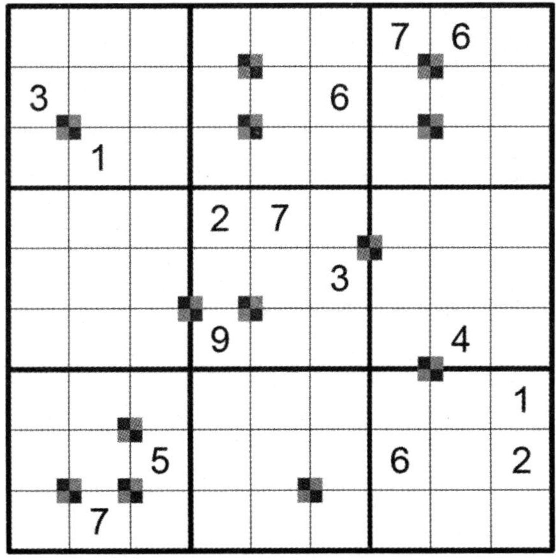

5. **小杀手数独** 在空格内填入数字1—9，使每行、每列及每宫内数字均不重复，盘面外提示数表示其对应箭头所指方向上所有数字之和。

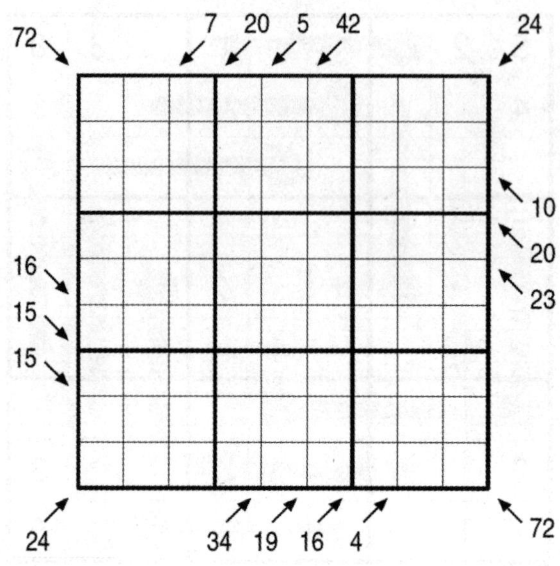

真题答案

微信关注公众号“漫漫读”并回复“数独世锦赛”查看答案电子版。

第1轮　题目答案

1.1

5	9	2	8	3	7	1	4	6
8	7	4	1	9	6	2	5	3
1	6	3	5	2	4	9	8	7
9	2	5	7	8	1	3	6	4
4	3	7	6	5	9	8	2	1
6	1	8	2	4	3	5	7	9
2	4	6	9	1	8	7	3	5
3	8	9	4	7	5	6	1	2
7	5	1	3	6	2	4	9	8

1.2

5	1	4	9	3	8	6	2	7
6	3	7	2	5	4	8	9	1
8	9	2	1	6	7	4	5	3
7	4	1	5	8	2	3	6	9
2	8	6	3	9	1	5	7	4
9	5	3	4	7	6	1	8	2
1	7	5	6	4	9	2	3	8
3	2	8	7	1	5	9	4	6
4	6	9	8	2	3	7	1	5

1.3

9	4	2	7	6	5	8	1	3
3	5	1	2	4	8	9	6	7
8	7	6	1	3	9	2	4	5
1	3	7	9	5	6	4	2	8
2	6	9	8	7	4	5	3	1
5	8	4	3	2	1	6	7	9
6	1	3	5	8	2	7	9	4
4	9	8	6	1	7	3	5	2
7	2	5	4	9	3	1	8	6

1.4

7	2	6	9	4	1	5	3	8
5	8	4	3	7	6	2	9	1
1	3	9	8	2	5	4	7	6
3	4	1	7	8	2	9	6	5
9	6	8	4	5	3	1	2	7
2	5	7	6	1	9	3	8	4
4	7	2	1	3	8	6	5	9
8	9	5	2	6	4	7	1	3
6	1	3	5	9	7	8	4	2

1.5

8	4	1	6	2	3	5	9	7
6	5	9	1	7	4	3	2	8
2	7	3	5	9	8	4	6	1
9	2	7	3	5	1	8	4	6
4	3	6	7	8	2	9	1	5
1	8	5	4	6	9	7	3	2
3	1	8	2	4	5	6	7	9
7	9	4	8	1	6	2	5	3
5	6	2	9	3	7	1	8	4

1.6

7	5	9	4	1	3	8	2	6
1	2	8	6	7	5	3	9	4
3	4	6	2	9	8	1	5	7
8	6	7	1	2	9	4	3	5
5	1	4	3	8	6	2	7	9
2	9	3	5	4	7	6	8	1
6	7	2	8	5	4	9	1	3
9	3	1	7	6	2	5	4	8
4	8	5	9	3	1	7	6	2

1.7

3	7	4	6	1	2	5	8	9
2	5	9	8	3	4	6	7	1
6	1	8	7	5	9	3	2	4
5	8	1	9	4	7	2	3	6
7	9	2	5	6	3	4	1	8
4	3	6	2	8	1	9	5	7
8	2	5	1	9	6	7	4	3
9	4	7	3	2	8	1	6	5
1	6	3	4	7	5	8	9	2

1.8

7	5	3	4	6	1	8	2	9
9	1	8	2	5	7	3	4	6
2	4	6	9	3	8	5	1	7
1	7	5	6	2	4	9	3	8
6	2	9	7	8	3	1	5	4
8	3	4	1	9	5	7	6	2
3	9	1	8	4	2	6	7	5
4	6	7	5	1	9	2	8	3
5	8	2	3	7	6	4	9	1

1.9

1	9	3	5	7	2	8	6	4
4	2	5	9	8	6	3	1	7
8	7	6	3	1	4	9	2	5
2	6	8	7	4	9	5	3	1
9	5	7	1	6	3	2	4	8
3	4	1	8	2	5	7	9	6
6	8	9	4	3	7	1	5	2
5	1	2	6	9	8	4	7	3
7	3	4	2	5	1	6	8	9

第2轮 题目答案

2.1

8	5	7	6	9	3	1	4	2
1	2	4	5	8	7	9	6	3
6	9	3	4	2	1	8	5	7
7	1	2	8	3	6	5	9	4
3	8	9	1	5	4	2	7	6
4	6	5	2	7	9	3	8	1
5	4	1	3	6	8	7	2	9
9	3	8	7	4	2	6	1	5
2	7	6	9	1	5	4	3	8

2.2

2	6	8	5	1	4	9	3	7
3	9	4	6	8	7	5	1	2
1	5	7	2	9	3	6	4	8
5	2	1	3	6	8	7	9	4
9	8	3	7	4	1	2	6	5
4	7	6	9	2	5	3	8	1
7	1	2	4	3	6	8	5	9
6	4	9	8	5	2	1	7	3
8	3	5	1	7	9	4	2	6

2.3

9	3	5	2	4	8	0	1	7
4	0	6	1	5	7	3	8	2
1	2	8	0	3	6	4	9	5
7	5	0	9	1	4	6	2	8
6	4	1	8	7	2	5	0	3
3	8	2	6	0	5	1	7	9
2	7	3	4	6	0	9	5	1
5	6	9	3	2	1	8	4	0
0	1	4	5	8	9	7	3	6

2.4

1	7	2	6	8	9	3	5	4
8	3	9	4	2	5	1	6	7
4	6	5	1	3	7	9	2	8
5	2	3	7	1	8	6	4	9
6	9	8	2	5	4	7	3	1
7	1	4	9	6	3	5	8	2
9	8	6	3	4	1	2	7	5
3	4	7	5	9	2	8	1	6
2	5	1	8	7	6	4	9	3

2.5

4	9	3	5	7	2	8	1	6
6	7	5	8	1	3	9	2	4
2	1	8	4	6	9	3	5	7
7	8	1	9	2	4	6	3	5
3	6	4	7	5	8	1	9	2
5	2	9	1	3	6	4	7	8
8	5	2	6	9	1	7	4	3
1	3	6	2	4	7	5	8	9
9	4	7	3	8	5	2	6	1

2.6

9	8	4	3	5	2	7	6	1
3	2	1	4	7	6	9	8	5
5	6	7	1	8	9	3	4	2
8	5	6	9	3	1	2	7	4
4	7	2	8	6	5	1	3	9
1	3	9	7	2	4	8	5	6
7	9	5	2	4	3	6	1	8
2	4	8	6	1	7	5	9	3
6	1	3	5	9	8	4	2	7

2.7

	1 8	8 2	2 6	4 3	2 6	2 5	1 8	3 4	3 4
8 1	3	5	2	6	9	4	7	8	1
7 8	1	4	6	5	7	8	9	3	2
6 4	8	7	9	2	1	3	6	4	5
2 3	2	3	1	8	5	7	4	9	6
6 5	7	6	5	4	2	9	3	1	8
4 9	4	9	8	3	6	1	5	2	7
1 4	9	1	4	7	8	6	2	5	3
6 4	5	8	7	9	3	2	1	6	4
1 4	6	2	3	1	4	5	8	7	9

2.8

6	5	1	4	7	3	2	8	9
2	3	9	8	5	6	4	7	1
8	7	4	1	2	9	6	5	3
4	2	5	3	8	1	9	6	7
1	8	7	6	9	2	3	4	5
9	6	3	5	4	7	1	2	8
7	1	2	9	6	5	8	3	4
5	9	8	2	3	4	7	1	6
3	4	6	7	1	8	5	9	2

2.9

6	7	5	3	4	8	1	9	2
4	3	9	7	1	2	6	8	5
8	9	1	2	3	4	5	6	7
2	1	8	6	5	7	9	4	3
1	2	3	9	8	6	7	5	4
7	4	6	5	9	1	3	2	8
9	5	7	4	2	3	8	1	6
5	6	2	8	7	9	4	3	1
3	8	4	1	6	5	2	7	9

2.10

4	5	1	3	6	9	7	2	8
6	9	3	7	8	2	1	5	4
7	8	2	5	1	4	3	6	9
2	4	6	1	3	8	9	7	5
1	7	9	4	5	6	8	3	2
8	3	5	9	2	7	6	4	1
3	2	7	8	4	1	5	9	6
5	1	4	6	9	3	2	8	7
9	6	8	2	7	5	4	1	3

第3轮　题目答案

3.1

4	7	6	5	2	3	9	1	8
5	8	9	1	6	7	4	3	2
1	3	2	8	9	4	7	6	5
2	9	5	3	7	1	8	4	6
6	4	3	9	5	8	2	7	1
7	1	8	6	4	2	5	9	3
9	5	7	2	3	6	1	8	4
8	6	4	7	1	5	3	2	9
3	2	1	4	8	9	6	5	7

3.2

6	7	1	3	9	8	5	2	4
5	4	2	6	1	7	8	9	3
9	8	3	4	5	2	7	6	1
8	3	4	5	6	9	1	7	2
1	5	9	7	2	3	6	4	8
2	6	7	1	8	4	3	5	9
3	2	6	9	7	1	4	8	5
4	9	5	8	3	6	2	1	7
7	1	8	2	4	5	9	3	6

3.3

1	8	9	2	4	6	5	3	7
7	4	2	3	8	5	1	9	6
5	3	6	1	7	9	8	2	4
4	6	8	7	1	3	9	5	2
2	1	3	5	9	4	7	6	8
9	5	7	6	2	8	3	4	1
8	2	4	9	3	1	6	7	5
6	9	1	4	5	7	2	8	3
3	7	5	8	6	2	4	1	9

3.4

9	4	7	2	3	6	5	8	1
1	3	2	5	8	7	6	9	4
8	5	6	1	9	4	3	2	7
6	1	5	8	4	2	7	3	9
2	9	3	7	6	1	4	5	8
7	8	4	3	5	9	2	1	6
5	6	9	4	1	3	8	7	2
4	7	8	9	2	5	1	6	3
3	2	1	6	7	8	9	4	5

3.5

1	3	8	2	6	4	9	7	5
2	5	7	8	3	9	1	6	4
4	9	6	1	7	5	3	2	8
7	8	9	3	2	1	4	5	6
3	1	2	4	5	6	8	9	7
6	4	5	9	8	7	2	1	3
8	6	4	7	9	2	5	3	1
9	7	3	5	1	8	6	4	2
5	2	1	6	4	3	7	8	9

3.6

5	6	7	9	4	8	1	2	3
3	1	8	2	7	6	9	4	5
2	4	9	3	1	5	8	7	6
8	9	1	6	5	4	7	3	2
4	5	3	7	9	2	6	8	1
6	7	2	8	3	1	5	9	4
9	8	6	1	2	3	4	5	7
7	2	5	4	6	9	3	1	8
1	3	4	5	8	7	2	6	9

3.7

	4-2:7	4-2:2	5-3:4	2-8:5	1-8:8	1-2:5	4-8:4	8-3:2	8-3:7
4-5:7	4	9	6	2	1	8	3	5	7
4-5:2	1	7	2	4	3	5	9	6	8
3-9:3	8	3	5	6	9	7	4	2	1
7-6:5	3	4	9	7	5	1	2	8	6
7-9:8	7	5	8	3	2	6	1	4	9
6-9:5	6	2	1	8	4	9	7	3	5
5-1:4	9	6	3	5	7	4	8	1	2
1-3:2	2	8	7	1	6	3	5	9	4
1-3:7	5	1	4	9	8	2	6	7	3

3.8

	1-9:2	9-4:4	2-4:3	3-7:5	3-6:5	5-1:2		8-3:7	
6-9:2	8	7	5	3	1	2	6	4	9
1-8:6	6	1	9	4	5	7	3	8	2
4-8:3	4	3	2	8	9	6	1	5	7
2-4:3	7	9	8	2	3	5	4	1	6
3-9:3	1	2	3	6	4	9	5	7	8
5-2:6	5	6	4	7	8	1	2	9	3
5-3:4	9	5	7	1	2	3	8	6	4
6-8:3	3	4	6	5	7	8	9	2	1
2-7:6	2	8	1	9	6	4	7	3	5

3.9

5	2	7	6	3	8	9	1	4
1	9	3	2	7	4	5	8	6
6	4	8	9	5	1	3	7	2
8	6	4	1	9	5	2	3	7
3	1	5	8	2	7	6	4	9
9	7	2	4	6	3	1	5	8
2	8	1	5	4	9	7	6	3
7	5	6	3	8	2	4	9	1
4	3	9	7	1	6	8	2	5

3.10

3	9	6	7	8	2	1	5	4
7	4	2	6	1	5	3	9	8
8	1	5	3	9	4	7	2	6
4	7	1	9	2	6	5	8	3
2	6	8	5	7	3	9	4	1
5	3	9	1	4	8	6	7	2
6	5	4	8	3	7	2	1	9
1	8	3	2	5	9	4	6	7
9	2	7	4	6	1	8	3	5

第4轮　题目答案

4.1

6	3	5	8	4	2	1	7	9
7	4	2	6	1	9	5	8	3
8	9	1	7	3	5	6	4	2
4	2	9	1	7	6	8	3	5
3	7	8	9	5	4	2	1	6
1	5	6	2	8	3	4	9	7
5	8	4	3	2	7	9	6	1
9	1	7	5	6	8	3	2	4
2	6	3	4	9	1	7	5	8

4.2

6	9	3	7	2	4	8	1	5
8	2	7	5	3	1	9	6	4
1	5	4	8	6	9	7	3	2
5	7	8	1	9	2	6	4	3
3	6	9	4	5	7	2	8	1
4	1	2	6	8	3	5	7	9
7	3	6	2	1	5	4	9	8
9	8	5	3	4	6	1	2	7
2	4	1	9	7	8	3	5	6

4.3

4	8	2	6	9	3	7	5	1
6	9	7	4	1	5	2	8	3
5	3	1	8	7	2	9	4	6
8	5	4	7	3	6	1	9	2
1	7	9	2	4	8	3	6	5
3	2	6	9	5	1	4	7	8
7	1	8	5	2	9	6	3	4
2	4	5	3	6	7	8	1	9
9	6	3	1	8	4	5	2	7

4.4

9	4	6	1	2	7	8	3	5
1	7	8	3	5	6	4	9	2
2	5	3	8	9	4	6	1	7
7	6	5	9	1	3	2	8	4
4	8	9	5	6	2	1	7	3
3	1	2	4	7	8	9	5	6
6	9	1	2	3	5	7	4	8
8	3	7	6	4	1	5	2	9
5	2	4	7	8	9	3	6	1

4.5

5	9	3	4	1	8	2	7	6
8	6	2	3	5	7	4	9	1
4	1	7	6	2	9	3	5	8
3	8	6	9	4	2	7	1	5
9	7	5	8	3	1	6	4	2
1	2	4	5	7	6	8	3	9
2	5	8	7	9	4	1	6	3
6	4	9	1	8	3	5	2	7
7	3	1	2	6	5	9	8	4

4.6

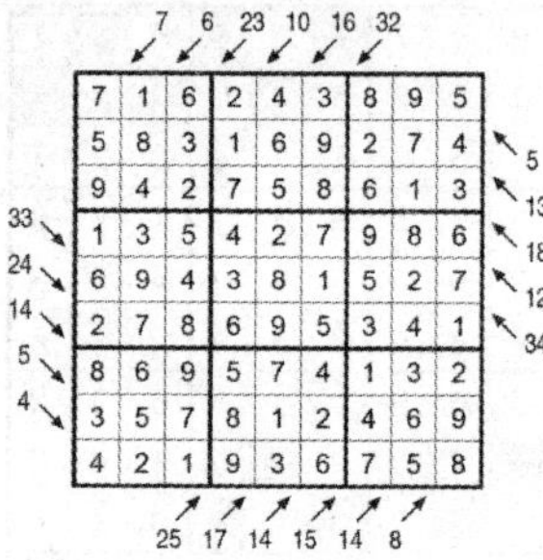

	7	6	23	10	16	32				
	7	1	6	2	4	3	8	9	5	
	5	8	3	1	6	9	2	7	4	5
	9	4	2	7	5	8	6	1	3	13
33	1	3	5	4	2	7	9	8	6	18
24	6	9	4	3	8	1	5	2	7	12
14	2	7	8	6	9	5	3	4	1	34
5	8	6	9	5	7	4	1	3	2	
4	3	5	7	8	1	2	4	6	9	
	4	2	1	9	3	6	7	5	8	
				25	17	14	15	14	8	

4.7

7	2	5	9	3	1	6	4	8
3	8	4	5	6	2	1	9	7
1	9	6	7	4	8	5	2	3
9	1	7	6	2	5	8	3	4
5	6	3	8	9	4	2	7	1
2	4	8	1	7	3	9	6	5
4	7	1	2	5	9	3	8	6
6	5	9	3	8	7	4	1	2
8	3	2	4	1	6	7	5	9

4.8

	64	54	4	6	756	60	36	14	504
30	7	8	9	4	3	5	6	2	1
63	3	6	1	2	9	8	5	4	7
8	5	2	4	7	6	1	8	9	3
4	6	5	3	1	4	9	7	8	2
216	1	9	2	6	8	7	4	3	5
72	8	4	7	5	2	3	9	1	6
42	9	1	8	3	7	6	2	5	4
64	4	7	5	9	1	2	3	6	8
378	2	3	6	8	5	4	1	7	9

4.9

		13	42	7	15	36	21	21		
	1	8	5	4	6	9	3	7	2	
28	4	2	7	3	1	5	6	9	8	32
18	9	3	6	2	8	7	1	4	5	17
14	5	6	3	8	7	4	2	1	9	
7	2	1	4	9	3	6	5	8	7	20
	7	9	8	1	5	2	4	3	6	15
27	8	4	9	6	2	3	7	5	1	18
8	3	5	2	7	9	1	8	6	4	42
	6	7	1	5	4	8	9	2	3	
		25	3	36	15	12	42	24		

4.10

	134	357	269	378	469	258	157	258	369	
359	3	5	1	7	2	4	9	8	6	589
579	4	7	9	1	6	8	5	2	3	356
248	6	8	2	3	9	5	1	7	4	179
378	8	1	7	6	3	9	4	5	2	257
258	2	6	5	4	8	7	3	1	9	189
346	9	4	3	5	1	2	7	6	8	467
179	1	9	6	8	7	3	2	4	5	145
127	7	2	4	9	5	6	8	3	1	128
235	5	3	8	2	4	1	6	9	7	369
	178	236	456	238	479	126	168	134	457	

第5轮　题目答案

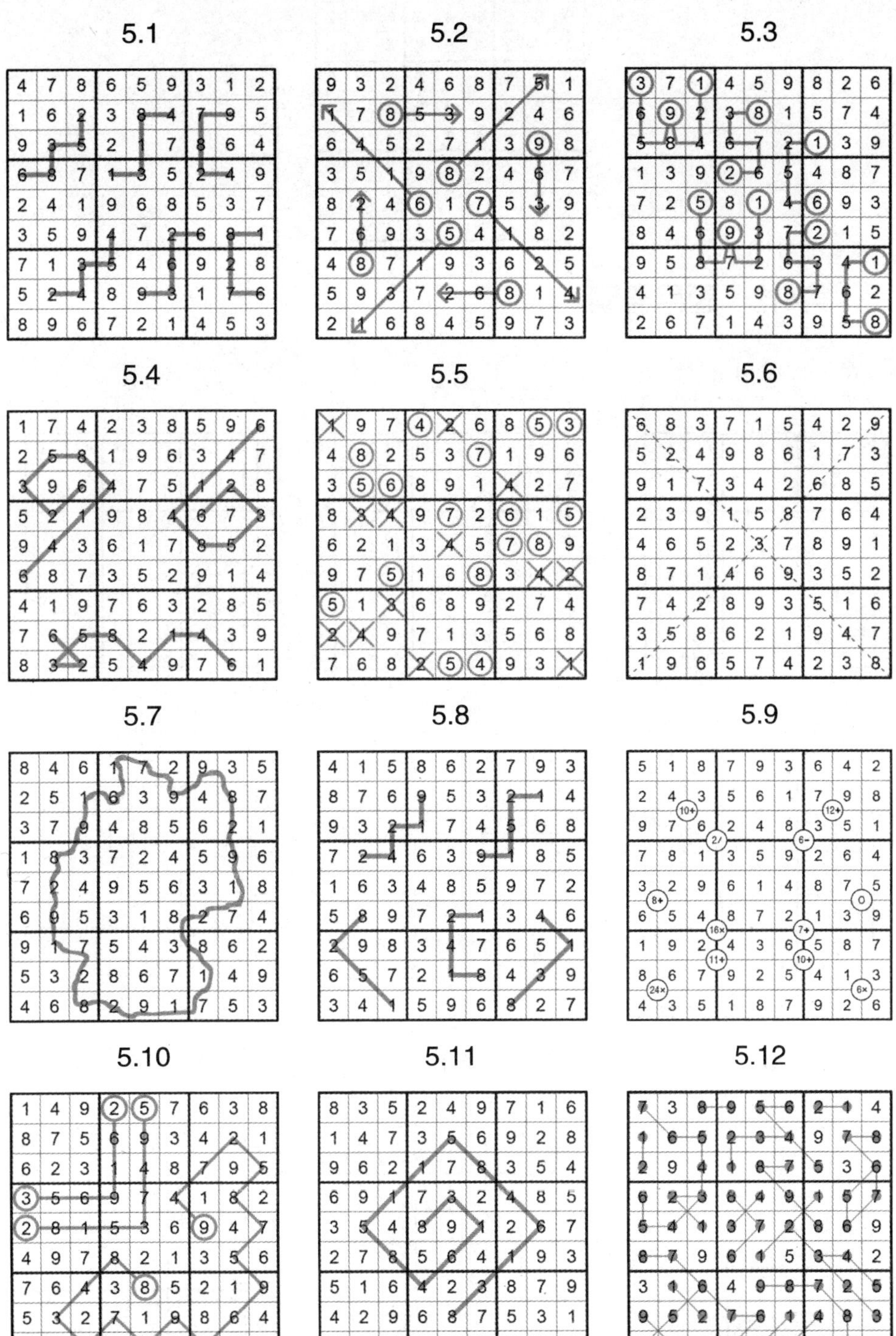
5.1
5.2
5.3
5.4
5.5
5.6
5.7
5.8
5.9
5.10
5.11
5.12

5.13

4	5	2	8	7	9	6	3	1
9	8	6	3	4	1	5	7	2
1	7	3	5	6	2	4	8	9
7	4	5	2	8	3	1	9	6
2	3	1	7	9	6	8	5	4
8	6	9	4	1	5	7	2	3
3	1	7	6	2	8	9	4	5
5	9	8	1	3	4	2	6	7
6	2	4	9	5	7	3	1	8

第6轮 题目答案

6.1

									2	
3	8	3	1	4	9	5	7	2	6	3
	5	9	7	1	6	2	4	8	3	
	2	6	4	7	3	8	1	5	9	
	6	1	8	9	2	4	5	3	7	
	3	7	5	6	8	1	2	9	4	
5	9	4	2	3	5	7	8	6	1	
	7	2	6	8	4	9	3	1	5	
	4	8	3	5	1	6	9	7	2	
3	1	5	9	2	7	3	6	4	8	
	4			3					4	

6.2

			5	3			2			
	8	6	5	4	1	9	7	2	3	5
	9	7	4	2	5	3	1	6	8	
	2	1	3	6	7	8	9	4	5	
	5	9	2	3	8	1	6	7	4	
6	3	4	1	5	6	7	8	9	2	2
	7	8	6	9	4	2	5	3	1	
	1	3	7	8	2	6	4	5	9	
	4	2	8	7	9	5	3	1	6	
	6	5	9	1	3	4	2	8	7	2
			5	4			5			

6.3

					21	15				
	1	7	5	2	6	4	9	8	3	
34	9	4	2	8	3	1	5	7	6	
	8	6	3	9	5	7	2	4	1	1
	3	2	9	5	8	6	7	1	4	14
23	6	8	1	7	4	9	3	2	5	18
27	7	5	4	3	1	2	6	9	8	
16	4	1	7	6	9	3	8	5	2	
	2	3	8	1	7	5	4	6	9	36
	5	9	6	4	2	8	1	3	7	
				13	7					

6.4

			11		27					
	8	6	3	2	7	1	4	5	9	
	9	1	2	4	5	6	8	3	7	25
28	7	5	4	8	3	9	6	2	1	
	1	2	7	5	8	3	9	6	4	
	6	8	5	7	9	4	2	1	3	9
12	3	4	9	6	1	2	7	8	5	
	4	9	1	3	2	8	5	7	6	
	5	3	8	9	6	7	1	4	2	
	2	7	6	1	4	5	3	9	8	
		26					10			

6.5

	6	5	9	8	1	3	7	2	4	
	8	7	1	4	5	2	6	3	9	8 9
4 9	2	3	4	9	7	6	1	5	8	
	1	2	3	5	8	4	9	7	6	
2 6	9	6	7	2	3	1	8	4	5	3 8
	4	8	5	7	6	9	3	1	2	
3 8	5	9	8	3	2	7	4	6	1	
	7	1	2	6	4	8	5	9	3	3 5
	3	4	6	1	9	5	2	8	7	
	3 5		5 7		4 6		7 9		2 4	

6.6

		2 4	2 4	6 8	6 8			2 9		
	2	7	9	5	4	1	8	6	3	
2 8	5	8	4	9	3	6	7	1	2	
6 7	6	1	3	8	2	7	4	9	5	
	7	2	8	4	6	3	9	5	1	
	9	4	6	7	1	5	2	3	8	
	3	5	1	2	8	9	6	7	4	
	1	9	2	3	7	8	5	4	6	1 9
	4	3	7	6	5	2	1	8	9	2 8
	8	6	5	1	9	4	3	2	7	
		1 7			1 9	1 9	3 5	3 5		

6.7

		0		2	1	3	4	2		
	1	5	8	3	7	2	6	9	4	
1	2	6	9	4	1	5	8	3	7	
1	7	4	3	8	9	6	2	5	1	
2	9	2	6	5	4	1	3	7	8	
4	4	7	5	6	3	8	9	1	2	3
	8	3	1	7	2	9	5	4	6	2
	6	8	7	9	5	4	1	2	3	2
	3	9	2	1	8	7	4	6	5	3
	5	1	4	2	6	3	7	8	9	
		1	4	3	3	1		0		

6.8

	3	2	8	6	4	7	9	5	1	
	1	5	4	3	2	9	6	7	8	
	7	9	6	8	5	1	3	4	2	
1	4	3	2	7	1	5	8	9	6	1
3	6	8	7	9	3	4	1	2	5	3
	5	1	9	2	6	8	4	3	7	
0	8	4	5	1	7	3	2	6	9	2
	9	6	3	5	8	2	7	1	4	
2	2	7	1	4	9	6	5	8	3	7
			5		2	0	4			

6.9

	1 4	6 7	3 5	2	1 4	5	1 7	1 6	5 8
2 8	5	7	1	4	8	9	2	3	6
2 3	3	9	2	1	6	5	4	7	8
5	8	6	4	3	7	2	1	5	9
4 6	1	3	8	7	2	6	9	4	5
2	9	2	6	5	4	3	7	8	1
1 8	4	5	7	8	9	1	3	6	2
5 7	2	4	3	6	1	8	5	9	7
2 8	7	8	9	2	5	4	6	1	3
3 5	6	1	5	9	3	7	8	2	4

6.10

	5 6								1 6
	1	6	8 >	7	5	3 <	4	9	2
	4	9	2	8	1	6	3	7	5
	5	3	7	2	9	4	6	1	8
7	9	7	5	1	4	2	8	3	6
4	6	1	3	5	8 >	7	2	4	9
6 7	2	8	4 >	3	6	9	7	5	1
	3 >	2	6	9	7	1	5	8	4
	8	4	1	6	3	5	9	2	7
	7	5	9	4	2	8	1	6	3

第7轮　题目答案

7.1

8	4	1	6	7	3	9	5	2
2	3	5	9	4	8	6	7	1
6	9	7	2	1	5	3	8	4
7	8	4	3	2	9	1	6	5
1	2	3	4	5	6	7	9	8
9	5	6	1	8	7	4	2	3
3	6	2	5	9	1	8	4	7
4	7	9	8	3	2	5	1	6
5	1	8	7	6	4	2	3	9

7.2

7	6	3	4	8	2	1	9	5
4	9	2	5	1	3	6	7	8
8	1	5	7	6	9	4	3	2
5	2	1	9	3	4	7	8	6
3	7	8	1	2	6	5	4	9
9	4	6	8	5	7	2	1	3
6	5	4	3	7	8	9	2	1
2	8	9	6	4	1	3	5	7
1	3	7	2	9	5	8	6	4

7.3

3	9	1	6	7	8	5	4	2
7	6	8	2	5	4	1	3	9
4	2	5	1	3	9	8	7	6
1	5	4	3	2	7	6	9	8
9	8	7	5	4	6	3	2	1
6	3	2	9	8	1	7	5	4
2	1	9	7	6	5	4	8	3
8	7	6	4	9	3	2	1	5
5	4	3	8	1	2	9	6	7

7.4

4	1	6	2	5	7	8	3	9
8	5	3	4	6	9	7	1	2
9	7	2	8	1	3	5	4	6
1	4	5	6	8	2	9	7	3
6	9	7	3	4	5	2	8	1
3	2	8	7	9	1	4	6	5
7	6	1	5	2	8	3	9	4
5	3	4	9	7	6	1	2	8
2	8	9	1	3	4	6	5	7

7.5

3	7	2	5	6	9	4	8	1
9	1	5	3	8	4	2	6	7
4	6	8	7	2	1	9	5	3
8	2	7	9	1	5	3	4	6
5	9	4	6	7	3	8	1	2
1	3	6	2	4	8	7	9	5
6	8	1	4	3	7	5	2	9
2	5	3	8	9	6	1	7	4
7	4	9	1	5	2	6	3	8

7.6

2	5	9	6	1	4	8	7	3
3	7	4	9	2	8	5	6	1
8	1	3	4	7	5	2	9	6
7	6	1	5	4	3	9	8	2
9	3	8	2	6	1	4	5	7
5	4	6	7	9	2	1	3	8
1	9	5	8	3	6	7	2	4
6	2	7	1	8	9	3	4	5
4	8	2	3	5	7	6	1	9

7.7

3	6	4	1	7	9	2	5	8
7	2	8	5	3	6	9	1	4
1	9	5	2	8	4	6	3	7
9	5	1	4	6	8	3	7	2
6	8	3	7	2	5	1	4	9
2	4	7	3	9	1	5	8	6
4	7	2	9	5	3	8	6	1
8	3	9	6	1	7	4	2	5
5	1	6	8	4	2	7	9	3

7.8

1	6	2	9	7	3	8	5	4
9	4	3	6	5	8	7	1	2
7	8	5	1	2	4	3	6	9
2	3	6	5	1	9	4	7	8
8	7	9	4	3	6	1	2	5
5	1	4	2	8	7	9	3	6
4	9	1	3	6	2	5	8	7
3	2	7	8	4	5	6	9	1
6	5	8	7	9	1	2	4	3

7.9

	2	3 4	1	3 5 6		4 7 9	9	3 6	5	
3	2	3	1	6	8	4	9	7	5	7
8 9	8	9	5	3	1	7	2	6	4	2 4
7	6	4	7	5	2	9	8	3	1	3
2 4 5	5	2	4	7	9	6	3	1	8	1 3 8
	9	6	8	4	3	1	7	5	2	
1 3 7	1	7	3	8	5	2	6	4	9	4 6 9
7	7	5	9	1	6	8	4	2	3	4
3 8	3	8	6	2	4	5	1	9	7	7 9
4	4	1	2	9	7	3	5	8	6	8
	4	1 5	6	1 2 9		3 5 8	5	8 9	3	

7.10

2	9	5	3	1	4	7	8	6
6	4	1	7	8	5	3	2	9
3	7	8	6	9	2	5	4	1
9	8	2	5	4	7	1	6	3
5	6	7	1	2	3	4	9	8
4	1	3	8	6	9	2	5	7
8	3	6	2	5	1	9	7	4
1	5	4	9	7	6	8	3	2
7	2	9	4	3	8	6	1	5

第8轮　题目答案

8.1

5	9	2	1	3	4	7	8	6				3	5	4	8	7	1	2	9	6
1	6	7	2	9	8	4	5	3				6	1	8	3	9	2	7	4	5
3	8	4	5	7	6	9	2	1				2	9	7	4	5	6	3	1	8
4	3	5	9	6	7	8	1	2				5	6	9	1	2	4	8	3	7
7	1	8	4	2	5	6	3	9				8	7	2	9	3	5	4	6	1
6	2	9	8	1	3	5	4	7				1	4	3	6	8	7	9	5	2
2	5	6	7	8	1	3	9	4	8	1	5	7	2	6	5	4	3	1	8	9
9	4	3	6	5	2	1	7	8	2	6	4	9	3	5	2	1	8	6	7	4
8	7	1	3	4	9	2	6	5	3	7	9	4	8	1	7	6	9	5	2	3
						9	5	6	1	3	7	2	4	8						
						7	3	1	4	8	2	6	5	9						
						4	8	2	5	9	6	1	7	3						
5	4	1	9	3	8	6	2	7	9	5	3	8	1	4	7	9	5	2	6	3
8	7	3	2	6	4	5	1	9	7	4	8	3	6	2	4	1	8	5	9	7
9	6	2	7	5	1	8	4	3	6	2	1	5	9	7	2	6	3	8	1	4
2	3	7	6	9	5	4	8	1				9	2	5	8	4	6	3	7	1
1	9	4	3	8	2	7	6	5				1	7	3	5	2	9	6	4	8
6	8	5	1	4	7	3	9	2				6	4	8	3	7	1	9	2	5
4	1	8	5	2	3	9	7	6				4	8	6	9	3	7	1	5	2
7	5	6	8	1	9	2	3	4				2	5	1	6	8	4	7	3	9
3	2	9	4	7	6	1	5	8				7	3	9	1	5	2	4	8	6

8.2

	10	25	32	10	13	12	28	4	10
16	4	2	1	3	5	8	9	7	6
26	9	5	8	6	7	1	3	2	4
7	7	3	6	4	9	2	5	1	8
32	3	9	5	7	2	6	8	4	1
28	1	8	2	5	3	4	6	9	7
8	6	7	4	1	8	9	2	5	3
15	5	6	7	2	1	3	4	8	9
21	2	4	9	8	6	7	1	3	5
3	8	1	3	9	4	5	7	6	2

6	8	4	7	2	9	1	5	3
5	3	7	1	8	4	9	2	6
9	1	2	5	3	6	4	7	8
7	6	8	9	5	3	2	1	4
3	4	9	8	1	2	5	6	7
1	2	5	6	4	7	3	8	9
8	9	1	4	6	5	7	3	2
2	7	6	3	9	1	8	4	5
4	5	3	2	7	8	6	9	1

7	5	9	3	2	8	6	1	4
2	1	6	4	7	5	3	8	9
4	8	3	1	6	9	7	5	2
3	2	5	8	1	4	9	7	6
1	4	8	6	9	7	5	2	3
6	9	7	2	5	3	1	4	8
9	7	4	5	8	6	2	3	1
5	3	1	9	4	2	8	6	7
8	6	2	7	3	1	4	9	5

1	9	6	4	3	5	8	7	2
3	8	2	7	6	9	4	1	5
7	4	5	8	2	1	6	3	9
9	6	8	3	1	7	2	5	4
5	3	7	6	4	2	9	8	1
2	1	4	9	5	8	3	6	7
6	2	3	5	7	4	1	9	8
4	5	9	1	8	3	7	2	6
8	7	1	2	9	6	5	4	3

1	4	2	5	9	8	7	3	6
9	3	5	6	1	7	2	8	4
6	7	8	2	4	3	9	5	1
5	6	7	4	2	9	3	1	8
2	1	4	3	8	5	6	9	7
8	9	3	7	6	1	4	2	5
7	2	9	8	5	4	1	6	3
4	8	6	1	3	2	5	7	9
3	5	1	9	7	6	8	4	2

1	4	7	6	8	5	9	3	2
6	2	8	3	1	9	7	5	4
5	9	3	2	4	7	1	6	8
2	7	1	5	6	8	3	4	9
3	8	4	9	7	1	6	2	5
9	6	5	4	3	2	8	1	7
8	5	2	1	9	3	4	7	6
4	3	9	7	2	6	5	8	1
7	1	6	8	5	4	2	9	3

27	8	6	4	5	3	2	9	7	1
14	7	2	3	6	1	9	4	5	8
17	5	1	9	7	4	8	6	3	2
7	9	7	8	2	6	5	3	1	4
14	2	3	6	4	9	1	7	8	5
6	4	5	1	8	7	3	2	6	9
57	6	8	7	9	5	4	1	2	3
15	1	9	5	3	2	6	8	4	7
56	3	4	2	1	8	7	5	9	6
	2 5	4 8	3 8	3 8	6 7	2 8	4	4	3 5

3	1	5	4	2	9	8	6	7
4	2	6	7	8	1	5	9	3
7	8	9	3	6	5	2	4	1
6	5	2	1	3	4	9	7	8
1	9	4	5	7	8	3	2	6
8	7	3	2	9	6	4	1	5
9	6	1	8	4	3	7	5	2
5	3	7	9	1	2	6	8	4
2	4	8	6	5	7	1	3	9

8	5	4	6	7	2	1	3	9
6	7	9	4	1	3	2	5	8
2	1	3	9	5	8	7	6	4
1	6	5	7	8	9	4	2	3
9	4	7	3	2	6	8	1	5
3	2	8	1	4	5	9	7	6
5	3	2	8	9	1	6	4	7
4	8	6	2	3	7	5	9	1
7	9	1	5	6	4	3	8	2

第9轮　题目答案

9.1

8	1	2	4	9	5	7	3	6
9	5	6	8	7	3	1	2	4
4	7	3	2	1	6	9	8	5
3	6	1	5	8	9	2	4	7
2	9	4	7	3	1	5	6	8
5	8	7	6	2	4	3	9	1
7	4	9	3	5	8	6	1	2
6	3	5	1	4	2	8	7	9
1	2	8	9	6	7	4	5	3

9.2

5	6	1	7	9	3	8	4	2
3	1	7	4	6	2	9	8	5
2	9	4	8	7	1	3	5	6
6	2	8	5	4	9	7	1	3
8	7	6	3	1	5	4	2	9
4	5	9	1	2	8	6	3	7
9	4	3	2	8	6	5	7	1
7	3	2	9	5	4	1	6	8
1	8	5	6	3	7	2	9	4

9.3

3	9	4	2	7	8	6	5	1
8	2	6	5	3	1	9	7	4
1	7	5	6	9	4	2	3	8
9	8	1	3	6	7	5	4	2
5	4	3	8	2	9	1	6	7
7	6	2	1	4	5	8	9	3
6	5	7	4	1	2	3	8	9
4	1	8	9	5	3	7	2	6
2	3	9	7	8	6	4	1	5

9.4

8	6	7	2	3	1	5	9	4
1	9	3	5	4	7	8	6	2
4	2	5	8	9	6	3	7	1
2	5	8	7	6	9	4	1	3
7	4	6	1	8	3	9	2	5
3	1	9	4	5	2	6	8	7
5	7	4	9	2	8	1	3	6
9	3	2	6	1	5	7	4	8
6	8	1	3	7	4	2	5	9

9.5

2	5	6	4	9	1	7	3	8
1	3	4	2	8	7	9	6	5
9	8	7	5	3	6	2	4	1
4	2	1	9	7	5	6	8	3
3	9	8	1	6	2	5	7	4
7	6	5	3	4	8	1	2	9
8	7	9	6	1	4	3	5	2
5	4	3	7	2	9	8	1	6
6	1	2	8	5	3	4	9	7

9.6

1	3	8	9	6	4	2	5	7
7	9	6	8	5	2	3	4	1
4	2	5	1	7	3	9	6	8
3	6	1	7	8	9	4	2	5
9	4	7	3	2	5	1	8	6
5	8	2	4	1	6	7	9	3
6	7	3	2	9	8	5	1	4
2	5	4	6	3	1	8	7	9
8	1	9	5	4	7	6	3	2

9.7

5	9	1	7	2	6	3	8	4
2	3	8	1	4	9	5	6	7
7	4	6	8	5	3	1	9	2
9	8	2	3	1	7	6	4	5
6	1	5	4	9	8	2	7	3
4	7	3	5	6	2	9	1	8
8	6	9	2	3	4	7	5	1
1	2	4	9	7	5	8	3	6
3	5	7	6	8	1	4	2	9

9.8

6	8	3	7	5	1	2	4	9
9	7	2	8	3	4	6	5	1
4	1	5	9	2	6	7	3	8
2	6	4	3	1	9	8	7	5
5	9	7	2	4	8	1	6	3
8	3	1	5	6	7	4	9	2
3	5	6	1	7	2	9	8	4
1	4	9	6	8	5	3	2	7
7	2	8	4	9	3	5	1	6

9.9

7	5	1	9	8	2	6	3	4
4	6	8	1	3	7	5	9	2
9	2	3	6	5	4	8	1	7
8	9	7	3	4	1	2	5	6
6	1	5	8	2	9	4	7	3
3	4	2	7	6	5	1	8	9
2	8	4	5	9	3	7	6	1
5	7	9	2	1	6	3	4	8
1	3	6	4	7	8	9	2	5

9.10

2	9	6	5	4	7	1	3	8
7	1	3	6	8	9	4	5	2
5	8	4	2	3	1	6	9	7
9	2	5	3	1	8	7	6	4
1	3	7	4	6	5	8	2	9
6	4	8	7	9	2	5	1	3
4	5	9	1	7	3	2	8	6
3	7	1	8	2	6	9	4	5
8	6	2	9	5	4	3	7	1

9.11

4	6	7	8	9	1	3	5	2
8	1	5	2	3	4	6	9	7
2	3	9	5	6	7	8	4	1
1	4	6	7	5	2	9	8	3
9	8	3	1	4	6	2	7	5
7	5	2	9	8	3	4	1	6
3	9	8	6	1	5	7	2	4
6	7	1	4	2	9	5	3	8
5	2	4	3	7	8	1	6	9

9.12

1	7	5	9	2	8	3	6	4
4	2	9	6	1	3	5	7	8
3	8	6	7	4	5	1	9	2
2	9	3	1	8	7	6	4	5
5	6	7	3	9	4	8	2	1
8	4	1	5	6	2	7	3	9
9	1	8	4	7	6	2	5	3
6	3	2	8	5	9	4	1	7
7	5	4	2	3	1	9	8	6

9.13

8	6	3	4	1	5	2	9	7
4	2	7	8	6	9	5	3	1
1	5	9	3	2	7	8	6	4
2	9	4	5	3	1	6	7	8
5	8	1	9	7	6	3	4	2
3	7	6	2	4	8	9	1	5
6	4	5	1	9	2	7	8	3
9	3	8	7	5	4	1	2	6
7	1	2	6	8	3	4	5	9

9.14

5	7	3	9	8	2	6	4	1
9	4	6	1	3	7	2	8	5
1	8	2	4	6	5	9	3	7
2	6	8	5	1	3	7	9	4
7	5	4	8	9	6	1	2	3
3	9	1	7	2	4	8	5	6
8	2	7	3	4	1	5	6	9
4	1	9	6	5	8	3	7	2
6	3	5	2	7	9	4	1	8

9.15

6	7	8	1	2	3	5	9	4
9	2	1	5	8	4	6	7	3
5	4	3	9	6	7	8	2	1
4	3	9	8	1	6	2	5	7
2	1	6	7	4	5	3	8	9
7	8	5	2	3	9	1	4	6
1	5	4	3	9	8	7	6	2
8	6	2	4	7	1	9	3	5
3	9	7	6	5	2	4	1	8

9.16

		27	3	1		42	41	25		
	3	6	2	1	9	8	7	5	4	
18	4	7	1	6	3	5	2	9	8	41
33	5	8	9	4	7	2	6	3	1	1
41	7	2	5	8	6	9	4	1	3	8
27	6	1	8	3	5	4	9	7	2	9
	9	3	4	7	2	1	8	6	5	
	1	9	3	2	8	7	5	4	6	
	8	4	7	5	1	6	3	2	9	
	2	5	6	9	4	3	1	8	7	
	10		33	45	15	16	1		33	

第11轮　题目答案

11.1

9	8	2	3	4	5	6	7	1
5	6	1	7	8	9	2	3	4
4	3	7	2	6	1	5	8	9
8	2	6	1	5	7	9	4	3
7	1	4	6	9	3	8	2	5
3	9	5	4	2	8	7	1	6
1	7	9	8	3	6	4	5	2
2	5	3	9	7	4	1	6	8
6	4	8	5	1	2	3	9	7

11.2

2	1	6	7	5	9	8	4	3
3	4	5	8	6	1	2	9	7
8	7	9	2	3	4	1	6	5
4	2	1	6	7	8	3	5	9
6	9	3	1	2	5	4	7	8
5	8	7	9	4	3	6	2	1
1	5	2	4	8	7	9	3	6
7	6	8	3	9	2	5	1	4
9	3	4	5	1	6	7	8	2

11.3

	6	13	24	7	17	14	12	10	17	
	1	6	8	2	9	5	3	0	4	
17	5	3	9	4	0	6	7	1	8	16
11	0	4	7	1	8	3	2	9	5	16
11	3	8	0	5	2	9	4	7	6	
	7	9	6	0	3	4	8	2	1	11
11	4	2	5	8	7	1	9	3	0	
11	9	0	2	6	1	8	5	4	7	16
16	8	5	3	7	4	0	1	6	9	16
	6	7	1	9	5	2	0	8	3	
			6	22	10	10	6			

11.4

9	8	7	6	1	3	2	4	5
1	2	3	4	9	5	7	8	6
4	6	5	2	8	7	1	9	3
6	3	1	7	2	9	8	5	4
7	5	2	8	3	4	6	1	9
8	9	4	5	6	1	3	7	2
2	7	9	1	4	6	5	3	8
5	4	6	3	7	8	9	2	1
3	1	8	9	5	2	4	6	7

11.5

3	6	7	2	8	5	1	4	9
2	8	1	9	7	4	3	5	6
9	1	2	4	5	3	8	6	7
8	7	9	5	3	6	4	1	2
4	5	3	7	6	8	2	9	1
5	9	4	6	2	1	7	3	8
7	3	6	8	1	9	5	2	4
6	2	5	1	4	7	9	8	3
1	4	8	3	9	2	6	7	5

11.6

				24		14				
36	9	4	3	6	5	2	8	1	7	7
6	1	6	5	4	8	7	9	3	2	6
16	2	8	7	9	1	3	5	4	6	24
	7	9	6	2	3	5	4	8	1	
	3	5	8	1	7	4	2	6	9	
	4	1	2	8	6	9	3	7	5	
	5	3	9	7	4	6	1	2	8	
12	6	2	1	3	9	8	7	5	4	20
56	8	7	4	5	2	1	6	9	3	27
				15	18	8				

11.7

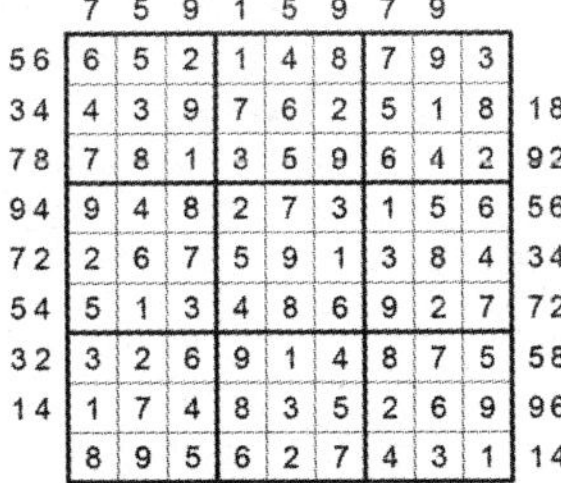

	7	5	9	1	5	9	7	9		
56	6	5	2	1	4	8	7	9	3	
34	4	3	9	7	6	2	5	1	8	18
78	7	8	1	3	5	9	6	4	2	92
94	9	4	8	2	7	3	1	5	6	56
72	2	6	7	5	9	1	3	8	4	34
54	5	1	3	4	8	6	9	2	7	72
32	3	2	6	9	1	4	8	7	5	58
14	1	7	4	8	3	5	2	6	9	96
	8	9	5	6	2	7	4	3	1	14
		2	4	6	2	4	4	6	4	

11.8

2	7	9	3	4	5	6	1	8
1	8	4	9	6	2	7	5	3
6	3	5	8	7	1	2	9	4
4	9	2	1	8	6	3	7	5
3	5	7	4	2	9	1	8	6
8	1	6	5	3	7	9	4	2
5	6	1	2	9	4	8	3	7
9	2	8	7	5	3	4	6	1
7	4	3	6	1	8	5	2	9

11.9

(10) 4	3	6 (9)	(19) 8	1	9 (18)	(9) 5	2	7 (18)
9	1	8	7	5	2	4	3	6
2	7	5	4	3	6	8	9	1
(23) 8	5	1 (10)	9	6	3	(15) 2	7	4 (10)
7	6	2	1	8	4	3	5	9
3	4	9	5	2	7	1	6	8
(11) 5	8	3 (6)	(15) 6	9	1 (7)	(11) 7	4	2 (9)
6	2	7	3	4	8	9	1	5
1	9	4	2	7	5	6	8	3

11.10

	10	5	14		17		9	8	9	
10	4	3	7	5	2	8	6	9	1	15
11	6	9	2	7	3	1	8	5	4	13
	8	1	5	4	9	6	2	7	3	
13	2	4	9	3	8	5	7	1	6	8
	1	5	3	6	7	9	4	8	2	
14	7	6	8	1	4	2	5	3	9	8
	5	8	1	2	6	3	9	4	7	
6	3	2	4	9	5	7	1	6	8	7
13	9	7	6	8	1	4	3	2	5	5
		14	9	3		5	14	7		

第12轮 题目答案

12.1A

	9	6	7	10	9	7	8
8	7	1	4	3	5	6	2
7	2	5	3	7	4	1	6
12	5	7	6	2	3	4	1
8	6	2	1	4	7	5	3
9	3	6	5	1	2	7	4
5	1	4	2	5	6	3	7
7	4	3	7	6	1	2	5

12.1B

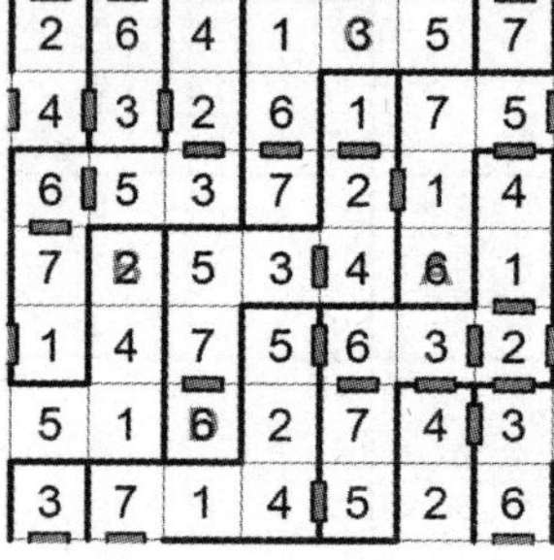

2	6	4	1	3	5	7
4	3	2	6	1	7	5
6	5	3	7	2	1	4
7	2	5	3	4	6	1
1	4	7	5	6	3	2
5	1	6	2	7	4	3
3	7	1	4	5	2	6

12.1C

5	6③	2	7⑤	3	4③	1
7④	4	1①	6	2②	3	5④
3	2	5	4	1	6	7
2①	7	4	1①	6	5	3②
6	5②	3	2①	7	1①	4
1	3	6④	5	4②	7	2
4	1	7	3①	5	2	6

12.2A

	-	7	13	2	5	4	15
-	4	5	7	1	2	6	3
-	1	6	2	3	5	4	7
2	3	7	1	5	6	2	4
2	6	2	4	7	1	3	5
3	5	4	3	6	7	1	2
2	7	3	6	2	4	5	1
-	2	1	5	4	3	7	6

12.2B

1	5	7	4	2	6	3
3	4	2	7	6	1	5
7	6	1	2	3	5	4
2	1	3	5	4	7	6
4	2	5	6	7	3	1
5	7	6	3	1	4	2
6	3	4	1	5	2	7

12.2C

(8) 5	1	6	3	4	(12) 7	2
4	(10) 6	2	5	(1) 1	3	7
1	7	3	2	6	5	4
2	(7) 4	1	7	(6) 3	6	5
3	(4) 2	7	6	(9) 5	4	1
(11) 6	5	4	1	7	(3) 2	3
7	(5) 3	5	4	(2) 2	1	6

第13轮 题目答案

13.1

	9	3	1	1	3	7	8	5	9	
3	8	6	9	1	5	4	7	3	2	3
1	1	5	3	2	7	6	4	8	9	1
3	4	7	2	3	8	9	1	5	6	3
7	6	1	8	4	9	7	5	2	3	5
3	5	9	7	8	3	2	6	4	1	1
3	2	3	4	5	6	1	9	7	8	3
8	7	4	6	9	2	3	8	1	5	2
4	9	2	5	7	1	8	3	6	4	8
1	3	8	1	6	4	5	2	9	7	1
	⑦	⑤	①	④	⑥	②	③	③	⑥	
2	2	1	9	6	3	8	7	5	4	5
4	3	5	7	1	4	9	8	6	2	4
4	4	6	8	7	5	2	3	9	1	2
3	5	7	1	2	6	4	9	8	3	3
2	6	9	3	8	7	1	4	2	5	4
2	8	4	2	3	9	5	1	7	6	3
1	9	2	6	4	8	3	5	1	7	3
2	7	3	5	9	1	6	2	4	8	2
3	1	8	4	5	2	7	6	3	9	1
	3	2	5	2	3	2	2	5	1	

13.2

				34	8	9	36	1	45	
27	6	4	5	7	2	3	8	1	9	
38	7	9	8	4	6	1	3	2	5	
6	3	1	2	8	9	5	7	6	4	
45	9	7	6	5	8	2	1	4	3	8
10	4	2	3	1	7	9	6	5	8	41
21	5	8	1	3	4	6	2	9	7	32
	2	5	9	6	3	7	4	8	1	1
	8	6	7	9	1	4	5	3	2	5
	1	3	4	2	5	8	9	7	6	37
	①	⑭	㉑	⑪	⑳	(42)				

	↙	↙	↙	↙	↙	↙				
	1	9	6	2	3	7	4	5	8	
	5	8	2	4	9	6	3	7	1	↖ 8
20 ↘	7	4	3	8	5	1	2	6	9	↖ 6
20 ↘	3	6	7	5	8	9	1	4	2	↖ 20
34 ↘	4	2	8	6	1	3	5	9	7	↖ 18
14 ↘	9	5	1	7	4	2	8	3	6	↖ 22
3 ↘	6	7	4	3	2	8	9	1	5	↖ 28
8 ↘	2	3	9	1	7	5	6	8	4	
	8	1	5	9	6	4	7	2	3	
	↗ 43	↗ 30	↗ 17	↗ 20	↗ 6	↗ 3				

13.3

	2	1	1	1	2	2	1	3	2	
1	3	6	2	1	4	7	5	9	8	1
3	1	5	7	8	2	9	4	3	6	1
1	8	9	4	5	3	6	2	1	7	2
5	5	7	3	9	1	4	8	6	2	4
1	9	4	6	7	8	2	1	5	3	3
1	2	1	8	3	6	5	9	7	4	1
1	7	8	5	2	9	3	6	4	1	1
1	6	3	1	4	5	8	7	2	9	1
2	4	2	9	6	7	1	3	8	5	1
	②	①	③	③	③	①	②	③	③	
1	8	7	1	4	2	9	5	3	6	1
1	9	3	4	6	1	5	8	2	7	3
2	2	6	5	7	8	3	1	4	9	1
3	1	2	3	5	7	6	9	8	4	3
3	6	5	8	2	9	4	3	7	1	2
3	7	4	9	8	3	1	2	6	5	2
2	5	8	2	9	6	7	4	1	3	3
2	3	9	7	1	4	8	6	5	2	3
3	4	1	6	3	5	2	7	9	8	2
	3	2	2	3	3	2	1	1	1	

13.4

		32	5	3	18	30	54	32		
	7	8	5	1	2	6	9	4	3	
8	2	4	1	3	9	5	6	8	7	56
18	3	6	9	7	4	8	5	2	1	2
8	8	1	6	9	3	7	4	5	2	10
8	4	2	7	6	5	1	8	3	9	27
45	5	9	3	2	8	4	1	7	6	42
7	1	7	4	8	6	3	2	9	5	45
30	6	5	2	4	7	9	3	1	8	8
	9	3	8	5	1	2	7	6	4	
		⑮	⑯	⑳	⑦	⑱	㉑	⑥		
	4	6	9	3	2	5	8	1	7	
17	7	8	2	9	1	6	4	3	5	12
9	3	1	5	8	4	7	9	2	6	17
13	8	2	3	6	5	9	1	7	4	12
18	9	5	4	1	7	2	3	6	8	17
14	1	7	6	4	3	8	2	5	9	16
12	2	9	1	5	6	4	7	8	3	18
17	6	3	8	7	9	1	5	4	2	11
	5	4	7	2	8	3	6	9	1	
		16	16	14	23	8	18	21		

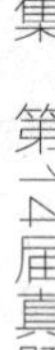

世界杯 四分之一决赛 题目答案

1

1	6	3	8	5	2	7	4	9
9	2	7	4	3	6	5	8	1
8	5	4	7	1	9	3	2	6
6	1	5	9	8	3	2	7	4
4	3	2	6	7	1	9	5	8
7	9	8	5	2	4	6	1	3
2	4	6	1	9	7	8	3	5
5	7	1	3	6	8	4	9	2
3	8	9	2	4	5	1	6	7

2

9	4	8	2	6	3	1	7	5
5	2	6	4	1	7	9	3	8
3	7	1	8	5	9	2	6	4
1	3	7	5	8	4	6	9	2
8	5	2	9	3	6	4	1	7
6	9	4	1	7	2	8	5	3
4	6	9	7	2	5	3	8	1
2	8	5	3	9	1	7	4	6
7	1	3	6	4	8	5	2	9

3

5	4	2	6	8	3	7	9	1
3	6	9	7	5	1	8	4	2
1	8	7	4	9	2	5	6	3
2	3	8	5	6	7	4	1	9
4	9	1	2	3	8	6	7	5
6	7	5	9	1	4	3	2	8
7	1	3	8	2	6	9	5	4
9	2	6	3	4	5	1	8	7
8	5	4	1	7	9	2	3	6

4

	24		3	16		19	38		36	
17	5	6	2	3	1	4	8	9	7	34
	9	4	1	8	7	6	3	5	2	
35	7	8	3	5	9	2	1	6	4	13
5	2	3	6	9	8	7	4	1	5	25
	1	7	9	4	5	3	2	8	6	
42	8	5	4	6	2	1	9	7	3	19
12	3	2	7	1	6	8	5	4	9	45
	4	9	8	7	3	5	6	2	1	
27	6	1	5	2	4	9	7	3	8	39
	24		33	9	15	45	34		38	

5

7	5	8	2	4	6	3	9	1
4	9	2	5	3	1	7	8	6
1	3	6	9	8	7	4	5	2
3	7	1	6	5	4	9	2	8
8	2	9	7	1	3	5	6	4
5	6	4	8	9	2	1	7	3
9	4	7	3	2	8	6	1	5
6	8	3	1	7	5	2	4	9
2	1	5	4	6	9	8	3	7

世界杯 半决赛 题目答案

1

4	9	3	1	7	2	6	5	8
5	7	6	8	3	9	2	1	4
1	8	2	4	5	6	3	9	7
8	5	7	6	2	1	4	3	9
6	4	1	5	9	3	8	7	2
3	2	9	7	8	4	5	6	1
2	6	4	3	1	7	9	8	5
9	1	8	2	6	5	7	4	3
7	3	5	9	4	8	1	2	6

2

4	6	3	7	9	5	2	8	1
7	5	2	6	8	1	9	3	4
9	1	8	4	2	3	6	5	7
6	2	7	5	1	9	8	4	3
5	3	9	8	6	4	1	7	2
8	4	1	2	3	7	5	6	9
1	7	6	9	4	8	3	2	5
2	9	4	3	5	6	7	1	8
3	8	5	1	7	2	4	9	6

3

4	2	9	5	3	6	1	7	8
5	6	8	1	7	4	2	3	9
1	3	7	8	2	9	4	6	5
9	7	2	6	1	8	3	5	4
8	1	3	2	4	5	7	9	6
6	4	5	3	9	7	8	1	2
7	5	4	9	8	1	6	2	3
2	8	6	7	5	3	9	4	1
3	9	1	4	6	2	5	8	7

4

9	8	1	7	4	3	6	2	5
7	6	2	1	8	5	3	4	9
5	3	4	2	9	6	1	8	7
3	4	5	6	1	7	2	9	8
6	2	9	8	3	4	7	5	1
8	1	7	9	5	2	4	3	6
2	9	8	3	6	1	5	7	4
1	5	3	4	7	8	9	6	2
4	7	6	5	2	9	8	1	3

5

3	4	5	7	6	8	9	2	1
9	7	6	5	2	1	8	4	3
2	1	8	9	4	3	7	6	5
7	6	9	1	8	2	3	5	4
1	8	3	4	5	7	2	9	6
4	5	2	6	3	9	1	8	7
5	9	7	8	1	6	4	3	2
6	3	1	2	9	4	5	7	8
8	2	4	3	7	5	6	1	9

世界杯 决赛 题目答案

1

4	5	2	6	7	1	8	3	9
3	1	7	8	4	9	6	5	2
6	9	8	5	3	2	1	7	4
5	2	9	7	8	6	4	1	3
8	3	4	2	1	5	7	9	6
7	6	1	3	9	4	5	2	8
1	4	5	9	2	8	3	6	7
2	7	6	4	5	3	9	8	1
9	8	3	1	6	7	2	4	5

2

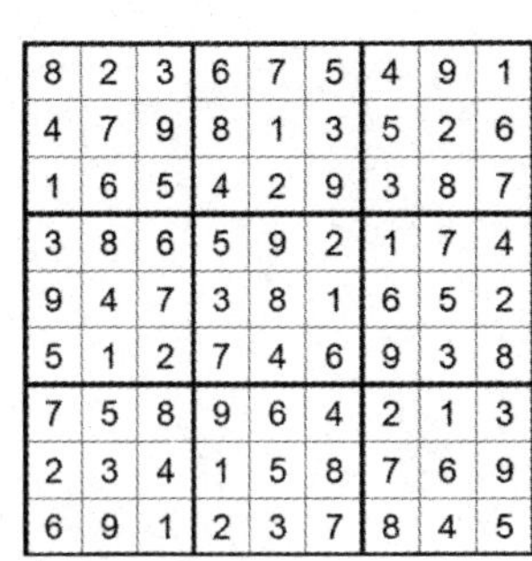

8	2	3	6	7	5	4	9	1
4	7	9	8	1	3	5	2	6
1	6	5	4	2	9	3	8	7
3	8	6	5	9	2	1	7	4
9	4	7	3	8	1	6	5	2
5	1	2	7	4	6	9	3	8
7	5	8	9	6	4	2	1	3
2	3	4	1	5	8	7	6	9
6	9	1	2	3	7	8	4	5

3

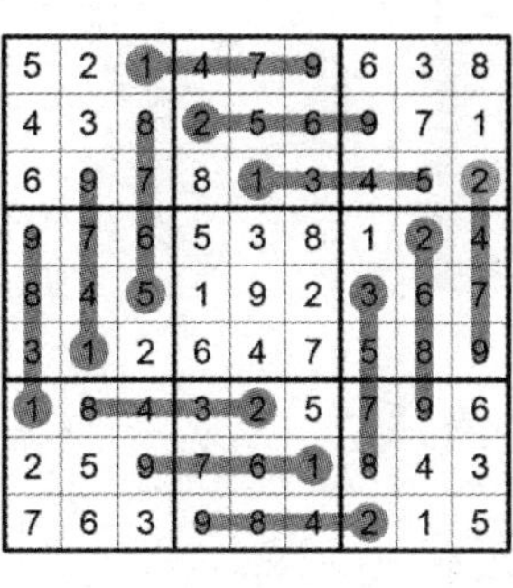

5	2	1	4	7	9	6	3	8
4	3	8	2	5	6	9	7	1
6	9	7	8	1	3	4	5	2
9	7	6	5	3	8	1	2	4
8	4	5	1	9	2	3	6	7
3	1	2	6	4	7	5	8	9
1	8	4	3	2	5	7	9	6
2	5	9	7	6	1	8	4	3
7	6	3	9	8	4	2	1	5

4

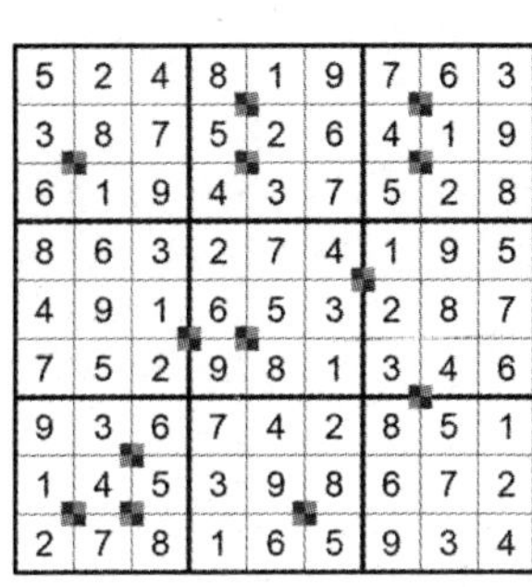

5	2	4	8	1	9	7	6	3
3	8	7	5	2	6	4	1	9
6	1	9	4	3	7	5	2	8
8	6	3	2	7	4	1	9	5
4	9	1	6	5	3	2	8	7
7	5	2	9	8	1	3	4	6
9	3	6	7	4	2	8	5	1
1	4	5	3	9	8	6	7	2
2	7	8	1	6	5	9	3	4

5

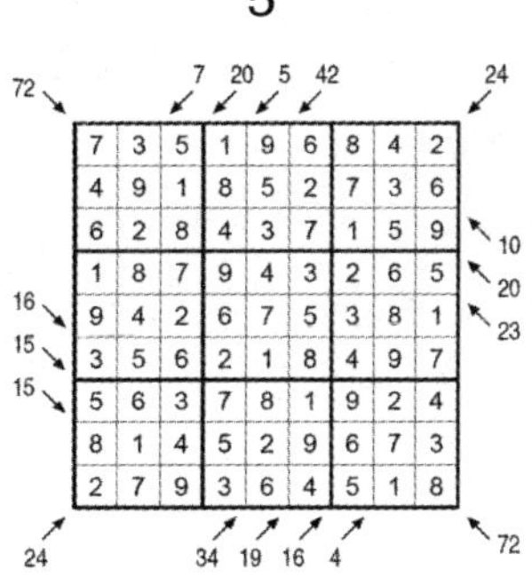

7	3	5	1	9	6	8	4	2
4	9	1	8	5	2	7	3	6
6	2	8	4	3	7	1	5	9
1	8	7	9	4	3	2	6	5
9	4	2	6	7	5	3	8	1
3	5	6	2	1	8	4	9	7
5	6	3	7	8	1	9	2	4
8	1	4	5	2	9	6	7	3
2	7	9	3	6	4	5	1	8